A Redemptive Historical Reading of the Book of Judges

사사기의 구속사적 읽기

이 동 수 著

사사기의 구속사적 읽기

2012년 8월 10일 초 판 1쇄 인쇄
2012년 8월 20일 초 판 1쇄 발행

저 자 • 이 동 수
발행인 • 조 경 혜
발행처 • 도서출판 그리심
156-763 서울시 동작구 사당5동 196 인정 B동(B01)

등록번호 • 제 7-258호(1998. 4. 23)
출 판 사 • 전화 523-7589 팩스 523-7590
홈페이지 • http://grisim.biz
전자우편 • grisimcho@hanmail.net

값: 표지 뒷면에

ISBN 978-89-5799-316-3 (93230)

이동수 교수는
고신대학교(B.A.)와
고려신학대학원(M.Div.)을 나와서 목사 안수를 받았다.
고신대학교 대학원에서 신학석사(Th.M.)와
미국 Minnesota Graduate School of Theology에서
<신약계시의 상징성 연구>로 철학박사(Ph.D.) 학위를 받고,
고신대학교 대학원에서 <마태복음의 임박한 종말에 관한 연구>로
신학박사(Th.D.) 학위를 받았다.
현재는 백석대학교 기독교학부 교수로 섬기며,
미국 Calvin Theological Seminary에 객원교수로 있다(2012-2013년).
(☎ 041-550-0612, joydsl@bu.ac.kr)

역 · 저서

『성경적 상징주의에 의한 고린도전서 강해』(신한흥, 2002)
『새로운 시각으로 본 성경적 세계관』(로고스, 공역, 2002)
『신약의 구속사적 연구』(로고스, 2002)
『구약의 구속사적 연구』(기독교연합신문사, 2003)
『기독교에 대한 10가지 질문』(기독교연합신문사, 2003)
『구원받은 자의 삶』(UCN, 2004)
『난제 중심의 신약 읽기』(기독교연합신문사, 2004)
『계시록의 구속사적 연구』(그리심, 2005)
『낙원의 구속사』(그리심, 공역, 2006)
『창조를 위한 하나님의 패턴』(그리심, 2008)
『신약의 구속사적 읽기』(그리심, 2009)
『계시록의 구속사적 읽기』(그리심, 2011)

추천의 글

황 창 기
(Th.D; 전 고신대학교 총장)

먼저 사랑하는 제자 이동수 교수가 열세 번째 책인 <사사기의 구속사적 읽기>를 출간하게 된 것을 축하한다. 이동수 교수는 성경적 상징주의에 입각하여 성경을 구속사적으로 읽어내는 일을 묵묵히 해온 학자이다. 이 성경적 상징주의는 James B. Jordan에게 영향을 받았는데, 아직 한국교회에 널리 알려지지는 않았지만, 성경을 바르게 이해하기 위하여 주목해야할 방법론 중 하나이다.

성경은 하나님의 말씀이다. 이 말씀은 진공 속에서 주어진 것이 아니라 최초의 인간 저자와 독자들이 이해할 수 있는 역사와 문화 속에서 주어진 것이다. 그러므로 성경은 나름대로 독특한 세계관에 기초한 표현법을 사용하고 있다. 그런 표현들에 익숙해지는 것이 성경을 바르게 이해하는데 놓칠 수 없는 방법일 것이다. 성경적 상징주의는 그러한 성경적 상징적 성경관에 입각해서 성경을 해석하는 방법이다. 이는 종교개혁자들이 주장해온 성경으로 성경을 해석하는 것과 일맥상통하는 것이다. 물론 오늘날은 사사기가 이스라엘의 언약적 이야기의 일부로, 예수 그리스도 죽음과 부활의 렌즈로 되돌아보는 그리스도 완결적(Christotelic) 해석까지 발전되었으나 여전히 구속사적 성경이해이다.

이동수 교수의 <사사기의 구속사적 읽기>를 읽으면서 독자들은 다음과 같은 점들을 발견하게 될 것이다. 첫째, 필자의 신학적 안목이 탁월하다는 것이다. 옛 언약에서 부터 점진성을 보이던 성경의 계시는 새 언약의 그리스도를 정점으로 한다. 그러므로 그리스도 중심으로 성경을 읽는 일은 성경의 어두운

부분을 조명하는 가장 확실한 방법인 것이다. 사사기를 그리스도 중심으로 읽으려는 노력은 사사기를 이해하는데 중요한 신학적 안목을 제공할 것이다. 둘째, 필자가 본문을 충실하게 주석했다는 것이다. 필자는 우리가 놓치기 쉬운 단어나 개념들을 적절하게 잘 다루고 있고, 선입견을 갖고 대하기 쉬운 본문들도 편견 없이 잘 다루고 있다. 셋째, 필자는 자칫 어려울 수 있는 내용을 쉽게 쓰면서 적실성 있게 적용하고 있다. 실제로 설교했던 내용들을 정리한 것이다 보니 이미 오랜 청중들과 교감 속에서 사용된 생생한 언어들을 만나게 된다. 이러한 이유들로 인해 성경을 사랑하는 일반성도들에게는 물론 신학도와 목회자들에게 일독을 권하고 싶다.

저자의 글

성경은 많은 이야기들로 이루어져 있다. 음악과 함께 이야기는 가장 강력한 하나님의 메시지 전달 수단일 것이다. 예수님께서도 이야기, 특히 비유 이야기들을 많이 사용하셨다. 가르침의 약 35%가 비유일 정도이다. 이러한 비유를 포함한 성경의 이야기들은 해석될 필요가 있었다. 중세 이후에는 지나친 알레고리 해석들이 있었으나 종교개혁자들은 철저하게 문자적 해석을 강조했다. 19세기 자유주의 신학자들이 예수님의 비유를 도덕화하는 것이 유행하자, 이에 대한 반발로 한 가지 의미가 있을 뿐이라고 주장하기에 이르렀다. 만약 예수님의 비유가 단순하게 한 가지 의미만 있을 뿐이라면, 예수님께서는 그 의미를 단순하게 전하셨을 것이다. 그러나 '비유' 라는 방법을 선택하셨다. 이것은 비유가 가진 강력한 강점 때문일 것이다. 비유 이야기는 때로 기억 속에서 지울 수 없는 강한 이미지를 형성하기도 하고, 때로 누구에겐 모호하게 때로 누구에겐 분명하게 의미를 달리 전하기도 한다. 분명한 것은 한 가지 의미만이 아니라는 것이다. 우리는 이같이 한 가지 의미만을 고집하거나, 반대로 독자반응비평의 경우처럼 성경을 창문이 아닌 거울로 보고 본문 자체의 의미보다 해석자에 의해 주어진 의미를 강조하는 양극단을 피해야 할 것이다.

최근 복음주의적 해석의 특징이 되다시피 한 '해석적 축소주의' (Interpretive Minimalism)를 극복하려고 '해석적 확대주의' (Interpretive Maximalism)를 지향하는 움직임인 소위 '성경적 상징주의' (Biblical Symbolism)의 선구자는 James B. Jordan이다. 이러한 상징주의 해석은 '~주의' (~ism)의 모습을 하고 있지만, 사실은 가장 자연스러운 성경 읽기의 방법으로 믿어진다. 이는 우리가 사용하는 언어 자체가 정확성에 근거하기보다 상징성에 근거하고 있기 때문이다. 예컨대, '나는 밥을 먹었다' 고 할 때, 밥만 먹은 것이 아닐 것이다. '밥' 으로 상징되는 '전체 식사' 를 한 것이다. 이렇듯 실제 우리의 언어생활 자체가 무수히 많은 상징들을 사용하고 있다. 마찬가지로 성경의 이야기들도 이런 언어의 상징성에 근거한 것이다. 성경은 때로 관용적 표현들로, 혹은 성경을 기록한 유대인들의 세계관에 기초하여 다양한 이미지와 상징들로 이야기를 구성하고 있다.

성경을 여자적으로 해석하는 것은 이미 해석학적 오류를 야기할 수밖에 없는 어리석은 일이다. 그렇다고 무분별한 자의적 해석을 용납할 수는 없다. 우리는 주어진 본문의 상징과 이미지들을 전체 성경적 세계관에 의하여, 그리고 성경적 표현방식에 근거하여 성경을 해석해야 할 것이다. 또한 이런 성경적 상징주의 해석은 전체 성경의 주제인 성경의 구속사를 가장 잘 읽어내는 방법이기도 하다. 그러므로 성경적 상징주의는 구속사적 해석의 연장선에 있는 것이다. 이 책은 이러한 '구속사적 성경읽기' 의 일환으로 쓰여졌다. 필자는 이미 몇몇 책들을 번역 출판하여 구속사적 성경읽기 혹은 성경적 상징주의를 소개해 왔는데, 때로 난해하다거나 독특하다는 평가를 듣기도 했다. 필자의 서투름에도 문제가 있겠지만, 한국교회가 도덕적 심리적 해석에 너무 익숙한 때문이기도 할 것이다. 그래서 어떻게 하면 구속사를 조금 더 쉽게 소개할 수 있을지 고민하게 되었고, 그러한 고심 끝에 설교와 성경공부 형식으로 내용을 풀어서 전하는 것이 유용할 것이라는 생각에 이르게 되었다. 그래서 James B. Jordan의 사사기 주석인 *JUDGES: God's War Against Humanism*(Tyler, Texas: Geneva Ministries, 1985)을 기초로 하여 사사기의 구속사적 읽기를 시도했다. 이 책은 청년대학생들에게 전한 메시지를 거의 그대로 소개한 것이다. 중요한 신학적 논점들을 설명하기 보다는 사사기의 구속사적 의미를 읽어내고 나름대로 적용해 보려고 노력한 것이다.

끝으로 지면을 빌어서 필자가 섬기고 있는 백석대학교의 설립자이신 장종현 박사님께 감사드리고 싶다. 개인적으로는 여러 도로 부족한 필자에게 성경연구에 전념할 수 있도록 배려해 주셨고, 하나님과 교회를 사랑하는 열정을 가진 한국교회의 귀한 지도자이시다. 또한 성경적 상징주의를 소개해 주시고 격려를 아끼지 않으시는 은사이신 고신대학교의 황창기 박사님께도 감사를 드린다. 그리고 목사는 신구약을 넘나들며 성경을 연구하는 사람이라는 말로 구약에 도전할 할 용기를 주시고 추천의 글을 써주신 류호준 교수님께도 감사를 드린다. 그리고 적절한 코맨트로 도움을 주신 강규성 교수님(성서대, 구약), 추천 단평을 써준 이학재 교수님(개신대, 구약), 최만수 교수님(고신대, 구약)께도 감사를 드린다. 이분들의 조언이 충분히 반영되지 못한 것은 필자의 어리석음 때문이다. 항상 기도로 후원하는 열방선교교회 곽명주 목사님께도 감사를 드리고 싶다. 졸고를 기꺼이 책으로 묶어주신 그리심 출판사의 관계자들께도 진심으로 감사를 드린다. 작은 일을 매듭지으며 기도해준 가족들과 기쁨을 나누고 싶다. 사실 구약에 일천한 신약전공자가 구약 사사기에 대한 책을 내는 것이 한 없이 부끄럽고 부담스럽지만, 성경을 사랑하는 누군가에게 조그마한 도움이라도 되기를 진심으로 바라며 책을 낸다. 좀 더 다듬은 모습으로 소개하려고 했으나, 연구년을 보내고 있는 미국 칼빈신학교의 배지에 있는 글귀로 마음을 대신하고 싶다. Cor Meum Tibi Offero Domine. Prompte Et Sincere! 나의 심장을 주께 드리나이다. 신속히 그리고 진실한 마음으로!

2012. 7. 25.

그랜드래피즈에서 이동수 교수

목 차

제1부

사사기의 신학

기드온의 용사들이 물을 마셨던 하롯 샘가(삿 7:1–6)

제1장

사사기의 개요

1. 사사기의 저자

모세에 의해 출애굽한 이스라엘이 40년의 광야생활을 거친 후, 여호수아의 인도로 가나안 정복 전쟁을 치른다. 그리고 여호수아가 죽은 이후부터 이스라엘은 이렇다 할 지도자가 없이 이스라엘의 첫 번째 왕으로 사울이 등극하기까지 12명의 사사들이 통치하는 시대를 보내게 된다. 이 시기에 활동한 사사들의 역사를 기록한 것이 사사기이다. 원래 히브리어 성경의 명칭은 <쇼프팀>(שֹׁפְטִים)인데, 그 의미는 '재판하는 자들' 혹은 '다스리는 자들' 이다.[1] 이를 칠십인역

---

1) 이 단어의 기본형은 שָׁפַט(shâphat)이고, BDB 사전의 정의는 "to judge, govern, vindicate, punish"이다. 그러나 실제 그들은 재판을 하기보다는 이스라엘이 이방 민족의 지배를 받을 때 그들을 해방하여준 군사적인 구원자들이었다. 그래서 사사라는 표현이 잘못 사용되었다고 보는 것이 일반적인 견해이다. CF. J. Clinton McCann, *Judges: Interpretation*(Louisville: John Knox Press, 2002), pp. 3-5; Cf. Brown, F. Driver, S. Briggs, C. *The Brown-Driver-Briggs Hebrew and English Lexicon of the Old Testament*, Massachusetts: Hendrickson Publishers, 1979. 이하 BDB라고 함; 그러나 '구원자가 통치한다' 는 성경적 원리에 의해 그들은 이스라엘을 적들의 압제에서 구원했고, 동시에 이스라엘을 통치했다.

(LXX)에서 <크리타이>(*KPITAI*) 즉 '판단하는 자들'로 번역했고, 라틴어 성경(Vulgata)에서는 *Liber Judicum*이라고 한다. 여기에서 영어성경의 Judges라는 명칭이 생겼다. 한글성경에서 이 책을 「사사기(士師記)」라고 하는 이유는 이 영어성경의 영향인 듯하며, 한문성경 혹은 공동번역 성경에서는 「판관기」라고도 하는데, 이 '판관'(判官)이란 '재판관'을 뜻한다.

이 사사기의 저자는 누구인가? 우리는 성경이 사람을 통해 기록한 하나님의 말씀이라고 고백한다. 궁극적으로 사사기를 쓰신 분은 하나님이시다. 그 하나님께서 사용하신 인간 저자가 누구인지는 다른 많은 구약성경의 책들처럼 사사기가 익명으로 전해져왔기 때문에 불확실하다. 그러나 유대인의 전승, 특히 탈무드(cf. Baba Bathra, 14b)와 많은 성경학자들의 주장에 의하면 선지자 사무엘이 사사기의 저자로 추정되어 왔다.

그러나 최근의 경향은 사무엘이 사사기를 기록한 것이 아닌 것으로 보고 있다. 최근의 여러 학자들이 사사기를 보다 후대에 저작/편집된 것으로 본다. 이것은 사사기 18:30의 "그 땅 백성이 사로잡히는 날"을 어떻게 이해하느냐에 따라서 달라지는 것인데, 대체적으로 3가지 학설이 존재하며 그 내용은 다음과 같다. 첫째, BC 6세기 저작설이다. 18:30이 말하고 있는 백성들이 사로잡히는 날이란 바벨론 포로생활을 의미한다고 보는 것이다. 그렇다면 사사기는 포로기 혹은 그 이후에 저작/편집된 것이다. 많은 학자들은 <신명기에서 열왕기하> 전체가 포로시대의 저자/편찬자의 손에서 만들어 졌다고 본다. 둘째, BC 8세기 저작설이다. 이들은 이 포로생활이 단 지파의 땅을 중심으로 한 지극히 제한된 지역이 인접 국가들의 지배를 받게 된 것으로 본다. 단의 이스라엘 성소는 디글랏 빌레셀(Tiglath-pileser III, BC 733년, 왕상 15:29-30) 하의 앗수르 침략 때까지, 혹은 사마리아 멸망(BC 722년) 후 사르곤에 의한 강제 이주 때까지 존재했던 것 같다. 이렇게 단 지파의 지역으로 해석하는 이유는 18:30이 단 지파의 이동과 정착에 관한 이야기의 일부이기 때문이다. 셋째, 초기 저작설이다. 이 설에 의하면 "이 백성이 사로잡히는 날"은 블레셋 사람들의 통치를 의미한다. 이는 법궤가 실로에 있는 중에 블레셋이 침입한 때(삼상 4:1-11)을 가리키거나, 사울이 죽은 직후 다윗이 유다를 다스리고 사울의 후손들이 요단 저편에서 다스리며 그 나머지는 블레셋의 수중에 들어간 때를 말할 수 있다.

그 외에도, 사사기 연대에 영향을 미칠 만한 내증으로는 다음과 같은 것들이 있다. '미가의 우상과 단 지파의 이동' 이야기를 통해 분열왕국 초기(BC 920년경)에 북 왕국을 비난하는 이야기로 보며, 이스라엘이 베냐민 지파를 상대로 전쟁을 한 이야기(19-21장)를 반(反)사울 친(親)다윗적인 성향을 보여주는 것이어서 다윗이 왕위에 오를 때인 BC 1010년 전후에 영향력이 있었을 것으로 본다. 그래서 전통적으로 학계는 사울의 통치 말엽이나 다윗 초기의 이른 시기를 선호하여 왔었다. 그러나 BC 6세기나 8세기 저작설을 주장하는 학자들이 사사기가 가나안 정복 전쟁 시대에 유래되어 온 책이었으며, 이르면 사울 통치 시기 늦으면 바벨론 포로시기 이후에 누군가가 자신에게 전수되어온 여러 가지 역사적 자료들을 바탕으로 편집한 것으로 생각하는 것이다.[2]

성경의 저자가 구전을 사용하는 일은 얼마든지 가능한 일이다.[3] 우리는 책으로서 성경의 최종적인 편집형태가 누구의 손에서 이루어졌는지 정확히 알기 어렵다. 성경은 하나님의 영감을 받은 인간 저자가 내용과 형식에서 조차 세심하게 배려하여 기록했을 것이다. 일점일획도 의미없이 기록되지 않았다고 믿는다. 그러나 성경이 후대의 누군가가 특정한 의도를 가지고 편집한 것으로 볼 때, 하나님의 말씀으로의 본질은 상대적으로 낮아진다고 생각한다. 게다가 '사후예언'으로 성경의 예언을 설명하는 식의 후대의 역사로 성경 본문을 해석하고, 심지어 저자 문제를 논의하는 것은 성경의 계시적 기능을 약화시킬 위험이 있음을 지적하고 싶다. 사사기는 비록 선지서는 아니지만 하나님의 말씀으로서 예언적

---

2) 레이몬드 딜러드, 트럼퍼 롱맨, 『최신구약개론』, 박철현 역(서울: 크리스찬다이제스트, 1997), pp. 178-181; 송병현, 『엑스포지멘터리 사사기』(서울: 국제제자훈련원, 2010), pp. 26-30, 그리고 p. 382을 보라.

3) 에드워드 영(Edward J. Young)은 사사기 저자에 대한 비평적 입장에 대해서 다음과 같이 설명한다. 비평가들은 사사기를 신명기적 책으로 BC 550년에 생긴 것으로 본다. JE 자료가 BC 600-650년경에 결합되었으나, 후에 편집자(RJE)가 가필하여, 도로기 후에 포로로 사로잡힘이 신명기 율법에 따른 형벌이 임한 것을 확신시키기 위하여 제작된 것이라고 한다. 구전 자료의 사용은 가능하나 편집 계획은 용납할 수 없다. Cf. 에드워드 영, 『구약총론』, 오병세, 홍반식 역(서울: 개혁주의신행협회, 1998), pp. 180-181.

혹은 선지자적 기능이 있다고 믿기 때문이다.

예를 들어, 사사기에서 미가의 우상 사건이나 단 지파의 이동 사건을 기록한 것은 그런 종류의 불신앙들에 대한 보편적인 경고와 경계의 측면이 있는 것으로 보인다. 즉 분열왕국 초기에 보니까 남북분열의 조짐과 북왕국의 우상숭배의 싹이 이미 사사시대부터 있었더라가 아니라, 이미 사사시대에 이런 조짐과 싹이 나타난 현실에 대한 서술과 이후의 경고를 목적으로 기록된 것이다. 이런 죄악들은 단지 분열왕국에 국한된 문제가 아니라 이스라엘 전체 역사에서 지속적으로 보여준 일반적인 문제이기 때문이다. 그러므로 이스라엘은 사사기에서 보여준 교훈을 가지고 분열과 우상숭배에 대해 경계해야 했던 것이다. 만약 우리가 사사기를 후대의 의도적인 편집물로 본다면 이러한 성경의 예언적 혹은 선지자적 기능을 놓치게 될 것이다.

그러면 우리는 사사기 18:30 "그 땅 백성이 사로잡히는 날"을 어떻게 이해하는 것이 좋을까? 만약 사사기가 포로기 이후의 기록이라면, 이 사로잡힘의 날에 대한 보다 많은 설명들이 추가되었을 것이다. 또한 이어지는 31절에서 이는 성막이 실로에 있을 동안이라고 했는데, 이때는 블레셋과 이스라엘이 대치하던 때였고, 사무엘이 활동하던 때였던 것이다. 그러므로 이 사로잡힘의 날은 사무엘상 4장과 7:3, 4에 언급되어진 블레셋 사람들에게 사로잡힘을 가리키는 것으로 보는 것이 적절할 것이다. 한편, 18:30을 블레셋에 의한 사로잡힘으로 볼 때, 이것은 사무엘이 사사기를 기록했을 것이라는 것에 대한 하나의 중요한 실마리이기도 하다.

후대의 가필이 있었을지라도, 사사기는 사무엘이 이스라엘을 다스렸을 때 처음 기록한 것으로 보인다. 특히 우리가 살펴볼 것처럼 사사기에서 중심주제들 중 하나는 당시 이스라엘에 인간 왕이 없었다는 것이다(삿 17:6, 18:1, 19:1, 21:25). 사람들은 여호와께서 그들의 왕임을 깨달아야 했었다. 그러나 그렇지 못했을 때 이스라엘은 혼돈에 빠졌다. 사무엘상 8장에서 인간 왕의 횡포에 대한 위대한 연설을 한 사람은 사무엘이고, 사무엘에 의해서 이스라엘의 왕정은 시작된다. 이스라엘의 왕정을 준비한 사무엘이 사사기의 저자임을 전적으로 배제할 수 없을 것이다.

2. 사사기의 구조

사사기의 전체 구조에 대해서는 어느 정도 일치된 견해들을 보이고 있다. 이것은 사사기의 내러티브의 구분들이 비교적 분명하기 때문일 것이라고 생각된다. 사사기는 긴 '서론'으로 시작하여(1:1-3:6),[4] 사사들의 이야기를 '본론'으로 나열하고(3:7-16:31), 끝으로 '결론'을 대신하여, '에필로그' 혹은 '부록' 같은 인상을 주는 두 개의 이야기들을 소개하고 있다(17-21장). 그러나 본론에 해당하는 사사들의 내러티브는 조금씩 다르게 구분하기도 한다.

사사기를 두 개의 서론(1:1-2:5과 2:6-3:6)과 두 개의 결론(17-18장, 19-21장)을 가지고 있는 것은 다른 성경들과 비교해서 독특한 형식으로 보인다. 조르단(James B. Jordan)은 이 점을 신명기 19:15에 근거한 '두 증인'의 역할을 하는 것으로 보고, 사사기 전체를 다음과 같이 구분한다.

I. 두 서론
- A. 정복에서 타협까지(1:1-2:5)
- B. 응징의 원리들(2:6-3:6)

II. 두 전형적인 사사들
- A. 옷니엘(3:7-11)
- B. 에훗(3:12-30)

III. 두 사사같지 않은 사사들
- A. 여자 드보라(4:1-5:31)
- B. 청년 기드온(6:1-9:57)

IV. 두 타협한 사사들
- A. 혼혈아 입다(10:1-12:15)
- B. 나실인 삼손(13:1-16:31)

---

4) 사사기의 서론을 1:1-2:5로 보기도 하는데, 이렇게 보는 입장에서도 2:6-3:6을 사사들의 기록에 대한 서문으로 보기 때문에, 결국 본격적으로 사사들에 대한 기록은 3:7부터 시작되는 것으로 본다. 사사기는 책의 서론과 사사들의 기록에 대한 서론으로 두 개의 서론을 갖고 있는 것으로 보는 것이다. 결국 1:1-3:6을 서론으로 보는 견해를 지니는 것이다. Cf. 레이몬드 딜러드, 트렘퍼 롱맨, 『최신구약개론』, pp. 184-186.

V. 두 부록들
  A. 이스라엘의 예배를 인도할 레위인의 실패(17:1-18:31)
  B. 이스라엘의 도덕을 보호할 레위인의 실패(19:1-21:25)

우리는 조르단의 구조가 사사기를 지나치게 단순화하며 도식화한다는 느낌을 지울 수 없을 것이다. 그러나 두 개의 서론과 두 개의 결론을 신명기의 두 증인에 대한 율법이 요구로 본 것은 의미가 있는 것으로 보인다.[5)] 사실 사사기에는 두 개의 서론이 각각의 결론과 연관되고 있기 때문이다. 첫 번째 서론(1:1-2:5)의 주제는 이스라엘과 가나안 족속들과의 전쟁인데, 이는 두 번째 결론(19:1-21:25)인 이스라엘 종족 간의 전쟁과 주제적 일치를 보인다. 또한 두 번째 서론(2:6-3:6)의 주제는 이스라엘이 가나안 우상을 숭배한 것인데, 이는 첫 번째 결론(17:1-18:31)인 이스라엘이 스스로 우상을 만들어 숭배한 일과 일치하고 있는 것이다.[6)]

A 진멸이 전제된 이방인들과의 전쟁(1:1-2:5)
  B 이스라엘이 도입한 이방 우상들(2:6-3:6)
  B′ 이스라엘이 스스로 만든 우상(17:1-18:31)
A′ 진멸이 적용된 이스라엘 동족의 전쟁(19:1-21:25)

---

5) 최근의 사사기 구조에 대한 연구는 두 개의 서론을 두 개의 다른 목소리로 이해하고 사사기가 이 두 목소리에 의해 대화하는 것으로 보는 견해가 있다. 이 견해에 의하면, 2:11-19의 서론이 사사기의 영웅 이야기들을 재해석하고 안내한다고 본다. Cf. Susanne Gillmayr-Bucher, "Framework and Discourse in the Book of Judges", *JBL* 128, no. 4 (2009), p. 701.

6) 송병현, 『엑스포지멘터리 사사기』, pp. 33-34. 한편, 이러한 교차대구법적 구조는 "그 때에는 이스라엘에 왕이 없었으므로"라는 반복 문구의 사용을 통해서도 보인다.

A 그 때에는 이스라엘에 왕이 없었으므로(17:6)
  B 그 때에는 이스라엘에 왕이 없었고(18:1)
  B′ 이스라엘에 왕이 없을 그 때에(19:1)
A′ 그 때에는 이스라엘에 왕이 없었으므로(21:25)

사사기의 기록들이 연대순으로 나열된 것은 아니다.[7] 연대기적으로는 서론과 결론이 바로 이어져야 할 것이다. 두 개의 서론과 두 개의 결론은 거의 비슷한 시기에 발생했던 일이기 때문이다. 결정적으로 사사기 20:28 "아론의 손자인 엘르아살의 아들 비느하스가 그 앞에 모시고 섰더라"라고 이 베냐민과의 전쟁이 사사시대 초기의 사건임을 말하고 있기 때문이다. 그러므로 사사기의 결론은 사사들의 사역의 결과, 혹은 그 시대의 사회상을 결론적으로 보여주는 사건들이라기보다는 사사시대의 혼란상의 원인을 제시한 일르 보인다.

사사기의 본론에 해당하는 사사들에 대한 기록은 어떤 통일성 있는 원리에 의해 기록되었음을 볼 수 있다. 그 원리는 무엇인가? 학자들은 최소 다섯 단계에서 최고 열 단계까지 이야기의 패턴을 다르게 주장하는데, 가장 일반적으로 주장하는 다섯 단계는 다음과 같다. 첫째, 이스라엘이 하나님을 버리고 우상을 섬겼다(2:11; 3:7, 12; 4:1; 6:1; 10:6; 13:1). 둘째, 하나님께서 진노하셔서 이방 민족이 이스라엘을 지배하도록 하셨다(2:14; 3:8; 4:2; 10:9). 셋째, 이스라엘은 회개하고 하나님께 도움을 청했다(3:9, 15; 6:6-7; 10:10). 넷째, 하나님은 사사를 세워서 이스라엘을 구원하셨다(2:16; 3:9, 15; 10:1, 12). 다섯째, 그 사사가 살아있는 동안은 평화를 누리지만, 그 사사가 죽은 후에 이스라엘은 다시 악에 빠진다(3:10-11; 8:28-32; 10:2-5; 12:9-15). 이러한 패턴이 사사시대 동안 최소한 여섯 번이나 반복 순환되고 있는 것을 보게 된다. 이러한 순환은 단순한 반복이 아니라 상황이 갈수록 나빠지고 있다. 예컨대 나사의 끝으로 정점이 모아지듯 하향적인

7) 사사기의 연대기적 언급들을 합산하면 가나안 땅의 정복을 시작할 때부터 삼손의 사망 시까지 모두 410년이 된다. 이 숫자는 출애굽에서 성전 건축까지 기간인 480년이란 숫자와 꽤 근사치에 이른다. 이러한 언급들은 사사기 11:26에서 출애굽한 지가 300년이 되었다는 입다의 말과 더불어 출애굽의 초기 연대를 지지하는 것으로 생각되어 왔다. 그러나 사사기의 저자는 이스라엘이 사사들 사이의 공백 기간 동안 우상숭배를 한 기간에 대해서 언급하지 않기 때문에 이 시기가 사사들이 활동하는 시기와 중복된다고 가정하지 않는 한 이 책에 나오는 전체 시간은 출애굽 연대를 이른 시기로 잡든지 늦은 시기로 잡든지 상관없이 정복에서 삼손의 사망 때까지의 시간의 길이를 초과하는 것으로 보인다. 이러한 이유를 고려해 볼 때 몇몇 사사들이 서로 중복된 기간 동안 사역한 것으로 보이지만 그것들을 재구성해 내기에는 자료가 충분하지 않다. Cf. 레이몬드 딜러드, 트렘퍼 롱맨, 『최신구약개론』, pp. 183-184.

반복이 나타나고 있는, 소위 '나선형 하강구조' (downward spiral)를 보여주는 것이다.[8] 그러므로 마지막 사사인 삼손의 이야기는 사사기 전체의 신학을 집약한 것으로 하나님을 배반한 이스라엘의 사회상을 가장 적나라하게 보여주고 있는 것이다.[9] 이렇게 점진적으로 이스라엘이 타락의 정도가 심해지는 이유는 사사들이 통치하는 기간에는 적들이 힘을 쓰지 못해서 정치적으로는 평화를 누리긴 했으나, 이스라엘 사람들의 마음 깊은 곳에 뿌리박힌 이방신들에 대한 숭배는 여전히 삶속에서 유지되고 있었기 때문일 것이다.[10]

이상을 염두에 두고 사사기의 구조를 다음과 같이 구성할 수 있을 것이다.[11]

I. 두 서론
  A. 가나안 정복전쟁(1:1-2:5)
  B. 가나안 우상숭배(2:6-3:6)

II. 초기의 사사들
  A. 사사 옷니엘의 순환(3:7-11)
  B. 사사 에훗의 순환(3:12-30)
  C. 무명의 사사 삼갈(3:31)
  D. 드보라의 순환(4:1-5:31)

III. 사사 기드온의 순환
  A. 이스라엘의 타락(6:1)

---

8) 레이몬드 딜러드, 트렘퍼 롱맨, 『최신구약개론』, p. 187.

9) 이원우, 『성서: 거룩한 글들의 도서관』(서울: 살림출판사, 2005), pp. 146-151; 송병현, 『엑스포지멘터리 사사기』, pp. 35-36.

10) 장미자, "사사기의 구조분석", 목회와 신학 편집부 엮음『사사기, 룻기: 어떻게 설교할 것인가』(서울: 두란노아카데미, 2009), p. 49.

11) 이것은 사사기에서 반복되는 패턴 혹은 순환(타락, 지배, 기도, 구원, 구원이후)을 가지고 사사기를 분석한 것이다. 실제 설교에서는 이러한 틀로 설교하기가 쉽지 않는데, 그 이유는 본문의 길이가 적절하게 나뉘고 있지 않기 때문이다. 본문을 읽어갈 때는 이러한 구조를 참고하되, 적절한 길이로 나누어서 본문을 살펴보게 될 것이다. 그리고 소위 '소사사들' 의 순환이 나타나지만, 범위가 작아서 그것들은 '대사사들' 의 틀 속에 구분하였다. 또한 삼손의 순환에서는 '기도' 가 나타나지 않는데, 적의 지배를 받는 상황에서도 기도하지 않을 만큼 그 시대가 타락했던 것이다.

B. 미디안 족속의 지배(6:2-5)
C. 이스라엘의 기도(6:6-10)
D. 기드온을 통한 구원(6:11-8:32).
E. 기드온 사후 이스라엘(8:33-9:57)

IV. 사사 입다의 순환
A. 소 사사들(10:1-5, 12:8-15)
B. 이스라엘의 타락(10:6)
C. 암몬 족속의 지배(10:7-9)
D. 이스라엘의 기도(10:10-16)
E. 입다를 통한 구원(10:17-12:6)
F. 입다 사후 이스라엘(12:7)

V. 사사 삼손의 순환
A. 이스라엘의 타락(13:1a)
B. 블레셋 족속의 지배(13:1b)
C. 삼손을 통한 구원(13:2-16:30)
D. 삼손 사후 이스라엘(16:31)

VI. 두 부록들
A. 미가의 우상숭배(17:1-18:31)
B. 베냐민 정복전쟁(19:1-21:25)

3. 사사기의 상징들

1) 가나안과 가나안의 왕

사사기를 이해하는 중요한 열쇠가 있다. 그것은 하나님께서 사사기를 기록하신 이유이기도 하다. 사사기는 가나안 정복전쟁을 완전히 끝내지 못한 이스라엘이 가나안 땅에서 가나안 족속들과 살면서 벌이는 여러 가지 삶의 기록들이다. 그 기록들이 주로 내러티브 형식으로 기록되어 있다. 우리는 이러한 이야기들을 단순히 재미있는 읽을거리로만 여겨서는 안 된다. 이는 하나님의 말씀이기 때문이다. 이 말씀은 다른 성경과 같이 하나님의 감동으로 된 것으로 교훈과 책망과 바르게 함과 의로 교육하기에 유익한 것이다(딤후 3:16). 우리는 여기에서 삶의 원리를 발견하고 적용할 필요가 있는 것이다. 사사시대의 사람들의 모습은 곧 우리가 이 세상을 사는 모습이기도 하기 때문이다.

신약에서 가나안 정복에 상응하는 것은 그리스도를 위한 그리고 그리스도에 의한 복음으로 세상을 정복하는 것이다(마 28:18-20). 그러므로 사사기에는 넓은 시각에서 다음과 같은 상징들이 사용되고 있다. '에덴동산' 처럼, '가나안' 은 '온 세상' 에 대한 상징 혹은 예표이다. 그러므로 가나안의 왕인 '야빈' 은 상징적으로 '이 세상의 임금' 이다. 그는 동산/가나안/온 세상의 통치자로서 아담의 위치를 빼앗은 자이다. 그래서 그는 하나의 사탄의 모형이고 상징이다. 또한 원리적으로 하나님을 대적하는 사탄에 대한 다른 상징이 등장하는데, 바로 '구산리사다임' 이다. 그는 고대 세계의 실력자로 '두 강들 사이의 아람' 을 의미하는 '아람 나하라임' 의 왕이다. 그래서 '두 강들 사이' 를 뜻하는 '메소보다미아 왕' 이라고 한다. 사사기는 이스라엘이 의롭게 살지 않는다면, 그 원수가 메소포타미아에서부터 올 것을 경고했는데, 실제로 이 예언은 이스라엘 역사에서 성취되어서, BC 722년 앗수르가 북 이스라엘을 정복했고, BC 586년 바벨론이 남 유다를 정복했다.

2) 여자의 그 후손과 뱀의 머리

창세기부터 계시록까지 구속사를 통하여 보여주는 것은 여자의 후손과 뱀과의 오랜 전쟁이다. 창세기의 원시복음이 주어진 이후(창 3:15), 성경은 지속적으로 '여자의 그 아들' 이 계속해서 나타난다. 그는 '뱀' 의 머리를 부술 '여자' 에게서 난 자이다. 이 말은 단수로 예수 그리스도에게 적용되며, 집합명사로는 하나님을 따르는 무리들을 의미한다. 우리는 사사기에서 그의 그림자들을 몇 번 만나게 될 것이다. 사실, 원수의 머리를 부수는 것은 사사기의 가장 분명한 주제들 가운데 하나이다. 에훗은 정치적 우두머리인 에글론을 죽인다. 야엘은 장막 말뚝으로 시스라의 머리를 부순다. 기드온은 예바, 살몬나, 오렙과 스엡의 네 명의 머리들을 파괴한다. 아비멜렉의 머리는 한 여인에 의하여 박살이 난다. 삼손은 블레셋 도시들의 다섯 머리들을 파괴한다.

또한 사사기에는 여인의 그 후손의 다른 모습인 '기름 부은 자', 즉 '메시야적 인물들' 이 등장한다. 이스라엘은 제사장이나 왕을 세울 때 그의 머리에 기름을 부었다. 혹은 성령의 특별한 기름 부으심이 나타났다. 뒤에 설명하겠지만 사사기에서 성령에 사로잡힌 기드온이나, 성령의 기름부음이 긴 머리로 상징적으로 나타나는 삼손뿐 아니라, 모든 사사들은 성령에 의하여 기름부음을 받은 자들이었다. 그 사사들에 의해서 뱀의 후손들은 박살이 나는 것이다.

3) 어머니, 신부, 음녀

위에 언급한 것처럼, 여인의 후손은 여자에게서 난 자이다. 그러므로 우리는 그 후손의 '어머니' 가 있음을 짐작할 수 있다. 사사기에는 많은 어머니들이 등장한다. 대표적인 이스라엘의 어머니는 '드보라' 일 것이다. 악한 시스라의 어머니가 시스라를 키웠듯이, 이스라엘의 어머니인 드보라는 바락과 이스라엘의 신실한 자들을 세우고 전쟁한다. '바락과 시스라' 의 전쟁 뒤에는 '드보라와 시스라의 어머니' 가 있던 것이다.

삼손 이야기에서도 기름부음을 받은 삼손의 '어머니' 를 만나게 된다. 여호와의 사자가 마노아가 아닌 그의 아내에게 나타났었다. 이는 마노아가 나쁜 사람이었기 때문이 아니라 여인의 그 후손(the Seed)에 대한 구속사적 주제 때문이다. 그 후손의 어머니는 마노아가 아닌 마노아의 아내이기 때문이다.

또한 사사기에는 '신부' 가 등장하는데, 먼저 우리는 삼손의 아내를 생각할 수 있을 것이다. 삼손의 아내는 삼손과 블레셋 사람들과의 사이에서 갈등하게 된다. 이는 정결하지 못한 신부의 이미지이다. 또한 우리는 기브아 사람에 의하여 강간당하고 죽은 레위인의 첩을 볼 수 있다. 그녀는 다른 남자와 불륜을 저지르고, 집으로 되돌아오는 길에서 사고를 당했다. 사사기의 신부들은 이런 불륜과 불행의 주인공들인데, 이러한 사실들은 넌지시 하나님의 신부인 이스라엘의 모습을 반영하는 것이기도 하다.[12]

그리고 '신부' 가 있기 때문에, 우리는 또한 '신랑' 을 본다. 삼손은 처음에는 아내를 사랑하는 좋은 신랑이었다. 그러나 나중에 그는 음녀에게 정신을 빼앗기고 비참한 죽음을 당하는 타락한 신랑의 모습을 보여준다. 이는 첩을 가진 레위인도 마찬가지이다. 처음에 그는 첩에게 따뜻하게 대해주는 것 같았으나, 실상은 그녀에 대해서 분을 품고 있었던 자였다. 이렇듯 실패한 신랑의 모습은 참 신랑되신 하나님의 대리인으로 이스라엘을 사랑하고 지도해야 했던 지도자들(사사, 레위인)의 실패한 모습을 반영하는 것이기도 하다. 우리는 이스라엘의 반복적인 타락에도 불구하고 끝까지 신부된 구약교회를 사랑하시는 신랑되신 하나님의 모습에서 희망을 발견할 수 있다.[13)]

4)형과 동생, 어린 소년

성경은 형과 동생에 관한 많은 이야기들을 담고 있다. 그 시작이 가인과 아벨일 것이다. 우리가 잘 아는 대로 가인은 악하고 아벨은 선했다. 가인은 아벨을 핍박하여 죽였고, 하나님은 셋으로 그를 대신하였다. 형이 동생을 핍박하는 이 패턴은 성경에서 계속 반복된다. 아브라함의 아들들 가운데, 이스라엘은 이삭을 핍박했다. 이삭의 집에서는 형 에서가 동생 야곱을 미워했다. 야곱의 집에서는 요셉이 형들의 미움을 받았다. 이것은 신약성경까지 이어진다. 한 아버지의 두

---

12) 사사기는 많은 여자들이 등장하는데, 그들은 긍정적인 역할을 한 여인들(악사, 야엘, 드보라, 삼손의 어머니 등)과 부정적인 역할을 하는 여인들(시스라의 어머니, 삼손의 아내, 들릴라 등)로 나눌 수 있다. 사사기의 기록이 진행되면서 초반에 등장하는 여인들은 긍정적인 역할을 하지만, 후반으로 갈수록 입다의 딸이 죽임을 당한다든지, 레위인의 첩이 강간을 당하고 죽는다든지 여자들이 부당한 고통과 대접을 받는 것이 보인다. 이는 타락한 시대에 직접적인 피해의 대상은 여인들인 것을 보여주는 것이다. Cf. J. Clinton McCann, *Judges: Interpretation*, pp. 22-23.

13) 삼손 이야기는 사사기 전체 신학을 집약한 것으로 하나님을 배반한 이스라엘을 다시 불러 관계를 회복하시고자 하는 하나님의 끊임없는 사랑의 손길을 감지할 수 있게 해주는 이야기이다. 하나님의 이야기의 입장에서 보면 삼손은 하나님의 사랑을 파란만장한 삶을 통해 잔잔하면서도 끈질기게 드러낸 사랑의 화신인 것이다. Cf. 이원우, 『성서: 거룩한 글들의 도서관』, p. 151.

아들 가운데, 형은 동생을 미워한다. 성경에서 한 아버지의 두 아들 가운데 형은 동생을 미워하고, 동생은 형의 구속자가 되는 것이 반복적으로 나타나고 있는 것이다. 사실 이것은 궁극적으로 형인 옛 언약의 자손들/구약 이스라엘이 동생인 새 언약의 자손들/신약 교회를 핍박하지만, 하나님의 구원이 동생을 통해 나타남을 보여주는 것이다.

한편, 사사기에서 우리는 단 한번 '동생'이 나타나는 것을 보게 된다. 요담은 형들이 배교하고 심판받았을 때, 구원자의 위치에 있는 동생이었다. 사실 그의 형들의 죽음은 옛 세상 질서가 심판아래 있다는 것에 대한 한 징조였다.

형의 동생은 아니어도 우리는 사사기 17장에서 한 레위인 '소년'을 만난다. 유다 베들레헴 출신의 그 레위인을 개역개정성경은 '한 청년'이라고 번역하지만, 그는 제사장으로 일하기에는 아직 어린 소년이었다. 제사장은 30세에 공적 사역을 시작하는데, 그 소년은 아직 30세 이전의 젊은이였던 것이다. 그는 노아의 아들인 함과 같이, 이스라엘의 아버지의 장막을 존경하지 않았고, 성급하게 자신의 힘으로 무언가를 얻고자했던 것이다. 구속사의 진전에 따라서 옛 언약 백성들은 새 언약의 때까지 성숙해지며 기다려야 했던 것이다.

5) 숫자들

사사기에서 자주 사용되는 숫자는 대략 '3, 5, 6, 11, 40' 등이다. 이들 숫자에 대한 일반적인 수신학적 이해는 다음과 같다. 수신학을 모든 숫자에 기계적으로 대입하기에는 어려움이 있으나, 이러한 이해는 사사기를 해석하는데 도움을 줄 것이다.

숫자 '3'은 일차적인 '심판의 날'을 의미한다. 이는 일곱째 날의 최종적인 심판을 앞두고 '회개할 기회'를 의미하기도 한다. 특히 3은 삼손 이야기에서 반복적으로 등장한다. "여호와의 영이" 3번 임하고(14:6, 9; 15:14), "30명의 친구들"(14:11), "베옷 30벌과 겉옷 30벌"(14:12, 13), "수수께끼를 풀 3일"(14:14), "30명의 죽임당한 블레셋인들"(14:19), "300마리 여우들"(15:4), "유다의 3,000명의 남자들"(15:11), 들릴라의 3번의 시험(16:15)이 등장한다.

성경에서 숫자 '5'는 '힘'의 숫자이다. 그것은 군사적인 대오를 나타내는 것으로 사용된다. "이스라엘 자손이 애굽 땅에서 대열을 지어 나올 때"라는 말에서 이 '대열' (חֲמֻשִׁים)이라는 히브리어는 문자적으로 군대가 오열 횡대로 행군했다는 것이다(출 13:18; 수 1:14; 4:12; 삿 7;11; 민 32:17). 이는 또한 블레셋 사람들과 관련된 숫자이다. 블레셋은 5개의 마을로 이루어진 나라이기 때문이다.

숫자 '6'은 인간의 숫자이다. 인간은 6일에 창조되었고, 7이란 '완전한 안식'에 도달하지 못한 타락한 인간의 모습을 나타내는 숫자이다(삼상 13:15; 17:7; 왕상 10:14, 16; 10:29; 대하 9:13, 15; 단 3:1). 결정적으로 계시록은 '6'이 사람의 수라고 한다. "지혜가 여기 있으니 총명한 자는 그 짐승의 수를 세어 보라. 그것은 사람의 수니 그의 수는 육백육십육이니라"(계 13:18). 그러므로 삼갈이 죽인 '600명'은 '죄악에 빠진 많은 사람들'을 가리키는 상징적인 숫자로 보이는 것이다.

숫자 '11'은 불완전수이며 언약 파괴의 숫자이다. 이는 12가 완전수이며 언약의 숫자(12지파, 12사도 등)인데 반해, 11은 그것에서 하나가 모자라는 숫자이기 때문이다. 예를 들어, 가룟 유다가 죽은 후, 사도들은 11이 되었다. 그 숫자를 채우기 위해 맛디아를 뽑았다. 마찬가지로 사사기에서 단 지파가 사라질 위험에 처하자, 보충할 계획을 세운다. 여호수아가 "110세"에 죽은 것은 모세가 '120'년을 산 모자라는 것이다(신 34:7). 또한 삼손은 은 1,100개에 팔렸다(삿 16:5). 그리고 미가도 은 1,100개에 언약을 배신했다(삿 18:2). 에스겔은 예루살렘의 파괴와 두로와 애굽에 대해서 말할 때도 11이란 숫자가 쓰이고 있다(겔 26:1; 30:20; 31:1).

숫자 '40'은 '시험'의 숫자이다. 하나님께 범죄하고 버림받은 이스라엘은 "40년 동안" 압제의 세월을 보내거나(삿 13:1), 평화의 세월을 보낼 수 있었다(3:11; 5:31; 8:28). 모세는 40세에 살인자가 되어 광야로 들어갔고, 40년이 지난 후에 애굽으로 돌아갔다. 40년 동안 광야에서 이스라엘을 인도했다. 이스라엘은 40년을 광야에서 방랑했다. 예수님도 40일을 시험받으셨다. 한편 '10'은 이보다 작은 제한된 시험의 기간인 것을 보게 되는데(단 1:12, 14 "열흘 동안 시험"; 계 2:10 "십일 동안 환난"; 삿 12:11), 이 시험의 기간인 '10'을 두 번 더한 20년의 통치가 나타나기도 했다(삿 2:30; 4:31).

제2장
사사기의 메시지

1. 사사기와 기독교 정치신학

종교개혁자들은 사사기에서 많은 것을 얻었다. 종교개혁 기간에 개혁자들은 제국의 이미지 가운데 교회를 재건하려는 교황의 전제주의와 대립하였고, 또한 북 유럽의 다양한 나라들의 점증하는 전제주의자들의 요구들과 대립하였다. 종교개혁자들은 이러한 시대적 흐름에 대한 방어수단을 사사기에서 발견하였다. 첫째, 그들은 사사기가 근본적인 문제들이 그리스도에 대한 도덕적이고 영적인 불충으로 제시하고 있음을 보았다. 그리고 그들은 레위인들(설교가들)이 부지런히 교회를 개혁하기 전에는 사회적 상황들이 계속해서 더 나빠질 것이라는 점을 강조했다. 둘째, 그들은 사사기에서 성경이 국가 중심주의에 반대하고 있음을 발견했다. 이상적인 기독교 국가는 반(反)중앙집권적이고 지역중심적인 것이다. 즉 하나님의 율법 하에 인간들이 자유롭게 사는 것이다. 정치적 권력에 대한 욕망은 위험한 것이다. 그리고 셋째, 그들은 사사기에서 때로 의인들이 독재자의 멍에를 벗기려고 할 때, 하나님께서 이러한 저항운동을 축복하신다는 것을 발견했다.

스트라쓰버그의 중요한 개혁자 중에 한 사람인 마틴 부처(Martin Bucer, 1491-1551)는 일찍이 사사기를 강해했다. 이상하게도 사사기는 칼빈이 문제를 삼지 않은 몇몇 책들 가운데 하나였다. 그러나 그 이유는 부처가 그런 좋은 작업을 이미 마쳤다고 생각했기 때문일 것이다. 부처의 사사기 주석은 칼빈의 제네바에서 1554년에 출간되었는데, 이는 칼빈이 신명기(1555-56)와 사무엘(1563)의 강의에서 사사기에 대한 강의와 출판을 건너뛰었기에 가능했던 것이다. 공화정치에 대한 규칙과 제한적인 정부에 대한 칼빈의 공약은 이들 두 쌍의 설교들 가운데 강력하게 구체화되었다. 비록 그의 사무엘이나 신명기 강의들이 오늘날 영어가 아닐지라도, 칼빈의 신명기 설교들은 1685년에 영어로 나타났고, 몇 판을 걸쳐서 개정되었다.

부처는 영국에서 그의 생애의 마지막 몇 년을 보냈는데, 그곳에서 그의 공화정에 대한 견해는 청교도들에게 호의적이었다. 한편 부처의 절친한 친구인 피터 마터 베미글리(Peter Martyr Vermigli, 1499-1562)도 사사기를 강해했는데, 그의 강의들은 1564년에 영어로 번역되어 출판되었다. 이것들은 꽤 충격적이었고, 여기에서 그는 정치적 전제주의에 대해 강한 공격을 하였다. 리차드 로저스(Richard Rogers, 1532-1597)의 사사기에 대한 1615년에 출간된 주석은 그것에 대한 기초로 베미글리의 작업을 특별하게 주목하고 있다. 그러므로 한편으로는 부처와 칼빈으로, 다른 한편으로는 베미글리로부터, 이미 영국 사회에 제시된 하나님의 율법에 기초한 제한된 정부에 대한 강한 신념은 거듭 강화되었다.

청교도들은 이러한 유산들을 급속히 받아들였고, 영국의 시민전쟁 기간 동안에 그들 자신들의 사사기를 만들었다. 훗날, 미국에서 그들의 후손들은 그들 자신의 13주들(states)에 대한 모델을 이스라엘의 13공화정에서 발견하였는데, 이는 한 헌법 아래에 느슨하게 연합된 것이지만, 절대적인 왕이 없이, 엄밀하게 제한적인 연방정부를 이루는 것이었다. 그래서 1787년 제헌의회 때, 정부의 체계로부터 기독교의 가치들을 분리시키기를 원치 않았기 때문에 헌법 속에 제도적 교회가 정부로부터 분리되어야 한다는 강력한 조항을 삽입함으로써 개인의 자유를 보장하려 했다. 그래서 정부가 어떤 특정 종교에 특권을 부여할 수 없게 되었다. 이러한 정치와 종교의 분리 원칙으로 미국은 청교도들이 세운 나라이지만 다양한 종교의 자유가 존재하게 된 것이다.[1] 개신교 정치사상에 대한 사사기의 영향력에 대한 충분한 연구는 더 진행될 필요가 있다.

왜 사사기에서 기독교 정치사상에 대하여 언급하는가? 그것은 사사기가 공적 신학을 위한 중요한 토대를 제공하고 있기 때문이다. 기드온의 우선적 관심은 개인적인 것이었으나 동시에 국가적인 것이기도 했다. 기드온이 귀고리를 모은 것은 그러한 점을 보여주고 있는 것이다(삿 8:26).[2] 기드온에 의해 시작된 왕정을 향한 흐름들은 10-12장에서 계속되고 있다. 그 중심에 있는 입다의 이야기의 핵심은 왕조를 세우고자하는 열망과 관계된 것이다. 이는 어떤 의미에서 다가올 그 후손에 대해 관심을 갖는 것이기도 하다. 하나님의 시간과 하나님의 그 후손인 예수 그리스도를 기다리는 대신에, 입다는 자신의 왕국을 세우는 것에 관심을 갖고 있었다. 그러나 하나님께서 은혜 중에 그의 야심을 좌절시키시고 하나님의 나라를 어떻게 세워가는가를 보여주는 것이 사사 입다 이야기의 핵심이다.

2. 사사기의 배경: 삼손, 사무엘, 그리고 오벳

우리는 사사기 13장에서 하나님의 주권에 대한 주제를 본다. 인간은 죄 가운데 잃어버린 자가 되었고, 하나님에 의하여 구원을 향한 단계에 이르게 된다. 이 점에서 구속사에서 계속되어 온 어떤 것에 대한 완전한 그림을 얻기 위하여, 우리는 삼손을 사무엘과 오벳과 함께 두어야 한다.

사사기 13:1에 의하면, 이스라엘은 블레셋에 40년 동안 압제를 받고 있었다. 이 압제는 미스바 전투에서 끝이 났다(삼상 7:7-13). 미스바 전투는 법궤를 빼앗긴 아벡 전투가 있은 지 20년 후에 일어났다(삼상 7:2 "궤가... 이십년 동안을"). 엘리가 죽었던, 아벡 전투 때에, 사무엘은 아직 어렸고, 자신의 사역을 이제 막

1) 마크 하트필드, "그리스도인이 정치에 개입해야만 하는가?", J. I. Packer 등 75인, 『신앙생활백과』, 양낙흥, 안교성 공역(서울: 크리스챤다이제스트, 1992), p. 829.

2) Richard D. Nelson, "Judges: A Public Canon for Public Theology", *Word & World Volume* 29(*Number* 4, Fall 2009), p. 405.

시작했었다(삼상 3-4장).

이 모든 것들을 함께 놓으면, 우리는 다음과 같은 분명한 연대기를 얻게 된다. 블레셋이 압제를 시작할 무렵, 하나님은 삼손의 어머니에게 나타나셨고, 그녀는 임신하게 되었다. 동시에 하나님은 불임의 여인인 한나의 기도에 응답하셨고, 그녀도 임신하게 되었다. 두 아이들은 나실인, 즉 죽은 태에서 나온 하나님의 구별된 아이들이다. 그들은 하나님께서 이스라엘을 구원하시기 위하여 새로운 일을 하신다는 것에 대한 두 증인으로 살게 된다.

삼손이 20살이 되었을 때, 하나님은 성령으로 그의 마음을 격동하기 시작하셨고, 그는 블레셋 소녀와의 결혼을 요청했다. 아마 이것은 블레셋이 이스라엘보다 강한 아벡 전투 때의 일일 것이다. 바로 그 때, 엘리는 죽었고 사무엘은 공적인 사역을 시작했던 것이다.

하나님은 두 가지 수단으로 둘째 20년 동안 블레셋의 가혹한 압제를 제지하셨던 것이다. 첫째는 블레셋을 당혹스럽게 만든 삼손의 엄청난 힘과 예측할 수 없는 행동들이었다. 둘째는 블레셋 사람들을 두려움에 빠지게 했던 법궤의 탈취 이후의 일련의 일들이고, 그것은 그들이 비록 군사적 우위를 점하고 있었을지라도 이스라엘을 조심스럽게 대하도록 했을 것이다(삼상 5-6장).

이스라엘이 죄 가운데 빠져서 철저하게 타협할 때, 이스라엘에는 새로운 탄생이 필요했다. 우리는 사사기 13장에서 새로운 탄생에 관한 주제를 주목해야만 한다. 사무엘상 1-3장에서 그것을 간략하게 살펴보자. 우리는 한나의 불임과 사무엘의 출생에 대한 기적을 주목해야만 한다. 또한 우리는 그 문제가 사무엘상 3장에서 성막을 통하여 상징적으로 묘사되고 있음을 보게 된다. 엘리는 눈이 어두웠고, 동시에 성막의 등불은 꺼져가고 있었다(삼상 3:2-3). 이 두 가지는 사실상 같은 것이고, "여호와의 말씀이 희귀하여 이상이 흔히 보이지 않았더라."라는 구절로 설명된다(삼상 3:1). 엘리의 육신의 장막이든 성막이든 빛은 사라져가고 있었고, 하나님의 계시의 말씀은 주어지지 않았던 것이다.

한 밤 중에, 여호와께서 어두운 성막의 '내부'(womb)에 있는 사무엘을 찾아주셨다. 그리고 하나님의 말씀을 사무엘에게 주셨다. 그 이전의 사무엘은 "여호와를 알지" 못했다(삼상 3:7). 그러나 하나님의 음성을 들은 이 경험은 사무엘에게 일종의 새로운 출생이었고, 그가 이스라엘에 새로운 하나님의 말씀을 전해 줄 수 있도록 했다. 마치 한나 집의 문(자궁)이 하나님의 기적에 의해서 열리기 전에는 닫혀 있었던 것처럼, 그렇게 사무엘은 닫혀 있던 하나님의 집의 문을 연 사람이었고(15절), 그가 성막의 자궁에서 그 문을 통하여 나왔을 때, 그는 두 번째로 태어난 사람이 되었던 것이다. 이제 하나님의 메시지가 나타났는데, 그것은 옛 아담, 즉 엘리와 그의 집에 대한 심판이었다.[3)]

그러므로 급격한 새로운 시작에 대한 주제는 삼손에서처럼 사무엘에게도 나타나는 것이다. 이 시점에서 하나님의 사역에 대한 세 번째 측면이 있는데, 그것은 법궤를 빼앗김에 대한 것이다(삼상 4-6장). 이는 하나님의 백성들을 위한 대속물로서, 하나님 자신이 블레셋에게 포로로 잡혀간 것이다. 여기에 병행되는 모든 것들은 애굽에서 탈출한 것과 같은 것이다. 즉 하나님은 거짓 신들과 전쟁하시고, 블레셋에 재앙을 내리셨고, 법궤는 전리품과 함께 존중받으며 되돌려졌던 것이다. 블레셋 사람들은 이것을 충분히 이해했다(삼상 6:6). 이 새로운 속박과 그로부터의 엑소더스는 이스라엘을 위한 새로운 출발을 가능하게 하였다. 마치 그 여호와의 사자가 자신을 희생제물로 드려 하늘로 올라감으로 삼손의 출생을 가능하게 한 것처럼, 법궤는 포로와 압제 하에 있는 이스라엘의 자유를 가능하게 하였던 것이다. 이는 다윗과 솔로몬을 통해 절정에 이를 구원의 시작이었다.

이 모든 것들은 삼손이 이스라엘을 다스리는 중에 일어난 것이다. 삼손이 젊은 시절에 블레셋 연인과 결혼을 하고자 한 것은 법궤를 빼앗긴 사건과 연대기적으로 거의 동시에 일어났을 것이다. 또한 삼손이 마지막에 블레셋의 다섯 방백들과 대부분의 귀족들을 일시에 죽인 것은 블레셋이 이스라엘에 패한 미스바 전투 직전에 발생했음이 틀림없다. 사무엘상의 관점에서, 이스라엘은 자신들의 죄를 회개하는 번제를 드렸기 때문에 블레셋을 패배시킬 수 있었다(삼상 7:8-11). 또한 사사기의 관점에서, 동일한 그 승리는 삼손의 최종적이고 가장 강력

3) J. Gerald Janzen, "Samuel Opened the Doors of the House of Yahweh(1 Samuel 3:15)," in *Journal for the Study of the Old Testament* 26(1983), pp. 89-96.

한 복수를 통해서 블레셋의 대부분의 지도자들이 죽었기 때문에 가능했던 것이었다. 이 두 가지 관점들은 모두 사실이고, 또한 필요한 것이었다.

룻기는 우리에게 당시 이스라엘의 죽음과 부활에 대한 세 번째 관점을 준다. 오벳의 출생은 삼손과 사무엘과 거의 동일한 시대였을 것이다. 사무엘하 5:4에 의하면, 사울이 죽었을 때, 다윗은 30세였고, 사도행전 13:21에 의하면, 사울은 40년을 다스렸다. 그러므로 다윗은 사울의 재위 10년에 태어났다. 우리는 아벡 전투에서 첫 번째 블레셋의 압제가 끝나기 전에, 사무엘이 20년 동안 사사로 있었음을 알고 있다(삼상 7:2). 또한 우리는 사무엘이 그의 아들들을 이스라엘 위에 사사로 임명했을 때에는 그가 늙었다는 것을 알고 있다(삼상 8:1). 만약 사무엘이 아벡 전투에서 40세였다면, 그는 60세에 노인이었을 것이다. 이는 우리에게 사무엘의 40년 사사통치를 알려주는데, 다윗은 사무엘이 사사로 시작한 후에 약 50년에 태어났거나 사무엘이 70세일 때에 태어났을 것이다.

다윗은 이새의 여덟 번째 아들이다(삼상 16:11). 그래서 우리는 다윗이 태어났을 때, 이새가 50세 정도였다고 추측할 수 있을 것이다. 이는 이새가 사무엘이 20세 때에 태어났음을 의미하고 있다. 우리는 이새가 오벳의 장자라고 믿을 만한 여러 가지 이유들이 있다(대상 2:12). 그래서 이새는 오벳이 20세에 태어났을 것이다. 그러므로 이새의 아버지인 오벳은 사무엘과 거의 동시대에 태어난 것이다. 심지어 만약 우리가 몇 년을 빠뜨렸다고 해도, 우리는 오벳이 삼손과 사무엘과 대략 같은 시기에 태어난 것으로 생각할 수 있다.

이것이 무엇을 의미하는가? 룻기 4:18-22의 연대기에 관한 연구는 하나님이 계획하신 참된 왕인 다윗이 오벳의 자손임을 보여주고 있다. 오벳이 없으면 다윗도 없었을 것이다. 비록 오벳이 수혼에 의하여, 나오미의 무릎에서 태어난 엘리멜렉의 상속자였고, 엘리멜렉의 가문이 하나님의 저주로 죽었지만, 엘리멜렉이 없으면, 다윗도 없고, 왕도 없는 것이다. 그 왕은 유다지파에서 나와야 했고, 그것은 앞으로 살펴볼 것처럼, 10세대가 지나기 전에는 불가능했다(cf. 삿 11:1-3 주석). 그러나 하나님이 미리 예정하신 왕의 계열은 배교했고 사라졌다. 그러나 나오미의 대리인인 룻이 엘리멜렉의 대리인인 보아스와 수혼을 통하여 참된 왕권의 도래가 가능하게 되었다. 그러므로 룻기는 우리에게 사사기 13장이나 혹은 사무엘상 1-7장에 있는 그런 것과는 다른 형태의 '죽음과 재창조의 모티프'를 제시하고 있는 것이다.

베들레헴 출신의 한 유다사람인 엘리멜렉은 기근이 왔을 때, 하나님의 심판을 받아들이는 것을 거절하고, 약속의 땅에서 모압 땅으로 도망하였다. 이러한 배교와 어리석음을 제대로 보기 위하여, 우리는 모압이 광야에서 이스라엘에게 떡을 주기를 거절했었다는 것을 기억할 필요가 있다. 엘리멜렉은 모압을 위하여 젖과 꿀이 흐르는 땅을 떠난 것이다. 예측할 수 있듯이, 그는 거기에서 죽었다. 한편으로, 하나님은 이스라엘에게 새로운 생명을 허락하셨다(룻 1장).

괴로움 가운데 나오미는 이스라엘로 돌아왔고, 그녀의 이름을 '괴로움'을 뜻하는 '마라'로 바꾸었다(룻 1:20). 그녀의 태는 닫혔고, 그녀의 아들들은 죽었고, 그녀의 남편도 죽었다. 이는 마치 젖과 꿀이 흐르는 땅인 에덴에서 추방되어 저주 아래 있는 존재인 첫 아담의 모습과 같은 충격적인 모습이었다. 그러나 하나님께서는 룻을 나오미의 대리인으로 은혜롭게 준비하시고, 수혼의 법으로 그녀의 가문이 새롭게 탄생할 수 있도록 하셨다. 그러서 사실, 오벳은 나오미의 구속자라고 불리는 것이다(룻 4:14이하).

구속사에서 동시에 일어난 이 세 가지 이야기에서, 우리는 하나님께서 심판과 죽음에서부터 부활이란 모티프가 동일하게 나타나고 있음을 본다. 이스라엘은 회개하지 않았다. 그러나 하나님께서 그들에게 삼손을 보내셨다. 삼손의 출생은 여호와의 사자가 스스로 제물이 되어 승천함으로 가능했다. 이스라엘이 죄악 가운데 있을 때, 하나님은 법궤가 끌려가는 모습으로 그 자신에게 심판을 내리심으로 엘리의 잘못을 일소하셨고, 사무엘을 일으키셨다. 약속의 땅에서 쫓겨난 엘리멜렉과 나오미는 죽었으나, 하나님께서 룻과 보아스를 통하여 참된 왕(오벳-다윗)을 일으키셨다.

이러한 논의에 대한 간단한 개요로서, 우리는 사사기가 인간적인 왕권에 대항하기 위하여 기록된 것이고, 룻기가 참으로 거룩한 왕의 조건을 보이기 위하여 기록한 것이라고 생각할 수 있다.[4] 보아스는 참된 왕의 실례이고, 그의 후손

4) 사실, 여호수아와 사사기에서 이스라엘에 왕이 없었고 사무엘 시대에 사울이 왕이 된 후

인 다윗은 이스라엘의 첫 번째 참된 왕이다. '하나님이 참된 왕이시다' 는 뜻의 엘리멜렉은 역설적으로 그의 생애에서 하나님의 왕권을 인정하지 않았으나, 룻기의 주제가 왕권을 세우는 것이었다는 것을 주목하라. 또한 재출생의 기적에 의해 허락된 아들이 '종' 을 의미하는 오벳이라는 이름을 가졌는데, 이는 그 참된 왕의 다른 모습, 즉 여호와의 종인 메시야와 같은 것이다(사 52:13이하). 아마도, 룻기는 사울이 배교하고 다윗이 이미 기름부음을 받았을 때, 다윗 이전에 길을 닦아두기 위하여 기록되었을 것이다.

3. 블레셋 사람들에게 제시된 복음의 구조

삼손은 성경에서 많이 오해 받고 있는 인물 중의 하나일 것이다. 특히 삼손은 여성편력이 심한 인물로 생각되어졌다. 그러나 우리가 사사기 14-15장의 문학적 형태를 살피는 것을 통해 삼손에 대한 새로운 이해를 갖게 될 것이다. 14장은 4가지 에피소드로 이루어져 있고, 각각의 것은 누군가 내려가는 것으로 시작한다. 또한 15장은 4개의 에피소드가 있고, 각각의 것은 누군가 어디로 가는 것으로 시작하고 있다. 14장의 4개의 에피소드에서, 중심이 되는 것은 '이야기하기' 이다. 15장의 4개의 에피소드에서, 중심이 되는 것은 '행동하기' 이다. 에피소드들은 다음과 같이 서로 평행을 이루고 있다.

에피소드 1: 삼손과 부모

a. 14:1-4. 삼손이 딤나로 내려가다(1절).
삼손이 "그의 부모에게 말하다" (2절).

b. 15:1-3. "삼손이 그의 아내를 방문하다" (1절).

에 다윗 왕조가 세워진 것은 여호와께서 이중방식, 즉 처음에는 왕이 없고, 두 번째는 나쁜 왕의 나타남으로 여호와의 마음에 맞는 이상적인 왕의 모습을 차근차근히 가르친 후에야 실제적인 영구한 형태의 왕, 참된 왕이 출현하게 한 것이다. Cf. 게할더스 보스, 『성경신학』, 이승구 역(서울: 기독교문서선교회, 1985), p. 207.

"그녀의 아버지가 말하다" (2절).
삼손이 "내가 그들에게 해를 끼치리라" 고 말하다(3절).

에피소드 2: 짐승들에게 보여준 삼손의 무용
a. 14:5-6. "삼손이 딤나로 내려갔다" (5절).
삼손이 사자에 대하여 "그의 부모에게 말하지 않았다" (6절).
b. 15:4-6a "삼손이 가서 여우 300마리를 잡았다" (4절).
블레셋 사람들이 "누가 이를 행했느냐?" (6a절).

에피소드 3: 긴 이야기로의 전환
a. 14:7-9. "그래서 그가 내려갔다" (7절).
삼손이 꿀을 가져 온 곳에 대해서 "그들에게 이르지 아니하였다" (9절).
b. 15:6b-8. "그래서 블레셋 사람이 올라왔다" (6b절).
삼손이 "너희들이 이렇게 행했기 때문이다" 라고 했다(7절).

에피소드 4: 절정과 주제의 확장
a. 14:10-20 "그런즉 그의 아버지가 내려갔다" (10절).
"내가 나의 부모에게 알리지 않았는데, 어찌 당신에게 알리겠는가?" (16절).
b. 15:9-19 "그런즉 블레셋 사람들이 올라갔다" (9절).
블레셋 사람이 "그가 우리에게 행한 대로 우리가 그에게 행하기를" 원한다.
유다 사람들이 "우리에게 행한 것이 무엇이냐?"
삼손이 "그들이 나에게 행한 것같이, 나도 그들에게 했다" 고 한다(10-11절).

각각의 경우에서 네 번째 에피소드가 그 이야기의 절정이다. 14장에서, 우리는 '대화' 에 대한 전체 시리즈들을 본다. 15장어서, 우리는 '행동' 에 대한 전체 시리즈들을 본다. 각각의 경우에서 세 가지 등장인물들이 등장한다. 즉 주인공인 삼손과 상대방인 블레셋 사람들, 그리고 삼손을 이겨서 이익을 얻으려는 제 3의 무리들이다. 14:10-20에서 제 3의 무리들은 '딤나 사람들' 이고, 15:9-19

에서 이 역할을 맡은 사람들은 '유다 사람들' 이다.[5] 엑슘(Exum)이 이야기한대로 각각의 경우에 "블레셋 사람들은 자신들이 원하는 것을 이루었다. 딤나 사람들은 그에게 수수께끼의 답을 말했다. 유다 사람들은 삼손을 결박하고 자신들의 생명을 블레셋 사람들로부터 구했다. 각각의 경우에, 블레셋 사람들이 우위를 점하고 있는 것으로 보이는 지점에서, 오히려 여호와의 영이 삼손에게 임하여 아스글론으로 가서 30명의 블레셋 사람들을 치게 하였다. 15장에서 삼손이 레히에 이르렀을 때, 성령이 그에게 임하여 그가 1,000명의 블레셋 사람들을 쳤다."[6]

그 본문은 '말씀' 에서 '행동' 으로 움직인다. 이는 제의적인 순서를 따른 것이다. 즉 말씀의 선포에서 성례전적인 행동으로 움직이는 것이다. 물론, 여기에서 둘 다는 부정적인 것이다. 삼손은 그의 아내가 자신을 이기기 전까지, 그의 부모 혹은 그의 아내에게 비밀을 말하지 않았다. 이 점에서, 진짜 시합이 결합된 것이다. 즉 삼손은 수수께끼 자체보다는 '그녀가 어떻게 반응하였는가?' 를 주목한 것이다. 당시 이스라엘의 구원자라는 의미에서 메시야적 인물로서 삼손의 메시야의 비밀에 대한 그녀의 부정적인 반응은 그녀 자신의 부정적인 운명을 확정하였고, 동시에 블레셋 사람들에 의한 그 비밀의 부정적 남용은 그들의 부정적 운명을 확정하였다. 성례전에는 부정적인 측면들도 존재한다. 성찬에 잘못 참여하여 약한 자, 병든 자, 심지어 죽는 자도 있었다(고전 11:30). 그래서 그 이야기의 하반부는 심판이 연속적으로 나타나는 것이다.

이와 동일한 순서가 계시록에서도 나타난다. 계시록의 상반부에서, 우리는 열방과 이스라엘에 대한 심판의 말씀을 선포하는 '일곱 나팔들' 을 본다. 그러나 그들이 복음의 나팔을 듣고도 회개하지 않았을 때, 그 책의 하반부는 그들 위에 쏟아지는 반성례전적인 심판의 '일곱 대접들' 을 보여준다.

삼손이 블레셋 사람들이나 그의 부모에게 수수께끼의 답을 궁극적으로 숨기려한 것은 아니었다는 것을 아는 것이 중요하다. 그러나 수수께끼를 낸 것은 일

---

5) J. Cheryl Exum, "Aspects of Symmetry and Balance in the Samson Saga"; *Journal for the Study of the Old Testament* 19 (1981), p. 17.

차적으로 삼손은 그의 아내에게 복음(하나님께서 사자를 이길 힘을 삼손에게 주셨다)을 전하고, 블레셋 사람들보다 하나님과 하나님의 메시야적 인물을 신뢰할 것을 선택하고 결단하도록 요구한 것이다. 사실, 삼손이 사자를 죽인 것은 이스라엘에게 복음이고, 또한 만약 블레셋 사람들이 들을 귀가 있었다면 그들에게도 복음이었다. 삼손은 적절한 상황을 직면했고, 그것을 수수께끼의 형태로 말했던 것이다. 삼손은 수수께끼를 통하여 그의 아내와 블레셋 사람들을 시험하면서, 그들이 올바르게 반응할 것을 기다렸던 것이다. 만약 그들이 '사자가 삼손에 의해 죽었다' 는 것을 들으며 삼손과 그를 세우신 하나님을 두려워했다면, 그들은 하나님의 구원에 참여했을 것이다. 그러나 그들은 하나님의 메시야적 인물을 두려워하지 않았고, 여호와를 두려워하지 않았다. 결국 무서운 심판이 그들에게 지속적으로 임하였던 것이다.

4. 사사기의 부록: 두 에피소드들

사사기 17-21장에는 '미가의 우상 이야기' 와 '레위인의 첩 이야기' 로 시작하는 두 가지 에피소드가 나온다. 일명 '사사기의 부록' 으로 불리는 사건들이다. 이 두 이야기들은 연대기적으로 사사시대의 초기에 일어났으나[7] 사사기의 뒷부분에 둠으로 사시시대의 혼란의 가장 결정적인 절정을 보여줌과 동시에 그 시대의 혼란의 근본적인 원인을 고발하고 있는 것이다. 이것은 사사기 전체 메시지의 핵심인데, 영적인 지도자들인 레위인들의 타락을 고발하는 것이다. 레위인들이 이스라엘의 영적인 어른들로 자녀들을 가리키는 일에 실패하자, 모든

---

6) *Ibid.*, p. 18.

7) 17-21장을 사사시대 후기로 이해하게 만드는 중요한 단서는 "그 때에 이스라엘 왕(멜렉)이 없었다"는 진술이다. 이 '멜렉' 이란 단지 '왕' 이 아닌 '지도자' 를 지칭할 수 있다. 왕정시대에는 '왕' 을 가리켰지만, 사사시대에는 '사사' 를, 족장시대에는 '족장' 을 지칭했을 수 있다. 이렇게 이해하면 18-21장의 두 에피소드는 사사가 등장하기 이전의 암흑시대를 지칭하는 것으로 볼 수 있다. Cf. 최종태, "사사기 이해를 위한 신학적 접근", in 목회와 신학 편집부, 『사사기 룻기 어떻게 설교할 것인가』(서울: 두란노아카데미, 2009), pp. 55-56.

문제들이 발생하였던 것이다. 또한 레위인들이 이스라엘의 참 남편인 하나님의 대리인으로 참 남편의 모습을 나타내지 못했을 때, 그 신부된 이스라엘은 다른 남편인 바알(Baal)[8]을 따라 간음했다는 것이다.

바울은 "남편들아, 너희 아내 사랑하기를 그리스도께서 교회를 사랑하심같이 하라"고 말한다(엡 5:25). 남편으로서의 하나님의 돌봄을 그의 아내/구약교회에게 선포하는 것이 레위인들의 일이었다. 존중받지 못하는 여자들이 종종 다른 곳에서 돌봄을 찾으려는 것처럼, 이스라엘은 다른 남편(바알)들을 찾았었다. 하와보다 아담이 인간의 타락에 대한 보다 큰 책임이 있는 것처럼, 이스라엘이 죄에 빠졌으나, 실상은 레위인들이 더 큰 책임이 있었던 것이다.

여호와께서 이스라엘의 남편이고 왕이 되셨으나, 레위인들은 그 분의 임재를 선포하는 것에 실패했다. 그러므로 그 부록에서 다섯 번 언급하는 것처럼, 이스라엘에는 왕이 없었으므로 사람들이 각기 자기 소견에 옳은 대로 행했던 것이다. 첫 번째 에피소드는 예배의 영역에서의 막장 드라마를 보여주는 것이고(미가의 우상), 두 번째 에피소드는 사회적 삶의 영역에서의 막장 드라마를 보여주는 것이다(레위인의 첩). 이렇듯 예배의 실패는 곧 사회적 삶의 실패로 이어지는 것이다.

첫째 에피소드는 사사기 17장에서 '미가의 우상 이야기'로 시작하는데, 이 에피소드의 배경은 사실상 제의적인 것이다. 하나님의 명령/약속이 중심적인 것이다. 먼저, 새겨진 형상으로 하나님을 숭배하는 것은 둘째 계명에서 금하고 있는 것이다. 이 둘째 계명은 종교적인 예술, 혹은 예배의 자리에 어떤 종교적인 예술이나 상징물들도 금하고 있다. 또한 하나님과 교통하는 마술적인 수단과 하나님을 조정하기 위해 절하는 것들이 모두 금지되어 있다. 최소한 둘째 계명은 옛 언약 기간 동안 예배의 자리에 어떤 대체물을 세우는 것을 금하고 있

---

8) '바알'이란 히브리어는 기본적으로 '주인', '소유자', 그리고 '남편'을 의미한다. Cf. D. F. Payne, "Baa," in *New Bible Dictionary*, ed. D. R. W. Wood, I. H. Marshall, A. R. Millard et al., 3rd ed., (Leicester, England; Downers Grove, IL: InterVarsity Press, 1996), p. 108.

었다. 하나님과 사람 사이에 중보자는 오직 한 분뿐이고, 그 분은 바로 성자 예수님이시다. 다른 모든 중보자들은 가짜일 뿐이다.

또한 계명/약속의 다른 영역은 레위인들에 대한 것이다. 그들은 이스라엘의 제사장/수호자가 되어야만 했다. 그러나 그들이 실패했을 때, 모든 혼란들이 야기되었을 뿐만 아니라, 하나님으로부터 명백한 평가/심판이 나타난 것이다. 레위인들의 실패 때문에, 전체 이스라엘은 다시 심판 아래 들어가게 되었다. 이 본문들이 점점 더 엽기적으로 움직이긴 하지만, 우리가 배교한 레위인이 다른 사람이 아닌 바로 모세의 손자라는 것을 발견할 때, 그 엽기는 절정에 이르게 된다(삿 18:30). 유대 서기관들이 MSH라는 글자들을 취했다는 이 사실은 매우 놀라운 것이다. 이는 모세의 이름에 대한 히브리어 자음이고, 그들은 그것을 훗날 배교한 왕의 이름인 '므낫세'(Manasseh, 히브리어 자음 MNSH)라고 읽기 위하여 바꾼다. 히브리어에서, 오직 자음들만 기록되고, 모음들은 중세 이전까지 본문에서 쓰이지 않았다. 그러나 여백에다, 서기관들은 항상 그것의 진짜 이름인 모세라고 기록했었다. 이것은 이 사건이 사사기 초기에 일어났음을 보여주는 것이기도 하다.

둘째 에피소드는 사사기 19장에서 '레위인의 첩 이야기'로 시작하는데, 이 에피소드는 18장에서 언급된 배교한 레위인(모세의 손자)과는 다른 레위 사람인 에브라임 산지 구석에 사는 어떤 레위인에 대한 것이지만, 이것도 레위인에 대한 이야기라는 점에서 동일한 연속선상에서 이해할 수 있을 것이다. 즉 레위인의 타락이 이스라엘 전체의 타락을 이끌었다는 것이다.

이야기는 이렇다. 한 레위인이 첩을 가졌다. 그 첩이 행음을 하고 자신의 아비의 집으로 돌아갔다. 레위인이 그녀를 데리러 가서, 집으로 데려오는 도중에, 기브아 사람들에게 그 첩이 강간을 당하고 죽는다. 아내의 보호자로는 실패했지만, 레위인은 복수자가 되어서 그 시체를 12토막 내어 전체 이스라엘 지파들에게 보낸다. 이 일에 대한 복수를 위해 이스라엘 연합군은 기브아와 베냐민 지파를 멸절시킨다. 그러나 한 지파가 소멸될 위기에 처해진 것을 깨닫자, 그들은 베냐민 지파를 다시 세우기 위해 처녀들을 납치한다. 전입가경의 막장 드라마의 끝이 보이지 않는다. 그러나 그 시작은 레위인들이 자신들의 본연의 일에 실패한 때문이었다. 레위인들이 사역에 실패하자 이스라엘 사람들은 하나님을 왕으로 모시지 못한 채 자기 생각대로 살았던 것이다.

제2부

사사기의 강해

기드온의 용사들이 물을 마셨던 하롯 샘가(삿 7:1–6)

제1장

사사기 서론(삿 1:1-3:6)

1. 여호수아가 죽은 후(삿 1:1-7)

여호수아서는 이렇게 시작된다. "여호와의 종 모세가 죽은 후에, 여호와께서 모세의 시종 눈의 아들 여호수아에게 일러 가라사대, 내 종 모세가 죽었으니, 이제 너는 이 모든 백성으로 더불어 일어나, 이 요단을 건너, 내가 그들 곧 이스라엘 자손에게 주는 땅으로 가라"(수 1:1-2). 모세가 죽은 후에 하나님께서는 여호수아를 후계자로 삼으셨다. 그러나 다시 세월이 흘러 여호수아가 죽었을 때에는 이스라엘에 이렇다 할 후계자가 없었다. 지도력 부재의 혼란스런 시대가 된 것이다.

그 시대가 바로 사사시대이다. 그래서 사사기도 이렇게 시작한다. 사사기 1:1 "(그리고) 여호수아가 죽은 후에" 한글번역에는 나타나 있지 않지만 히브리어 원문에는 "그리고"라는 접속사(ו)가 있다. 이는 사사시대가 여호수아 시대를 이어가고 있다는 뜻이다. 그런데 준비된 지도자는 없었다.

우리도 이런 지도력 부재의 혼란스런 시대를 살고 있다. 선거 때가 되면, 투

표를 하면서 '꼭 이 사람이다!' 하는 마음이 안 생긴다는 소리를 듣는다. 우리 사회는 소위 '인재가뭄' 에 시달리고 있다. 이렇듯 사회에도, 가정에도, 교회에도 어른이 없는 시대가 되었다고 한탄한다. 교계에도 이렇다 할 원로가 없는 시대가 되었다고 아쉬워한다. 이런 혼란스런 시대를 어떻게 살아야 하는가?

1절. 여호수아가 죽은 후에, 이스라엘 자손이 여호와께 여쭈어 이르되, 우리 가운데 누가 먼저 올라가서 가나안 족속과 싸우리이까?

혼란을 시대를 살아가는 방법은 무엇인가? 무엇보다도 먼저 하나님께 물어야 한다. 하나님을 어른으로 지도자로 왕으로 모시고 하나님께 물어야 한다. 여호수아가 죽자 이스라엘 열두 지파의 장로들이 모였다. 그리고 그들은 하나님께 나아갔다. 그리고 하나님께 물었다. 하나님의 인도를 구했다. 우리는 어떤 상황에 서라도 먼저 하나님께 나아가야 할 것이다.

여호수아보다 위대하신 분은 하나님이시다. 모세보다 위대하신 분은 하나님이시다. 우리는 지나치게 어떤 사람을 의지하는 경향이 있다. 선지자 이사야도 그랬던 것 같다. 이사야 6:1을 보면 "웃시야 왕의 죽던 해에, 내가 본즉, 주께서 높이 들린 보좌에 앉으셨는데," 이사야는 웃시야 왕과 사촌 간이었다. 사촌이 왕이었으므로 이사야는 평안한 생활을 할 수 있었을 것이다. 또한 웃시야는 선한 왕이었기 때문에 온 백성들도 안정된 생활을 할 수 있었을 것이다. 그런데 웃시야가 죽은 것이다. 이사야는 눈앞이 캄캄해졌을 것이다. 너무 낙심하여 성전에 가서 주저앉아 있었다. 그러나 그 때 성전에 가득한 하나님의 영광을 보았던 것이다. 하나님의 제단 숯불에 입술이 지져지는 체험을 하였던 것이다. "내가 여기 있나이다. 나를 보내소서" 하는 부름에 응답하는 새로운 사명의 삶을 살게 된 것이다. 어떠한 위기의 상황일지라도 우리는 하나님께 나아가므로 위기를 극복할 수 있다. 하나님을 만남으로 문제를 해결할 수 있는 것이다.

여호수아가 죽었을 때, 이스라엘엔 마땅한 후계자가 없었지만, 이스라엘 장로들이 하나님께 나아갔을 때, 그들은 하나님의 인도를 받을 수 있었다. 사실 여호수아도 모세가 죽기 전에 회막에서 하나님을 만남으로 모세의 후계자가 될 수 있었던 것이다. 신명기 31:14 "여호와께서 모세에게 이르시되, 네가 죽을 기한이 가까웠으니, 여호수아를 불러서 함께 회막으로 나아오라. 내가 그에게 명령을 내리리라. 모세와 여호수아가 나아가서 회막에 서니"

엘리야가 승천할 무렵 엘리사는 엘리야의 뒤를 따랐다. 벧엘로, 길갈로, 여리고로, 요단강으로, 엘리야의 뒤를 따르며 갑절의 영감을 구했다. 그럴 때 엘리사는 갑절의 영감을 받았다. 엘리야가 불말과 불병거를 타고 회리바람과 함께 승천했지만, 엘리사는 갑절의 영감을 받아 엘리야의 후계자가 된 것이다.

2절. 여호와께서 이르시되 유다가 올라갈지니라. 보라 내가 이 땅을 그의 손에 넘겨주었노라 하시니라.

여호수아가 죽은 뒤의 당시의 정치적 상황은 이랬다. 이스라엘 백성들은 가나안 땅에 들어갔다. 많은 부족들과 싸워 승리했다. 땅을 분할 받았다. 마음먹기에 따라서 현상 유지만하고, 그대로 주저앉아 있을 수도 있었다. 그러나 그들은 새로운 도전을 했다. 싸움을 완전히 끝내기로 결심한 것이다.[1] 그래서 '누가 먼저

---

1) 가나안 정복전쟁이 완전히 끝났는가의 여부 문제에 대하여 여호수아서와 사사기는 서로 상반된 입장을 보이고 있다. 여호수아는 가나안을 완전히 정복한 것으로 주장하고(수 11:23), 사사기는 아직 전쟁이 끝나지 않은 것으로 말하고 있다(1-2장). 이런 상충된 보도를 하는 이유를 설명하기 위하여 3가지 대표적인 학설이 있다. 첫째는 올브라이트(W. F. Albright) 등이 주장하는 '전쟁모델' 이다. 이는 전 이스라엘 민족들이 연합하여 가나안을 빠른 시일 내에 초토화시켰다고 보는 것이다. 이들은 가나안의 대도시들이 BC 1230-1175년에 일거에 무너졌으며, 그 위에 새롭게 미개한 수준의 삶의 형태들이 자리 잡았다는 고고학적 증거들을 주장한다. 그러나 이런 고고학적 자료는 해석을 달리 할 수 있기에 결정적으로 신빙하기 어렵다. 둘째는 알트(A. Alt)가 주장한 '평화적 침입설' 이다. 이는 다윗 왕이 나타나기 전까지 가나안 족속과 평화적으로 서서히 침투하여 들어갔다는 것이다. 그러나 성경의 증거는 이스라엘과 가나안 족속들과 전쟁 관계였음을 주장하고 있으므로 이 주장도 받아들이기 어렵다. 셋째는 멘덴홀(G. Mendenhall)과 고트발트(N. K. Gottwald)가 주장한 '농민항쟁' 학설이다. 이는 가나안 농민들과 광야세대가 정치적으로 결탁하여 가나안 지배계층을 무너뜨렸다는 것이다. 그 난동의 주동이 1887년 발견된 소위 '아르마나서신' 의 하비루(Hapiru)라는 것이다. 그러나 Hapiru와 Hebrew의 언어학적 관련성도 의심스럽고, 후기 출애굽설(BC 12세기)에 의하면 아마르나 서신들은 가나안 점령시대 이전의 기록임

올라가서 가나안 사람과 싸우리이까?' 하고 묻는 것이다. 그러므로 혼란의 시대를 살아가면서 우리는 새롭게 도전해야 한다.

'나쁜 결정이 아무런 결정을 하지 않는 것보다 낫다' 는 말이 있다. '가나안 사람들과 싸울 것인지? 싸우지 말 것인지?' 는 이미 결정된 것이다. 어떻게 싸울 것인지를 의논할 뿐이다. 우리에게도 이미 결정된 일들이 있다. 예를 들면 '전도를 해야 하는가? 말아야 하는가?' 그것은 이미 결정된 것이다. 문제는 '우리가 어떻게 전도하느냐' 하는 것이다.

어떻게 하나님의 뜻을 따라 가나안 족속들을 쫓아낼 것인지를 물었을 때, 하나님께선 유다 지파를 먼저 보내셨다. 그리고 유다 지파는 승리했다. 사사기 1:4 "유다가 올라가매 여호와께서 가나안 족속과 브리스 족속을 그들의 손에 넘겨주시니 그들이 베섹에서 만 명을 죽이고"

대부분 사람들이 더 클 수 있는 상황에서 성장이 멈춰버리는 이유는 자만에 빠지기 때문이다. '이만하면 됐다' 는 자기만족에 빠져 새로운 도전을 하지 않는 것이다. 만약 유다 지파가 자만에 빠져 있었다면, 유다 지파는 새로운 승리의 기쁨을 누리지 못했을 것이다. 우리는 자기만족의 함정에 빠지지 말아야 한다. 새로운 도전을 해야 한다. 우리들의 생장점을 스스로 제거하지 말기 바란다. 더 클 수 있다. 위대한 꿈을 꾸라. 그리고 위대한 헌신을 하라. 지금 각계의 지도층에 있는 사람들 가운데 꿈도 헌신도 없이 우연히 그 자리에 있게 된 사람은 없다.

3절. 유다가 그의 형제 시므온에게 이르되, 내가 제비 뽑아 얻은 땅에 나와 함께 올라가서 가나안 족속과 싸우자. 그리하면 나도 네가

(최소한 BC 1350년 이전)으로 점령사건을 증명하는 것에는 부당하다. 우리는 점령여부에 대한 이러한 상이한 성경의 기록을 '약속과 성취' 라는 측면에서 이해하는 것이 옳을 것이다. 원리적으로 하나님께서 가나안땅을 주셨고, 믿음으로 승리했다. 그러나 구체적인 성취는 하나님의 명령에 순종함으로 이루어 가게 되는 것이다. 마치 천국도 예수님을 믿는 순간 소유하지만, 살면서 천국을 이루어가야 하고, 죽어서 천국에 가는 것도 맞는 것이다. 가나안 땅의 정복에 대해서 여호수아서와 사사기의 기록이 다른 것은 순수한 역사적 사실에 대한 기록이기보다는 이스라엘 자손들을 가르치기 위한 신학적 교훈으로 보아야 할 거이다. Cf. 이원우, 『성서: 거룩한 글들의 도서관』, pp. 139-145.

제비 뽑아 얻은 땅에 함께 가리라 하니, 이에 시므온이 그와 함께 가니라.

우리는 유다만 올라가지 않고 시므온 지파가 같이 올라간 것을 보게 된다. 시므온 지파는 아버지 야곱의 저주를 받은 자들이다. 창세기 34장을 보면 야곱의 딸 디나가 세겜의 추장 하몰의 아들에게 강간을 당한 사건이 있다. 그 때 동복 형제인 시므온과 레위가 피의 복수를 한다. 복수에 눈이 먼 시므온과 레위는 하나님의 백성의 표인 '할례'를 전략적으로 이용한다. 그들은 열방을 섬길 제사장 나라로 부름의 증거인 할례를 열방을 대적하는 무기로 바꾸었다. 그들은 할례를 통하여 새롭게 들어온 언약의 구성원들을 향하여 진노의 칼을 들었다. 그들은 언약적인 의무 이전에 개인적인 감정을 앞세웠던 것이다. 그래서 야곱은 위기를 느꼈다. 벧엘로 올라가서 화를 면한다. 그러나 그 아들들을 저주한다(창 49:5-7). 그 저주의 내용이 시므온과 레위가 형제들 가운데 흩어질 것이라는 것이다. 그래서 그들은 자기 부족의 특별한 땅을 차지하지 못하게 된다.

그러나 시므온과 레위 지파는 저주를 축복으로 바꾼다. 레위 지파의 경우에는 제사장 민족이 된다. 그래서 이스라엘의 여러 지파들 사이에 레위인의 성을 따로 두고 흩어져 살지만, 거기에서 레위 지파는 이스라엘의 영적인 지도자가 된다. 그런데 시므온 지파에겐 구원의 기회가 없었다. 그들은 떠돌이로 방랑해야 했다. 숫자도 극히 적어 22,000명 정도였다. 여호수아 19:1-9을 보면 그들이 유다 지파에게 더부살이를 한 것을 보게 된다. 그러나 유다가 전쟁을 하러 갈 때에 동행함으로 그들은 새로운 기회를 갖게 된다. 비록 유다 지파의 땅 안에서이지만 당당히 자신들의 영토를 확보하게 되는 것이다. 혼란의 시대를 당하여서 취할 태도는 낙심하지 않는 것이다. 그래서 한계를 극복하는 것이다.

사람은 누구나 태생적 한계가 있다. 레나 마리아는 1968년 스웨덴의 중남부 하보에서 두 팔이 없고 한 쪽 다리가 짧은 중증 장애인으로 태어났다. 신실한 그녀의 부모는 하나님이 주신 이 아이를 정상아와 똑같이 신앙으로 양육했다. 그녀는 3살 때부터 수영을 시작해서 스웨덴 대표로 세계 장애인 수영선수권 대회에서 4개의 금메달을 따기도 했다. 어렸을 때부터 교회 성가대에서 활동했고,

고등학교 때 음악을 시작해 스톡홀름 음악대학 현대음악과를 졸업했다. 대학 졸업 후, 본격적인 가스펠 가수로서의 음악 활동을 시작했다. 지금은 프로 가스펠 가수로 전 세계를 다니며 자신을 인도하시는 주님의 사랑을 은혜로운 찬양과 간증으로 전하고 있다. 세계의 언론들은 그녀의 목소리를 '천상의 노래' 라고 격찬한다. 레나는 "이 모든 것이 하나님 때문에 가능했다" 며 간증하고, 그 무엇보다도 "하나님과 자신과의 관계가 가장 중요하다" 고 말한다. 레나 마리아의 감동스런 이야기는 그녀가 쓴 <발로 쓴 내 인생의 악보>에서 볼 수 있다.

4-6절. 유다가 올라가매, 여호와께서 가나안 족속과 브리스 족속을 그들의 손에 넘겨주시니, 그들이 베섹에서 만 명을 죽이고, 또 베섹에서 아도니 베섹을 만나, 그와 싸워서 가나안 족속과 브리스 족속을 죽이니, 아도니 베섹이 도망하는지라. 그를 쫓아가서 잡아 그의 엄지손가락과 엄지발가락을 자르매,

이스라엘 백성들은 누구와 싸웠는가? 5절 '아도니 베섹' 을 만나서 싸웠다. 이 '아도니 베섹' 은 어떤 사람인가? '아도니' 는 '주' 란 말이다. '아도니 베섹' 이란 '베섹의 주' 란 뜻인데, '베섹' 이란 '섬광' 혹은 '일출' 이란 뜻이다. 결국 '해처럼 떠오르는 주' 란 말로 고대의 '태양신' 이나 '주피터' 를 의미한다. 그는 고대의 사탄적인 통치자였다. 그래서 과거 70명의 왕과 싸워 이긴 자이다. 70명의 왕이란 당시 모든 나라들을 의미한다. 창세기 10-11장에는 고대 사회의 나라들이 등장하는데 모두 70 나라들의 명단이 나타나고 있다.[2)]

---

2) 민수기 29:12-38에 기록된 '장막절' 을 지키는 모습을 보면, 이스라엘은 7일 동안 소를 제물로 드려 제사를 지내는데, 첫째 날엔 13마리, 둘째 날엔 12마리, 셋째 날엔 11마리, 넷째 날엔 10마리, 다섯째 날엔 9마리, 여섯째 날엔 8마리, 일곱째 날엔 7마리를 드렸다. 모두 13+12+11+10+9+8+7=70마리이다. 왜 하필 70마리였는가? 이는 모세가 당시 세상의 모든 민족들의 숫자를 70으로 파악했기 때문이다. 창세기 10-11장에 열거된 족속들의 숫자를 세어보면 거기에는 70민족이 존재한다. Cf. 이동수, 『신약의 구속사적 읽기』(서울: 그리심출판사, 2009), pp. 144-145.

아도니 베섹은 자신에게 항복한 왕들의 엄지손가락 엄지발가락을 자른 잔인한 왕이었다. 그들을 자기 상아래서 먹을 것을 주워 먹도록 했던 자였다. 그런 자와 싸워 이긴 것이다. 가장 잔인하고 가장 강인한 자와 싸워 이긴 것이다. 그 동안 이스라엘 백성들에게 가장 부담스런 존재를 해치운 것이다.

7절. 아도니 베섹이 이르되, 옛적에 칠십 명으 왕들이 그들의 엄지손가락과 엄지발가락이 잘리고, 내 상 아래에서 먹을 것을 줍더니, 하나님이 내가 행한 대로 내게 갚으심이로다 하니라. 무리가 그를 끌고 예루살렘에 이르렀더니 그가 거기서 죽었더라.

성경적 형벌의 원리에 따르면, "눈에는 눈, 이에는 이"(*lex talionis*)이다(출 21:22-25; 레 24:17-22). 누가 다른 사람에게 했던 것처럼 그렇게 받게 되는 것이다. 심은 대로 거두게 된다. 이제 아도니 베섹은 이러한 하나님의 공의를 고백하게 된다. "하나님이 내가 행한 대로 내게 갚으심이로다 하니라." 마지막 날에, 모든 입술들이 예수 그리스도, 즉 유다의 위대한 자손에 의해서 측량된 공의를 고백하게 될 것이다. 많은 사사기 주석가들은 이것을 유다가 행한 잔인한 일이라고 한다.[3] 그러나 성경은 원리적으로 이것은 하나님의 공의요, 신적인 정당성의 행위였다고 말하고 있다.

또한 부수적인 메시지가 여기에서 나타난다. 이스라엘은 세상의 70 나라의 구원자가 된다. 이방인들은 제사장적 나라에 의하여 사탄의 손아귀로부터 벗어났다. 그 승리는 주님의 거룩한 성인 예루살렘에서 완성되었다.

말씀을 정리해보자. 모세도, 여호수아도 죽었을 때, 이스라엘은 지도자 부재의 혼란스런 시대를 맞게 되었다. 그 어려운 시기를 살아가는 지혜는 먼저 하나님께 나아가 하나님의 인도를 구하는 것이다. 즉 기도하는 것이다. 다음으로 새

---

3) 예를 들어, 송병현 교수는 Block의 표현을 인용하며 '이스라엘의 가나안화'의 시작이라고 보기도 한다. Cf. 송병현, 『엑스포지멘터리 사사기』, p. 80.

로운 도전을 하는 것이다. 끝으로 한계를 극복하는 것이다. 그 동안 미해결의 문제에 부딪혀 싸우는 것이다. 혼란기가 오히려 축복의 기회가 될 수 있는 것이다. 사사기는 이스라엘 역사에서 가장 어둡고 암울한 시기로 여겨진다. 그러나 그 시기는 영원한 왕이신 예수 그리스도의 그림자가 되는 다윗 왕을 준비하는 시기였고, 우리가 이 땅에서 어떻게 살아야 하는지를 생생하게 보여주는 삶의 지침을 주고 있는 시기이기도 하다. 전체로서 사사기는 위기의 시간들이었지만, 하나님의 구속사 안에서 이스라엘의 역사가 성숙되어가는 과정에 있었던 것이다. 하나님의 손에서 인류의 역사는 언제나 하나님의 궁극적인 목적을 향해 발전되어 가는 것이다.

2. 전리품(삿 1:8-15)

전쟁은 엄청난 희생을 치르는 일이다. 그럼에도 전쟁을 하는 것은 전쟁을 통하여 얻는 것이 있기 때문이다. 즉 전리품 때문에 한다. 미국은 중동의 여러 나라들과 전쟁을 하면서 당장은 물질적인 손해를 볼 것이다. 그러나 전쟁 보상금과 중동에서의 유리한 정치적 입지와 방위산업체의 활성화 등으로 인한 일자리 창출 등 많은 전리품을 얻게 될 것이다. 적어도 미국을 건드려서는 안 된다는 초강대국으로서의 위치를 확고하게 할 것이다. 어떤 전쟁이든지 전리품이 있다. 우리가 싸우는 영적 전쟁에도 전리품이 있음을 믿기 바란다. 반드시 승리하고 전리품들을 누리기를 바란다.

8절. 유다 자손이 예루살렘을 쳐서 점령하여 칼날로 치고 그 성을 불살랐으며,

'예루살렘' 은 이미 이스라엘 백성들에게 잘 알려져 있었다. 오래 전에 '멜기세덱' 이 그곳의 왕이자 하나님의 제사장이었다(창 14:18). 그래서 조카 롯을 구출해 오던 아브라함은 그에게 십일조를 바쳤다. 그러므로 아브라함과 그 후손들은 왕의 고장으로서 그 예루살렘의 중요성을 알고 있었다. 왕적인 지파인 유다

는 왜 하나님께서 예루살렘을 쳐서 수도로 삼게 하셨는지를 잘 알고 있었을 것이다.

예루살렘의 점령이 하나님의 원수이며 당대 최고의 통치자였던 '아도니 베섹' 을 죽인 후에 일어났다는 것에 주목하라. 하나님께서는 사단의 도시에 당신의 도시를 세우신 것이다. 이러한 패턴은 성경에서 계속해서 나타난다. 그 절정이 '용' 을 패배시킨 후에 '새 예루살렘' 을 세우신 것이다(계 20장). 이런 상징적인 이유 때문에, 유다 지파는 아도니 베섹을 하나님의 도성에서 죽이기 위하여 끌고 온 것이다.

훗날, 예루살렘은 여부스 족속의 손에 넘어가게 된다. 그리고 그것은 다시 '다윗 왕' 에 의하여 탈환된다(삼하 5:6이하). 다윗은 유다 지파이다. 계시록에서는 예수님을 "유다 지파의 사자 다윗의 뿌리" 라고 한다(계 5:5). 그런 점에서 다윗은 예수님의 모형이고, 사사기에서 유다 지파가 예루살렘을 차지한 일은 다윗이 예루살렘의 차지할 것에 대한 그림자이다. 이 모든 것들 예수님께서 새 예루살렘을 세우실 것에 대한 모형이기도 하다.

그런데 그 도시는 불에 타게 된다. 왜 그랬는가? '불' 은 하나님의 진노의 표시이기 때문이다. 불을 사용하는 것은 하나님의 새로운 도시를 위한 공간을 만들기 위해 악한 도시를 완전하게 소멸시키는 '번제' 를 의미한다. 하나님은 옛것을 부수고 새 것을 세우시기를 원하신다.

우리는 여기에서 한 가지 교훈을 보게 된다. 여호수아 18:28 "셀라와 엘렙과 여부스 곧 예루살렘과 기부앗과 기럇이니 열네 성읍이요. 또 그 마을들이라. 이는 베냐민 자손이 그들의 가족대로 받은 기업이었더라." 왕적인 도성인 예루살렘은 원래 베냐민 지파의 영토였다. 그러나 유다에게 의해 정복되어졌다. 천국은 침노하는 자의 몫이다. 새 예루살렘은 마귀와의 전쟁에서 승리한 성도의 몫이다. 전쟁 없이 얻어지는 것이 아니다. 예수님께서는 피 흘리기까지 싸우셨다. 우리도 우리 몫의 전투가 있다. 영적 전쟁에서 낙심되어 있는가? 힘을 내기 바란다. 전리품에 대한 소망을 갖기 바란다. 새 예루살렘에 대한 소망을 갖기를 바란다.

9-10절. 그 후에 유다 자손이 내려가서 산지와 남방과 평지에 거주하

는 가나안 족속과 싸웠고, 유다가 또 가서 헤브론에 거주하는 가나안 족속을 쳐서 세새와 아히만과 달매를 죽였더라. 헤브론의 본 이름은 기럇 아르바였더라.

본문은 유다가 계속해서 승승장구하는 것을 보여준다. 우리가 하나님의 명령을 신실하게 순종할 때에 하나님께서는 계속 이기게 해 주시는 것이다. 그리고 10절에서 '헤브론'을 정복한 것을 기록한다. 이 헤브론 정복은 세 가지 측면이 있다. 첫째, 헤브론은 '성소적인 도시'이다. 아브라함이 그곳에 정착하고 자신을 위해 제단을 쌓았었다. 사실, 그는 헤브론을 떠나 조카 롯을 구출했고, 그곳에다가 롯을 데려다 놓았었다(창 13:18-14:24). 따라서 이스라엘 백성들은 그곳에 도피성 중의 하나로 헤브론을 만들게 되었다(수 20:7). 그러므로 헤브론을 정복한 것은 땅에서 '피난처' 즉 '성소'를 세운 것이다.

헤브론의 초기의 이름은 "기럇 아르바"이다. "기럇"은 '도시'를 의미하고 "아르바"는 '4'를 의미한다. 그러므로 '4도시들'이란 이름이 의미하는 것은 헤브론이 '네 개의 도시'로 이루어진 '거대 도시'라는 것이다. 그러므로 유다는 거대한 도시를 차지하게 되었다. 엄청난 하나님의 축복을 누린 것이다.

그런데 "아르바"는 또한 아낙 자손으로 알려진 거인 족속의 이름이다. 여호수아 14:15에서, 아르바는 "아낙 자손 중에서 가장 큰 사람이었다"라고 한다. 그래서 기럇 아르바는 또한 '아르바의 도시'를 의미하기도 한다. 분명한 것은 도전하는 유다가 엄청난 하나님의 축복을 누린 것이다.

셋째, 거인들의 패망이다. 언급된 세 사람인 "세새"와 "아히만"과 "달매"는 아르바의 후손이고 거인이었다. "네겝으로 올라가서 헤브론에 이르렀으니, 헤브론은 애굽 소안보다 칠 년 전에 세운 곳이라. 그 곳에 아낙 자손 아히만과 세새와 달매가 있었더라"(민 13:22). 이들은 바로 이스라엘 백성들이 애굽에서 나왔을 때, 두려워했던, 그래서 모든 세대가 약속의 땅에 들어가지 못하도록 했던, 바로 그 거인들이다. "그 땅 거주민은 강하고 성읍은 견고하고 심히 클 뿐 아니라, 거기서 아낙 자손을 보았으며"(민 13:28). 그러나 이제 유다 지파에 의해서 그러한 두려움은 사라지게 된 것이다.

헤브론과 거인들의 연관성은 만약 우리가 성소를 차지하게 되면 우리도 거인들을 이길 수 있다는 것을 보여주는 것이다. 지금 우리들에게 두려움을 주는 요소들이 무엇인가? 우리들 마음속의 거인이 무엇인가? 성소를 차지하면 거인을 이길 수 있다. 날마다 하나님의 전에서 기도하며, 주님의 이름으로 대적하면, 마음속의 거인을 물리칠 수 있음을 믿기 바란다. 담대함을 가지고 하나님 앞에 나오시기를 예수님의 이름으로 부탁한다.

11절. 거기서 나아가서 드빌의 주민들을 쳤으니 드빌의 본 이름은 기럇 세벨이라.

여기에 성경의 유명한 사랑 이야기 중의 하나가 등장한다. 이는 여호수아 15:13-19에서도 볼 수 있는 것이다. 이렇듯 이 이야기가 두 번이나 언급되는 것은 그 만큼 중요하다는 것이다. 그 배경은 "드빌" (דביר, Debir)이다. 이 '드빌' (Debir)은 '말씀' (Dabar)을 의미한다.[4] 그 성의 본 이름은 "기럇 세벨" 인데, 이는 '책들의 도시' 를 의미한다. 다른 말로 드빌은 거대한 도서관 도시였다. 그곳에는 고대의 토판들이 보관되어 있었다. 옛날에 종이가 없었고 양피지도 없었을 때, 진흙 판에다 글을 썼다. 이런 토판으로 된 가나안 족속들의 철학적인 책들, 그들의 역사적 기록들, 교역 문서들, 조약서들, 땅 문서들 등의 보관소가 드빌이었다. 이곳을 파괴하는 것은 그들의 전체 문화를 파괴하는 것이다. 그러므로 드빌은 잘 보호되어 왔었다. 왜냐하면, 전체 문화는 그것의 책들을 보전에 달려 있기 때문이다. 그런데 그곳을 정복한 것이다.

---

4) 히브리어 דביר(debir)에 대한 BDB 사전의 기본적인 정의는 '성소' 인데, 다음과 같이 설명하고 있다. (1) the king of Eglon, one of the five kings hanged by Joshua (noun proper masculine) (2) a town in the mountains of Judah west of Hebron and given to the priests and a city of refuge (noun proper locative) (3) a place on the northern boundary of Judah (noun proper locative) (4) a town in the territory of Gad (noun proper locative). 이는 '지성소' 혹은 '신탁의 말씀' 을 의미하는 דבר과 같은 어근을 가지고 있다.

우리가 싸울 싸움 중에 하나가 문화적인 싸움이다. 드빌의 파괴는 가나안 족속의 언어와 철학이 파괴되어져야 하고, 하나님의 말씀이 굳게 세워져야 함을 보여준다. 오늘날 기독교 정신을 가진 책들이 안 읽히고 있다. 반면에 외설스런 도색잡지들, 온갖 포르노가 판을 치고 있다. 우리는 분명히 책의 도시를 정복할 필요가 있는 것이다. 교회들이 문서 선교에 참여해야 한다. 성도들이 개인적으로도 기독교 서점에도 가보고 좋은 책들을 읽는 일부터 시작하기 바란다.

12-15절. 갈렙이 말하기를, 기랏 세벨을 쳐서 그것을 점령하는 자에게는 내 딸 악사를 아내로 주리라 하였더니, 갈렙의 아우 그나스의 아들인 옷니엘이 그것을 점령하였으므로, 갈렙이 그의 딸 악사를 그에게 아내로 주었더라. 악사가 출가할 때에 그에게 청하여, 자기 아버지에게 밭을 구하자 하고, 나귀에서 내리매, 갈렙이 묻되 네가 무엇을 원하느냐? 하니, 이르되, 내게 복을 주소서. 아버지께서 나를 남방으로 보내시니 샘물도 내게 주소서 하매, 갈렙이 윗샘과 아랫샘을 그에게 주었더라.

갈렙과 여호수아는 가나안 땅의 정복을 호소한 긍정적인 보고를 한 두 정탐꾼들이다(민 13-14장). 그 결과 그들만이 가나안에 들어가도록 허락되었다. 그 때 백성들을 두려움에 떨게 한 것이 거인 족속들이었다. 그러므로 광야를 방황했던 고난의 38년 동안 갈렙의 마음이 어떠했을 것이라는 것을 우리는 쉽게 짐작할 수 있을 것이다. '내 손으로 거인 족속들을 쳐부술 때까지 기다리자!' 그러므로 여호수아가 갈렙에게 땅을 제비뽑도록 했을 때, 갈렙은 주저함 없이 그 거인들의 땅을 선택했던 것이다(수 14:6-12). 이것이 그가 그 동안 무엇을 생각했는지를 알 수 있는 근거이다.

"그 날에 여호와께서 말씀하신 이 산지를 지금 내게 주소서. 당신도 그 날에 들으셨거니와, 그 곳에는 아낙 사람이 있고, 그 성읍들은 크고 견고할지라도, 여호와께서 나와 함께 하시면, 내가 여호와께서 말씀하신 대로 그들을 쫓아 내리이다. 하니"(수 14:12). 사실, 헤브론 정복을 이끈 자가 바로 갈렙이었다(수 14:13-15; 삿 1:20).

이제 우리는 갈렙이 인종적으로 이스라엘 사람이 아니라, 한글성경에 겐 족속으로 나오는 '켄' (Kenizzit) 족속의 개종자임을 주목해야 한다. "곧 겐 족속과 그니스 족속과 갓몬 족속과"(창 15:19; cf. 수 14:6). 이 자체가 하나님의 은혜를 보여주는 놀라운 일이지 않는가? 그는 그 나라에서 태어난 많은 사람들보다도 더 뛰어난 하나님의 용사가 된다. 갈렙의 아버지는 여분네인데(수 14:6), 여분네는 분명히 자신들의 조상과 동일한 이름을 가진 '그나스' 라는 젊은 아들이 있었다. '그나스' (Kenaz)란 말은 '켄(Kenizzit) 족속' 이란 말이다.

이 갈렙은 자신의 딸 악사를 드빌을 정복하는 자와 결혼하도록 명령한다. 이는 딸인 악사를 위한 훌륭한 신랑감을 고르는 방법이기도 했다.[5] 갈렙은 하나님의 능력 안에서만이 드빌을 정복할 수 있다는 것을 알았다. 그래서 드빌을 정복하는 자는 자기 딸을 위한 경건한 신랑임을 확신한 것이다.

한편 그 이야기의 나머지 반은 정복에 대해서 다루지 않고 분배에 대해서 다룬다. 갈렙은 승리자 옷니엘에게 전리품으로 물이 없는 남방 땅을 주었다. 그리고 악사는 물을 원했다. 그래서 갈렙은 그것을 그녀에게 주었다. 악사와 옷니엘의 가정적인 번성함은 열매를 맺으며 물이 풍성한 에덴동산의 축소판이 된다. 그것은 모든 신실한 남녀에게 주어진 약속이다. 우리가 하나님의 뜻대로 살면 풍성한 축복이 약속되어 있는 것이다. 한편 이것은 또한 그리스도의 신부된 교회에게 주어진 약속이기도 하다. 왜냐하면 우리는 하늘 아버지에게 나아가서 그가 우리에게 주신 놀라운 일들을 구할 수 있기 때문이다.

말씀을 맺겠다. 우리는 영적 전쟁을 치르고 있다. 원하지 않는다고 피할 수 없는 전쟁이기도 하다. 그리고 반드시 이겨야 하는 전쟁이기도 하다. 승리하자. 풍성한 전리품들이 있다. 승리하여 이 전리품들을 누리기를 바란다.

---

5) 이렇게 승리한 자에게 전리품이나 자신의 딸을 주어 가족관계를 유지하는 일은 고대사회에서 흔히 있는 일로 보인다. 우리는 사울이 골리앗을 죽인 자에게 재물과 세금면제와 자기 딸을 주고 사위로 삼겠다고 한 것을 보게 된다(cf. 삼상 17:25).

3. 호르마(삿 1:16-21)

마태복음 5:13 "너희는 세상의 소금이니 소금이 만일 그 맛을 잃으면 무엇으로 짜게 하리요? 후에는 아무 쓸데없어 다만 밖에 버리워 사람에게 밟힐 뿐이니라." 그런데 과연 소금이 맛을 잃을 수 있는가? 있다. 이스라엘의 소금은 맛을 잃기도 한다. 늪지대나 갯벌, 사해 지방의 소금은 쉽게 상하며 알카리성을 띠게 되는데 그 이유는 석회가 섞이게 되기 때문이다. 우리는 세상의 소금이다. 우리들이 소금의 맛을 잃고 부패하면 밟히고, 부패하지 않으면 다른 사람들이 썩고 부패하는 것을 막아 줄 수 있다. 본문은 그러한 점을 잘 보여주고 있다.

16절. 모세의 장인은 겐 사람이라. 그의 자손이 유다 자손과 함께 종려 나무 성읍에서 올라가서 아랏 남방의 유다 황무지에 이르러 그 백성 중에 거주하니라.

'겐 족속' 은 아브라함의 후손인 미디안 족속의 일파였다. 아브라함은 이스마엘을 낳은 하갈과 이삭을 낳은 사라 외에, 여섯 자녀를 낳은 '그두라' 라는 후처를 두었다. 창세기 25:2을 보면 "그가 시므란과 욕산과 므단과 미디안과 이스박과 수아를 낳았고" 라고 되어 있다. 미디안은 그 후처의 자식 중의 하나였다. 모세의 장인인 '이드로' 가 그 '미디안' 의 제사장이었고(출 3:1), 동시에 겐 사람이었다.

훗날 모세는 이드로의 가족들이 이스라엘과 함께 젖과 꿀이 흐르는 땅으로 들어 갈 것을 설득했다(민 10:29-32). 특히 이스라엘 백성들은 애굽 생활에 젖어 광야에서 어떻게 살아야할지를 몰랐다. 그래서 모세는 처남인 호밥에게 부탁한다. 민수기 10:31 "모세가 가로되, 청컨대 우리를 떠나지 마소서. 당신은 우리가 광야에서 어떻게 진 칠 것을 아나니 우리의 눈이 되리이다." 그래서 겐 사람들이 이스라엘 사람들과 동행하게 되었다.

그 후 성경에는 가끔 겐 사람을 언급하는데, 발람은 그들의 천막을 모압산에서 바라볼 수가 있었다. 개역성경은 민수기 24:21을 "또 가인 족속을 바라보며 노래를 지어 가로되"라고 했는데, 개정개역에서는 이 '가인 족속'을 '겐 족속'으로 바꾸었는데, 원문에 '겐 족속'(הקיני)으로 되어 있기 때문이다. 발람은 겐 족속을 보고 노래한 것이다. 또한 시스라를 살해한 야엘이 겐 사람 헤벨의 아내였다. "시스라가 걸어서 도망하여 겐 사람 헤벨의 아내 야엘의 장막에 이르렀으니, 이는 하솔 왕 야빈과 겐 사람 헤벨의 집 사이에는 화평이 있음이라"(삿 4:17). 또한 역대상 2:55 "야베스에 살던 서기관 종족 곧 디랏 종족과 시므앗 종족과 수갓 종족이니 이는 다 레갑 가문의 조상 함닷에게서 나온 겐 종족이더라." '레갑 가문'을 '겐 종족'이라고 한다. 이렇듯 겐 사람들은 이스라엘과 함께 살았다.

그런데 모세는 레위지파였고, 레위지파는 가나안에 따로 거주지가 없었다. 그래서 겐 족속은 다른 지파와 연합할 필요가 있었다. 그들은 왕적인 지파인 유다지파를 선택했다. 그들은 종려나무 성을 정복했다. 역대하 28:15을 보면 이 종려나무 성이 바로 인류가 가장 오래 전에 도시를 이루었다고 하는 '여리고'이다. 지금도 여리고성에 가면 '세상에서 가장 오래된 도시'라는 팻말이 붙어 있다. 그들은 그 성을 부수고, 유대 땅으로 들어와서, 거기에서 하나님의 백성들과 함께 살았다.

겐 지파는 미디안 족속이었다. 그러나 그들이 하나님의 백성이 되었다. 모세가 이방인과 결혼한 것은 저주가 아니라 축복이다. 이스라엘 밖에서 아내를 구해서 우상숭배를 하면 그 자체가 저주이다. 그러나 그 이방인들이 개종하면 일종의 '전도'이다. 사실 모세의 경우에, 이드로는 이미 아브라함의 하나님에 대한 신실한 숭배자였다. 그래서 개종할 필요조차 없었다. 자연스럽게 하나님의 백성이 될 수 있었던 것이다.

우리는 불신자들과 섞여서 살 수 밖에 없다. 그러나 불신자들과 동화되어서는 안된다. 불신자들에게 선한 영향력을 주어서 그들이 우리에게 동화되도록 해야 할 것이다. 겐 사람들은 유다백성 중의 일부가 되었다. 이것은 하나님 나라의 모형이다. 이스라엘 밖의 사람들이 하나님의 백성들과 연합하고 구원을 받기도 하고, 혹은 저주를 받게 될 수도 있었다. 우리가 다른 사람들에게 좋은 영향력을 발휘해야 하겠다. 그것이 빛과 소금으로서 성도들의 사명이다.

17절. 유다가 그의 형제 시므온과 함께 가서 스밧에 거주하는 가나안 족속을 쳐서 그 곳을 진멸하였으므로 그 성읍의 이름을 호르마라 하니라.

시므온은 창세기 34장의 죄 때문에 아버지 야곱에게 저주받은 자손들이다. 그러나 그들은 새로운 운명을 개척한다. 저주를 축복으로 바꾼다. 이미 살펴본 대로, 사사기 1:3에서 유다와 시므온이 동맹을 맺어 가나안 정복전쟁의 최전선에 뛰어든다. 또한 계속해서 유다와 시므온은 가나안의 스밧을 쳐부순다.

스밧의 가나안 족속들을 철저하게 쳐부수고, 그 장소의 이름을 "호르마"라고 한다. 이 "호르마"란 전쟁에서 신에게 받쳐진 물건을 의미하는 헤렘(받쳐진 것)의 여성형으로 도시 이름이면서 동시에 '폐허, 완전하게 파괴되어진 장소' 를 의미한다.[6] 왜 이렇게 진멸(殄滅)하였는지는 분명하지 않지만, 그들은 하나님의 명령에 여지를 남겨두지 않고, 절대 순종하였던 것은 분명하다.

어떤 의미에서 전쟁은 전리품 때문에 한다. 싸워서 얻고 빼앗는 것이 있을 때 전쟁은 할 만한 사업이 된다. 그런데 '진멸하라' 는 것은 쉽게 납득이 안가는 명령일 수 있다. 그래서 사울은 아말렉을 진멸하지 않고 좋은 양과 소를 남겨 두었던 것이다. 아까웠을 것이다. 그러나 유다와 시므온은 철저하게 하나님의 명령에 순종했다.

사실 이 문제에 대한 답은 신명기 13:12-18에 있다. 배교한 도시는 폐허로 만들고, "또 그 속에서 빼앗아 얻은 물건을 다 거리에 모아 놓고, 그 성읍과 그 탈취물 전부를 불살라 네 하나님 여호와께 드릴지니, 그 성읍은 영영히 무더기가 되어 다시는 건축됨이 없을 것이니라"(16절). 아마 여기에 사용되는 불은 하늘로

---

6) 이 동사의 원형인 חרם(châram)에 대한 BDB 사전의 정의는 다음과 같다. 1)to ban, devote, destroy utterly, completely destroy, dedicate for destruction, exterminate (Hiphil) 1a1) to prohibit (for common use), ban,1a2) to consecrate, devote, dedicate for destruction, 1a3) to exterminate, completely destroy, (Hophal) 1b1) to be put under the ban, be devoted to destruction, 1b2) to be devoted, be forfeited, 1b3) to be completely destroyed, 2)to split, slit, mutilate (a part of the body) (Qal) to mutilate, 2b) (Hiphil) to divide; 그리고 같은 단어가 TWOT Number 744, 745에 있다.

부터 하나님에 의해 불붙여진 '하나님의 불' 이었을 것이다(레 9:24, 대상 7:1). 즉 그 도시를 폐허로 만드는데 사용되어진 불은 제단에서 쓰는 불이었을 것이다. 그러므로 도시를 불태우는 그 자체가 희생제사였다. 즉 하나님의 맹렬한 진노를 달래기 위하여 드리는 희생제사였던 것이다.

그러므로 호르마의 파괴는 제사장적인 행동이었다. 사사기를 시작하면서 주어진 이 무서운 심판은 사사기 20:40 "연기구름이 기둥 같이 성읍 가운데에서 치솟을 때에 베냐민 사람이 뒤를 돌아보매 온 성읍에 연기가 하늘에 닿았고"에 다시 등장한다. 그 때 하나님께 드려지는 희생제사로 불태워진 것은 배교한 이스라엘의 도시였다.

어제의 하나님의 백성이 오늘 하나님의 원수가 될 수 있다. 어제의 예루살렘이 오늘 바벨론이 될 수 있다. 사실 신약성경에서는 예루살렘을 바벨론이나 애굽 혹은 소돔이라고 표현한다(벧전 5:13; 계 11:8). 바울 식으로 표현하면, 참 감람나무(이스라엘)가 꺾이고 돌 감람나무(이방인)가 접붙임을 받았으니 조심하라는 것이다. 바울은 경고한다. "하나님이 원 가지들도 아끼지 아니하셨은즉 너도 아끼지 아니하시리라"(롬 11:21).

우리는 교만해선 안된다. 가나안 족속만 호르마를 당한 것이 아니라, 베냐민 족속도 호르마를 당했다. AD 70년 예루살렘도 돌 위에 돌 하나가 남겨지지 않는 호르마를 당했다. 또한 우리는 철저하게 죄를 회개해야 한다. 앞에서 언급한 바와 같이, 시므온은 창세기 34장에서 지은 자신들의 죄를 완전히 청산한다. 더 나아가 본문에서 시므온은 믿음에 배반한 자들에 대한 심판을 수행하는 제사장적인 소명을 감당한다. 우리도 우리 죄를 철저하게 회개하고 청산하지 못하면 제사장적인 사명을 감당하지 못할 것이다.

마태복음 7:1-5을 보라. 자기 눈이 안 아프면 남 눈 아픈 것에 관심이 없다. 그러나 자기 눈에 들보가 있는 사람은 남의 눈에 티에 관심을 갖게 되어 있다. 자신이 돈에 벌벌 떨면 남도 그런 줄 안다. 자신이 숨은 죄가 있으면 남도 그런 죄가 있는 줄 안다. 게다가 눈이 성한 사람도 남의 눈에 티를 빼는 것은 조심스러운 일인데, 자기 눈에 들보가 있으면서 남의 눈을 고쳐주려고 하면, 괜히 눈만 찌르게 된다. 주님의 가르침은 무엇인가? "외식하는 자여, 먼저 네 눈 속에서 들보를 빼어라. 그 후에야 밝히 보고 형제의 눈 속에서 티를 빼리라"(5절). 호르마를 당하지 않도록 먼저 자신을 살펴야 할 것이다. 그리고 철저하게 죄를 회개하자. 그러면 제사장적인 사명도 감당하게 될 것이다.

18-19절. 유다가 또 가사 및 그 지역과 아스글론 및 그 지역과 에그론 및 그 지역을 점령하였고, 여호와께서 유다와 함께 계셨으므로 그가 산지 주민을 쫓아내었으나, 골짜기의 주민들은 철 병거가 있으므로 그들을 쫓아내지 못하였으며,

블레셋에는 다섯 성읍이 있었다. '가사'와 '가드'와 '아스글론'과 '에글론'과 '아스돗'이다. 그런데 '가드'와 '아스돗'은 어찌 되었는가? 여기에서부터 우리는 실패의 징조를 접하게 된다. 정복하지 않고 남겨둔 부분이 있었던 것이다. 순종하지 못한 부분이 있었던 것이다. 이것이 훗날 '화근'이 된다. 가드에서 골리앗이 나와서 이스라엘을 위협했고(삼상 17:4), 이스라엘이 법궤를 빼앗겼을 때, 블레셋은 그것을 아스돗으로 가져갔던 것이다(삼상 5:1). 더 훗날 느헤미야 시대에는 유다사람들이 아스돗 사람과 결혼하여 그들의 자녀들이 유다 방언을 말하지 못하고 아스돗 방언을 말함을 한탄할 정도가 되었다(느 13:23).

당장 19절에서 철병거를 가진 골짜기 사람들에게 유다는 패배하게 된다. 병거는 마차이다. 산지에서는 작동을 하지 못한다. 그러나 평지에서는 위용을 떨친다. 사실 사사기 1장에 거명된 모든 지명들은 '산지들'이다. 그러나 사사기 1:2을 보면 하나님께서 유다에게 산지만 주지 않으셨다. 하나님께서는 그들에게 모든 땅을 주셨다. 게다가 사사기 4장과 5장에서 보여주는 바와 같이, 하나님께서는 철병거를 완전하게 이기실 수 있었다. 그러므로 문제는 철병거가 아니었다. 문제는 하나님에 대한 믿음이었던 것이다.

이 점을 강조하기 위하여 본문은 "이제 하나님께서는 유다와 함께 하신고로..., 그러나 ..."라고 대조적으로 말한다. 하나님께서는 기꺼이 도우시려고 했으나 인간들이 믿음이 없었던 것이다. 그 평지는 약속의 땅의 중심지였다. 여기에서 가나안 족속들이 계속적으로 강성함으로 유다와 시므온을 다른 지파들로부터

분리하게 된다. 몇 세기가 흘러, 이러한 고립은 문화적인 분열을 가져왔고, 최종적으로 두 왕국이 분열되기 전까지 점점 더 문제를 쌓아오게 되었다. 결국 사소한 타협이 심각한 문제로 자라게 된 것이다. 언제나 작은 화근이 '호르마'를 일으키는 것이다.

> 20-21절. 그들이 모세가 명령한 대로 헤브론을 갈렙에게 주었더니, 그가 거기서 아낙의 세 아들을 쫓아내었고, 베냐민 자손은 예루살렘에 거주하는 여부스 족속을 쫓아내지 못하였으므로, 여부스 족속이 베냐민 자손과 함께 오늘까지 예루살렘에 거주하니라.

이 두 구절은 다시 극명한 대조를 보여준다. 신실한 '갈렙'이 헤브론에서 거인들을 쫓아내었다는 것이고, 그러나 '베냐민 지파'는 유다가 그들을 위해서 정복해주었던 보통 사람들인 여부스 사람들조차도 예루살렘에서 쫓아내지 못했다는 것이다. 문제는 불신앙이다. 결국 베냐민은 뒷날 '호르마'를 당한다(삿 19-20장).

말씀을 정리하자. 유다는 출발은 좋았으나 끝까지 유종의 미를 거두지 못했다. 그들은 블레셋의 가드와 아스돗을 남겨 둔 것이다. 철병거라는 현실과 타협한 것이다. 결국 가나안 땅 중앙 평지에 블레셋 사람들이 살도록 허용했다. 그래서 훗날 솔로몬 이후 나라가 남북으로 나라가 나누어질 물리적인 틈을 제공했다. 베냐민 자손도 예루살렘에서 여부스 족속이 살도록 했다. 이러한 타협은 얼마 지나지 않아서 베냐민 자손들의 호르마를 부르게 된다. 철저하게 하나님의 뜻에 순종하고 호르마를 수행하는 제사장으로서 사명을 감당하기 바란다.

4. 점진적인 실패(삿 1:22-36)

동화에 뱀 굴에 찾아 든 고슴도치 이야기가 있다. 추운 겨울 고슴도치가 발발 떨면서 뱀 집의 문을 두드렸다. 겨울잠을 자던 뱀이 고슴도치를 불쌍하게 생각하고 입구 쪽에서 자도록 허락했다. 고슴도치가 몸부림치면서 뱀을 찔렀다. 결국 뱀이 자기 굴에서 쫓겨났다는 이야기이다. 이스라엘의 모습이 그렇다. 가나안 족속을 조금씩 허용하며 점진적인 실패의 길로 접어든 것이다.

> 22-26절. 요셉 가문이 벧엘을 정탐하게 하였는데, 그 성읍의 본 이름은 루스라. 정탐꾼들이 그 성읍에서 한 사람이 나오는 것을 보고 그에게 이르되, 청하노니 이 성읍의 입구를 우리에게 보이라. 그리하면 우리가 네게 선대하리라 하매, 그 사람이 성읍의 입구를 가리킨지라. 이에 그들이 칼날로 그 성읍을 쳤으되, 오직 그 사람과 그의 가족을 놓아 보내매, 그 사람이 헷 사람들의 땅에 가서 성읍을 건축하고, 그것의 이름을 루스라 하였더니, 오늘까지 그 곳의 이름이 되니라.

장자는 두 가지 특권이 있는데, 그의 형제들을 다스릴 권리와 유산의 두 몫을 받는 것이다. 야곱은 이 두 가지 축복을 두 아들에게 나누어서 주었는데, 유다에게는 '왕권' 을 주었고, 요셉에게는 '물권' 즉 두 몫을 주었다. 그래서 요셉 지파는 에브라임과 므낫세 두 지파가 되었다(창 48장). 일반적으로 성경은 '에브라임 지파' 나 '므낫세 지파' 라고도 하고, 본문에서처럼 "요셉 가문" 이라고도 한다.

요셉 가문은 장자에게 주어지는 약속된 축복의 절반을 차지했다. 그 후에, 유다의 왕적인 탁월함을 시기하여, 유다 다음가는 탁월한 장소를 차지한다(창 48:17이하). 이러한 에브라임과 유다의 충돌은 이스라엘 역사 전체를 통하여 나타나게 된다. 그러나 우리는 사사기에서 단지 그 시작을 보게 되는 것이다.

"벧엘" 은 '하나님의 집' 이란 뜻이다. 그곳은 하나님께서 야곱에게 나타나신 장소였다. 그리고 하늘로 올라가는 진정한 사다리이신 예수 그리스도를 야곱에게 계시하신 장소였다(창 11:1-9; 28:10-22; 요 1:51). 야곱은 그곳에 제단을 쌓았고, 하나님을 경배한 하나님의 집으로 삼았다(창 35:2이하). 후에, 성막은 벧엘에 모셔진 것으로 보이는데, 적어도 일정 기간 동안은 그랬다(사 20:18, 26; 삼상

10:3).

벧엘의 정복에서, 요셉 가문은 여리고 정복에서 사용했던 것과 같은 방법, 즉 그 성의 누군가로부터 도움을 얻는 그런 방법을 사용한다. 그 사람은 당시 이스라엘의 소문에 대한 두려움에 사로 잡혔기 때문에 기꺼이 도와주었다. 그리고 그렇게 하는 것이 유일하게 자신이 살길이라고 생각했을 것이다. 그런데 그가 그 땅을 떠나 "루스"라는 성을 세운 것은 비록 다른 곳에서지만 그가 가나안의 문화를 계속 이어가기를 원했다는 것을 보여준다. 비록 하나님의 땅에서 쫓겨났다 할지라도, 영적인 바벨론인 가나안 문화가 다른 곳에서 계속 이어진 것이다. 그는 여리고 성의 '라합' 처럼 이스라엘 백성으로 동화되지 않은 것이다.

이 사건은 옛 언약의 일시적인 특성을 보여준다. 승리가 특정한 가나안의 땅이란 지리적인 영역 안으로만 제한된다. 그러나 이와 반대로 새 언약은 온 세상을 정복하는 것이다. 그래서 거기에는 이방인들이 도망할 여지를 남겨두지 않는다.[7] 모든 루스가 복음에 의해서 벧엘로 만들어지는 것이다.

옛날에 '루스' 의 들판에서 야곱이 밤을 지낼 때, 하나님께서 그에게 나타나셨다. 그래서 야곱은 하나님께서 거기에 계시고 그곳이 '하늘의 문' 이란 사실을 깨달았다. 그리고 그곳을 '벧엘' 이라고 불러야겠다고 했다(창 28:19). 야곱에 의해 '루스' 가 없어지고 '벧엘' 이 세워졌다. 그러나 그 자손들에 의해 다시 '루스' 가 생긴 것이다.

우리 안에 '루스' 를 허락해선 안 된다. 이방인의 영역, 불신앙의 영역을 허락해서는 안된다. 오히려 '루스' 를 '벧엘' 로 만들어야 한다. 불신앙의 영역을 정복해서 하나님의 집으로 만들어야 할 것이다. 아브라함 카이퍼가 말한 대로 세상에 하나님의 소유가 아닌 것은 1cm도 없다. 우리는 모든 영역에서 '하나님의 주권' 을 선포하며 살아야 한다. 우리로 인하여 루스가 벧엘로 변하는 역사가 나타나기를 바란다.

---

7) 성경적 상징주의의 용어로 말하면, 첫 창조에서는 하늘과 땅과 바다의 3중 구조로 되어 있는데, 새 창조에서는 "새 하늘과 새 땅"만 존재할 뿐 이방인의 영역인 바다가 없는 것이다. Cf. 이동수, 『신약의 구속사적 읽기』, pp. 174-177.

27-29절. 므낫세가 벧스안과 그에 딸린 마을들의 주민과 다아낙과 그에 딸린 마을들의 주민과 돌과 그에 딸린 마을들의 주민과 이블르암과 그에 딸린 마을들의 주민과 므깃도와 그에 딸린 마을들의 주민들을 쫓아내지 못하매, 가나안 족속이 결심하고 그 땅에 거주하였더니, 이스라엘이 강성한 후에야 가나안 족속에게 노역을 시켰고 다 쫓아내지 아니하였더라. 에브라임이 게셀에 거주하는 가나안 족속을 쫓아내지 못하매 가나안 족속이 게셀에서 그들 중에 거주하였더라.

본문에서는 므낫세에 의해 정복되지 못한 다섯 도시들이 열거되고 있다. 이들 중 셋(다아낙, 므깃도, 돌)은 여호수아에서도 언급된 핵심적인 도시이다(수 12장). 그리고 그들 가운데 넷은, 솔로몬이 그 땅을 정벌할 때 군사적으로 중요한 도시였다(왕상 4:11).

그런데 성경에서 숫자 '5' 는 '힘' 의 숫자이다. 그것은 군사적인 대오를 나타내는 것으로 사용된다. 그래서 "이스라엘 자손이 애굽 땅에서 대열을 지어 나올 때에" 이 '대열' (חֲמֻשִׁים)[8]이라는 히브리어는 문자적으로 군대가 오열 횡대로 행군했다는 것이다(출 13:18; 수 1:14; 4:12; 삿 7;11; 민 32:17). 그리고 출애굽기 25-40에서 성막을 묘사하면서 휘장의 기둥 다섯과 장광이 오규빗인 조각목 등 '5' 라는 숫자는 자주 언급되는 것을 보여준다. 이는 아마 상징적으로 하나님의 군대가 하나님의 보좌 주변에 몰려든 것을 보여주는 것이다. 미국의 국방성 건물 이름이 '펜타곤' 인데 오각형이란 말이다. 실제로 오각형으로 건물을 지었다. 이 모든 것이 '5' 라는 숫자가 군사력과 관계되기 때문에 지어진 이름이다. 그러므로 다섯 도시가 여기에서 언급되었다는 사실은 가나안 족속이 그 땅을 장악할 힘을 유지하고 있었다는 것을 보여주기 위한 것이다. 므낫세 지파의 영토 안에서 가나안 족속들은 망하지 않았던 것이다.

마찬가지로, 에브라임은 자신들의 영토 안에서 가나안 족속들을 쫓아내지 않

---

8) חמשׁ(châmuûsh)의 BDB의 정의는 "in battle array, arrayed for battle by fives, armed" 이다.

았다. 사실 솔로몬의 통치 전까지도 가나안 족속들은 게셀에서 사라지지 않았다(왕상 9:15-17). 게셀은 중앙 평지의 일부를 다스렸다. 그래서 다시 그것이 정복되지 못했다는 사실은 북 왕국으로부터 남 왕국을 고립시키는 결과를 가져왔다. 사사기 1:19은 부분적으로 유다의 실패를 나타낸다. 그리고 여기에서 우리는 에브라임의 실패를 고발하는 것을 보게 된다.

이스라엘 백성들 가운데 가나안 족속들이 살았다는 점에서, 타협의 첫 번째 단계가 나타난다. 이스라엘이 강했을 때에는 가나안 족속들을 노예로 남겨두었다. 그러나 이스라엘은 하나님께 불순종해서 그들을 완전히 쫓아내지는 않았다. 게다가 그런 노예삼기는 일반적으로 조약이나 언약에 의한 것이었다. 민족들 간에 그런 주인과 종의 관계를 세우는 그런 조약을 '종주권 언약' (suzerainty treaties)[9)]이라고 불렀다.

이스라엘은 가나안 족속들과 조약 혹은 언약을 맺는 것은 이미 율법에 금지된 것이었다. "너는 그들과 그들의 신들과 언약하지 말라. 그들이 네 땅에 머무르지 못할 것은 그들이 너를 내게 범죄하게 할까 두려움이라. 네가 그 신들을 섬기면 그것이 너의 올무가 되리라"(출 23:32-33). 그러므로 우리가 여기에서 확신할 수 있는 것은 이스라엘은 하나님의 명령을 온전히 순종하는데 실패했을 뿐 아니라 하나님의 명령을 직접 위반했다는 것이다.

우리 공동체 안에 불신앙을 남겨두는 것은 극히 위험한 것이다. 불신자가 교회로 찾아올 수 있다. 그러나 불신자로 남아있게 해서는 안 된다. 사무엘하 11:8-9을 보면 사울이 아말렉 사람에 의해 죽임을 당하는 것을 본다. 하나님께서 아말렉 사람을 진멸하도록 명령하셨다. 그러나 사울은 그들을 진멸하지 않았다(삼상 15:15). 결국 그 아말렉 사람에 의해 사울이 죽임을 당한 것이다(삼하 1:10-13). 우리가 개인에게 있는 죄를 쫓아내지 못하면 우리는 그 죄 때문에 망할 것이다. 공동체도 마찬가지이다. 아간 때문에 아이성 전투에서 실패했듯이 공

---

9) 종주권 언약은 (1)서론(신 1:1-5); (2)역사적 서술(신 1:6-4:49); (3)언약의 조항(신 5-26); (4)축복과 저주(신 27-30); (5)기타 사항(신 31-33) 등으로 구성되어 있다. Cf. Gleason Archer Jr., *A Survey of Old Testament Introduction* (Chicago: Moody Press, 1994), p. 274.

동체 안에 죄와 불신앙을 용납해선 안된다.

30절. 스불론은 기드론 주민과 나할롤 주민을 쫓아내지 못하였으므로 가나안 족속이 그들 중에 거주하면서 노역을 하였더라.

실패의 첫째 단계는 가나안 족속들이 계속해서 이스라엘 백성 가운데 살게 하는 것이다. 우리는 이미 이것을 므낫세와 에브라임의 경우에 보았다. 또한 본문은 "스불론"에 대해서도 말한다. 이제 나머지 지파들에 대하여 즉 스불론과 아셀과 납달리와 단 지파에 대하여 다룬다. 그런데 이 처음 세 지파들은 가장 북쪽의 지파들이다. 아마도 그들은 이스라엘의 실패가 그 땅의 전역에 걸쳐진 것이라는 것을 보여 주기 위하여 선택되어진 것 같다.

다른 측면도 있어 보인다. 라헬의 자식들인 요셉과 베냐민은 이미 언급되었다. 그래서 레아의 자식들인 유다와 시므온이 언급되고 있는 것이다. 우리는 스불론(레아의 장남), 아셀(실바의 아들), 납달리와 단(빌하의 자식들)을 본다. 그러므로 야곱의 네 아내들의 자손들이 모두 언급된 것이다. 즉 모두 실패했다는 것이다.

31-33절. 아셀이 악고 주민과 시돈 주민과 알랍과 악십과 헬바와 아빅과 르홉 주민을 쫓아내지 못하고, 아셀 족속이 그 땅의 주민 가나안 족속 가운데 거주하였으니 이는 그들을 쫓아내지 못함이었더라. 납달리는 벧세메스 주민과 벧아낫 주민을 쫓아내지 못하고 그 땅의 주민 가나안 족속 가운데 거주하였으나 벧세메스와 벧아낫 주민들이 그들에게 노역을 하였더라.

본문은 "아셀"이 정복하지 못한 일곱 도시가 언급된다. 상황은 점점 더 나빠진다. 왜냐하면 '므낫세' 에게는 '다섯 도시' 만 기록되었는데, '아셀' 에게는 '일곱 도시' 가 기록되고 있기 때문이다. '5' 는 '힘의 숫자' 라면 '7' 은 '완전수' 이다. 분명히 아셀은 므낫세보다 더 완전하게 실패했다는 것을 말하는 것이다.

실패의 둘째 단계는 "납달리"에 대해서 말하면서 나타난다. 이 때, 두 도시들이 특별하게 언급되는데, 그 가운데 "벧세메스"는 '세메스의 집', 즉 '태양신의 집' 이다. 그리고 "벧아낫"은 '아낫의 집', 즉 '다산의 여신의 집' 이다. 다른 말로, 이 두 도시들은 가나안의 우상숭배 문화의 중심지였다. 하나님께서는 특별히 가나안 족속들의 "단을 헐라"고 하셨다(출 34:13). 그러나 이러한 명령을 순종하는 것과 거리가 멀게, 이스라엘 백성들이 우상숭배의 중심 가운데 거한 것이다.

> 34-36절. 아모리 족속이 단 자손을 산지로 몰아넣고 골짜기에 내려오기를 용납하지 아니하였으며, 결심하고 헤레스 산과 아얄론과 사알빔에 거주하였더니, 요셉의 가문의 힘이 강성하매, 아모리 족속이 마침내는 노역을 하였으며, 아모리 족속의 경계는 아그랍빔 비탈의 바위부터 위쪽이었더라.

타협의 셋째 단계는 "단" 지파에 의해서 나타난다. 이스라엘이 가나안 족속들을 쫓아내는 대신에, 우리는 여기에서 가나안 족속들이 하나님의 자녀들을 쫓아내는 것을 보게 된다. 이후 사사기 18장은 단 지파의 이주에 더하여 기록한다. 그것은 하나님께서 그들에게 주신 땅을 정복하지 못한 그들의 무능력 하에 자행된 종교적 배교를 보여주는 것이다. 왜냐하면 이것은 사사기 저자가 이 부분에서 뿐 아니라 사사기 전체에서 이스라엘의 상황이 어떻게 점점 더 나빠지는가를 보여주기 위해 의도적으로 기록한 것이기 때문이다. 그래서 저자는 단 지파의 이주 이야기를 사사기의 두 부록 중에 첫 번째로 첨부하는 것이다.

우리는 앞서 '유다 지파' 가 산을 정복했지만 평지는 정복하지 못했다는 것을 읽었다(19절). 여기에서 우리는 '단 지파' 가 산지에서조차 가나안 족속들을 쫓아내지 못한 더 나빠진 모습을 보게 된다. 35절에서 가나안 족속(아모리 족속)이 "헤레스 산(태양의 산)과 아얄론과 사알빔에 거주하였다"는 것은 비극적이고도 충격적인 사실이다. 왜냐하면 이곳은 여호수아가 그들을 격파하도록 해가 중천에 머물렀던 기적의 장소였기 때문이다(수 10:12). 사실, 그곳은 여호수아가 묻힌 곳이기도 하다(삿 2:9). 가나안 족속들이 이 기념비적인 장소를 탈환했다는 것은 얼마나 소름끼치는 상황인가! 이는 이곳에서의 이전의 승리와 얼마나 비극적인 대조인가!

과거 일본의 만행을 잊지 말자는 의미에서 천안에 '독립기념관'을 세웠다. 그런데 독립기념관 내부에서 사용하는 장비들이 고가의 일본 물건들이 사용된 것으로 사회가 시끄러운 적이 있었다. 본문이 말하는 것이 예컨대 그런 상황이다.

끝으로, 36절에서 점진적인 타락은 가장 끔찍한 절정에 이르게 된다. "아모리 족속"이 지계(地界)를 가지게 되었다는 것이다. 그들이 강해져서 자신들 소유의 정해진 영토를 가지게 된 것이다. 이제 그들은 더 이상 이스라엘 영토 안에 숨어 살지 않아도 되게 되었다. 자신들의 소유의 땅을 가지게 된 것이다.

단 지파가 이 지역을 떠난 이후, 이곳은 에브라임의 통치 하에 들어간다. 에브라임이 신실할 때, 그들은 아모리 족속에 대한 지배권을 어느 정도 확보했었다. 그러나 자주 그들은 가나안 족속들의 지배를 받으며 자신들의 불신앙의 대가를 지불해야 했던 것이다.

요나 1:3에서 "요나가 여호와의 낯을 피하려고 일어나 다시스로 도망하려 하여 욥바로 내려갔더니 마침 다시스로 가는 배를 만난지라"는 말씀이 있다. 요나가 욥바에 갔더니 '마침' 배가 있었던 것이다. 사도행전 27:13 "남풍이 순하게 불매 저희가 득의한 줄 알고 닻을 감아 그레데 해변을 가까이 하고 행선하더니" 바울의 만류에도 불구하고 선장과 천부장은 출항했다. 남풍조차 불었다. 자기들이 옳은 줄 알았다. 그러나 그 결과는 모두 풍랑을 만나는 것이었다. C.S. 루이스가 말했다. "불신앙으로 내려가는 타협의 길은 처음부터 낭떠러지가 아니다. 걷기에 기분 좋은 완만한 내리막길이다. 그러나 조금씩 내려가다 보면 다시는 올라올 수 없는 자리에 이르게 된다." 우리들의 현재 '삶의 자리'들은 어떠한가?

5. 보김(삿 2:1-5)

오래 전에 교회 학생들과 어떤 집회에 참석했다. 가냘프게 생긴 한 여학생이 많이 울었다. 은혜를 많이 받았다고 생각이 들어서 간증을 시켰다. 그랬더니 운 이유가 같이 짝기도를 한 집사님이 너무 손을 세게 잡아서 아파서 울었단다. 운다고 다 은혜받은 것은 아니었다. 한 때 눈물이 날 때까지 기도하리라고 마음을 먹은 적이 있었다. 눈물이 나야 기도를 좀 했다 싶어서 기도를 멈추었던 시절이 있었다. 그러나 눈물이 은혜의 기준일 수 없다. 또한 신앙의 기준일 수도 없다.

"보김"(בֹּכִים)이란 '우는 자들'(the weepers)이란 말이다. 히브리어로 '운다'는 동사가 '바카'인데, 그 복수 명사형이 '보킴'이다.[10] 이스라엘 백성들이 많이 울었다. 왜 그랬는가? 이스라엘 백성들이 '눈물을 흘린 이유'와 그들의 '눈물의 의미'를 생각해 보겠다.

1절. 여호와의 사자가 길갈에서부터 보김으로 올라와 말하되, 내가 너희를 애굽에서 올라오게 하여, 내가 너희의 조상들에게 맹세한 땅으로 들어가게 하였으며, 또 내가 이르기를 내가 너희와 함께 한 언약을 영원히 어기지 아니하리니,

James A. Borland는 『구약에 나타난 그리스도』라는 책을 1999년에 썼다. 그는 인간의 형태로 나타나신 예수님을 만난 다섯 사람을 언급한다. 아브라함, 야곱, 모세, 발람, 여호수아가 그 사람들이다. 그런데 그들이 만난 예수님은 "여호와의 사자"라는 이름으로 나타났다. 그러므로 성경에서 "여호와의 사자"는 성육신하기 이전의 그리스도를 나타낸다. 이 표현은 구약 성경에서 70회 사용되는데, 모두 예수님을 가리킨다.[11]

예를 들어, 창세기 16:7에서 하갈이 '여호와의 사자'를 만난다. 그런데 하갈이 "나를 살피시는 하나님"을 만났다고 한다. "하갈이 자기에게 이르신 여호와의 이름을 나를 살피시는 하나님이라 하였으니, 이는 내가 어떻게 여기서 나를 살피시는 하나님을 뵈었는고 함이라"(창 16:13). 그러므로 '여호와의 사자'는 바

---

10) Allen C. Myers, *The Eerdmans Bible Dictionary*(Grand Rapids, MI: Eerdmans, 1987), p. 165.

11) James A. Borland, *Christ in the Old Testament Scriptures: Old Testament Appearances of Christ in Human Form*(Scotland, UK: Christian Focus Publications, 1999)를 참고하라.

로 성육신하기 이전의 예수님이다. 그는 하나님만이 가지신 사죄의 능력을 가지고 있고(막 2:7), 이스라엘을 심판하실 수도 있는 분이시다.[12)]

그 사자가 "길갈에서부터 보김으로" 왔다고 한다. 이 "길갈에서부터 보김"은 '성막'이 옮겨져 온 경로이다. 하나님과 언약을 맺은 곳인 길갈은 이스라엘이 그 땅에 들어올 때에 언약을 갱신한 곳이다(수 4-5장). 이스라엘은 길갈에서 좋은 출발을 했다. "길갈"(גִּלְגָּל)이란 말은 '구르는 것'을 의미한다. 이는 이스라엘이 하나님께 성별됨의 증표인 할례 시에 포피가 벗겨지는 것을 말한다. 그러므로 길갈은 '거룩함'을 기념하는 장소였다. 길갈은 사실 "우는 자들"을 의미하는 '보김'과 거리 먼 것이다. 우리는 보김이 어떤 곳인지 모른다. 아마 '세겜'이나 '벧엘'의 다른 이름일 것이다.[13)] 이스라엘 백성들이 보김에서 하나님께 제사를 드렸다는 사실은 적어도 성막이 거기에 안치되었다는 것을 보여준다(삿 2:5). 그러나 그들은 성막이 있는 곳에서 죄를 지적 받고 울어야 했다. 그러나 교회에서조차 죄를 말하지 않으면 어디에서 죄에 대해서 말하는 것을 들을 수 있겠는가?

2절. 너희는 이 땅의 주민과 언약을 맺지 말며, 그들의 제단들을 헐라

---

12) 여호와의 사자는 스스로를 여호와와 구별된 것으로 말하기도 하고, 하나님을 1인칭으로 사용하기도 한다. 이에 대해 히브리어 '말라크'(מַלְאָךְ)를 '사자'가 아닌 추상명사인 '사명'으로 번역하여 여호와께서 비인격적인 방식으로 스스로를 보내셨기 때문이라고 하거나, 사자의 형성을 하나님을 높이는 후기 유대사상에 기인한 것으로 보기도 한다. 그러나 이러한 이해는 하나님과 사자의 차이를 혹은 동일성을 각각 무시한 결과이다. 이 두 표상 뒤에는 신성의 참 계시가 있다. 여호와의 사자는 신성을 가지신 하나님 자신이시면서 동시에 하나님이 보내신 분이기도 하다. 사자가 3인칭으로 언급하는 하나님이 계시며 또한 사자 자신이 하나님이신 것이다. 즉 그리스도이신 것이다. 그리스도와 사자의 차이점이 있다면, 구약엔 피조된 형태가 단명하지만 성육신의 경우에는 영원하다는 것뿐이다. Cf. 게할더스 보스, 『성경신학』, pp. 89-93.

13) 정확한 보김의 위치는 알려져 있지 않다. 칠십인역은 보김을 통곡의 장소로 번역하면서 이것이 벧엘이라는 설명을 더한다. 리브가의 유모 드보라가 죽었을 때 그녀의 시신을 벧엘 아래 상수리나무에 묻어주었는데, 그 나무를 알론바굿(통곡의 상수리나무, 창 35:8)이라고 한 것에 착안하여 보김이 벧엘의 가명이라고 보는 주석가들이 있다. Cf. 송병현, 『엑스포지멘터리 사사기』, p. 100.

하였거늘, 너희가 내 목소리를 듣지 아니하였으니 어찌하여 그리 하였느냐?

죄를 지적하기 이전에 하나님께서는 애굽에서 이스라엘을 구원하셨다는 사실을 그들이 기억하도록 하셨다. 그래서 그들이 하나님을 의지하면 가나안 족속들을 틀림없이 물리칠 수 있다고 격려하셨다. 하나님은 이스라엘 벅성들에게 그들과 맺은 언약을 결코 깨뜨리지 않는 분이시란 사실을 기억시키셨다. 그들이 언약을 깨뜨리지만 않는다면 가나안 족속의 손에서 그들을 구원하시려는 만반의 준비가 되어 있으신 것이다.

이러한 언약에서 이스라엘 백성들이 해야 할 것은 단지 두 가지이다. 첫째, 가나안 족속들은 종을 삼거나 결혼을 하는 것으로 가나안 족속과 언약 혹은 조약을 체결하지 않는 것이다. 둘째, 가나안 족속의 제단을 남겨두지 않도록 하는 것이다. 하나님의 명령은 이렇다. "네 하나님 여호와께서 그들을 네게 넘겨 네게 치게 하시리니, 그 때에 너는 그들을 진멸할 것이라. 그들과 어떤 언약도 하지 말 것이요. 그들을 불쌍히 여기지도 말 것이며, 또 그들과 혼인하지도 말지니. 네 딸을 그들의 아들에게 주지 말 것이요. 그들의 딸도 네 며느리로 삼지 말 것은 그가 네 아들을 유혹하여, 그가 여호와를 떠나고, 다른 신들을 섬기게 하므로, 여호와께서 너희에게 진노하사 갑자기 너희를 멸하실 것임이니라. 오직 너희가 그들에게 행할 것은 이러하니 그들의 제단을 헐며 주상을 깨뜨리며 아세라 목상을 찍으며 조각한 우상들을 불사를 것이니라"(신 7:2-5).

그러나 이스라엘 백성들은 가나안 족속을 종으로 삼는 죄(언약체결)를 지었고, 그들의 제단을 허물지 않았다(벧세메스, 벧아낫). 그래서 하나님께서는 "어찌하여 그리하였느냐?"라고 질문하신다. 하나님은 항상 우리를 책임적인 존재로 대해주신다. 그리고 실패한 인간들에게 질문하신다. 그 하나님의 질문은 사실은 회개를 촉구하는 질문이다. 선악과를 따 먹은 아담에게 물으신다. '아담아 네가 어디 있느냐?" 낙심하고 고기를 잡으러 간 베드로에게 물으신다. "시몬 베드로야 네가 나를 사랑하느냐?" 마찬가지로 "어찌하여 그리하였느냐?"라는 본문의 의미는 이것이다. '그것에 대해서 생각하라. 그것을 심사숙고해 보라. 그리고 회개하라.' 그러므로 "어찌하여 그리하였느냐?" 라고 하나님께서 우리에게 물으실 일은 없겠는가? 우리는 세상과 타협하고, 세상의 신을 교회 안으로 끌어들인 적은 없는가?

3절. 그러므로 내가 또 말하기를, 내가 그들을 너희 앞에서 쫓아내지 아니하리니, 그들이 너희 옆구리(에 가시)가 될 것이며, 그들의 신들이 너희에게 올무가 되리라 하였노라.

이제 하나님께서는 엄숙한 경고의 말씀을 따라서 심판을 수행하신다(민 33:55, 수 23:13). 그 심판은 두 가지로 나타난다. 이 두 가지는 히브리어 평행법으로 옆구리의 가시는 올무와 연결된 것이다. 그러나 이를 풀어보면 첫째, 가나안 족속이 여전히 그 땅에 있기 때문에, "그들이 너희의 옆구리가 될 것이다" (הָיוּ לָכֶם לְצִדִּים)는 것이다. 우리 말 성경에 "그들이 너희 옆구리에 가시가 될 것" 이라는 것은 의미를 명료하게 하기 위하여 "가시" 라는 말을 덧붙인 것이다.[14] 그러나 원문에는 '옆구리가 될 것' 이라고만 되어 있다.

가나안 족속들이 이스라엘의 옆구리가 된다는 것은 의미심장한 표현이다. 기본적으로 '옆구리의 가시'라는 말은 '귀찮은 존재' 가 될 것이라는 것이다. 또한 이는 하와가 아담의 옆구리에서 왔기 때문에 '결혼관계' 를 말하는 것으로도 볼 수 있다. 즉 가나안 족속들이 이스라엘의 옆구리가 된다는 예언은 통혼을 의미한다. 그리고 하와가 아담에게 시험거리였듯이, 이스라엘이 가나안 때문에 '고통' 을 당하게 될 것이라는 것을 의미하기도 한다. 우리는 또한 그들이 이스라엘과 나란히 '동행' 하게 될 것이라는 이미지로 볼 수도 있다. 소들은 나란히 멍에를 맨다. 그래서 가나안 족속들이 이스라엘의 옆구리에 있을 것이라는 것은 같이 멍에를 맬 것이라는 말이기도 하다.

우리들은 어떠한가? 불신자들과 지나치게 어울리지는 않는가? 그들과 '통혼관계' 혹은 지나친 교제는 위험한 것이다. 그래서 바울은 고린도교회 성도들을

---

14) 이는 영어성경 KJV의 해석을 따른 것 같다. "but they shall be as thorns in your sides"

향해 외친다. "믿지 않는 자와 멍에를 같이 하지 말라" (고후 6:14).

둘째, 제단이 그 땅에 있기 때문에, "그들의 신들이 너희에게 올무가 될 것이다" 라고 한다. 올무란 새나 작은 짐승을 잡기 위해서 땅에 두는 것이다. 만약 누군가 올무 안에 들어가면 그는 발에 상처를 입을 것이다. 그러므로 이러한 이미지는 창세기 3:15 "여자의 후손은 네 머리를 상하게 할 것이요. 너는 그의 발꿈치를 상하게 할 것이니라" 는 말씀을 떠올리게 한다. 여인의 후손은 발에 상처를 입을 것이지만, 원수는 그의 머리가 상할 것이라고 했다. 사실 사사기는 이스라엘 백성들이 연속해서 실패하는 것을 보여준다. 발꿈치를 상하는 것이다. 그러나 이방나라들은 철저하게 심판을 받는다. 즉 이방나라들의 머리가 깨지는 것이다. 이것은 이 책의 중요한 주제이다. 그러나 이스라엘은 올무 때문에 걸려서 넘어지게 될 것이다.

세상에서 가장 어리석은 사람은 하나님이 없다고 하는 사람이 아니다. 하나님이 있기는 하지만 우상과 똑같다고 말하는 사람이다. 교회에서 가장 불쌍한 사람은 하나님과 우상을 동시에 섬기는 사람이다. 지옥 갈 사람이 천국행 기차를 타고 있다고 생각하며 안심하니 얼마나 어리석은가? 자신들의 차표의 최종목적지를 한 번 더 확인해 보기 바란다.

4-5절. 여호와의 사자가 이스라엘 모든 자손에게 이 말씀을 이르매, 백성이 소리를 높여 운지라. 그러므로 그 곳을 이름하여 보김이라 하고, 그들이 거기서 여호와께 제사를 드렸더라.

여기에서 우리는 심판의 말씀에 대한 이스라엘의 반응을 보게 된다. 그들은 울었다. 얼마나 울었는지, 그곳 이름을 아예 "보김" 이라고 했다. 그러나 우리는 이 장면에서 속으면 안된다. 겉으로는 이스라엘이 하나님의 심판의 경고를 받고 회개의 눈물을 흘리는 것 같아 보이지만, 이는 진정한 회개의 눈물이 아니었다.

우리가 성경을 읽을 때, '하나님의 심판과 경고' 그리고 '눈물' 하면 가슴이 짜릿하게 느껴지는 것이 있다. 그러나 성경은 감동 받는 것으로 만족할 것이 아니다. 배우는 것이 있어야 한다. 모든 성경은 하나님의 감동으로 된 것으로 교훈과 책망과 바르게 하기에 유익한 것이다. 설교도 지식이나 감동을 전달하기 위한 것이 아니다. 삶을 변화시키기 위한 것이다. 우리들이 자신의 행동을 바꿀 생각을 하지 않는다면 설교를 듣거나 성경을 읽는 그 무엇도 무익한 것이 될 것이다.

신자의 가장 큰 병은 종교적인 언어나 형태에만 익숙하고 사람이 변하지 않는데 있다. 소가 밭을 갈 때에 보습으로 땅을 갈지 않으면, 소걸음에 오히려 땅이 굳어질 뿐이다. 마찬가지로 종교적인 형식에만 익숙해지고 은혜를 받지 못한다면 마음은 한없이 딱딱해지고 말 것이다.

전도할 때 '난 예수를 절대로 안믿겠다' 는 사람이 오히려 쉽게 회심하고 복음을 받아들이는 경우가 많다. 그러나 '곧 교회에 나가지요' 라고 말하는 사람은 정말 신앙생활하기 어려운 사람이다. 불교의 승려가 와도, 천주교의 신부가 와도, 어느 종파의 어느 이단이 와도 '곧 거기에 가겠다' 고 할 사람이기 때문이다.

이스라엘 백성들이 눈물을 흘리지만 진심이 아니었다. 이어지는 6-10절은 '여호수아의 죽음' 에 대한 기록으로 일종의 삽입절이다. 그러므로 본문에 바로 이어지는 것은 11절이다. 그들이 어떻게 하는가? "이스라엘 자손이 여호와의 목전에 악을 행하여 바알들을 섬기며, 애굽 땅에서 그들을 인도하여 내신 그들의 조상들의 하나님 여호와를 버리고, 다른 신들 곧 그들의 주위에 있는 백성의 신들을 따라 그들에게 절하여 여호와를 진노하시게 하였으되"(삿 2:11-12).

이젠 더 이상 종교적 형식과 신앙을 동일시해서는 안 될 것이다. 눈물이 신앙의 표시라고 착각하지 말자. 우리는 그 사람의 눈에 '눈물' 이나 입에 '말' 을 볼 것이 아니라 '삶' 을 보아야 한다. 생활이 신앙의 증거이다. 믿음은 삶을 통해 나타나기 때문이다.

6. 신앙의 유산(삿 2:6-10)

예루살렘에는 '홀로코스트 역사박물관' 이 있다. 2차 세계대전 당시 나치에 희생된 600만 명의 유대인을 추모하기 위해 세운 박물관이다. 원래는 1953년 야드 바셈(Yad Vashem) 기념관이란 이름으로 건립되었다. 이 '야드 바셈' 이란 말은 희생된 사람들의 '이름을 기억하라'는 뜻이다. 거기에는 가스실에서 죽은 유대인들의 몸에서 생긴 기름으로 만든 비누도 보관되어 있다. 아마 이 야드 바셈을 유명하게 한 것은 한 쪽 벽을 장식한 말일 것이다. "용서하자. 그러나 잊지는 말자!" 복수보다도 더 무서운 용서이다. 그들은 용서하면서조차 잊지 않았던 것이다.

6절. 전에 여호수아가 백성을 보내매, 이스라엘 자손이 각기 그들의 기업으로 가서 땅을 차지하였고,

여호수아가 사람들을 돌려보낸 것이 여호수아 24장에 기록되어 있다. 그 사람들은 자신들의 기업으로 돌아갔다. 이것이 왜 가나안 족속들을 깨끗하게 정리하지 못했는가하는 이유 중의 하나이다. 이스라엘 백성들은 빨리 그리고 한꺼번에 정착하려고 했다. 승리를 완전히 이루기 전에 정착해서 승리의 열매를 즐기려는 것은 달콤한 유혹이다. 그 땅은 대부분 정복됐으나 철저하게 정복되지는 않았다.

조급하게 승리를 즐기려는 유혹은 고대 이스라엘 백성들에게만 있는 것은 아니다. 기독교가 로마를 대부분 변화시켰으나 철저하게 변화시키지는 못했다. 종교개혁이 북유럽을 대부분 정복했으나 철저하게 정복하지는 못했다. 하나님께서는 승리의 열매로서 평화와 번영을 약속하신다. 그러나 완전하게 승리할 때 이 약속은 성취된다. 너무 빨리 한꺼번에 정복하고, 너무 빨리 승리를 만끽하려는 것은 위험한 일이다.

모든 일에는 순서가 있다. 때가 있다. 빨리 가려면 천천히 노를 저으라는 말이 있다. 서두르지 말자. 한국은 국제 사회에서 샴페인을 너무 일찍 터트렸다는 평가를 받는다. '한강의 기적'으로 표현되는 미증유의 급성장을 했다. 덩치는 컸으나 마음은 미숙한 아이처럼, 경제적인 측면은 성장했으나 정신적인 면이 성장하지 못했다. 결국 사회는 여러 가지 갈등 속에 진통을 겪고 있다. 교회도 마찬가지이다. 많은 사람, 큰 건물과 풍부한 재정 가운데 방향을 잃고 말았다.

7절. 백성이 여호수아가 사는 날 동안과 여호수아 뒤에 생존한 장로들 곧 여호와께서 이스라엘을 위하여 행하신 모든 큰 일을 본 자들이 사는 날 동안에 여호와를 섬겼더라.

하나님의 기적적 역사를 본 자들은 언약을 지키는 것에 겉으로는 신실했다. 우리는 이미 이스라엘 백성들이 그 땅을 정복하는 것에 철저하게 신실하지 못했음을 보았다. 그리고 우리는 10절에서 그들의 자녀들에게 믿음을 전달하는데 온전히 신실하지 못했음을 보게 될 것이다. 그들은 겉으로만 신실했다. 또한 7절의 말씀은 한 가지만 예외로 하고 여호수아 24:31 말씀과 동일하다. "이스라엘이 여호수아가 사는 날 동안과 여호수아 뒤에 생존한 장로들 곧 여호와께서 이스라엘을 위하여 행하신 모든 일을 아는 자들이 사는 날 동안 여호와를 섬겼더라." 여호수아서에서 "모든 일"을 사사기에서는 "모든 큰 일"이라고 되어 있다. 여기에서 사사기 저자가 하나님의 역사를 "큰 일"이라고 표현하는 것은 하나님의 일을 그들의 자녀들에게 그것을 말하고 전수하는 것에 실패한 것을 드러내기 위하여 특별히 "큰 일"이라고 강조한 것이다.

우리들이 갖고 있는 문제 가운데 하나는 잘 잊는다는 것이다. 때로 망각이 축복이지만, 역사가가 말했다. "우리가 역사에서 배울 수 있는 것은 역사를 통해서 아무 것도 배우지 않는다는 것이다." 역설적이기는 하지만 사실이다. 우리는 과거를 통해 잘 배우지 못한다. 한 방 먹으면 그 때 뿐이고, 그 엄청난 사건들도 쉽게 잊어버린다. 성수대교, 삼풍백화점, 일본원전 사건... 살다보면 잊어야 할 일도 있다. 그러나 잊지 말아야 할 일도 분명히 있는 것이다. 기억하지 못하는 과거는 반복될 수 있기 때문이다.

8-9절. 여호와의 종 눈의 아들 여호수아가 백십 세에 죽으매, 무리가 그의 기업의 경내 에브라임 산지 가아스 산 북쪽 딤낫 헤레스에 장사하였고,

여호수아가 "백십 세"에 죽고 장지에 묻힌 것에 주목하라. 이것은 우리에게

는 별로 이상할 것이 없어 보이지만, 그 당시 사람들에게는 대단한 의미가 있는 것이었다. 하나님께서 여호수아에게 110년의 생애를 주셨다는 것을 고대 이스라엘 사람들에게는 110이란 숫자의 의미를 생각하게 했을 것이다. 왜냐하면 우리는 하나님께서 단순한 정보를 주기 위하여 영감을 허비하셨다고 믿을 수 없기 때문이다. 성경의 일점일획도 의미가 있다고 믿는다. 우리가 몰라서 지나칠 뿐이지 성경의 모든 표현들은 하나님의 의도와 계획 가운데 기록된 것이다. 그러면 이 본문에서 '110' 이란 숫자가 의미하는 바는 무엇인가?

모세는 '120' 년을 살았다(신 34:7). 그리고 '12' 는 언약의 수이다(12지파, 12사도 등). 그런데 '11' 은 '12' 에서 하나가 모자라는 숫자이다. 이는 성경에서 소위 '불완전수' 이다. 예를 들어, 가롯 유다의 배신과 죽음 후에, 사도들은 11이 되었다. 그 숫자를 그대로 두지 않고 12숫자를 채우기 위해 맛디아를 뽑았다. 마찬가지로 사사기의 마지막 이야기는 배교 때문에, 12지파 중에 한 지파인 단 지파가 사라진다. 역시 그 단 지파를 보충할 계획을 세운다. 아마도 여호수아가 110세에 죽은 것은 모든 사람 가운데 가장 뛰어난 지도자인 모세가 120세에 죽은 것과 비교해서 무언가 부족한 어떤 공백이 있음을 보여주는 일일 것이다.

또한 사사기에는 110에 대한 유사한 이미지들이 등장한다. 예를 들면, 삼손은 은 1,100개에 팔렸다(삿 16:5). 그리고 미가도 은 1,100개에 언약을 배신했다(삿 18:2). 아마도 이것과 관련해서 여호수아에게 110이란 숫자를 사용한 것으로 보인다. 즉 여호수아가 행한 위대한 일은(110) 배신자들에 의해 망쳐졌다(1,100). 여호수아가 행한 위대한 일(110)은 처음 그것을 행한 것(110)보다 10배나 더해 망쳐졌다(1,100). 사사기 이후 성경에서, '11' 은 언약 파괴의 숫자로 쓰이고 있다. "시드기야의 제십일년 넷째 달 아홉째 날에 성이 함락되니라. 예루살렘이 함락되매" (렘 39:2). 에스겔은 이것을 말하며, 제 11년에 예루살렘이 파괴된다고 말한다. 또한 두로(겔 26:1 "열한째 해 어느 달 초하루에")와 애굽(겔 30:20, "열한째 해 첫째 달 일곱째 날에" cf. 겔 31:1)에 대해서 말할 때도 11이란 숫자가 쓰이고 있다. 그렇다면 여호수아가 110세에 죽은 것은 이스라엘 백성들이 만약 그들이 신실하지 못하면 그들의 숫자가 감소되고 그들의 언약 상태가 깨질 것이라는 경고하는 역할을 했을 것이다.

동시에 여호수아가 묻힌 장소도 기념비적인 것이다. 여호수아 24:30 "그들이 그를 그의 기업의 경내 딤낫 세라에 장사하였으니, 딤낫 세라는 에브라임 산지 가아스 산 북쪽이었더라."에서는 그것이 '딤낫 세라' 즉 '유복한 자의 몫' 이라고 불렸는데, 여기서는 '딤낫 헤라' 즉 '태양의 몫' 이라고 불린다. 이는 정복기간 동안의 하나님의 가장 위대하고 놀라운 일을 떠올리는 것이다. 즉 하나님께서 태양을 하늘에 머무르도록 한 일을 기억하게 하는 것이다. 틀림없이 부모들은 자기 자녀들에게 그것을 말해야 했었던 것이다.

10절. 그 세대의 사람도 다 그 조상들에게로 돌아갔고, 그 후에 일어난 다른 세대는 여호와를 알지 못하며, 여호와께서 이스라엘을 위하여 행하신 일도 알지 못하였더라.

그러나 슬픈 결론은 그들이 그렇게 하지 않았다는 것이다. 첫 세대는 그들의 자녀들에게 하나님에 대하여 가르치는 것에 실패했다. 그 자녀들은 하나님을 몰랐다. 하나님의 일도 몰랐다. 왜 그랬겠는가?

첫째, 구세대는 하나님의 뜻을 받드는 일에 너무 바빴을 것이다. 그 결과 그들의 자녀들은 하나님에 대해서 배우지 못했다. 이런 경우가 얼마나 많은가! 성경은 어떤 사람이 그들의 자녀들에게 하나님에 대해서 가르치는 일보다 중요한 일은 없다고 가르친다. 구약성경의 가장 마지막 구절은 말라기 4:6이다. "그(종말에 보냄 받을 엘리야)가 아비의 마음을 자녀에게로 돌이키게 하고, 자녀들의 마음을 그들의 아비에게로 돌이키게 하리라. 돌이키지 아니하면 두렵건대 내가 와서 저주로 그 땅을 칠까 하노라 하시니라." 이는 새 언약이 시작될 옛 언약의 종말에 보냄 받을 엘리야인 세례 요한이 가정의 신앙적인 모습을 회복시킬 것이라는 예언이다.

구세대는 가나안 땅을 얻기 위하여 열심히 일했다. 그러나 그들의 모든 노력의 결과들은 그들이 자녀들을 훈련하지 않으면 수포로 돌아갈 것이다. 결국 그 땅은 원수들에게 빼앗길 것이다. 이런 슬픈 이야기는 사사기에서도, 우리 생활 가운데에서도 거듭 반복된다. 특히 오늘날 소위 PK, MK 문제가 심각하다. 왜 많은 목사의 자녀들과 선교사의 자녀들이 타락하는가? 종종 그것은 부모들의 이기심 때문이지 않은가? "나는 중요한 사람이고, 나 일은 중요하고, 그래서 나는 아이들과 지낼 시간이 없다." 우리들의 자녀들은 어떠한가?

특히 이러한 일들은 이민사회에서 쉽게 볼 수 있다. 부모들은 자녀들이 잘 되기를 바라며 정말 열심히 뒷바라질 한다. 그런데 그 '뒷바라지' 라는 것이 돈 벌어 주는 것이다. 문제는 아이들과 함께 시간을 보내며 아이들의 가치관 형성에 도움을 줘야하는 시기를 놓친다는 것에 있다. 부모들은 아이들을 위해 돈을 버는지 아니면 자기만족과 성취, 혹은 일중독이 되어 있는지를 냉정하게 생각해 볼 일이다.

둘째, 이스라엘 백성들은 하나님의 백성들과 하나님의 원수들 사이의 영적 전쟁의 실체를 이해하지 못했다. 그들은 가나안 족속과는 결코 평화가 불가능하다는 것을 알아야 했다. 그들은 미디안 족속들의 유혹을 알아야 했고, 기브온 족속의 교활함을 알아야 했다. 그들은 자신들에게 음식을 주지 않은 암몬과 모압을 기억해야 했다(신 23:3이하, cf. 룻 1:1). 그들은 원수를 대항하여 자신들을 지켜야 했던 것이다. 또한 하나님께서 광야에서 자신들의 이전 세대를 모두 죽이셨다는 사실을 기억하고, 그들의 보호자이신 하나님 가까이에 머물러 있어야 했다. 그러나 그들은 이 일들을 알지 못했다. 오히려 그 모든 것의 심각성을 전혀 모른 채 쉽게 자라갔다. 결국 문제 부모가 문제 아동을 만든다. 이것을 이해하기 위해서, 우리는 첫 번째 인간 부부인 아담과 하와에게로 돌아가야 한다.

아담은 세 가지의 '제사장적인' 임무를 하와와 함께 수행해야했다. 아담은 하와를 지켜야 했고, 하와에게 먹을 것을 주어야 했고, 그리고 하와를 가르쳐야 했다. 그러나 이 모든 일에 모두 실패한다. 아담은 하와 옆에서, 하와가 뱀과 이야기하도록 허락했다(창 3:6 "자기와 함께 한"). 아담은 하와로부터 음식을 받았다. 아담은 하와를 보호하지 못했다. 그러나 그리스도 안에서 우리는 이것이 반복되는 것을 보는데, 그리스도는 신부된 교회를 보호한다. 그리스도는 신부된 교회에게 생명나무 실과를 준다. 그리스도는 신부된 교회를 가르친다.

이것은 제사장적인 임무이다. 또한 가정의 제사장된 남편의 임무이다. 이제 이스라엘에서 레위인들은 제사장이다. 레위기 10:10-11에 있듯이 제사장들은

"속된 것을 분별하며 부정하고 정한 것을 분별하고" 하는 일, 즉 지키고 보호하는 일을 해야 했다. 그리고 "여호와가 모세로 명한 모든 규례를 이스라엘 자손에게 가르치리라"는 명령을 받았다. 즉 가르치는 일을 해야 했다.

우리가 사사기에서 보는 것은 레위인들이 이스라엘의 신랑으로서 할 일들에 대해서 실패했다는 것이다. 그들은 가르치는데 실패했고 지키는데 실패했다. 그 결과, 주님의 신부들을 위험에 빠지도록 하였다. 신약은 우리에게 말하기를 하와는 속임을 당하였고, 인류의 타락에 대한 우선적인 책임은 아담에게 있다고 한다. "뱀이 그 간계로 하와를 미혹한 것 같이 너희 마음이 그리스도를 향하는 진실함과 깨끗함에서 떠나 부패할까 두려워하노라"(고후 11:3, cf. 딤전 2:14). 그러므로 하와가 죄를 지었을 때, 우선적인 책망이 아담에게 떨어진 것이다. 그렇다고 하와의 죄가 면책되는 것은 아니다.

말씀을 정리하겠다. 우리가 만난 하나님은 어떤 분이신가? 하나님은 우리를 위해 어떤 큰 일들을 해 주셨는가? 그 하나님께서 베푸신 "큰 일"들을 자녀들에게 가르치는 아름다운 신앙의 유산을 물려주는 가정들이 되기를 바란다.

7. 바알과 아세라(삿 2:11-13)

영국에서 영국인 교회를 목회한 신실한 목사님이 있었다. 5년 동안 목회한 교회에서 뜻하지 않은 일로 사임을 하게 되었다. 설교 중에 타히티의 지진에 대해서 우리가 하나님의 뜻을 온전히 알 수 없지만 지진을 일으키신 하나님께서 그들에게 구원과 사랑의 손길을 펼쳐 주시기를 기도하자고 한 것이 발단이었다. 그 교회 장로들이 하나님은 사랑의 하나님이시기에 인간에게 지진이나 해일 같은 자연재해를 주지 않는다는 것이다. 이런 현상들은 하나님과 관계없는 자연현상일 뿐이라는 것이다. 이것은 이신론(理神論)이다. 하나님이 우주를 창조한 후 자연법칙에 맡겨 두고 계신다고 믿는 것이다. 결국 목사님은 사면하고 한국인 교회로 부임하게 되었다. 영국교회가 무너지는 이유가 있다. 인격적으로 하나님을 만나지 못하고 있기 때문이다.

11절. 이스라엘 자손이 여호와의 목전에 악을 행하여 바알들을 섬기며,

우리는 바알들(baals)[15]을 섬긴 이스라엘 백성들의 죄가 "여호와의 목전"에서 행해졌다는 것에 주목해야 한다. 그들은 아마 하나님께서 멀리 계시다고 생각했을 것이다. 그러나 하나님께서는 가까이 계셨다. 그리고 모든 것을 보고 계셨다. 그래서 야고보는 이렇게 권면한다. "형제들아 서로 원망하지 말라. 그리하여야 심판을 면하리라. 보라 심판자가 문 밖에 서 계시니라"(약 5:9).

창세기 1장에서 "하나님께서 보시기에 좋았더라"라는 말씀이 반복된다. 이렇듯 무엇을 '본다'는 것은 좋고 나쁘고의 평가를 수반하는 일이다. 하나님께서 지금 우리를 보고 계신다. 하나님 앞에 나는 어떤 모습일까?

12절. 애굽 땅에서 그들을 인도하여 내신 그들의 조상들의 하나님 여호와를 버리고, 다른 신들 곧 그들의 주위에 있는 백성의 신들을 따라, 그들에게 절하여, 여호와를 진노하시게 하였으되,

거듭해서 본문은 하나님께서 이스라엘 백성들을 위해 행하신 것들을 생각하도록 한다. 즉 하나님께서 그들을 애굽에서 인도하셨다는 것이다. 십계명의 서론은 이것이다. "나는 너를 애굽 땅, 종 되었던 집에서 인도하여 낸 너의 하나님 여호와로라"(출 20:2). 하나님께서 계명을 주실 수 있는 근거는 그 하나님께서 이스라엘 백성들을 애굽에서 구원하셨기 때문이다. 예수님께서 우리에게 서로 사랑하라는 새 계명을 주신 이유도 우리를 구원하셨기 때문이다. 구원을 받기 위해서가 아니라 구원을 받았기 때문에 계명을 지키도록 하신 것이다.

이것은 성경의 일반적인 원리이다. 스가랴가 말한 바와 같이, 너의 구원자는 너의 통치자이시고, 너에게 율법을 주시는 분이시라는 것이다. 그리스도께서 오

15) 여기에서 바알들이 복수로 나타나는 것은 그 지역의 신들을 포함하여 함께 섬겼기 때문이다. 고대사회에서 바알은 많은 신들에게 사용된 보통명사로 쓰이기도 했다. Cf. Daniel I. Block, *The New American Commentary* Vol. 6, *Judges, Ruth*(Nashville: Broadman & Holman Publishers, 1999), p. 124.

셔서 "우리로 원수의 손에서 건지심을 입고 종신토록 주의 앞에서 성결과 의로 두려움이 없이 섬기게 하리라 하셨도다"(눅 1:74-75). 그러므로 본문은 하나님께서 그들을 애굽에서 구원해 주셨는데도 불구하고, 그들이 하나님을 섬기지 않았다는 점을 강조하는 것이다.

하나님께서 우리에게 베푸신 사랑들을 생각하면 무슨 말씀인들 지키지 못하겠는가? 서로 사랑하라는 사랑의 새 계명은 우리를 죽기까지 사랑하신 예수님이 주신 계명이다. 예수님은 우리에게 사랑을 요구하실 수 있는 자격과 권리가 있는 분이시다. 우리는 그의 계명을 지킬 의무가 있는 것이다.

13절. 곧 그들이 여호와를 버리고 바알과 아스다롯을 섬겼으므로,

이스라엘의 배교의 핵심이 여기에서 언급되어진다. 바알과 아스다롯/아세라를 섬긴 것이다. "아스다롯"은 '아세라', '이슈타르' 등으로 불린다. 가나안 종교에 의하면 바알은 농사를 주관하는 남신이고, 아스다롯은 다산을 상징하는 여신이다. 바알을 숭배하는 것은 먼저 잘 먹고 잘사는 물질우상을 섬기는 죄와 관련이 있고, 한편 아스다롯을 섬기는 죄는 다산과 함께 성적인 쾌락의 죄와 관련이 있다. 그러나 바알과 아세라 숭배의 핵심은 고대사회의 세속적인 인본주의(humanism)이다. 사실 사사시대의 전쟁은 이 인본주의와의 전쟁이었던 것이다.

우리는 종종 우리의 문화가 가나안의 문화와 거리가 멀다고 생각한다. 오늘날은 불신자들도 문자적으로 우상 앞에 무릎을 꿇지는 않는다는 생각 때문에, 바알이나 아세라를 섬기는 자들보다 자신들이 낫다고 생각한다. 그러나 한번 생각해 보라. 오늘날 신자들도 하나님께 문자적으로 무릎을 꿇지 않는다. 사실 로마교회는 무릎 꿇는 판을 가지고 있지만, 이 무릎 꿇는 판(kneeler)을 가지고 있는 개신교는 얼마나 되는가? 기껏해야 기도를 위해 일어서는 것으로 왕 중의 왕이신 하나님께 경의를 표하지 않는가? 사실 앉아서 기도를 드리는 것이 성경의 어느 곳에 나오는가? 만약 오늘날 신자들이 앉아서 기도하는 정도라면, 어떻게 오늘날 바알주의자들이 자연 앞에 무릎을 꿇을 것으로 기대할 수 있겠는가? 고대사람들은 자신들의 신들에게 엎드려 절했다. 비록 그것이 자연(바알)이든지 창조주(여호와)이시든지 말이다. 그러나 오늘날 사람들은 자신들의 신들에게 엎드려 절하지 않다. 그것이 자연(인본주의)이든지 혹은 창조주(그리스도)이든지 말이다.

옛날 사람들에게, 종교적인 체험의 중심은 찬양과 경배와 부복(?伏)과 성례(신과의 친교의 식사)였다. 이는 하나님 앞에서 이스라엘도 그랬고, 바알 앞에서 가나안 족속들도 그랬다. 어느 사람은 유교의 제사를 성경의 제사에서 유래했다고 주장하기도 한다. 사실 유교의 예배모범이랄 수 있는 것이 '주자가례' 라는 것이다. 하늘에 드리는 제사는 하늘의 아들인 천자만 드릴 수 있었고, 가정에서는 조상신을 섬기도록 한 것에서 제사가 유래되었다고 한다. 사실 고려 때에는 직위에 따라 3대 혹은 4대를 제사지냈고, 평민은 자기 직계 부모만 제사를 지냈었다. 그러나 주자가례에 의해서 조선시대부터 4대를 지내게 된 것이다. 주자가례를 보면, 제사의 순서가 나오는데, 참신(參神), 강신(降神), 진찬(進饌), 초헌(初獻), 아헌(亞獻), 종헌(終獻), 첨작(添酌), 합문(闔門), 계문(啓門), 헌다(獻茶), 사신(辭神), 음복(飮福) 12차례가 나온다. '참신과 강신' 은 '신이 임하기를 기다리는 행위' 이고, '진찬이니 초헌, 아헌, 종헌' 은 '술을 올리는 것' 이고, '첨작' 은 '술을 권하는 행위' 이다. '합문과 계문' 은 '신이 음식을 먹도록 밖에서 문을 닫고 기다리다가 문을 여는 것' 이다. '헌다' 는 '식후 디저트인 차를 올리는 것' 이다. '사신' 은 '신을 전송하는 절차' 이고, '음복' 은 '사람들끼리 음식을 나눠 먹는 것' 이다.

놀라운 것은 성경적인 제사의 요소들이 유교의 제사에도 있다는 것이다. 제사의 대상은 달라도 제사의 요소들은 비슷한 것이다. 사실 '찬양과 경배와 부복과 성찬' 은 예배에 대한 성경적인 가르침이다. '설고/선포' 는 하나님으로부터 온 말씀이다. 이는 '찬양과 부복과 성례' 라는 반응을 이끌어내는 것이다. 그러나 오늘날 신자들은 찬양대의 찬양과 설교자의 가르침을 예배의 중심으로 본다. 그래서 예배를 '드리지' 않고 예배를 '본다' 고 한다. 그러나 예배는 말씀을 전하고 듣는 그 이상의 무엇이다. 오늘날은 모든 성도가 하나님 앞에 엎드리며 무릎을 꿇는 예전적인 예배가 무너진 것이다.

고대의 종교와 오늘날의 종교 사이에는 커다란 차이점이 있다. 고대 사람들은 자신들의 신들을 예배했다. 그러나 오늘날 사람들은 자신의 신들에 대해 연구한다. 이것은 이교도들이나 자유주의자들이나 정통주의자들이나 모두 마찬가지이다.

그렇다면 바알주의(Baalism)란 무엇인가? 기본적으로 그것은 자연의 힘에 귀의(歸依)하는 것이다. 즉 우주는 그 자체 안에 생명의 힘을 스스로 가지고 있다는 생각이다. 그들은 세상이 바알과 아스다롯 혹은 아세라로 불리는 양과 음의 요소들의 궁극적인 합일의 결과라고 한다. 사실 아세라는 영어성경 KJV의 '작은 숲' (groves)을 오역한 것이다. 궁극적으로는 같은 여신이다. 물론 가나안 철학가들은 이 궁극적인 힘들은 비인격적인 것이고, 그들의 결합은 성적인 것은 아니라고 믿었을 것이다. 그러나 보통 사람들은 그것을 신화적인 것으로 생각했을 것이다. 그래서 그들은 태양신이 세상의 원래의 진흙과 결합하여 동물들과 사람들이 생겼다고 생각했을 것이다. 그런데 이것이 오늘날 고등학교 교과서에서 볼 수 있는 진화론과 무엇이 다른가? 진화론이 단지 좀 더 자세하게 표현되었다는 것뿐이다. 즉 망막한 원시적인 바다에서, 어느 날 천둥번개가 치고, 유기적인 분자가 생겨났고, 그것이 오늘날 세상으로 진화했다는 것이다. 결국 양인 태양과 음인 원시적인 바다가 결합되어 생명이 태어났다는 것이다.

또한, 바알-아스다롯 종교는 다산(多産)과 관련된 것이다. 성경의 창조주 하나님은 이스라엘에게 만약 그들이 하나님께 신실하기만 한다면 풍요로워질 것을 약속하셨다(신 7:13-14). 그러나 하나님이 요구하신 것은 특히 일부일처의 성적인 순결을 포함하여 도덕적인 신실함이었다. 그러나 바알 종교는 풍요를 얻어내기 위한 극도로 다른 방법들을 주장한다. 바로 혼음(混淫)이다. 이러한 성적인 타락의 아수라장이 자연의 본성(바알과 아스다롯)에 활기를 띠게 한다고 믿었다. 그래서 인간이나 짐승이나 곡식의 풍요함이 온다고 믿었던 것이다.

오늘날도 마귀는 타락한 인간의 성적인 욕망들을 부추긴다. 한국 사람은 공짜라면 양잿물도 먹는다는 말이 있다. 그런데 요즘은 공짜도 싫어하는 사람들도 있는데, 그들도 정력에 좋다고 하면 먹는단다. 오죽하면 누군가 바퀴벌레를 없애는 방법을 정력에 좋다면 바퀴벌레도 없어질 것이라고 했다. 그런데 소위 정력에 좋다는 음식들은 하나같이 하나님께서 율법을 통해 금하신 것이다. 하나님께서 금하신 것을 사탄이 인간들의 성적인 욕망을 이용하여 미혹한 것이다. 이런 음식들은 실제로는 피를 탁하게 만들어 불임의 원인이 된다고 한다.

또한 인간은 성적인 특징이 있지만 성적인 존재만은 아니다. 그러나 프로이드는 그의 '리비도 이론'을 통하여 인간을 성적인 존재로 단정한다. 모두 현대판 바알주의이며, 사탄의 유혹이라고 생각된다.

이스라엘의 참 종교는 풍요란 것이 창조주에게 복종하는 것에서 오는 것이라고 했지만, 바알 종교는 풍요가 자연에 활기를 띠게 하는 것으로 주어지는 것이라고 했다. 그러므로 참 종교에서, 인간은 하나님께 복종해야 하는 하나님의 종이다. 그러나 바알 종교에서 사람은 자연에 활력을 불어넣는 자연의 주인이다.

자연 종교는 활기를 띠게 하는 종교이다. 인간은 자연으로부터 소산물을 얻어내기 위하여 자연이 활기를 띠게 해야 했다. 그래서 바알 제사장들은 성적인 난장판을 만들었다. 혹은 자고 있는 신을 깨우기 위하여, 칼로 자신의 몸을 자해해야 했다(왕상 18:28). 그런데 이는 또한 오늘날 세상이 갖고 있는 철학이기도하다. 칼 막스같은 혁명가들은 사회적인 혼란(혁명)을 통하여 사회가 활력을 갖게 되고, 더 나은 세상을 만들 수 있다고 믿었다.

그러나 우리는 모든 사회적인 문제들은 하나님과 하나님의 법에 복종하는 것에 의해서 해결된다고 믿는다. 그러므로 기독교는 복종하는 종교이지 활기를 띠게 하는 종교가 아니다. 왜냐하면 신자가 하나님을 떠나서 자기 스스로 얻는 것은 하나님 앞에서 아무 것도 아니기 때문이다. 그런 점에서 지금 우리가 누리고 있는 것이 어쩌면 하나님의 축복이 아닐 수도 있다. 하나님이 주신 것인지 스스로 얻은 것인지 잘 생각해 보아야 할 것이다.

고대 바알 종교의 핵심은 세속적인 인본주의이다. 세속적인 인본주의는 우주는 스스로 만들어졌다고 말한다. 그러므로 고대의 바알주의자들은 자신들의 우상 앞에 엎드려 절하는 것은 복종의 행위가 아니라 활기를 띠게 하는 행위이다. 그들이믿었던 것들은 오늘날 세속적인 인본주의자들이 믿고 있는 것들과 동일한 것이다. 즉 인간이 자연의 주인이고, 인간이 섬길 창조주 하나님은 없다는 것이다.

물론 본문에서 이스라엘 자녀들이 하나님의 존재를 직접적으로 부인하지는 않았다. 아마 하나님을 여전히 만물 중에 뛰어나신 분으로 말했을 것이다. 그러나 이스라엘 백성들은 창세기 1장을 새로운 눈으로 보기 시작했다. 그들은 문자적으로 보지 않고, 하나님께서 진화를 통하여 일한다고 생각하게 되었을 것이다. 하나님께서 자연에 어떤 힘을 주셨고, 이 힘들이 진화하고 발전한다고 보았을 것이다. 그러나 이는 이신론(理神論)이지 기독교가 아니다. 유신론적 진화론은 기독교가 아니라 이신론이다. 하나님께서는 우주와 모든 생물들을 직접 창조하셨다. 그리고 하나님께서 직접적으로 우리의 삶을 주장하신다.

8. 하나님의 평가(삿 2:14-23)

이스라엘에 대한 하나님의 심판은 두 가지 영역으로 나누어져서 나타나는데, 두 구절 모두 전에 들어 본 바 없는 놀라운 진술인 "여호와께서 이스라엘에게 진노하사"로 시작한다(삿 2:14, 20). 첫째 영역은 '노예-구원의 순환' 원리를 설명한다. 둘째 영역은 왜 이방 민족들이 그 땅에 남도록 허용되었는지를 설명한다.

> 14-15절. 여호와께서 이스라엘에게 진노하사, 노략하는 자의 손에 넘겨 주사, 그들이 노략을 당하게 하시며, 또 주위에 있는 모든 대적의 손에 팔아넘기시매, 그들이 다시는 대적을 당하지 못하였으며, 그들이 어디로 가든지 여호와의 손이 그들에게 재앙을 내리시니, 곧 여호와께서 말씀하신 것과 같고, 여호와께서 그들에게 맹세하신 것과 같아서, 그들의 괴로움이 심하였더라.

본문은 하나님께서 이스라엘뿐 아니라, 모든 시대의 당신의 백성들을 다루시는 기본적인 원리들을 보여주고 있다. 하나님께서는 이스라엘의 죄에 대한 응징으로 그들을 원수의 손에 파셨다. "모든 대적의 손에 팔아넘기시매"(14절). 하나님께서는 40년 전에 이스라엘을 애굽의 속박에서 구원하셨다. 그러나 이제 하나님께서 그들을 속박으로 다시 파신 것이다. 그래서 그들은 다시 '노예상태'로 돌아가게 되었다. 여기에서 강조하는 바는 이스라엘 백성들에게 '응징하시는 분'은 바로 하나님이시라는 것이다.

이스라엘은 계속해서 고통을 받게 된다. "그들이 어디로 가든지 여호와의 손이 그들에게 재앙을 내리시니, 곧 여호와께서 말씀하신 것과 같고, 여호와께서 그들에게 맹세하신 것과 같아서, 그들의 괴로움이 심하였더라"(15절). 여기에서 더욱 강한 어조가 사용된다. 문제가 자꾸 꼬이는 것이다. 이렇게 문제가 꼬일 때는 어디서부터 풀어야 하겠는가?

사람들은 모두 크고 작은 어려움들을 당할 것이다. 나름대로 그 원인들을 찾을 수 있을 것이다. 그러나 그 끝에는 하나님이 계신다는 사실을 기억해야 한다. 예를 들어, 누군가 병이 들었다. 표면적인 원인은 스트레스와 과로이다. 더 깊은 원인은 욕심이다. 그러나 더 깊은 원인은 하나님의 도우심을 믿지 못하는 불신앙 때문일 수 있다. 결국 모든 문제들은 하나님과의 관계에서 문제를 풀어가야 하는 것이다.

16-17절. 여호와께서 사사들을 세우사 노략자의 손에서 그들을 구원하게 하셨으나, 그들이 그 사사들에게도 순종하지 아니하고, 오히려 다른 신들을 따라가 음행하며, 그들에게 절하고, 여호와의 명령을 순종하던 그들의 조상들이 행하던 길에서 속히 치우쳐 떠나서, 그와 같이 행하지 아니하였더라.

"여호와께서 사사들을 세우사 노략자의 손에서 그들을 구원하게 하셨으나"라는 말씀을 통해서 우리는 이스라엘을 고통 가운데 넘기신 분도 여호와시고, 동시에 그들을 구원할 사사들을 세우신 분도 또한 여호와이시란 것을 알 수 있다. 구원도 심판도 하나님의 주권과 섭리 가운데 일어나는 일이다.

하나님께서 사사들을 세워 구원하셨다. 그러나 오히려 그들은 하나님으로부터 "속히 치우쳐 떠나서", "다른 신들을 따라가 음행하였다." 사실, 옛 언약 교회의 역사에서 가장 힘든 시기였을 바벨론 포로 이후, 하나님의 자녀들은 이전의 어느 시대보다도 더욱 신실했다(사 54:7-10). 이스라엘은 다시는 바알숭배와 같은 우상숭배에 빠지지 않았다. 오히려 율법에 대한 과잉 충성이 문제가 되었다. 이것이 발전한 것이 소위 '바리새주의'이다. 그래서 그들을 향해 선지자들은 회개를 촉구한다. 그러나 그들은 이미 기회를 놓쳤다. 촛대가 옮겨진 것이다

(계 2:5).

누가복음 11:24-26에 '청소된 집에 일곱 귀신이 들어가는 것' 에 대한 비유의 말씀이 있다. 이는 '바벨론 포로귀환' 이라는 역사적 배경을 염두에 둔 비유이다. 귀신이 나가고 '청소된 것' 은 우상숭배에 사로잡혔던 이스라엘이 바벨론에 포로로 잡혀가서 돌아온 후에는 '다시는 우상숭배를 하지 않게 된 것' 을 말한다. 그런데 '더욱 강한 일곱 귀신이 왔다는 것' 은 더욱 철저한 '바리새주의에 빠지게 되었다는 것' 이다. "이는 거역하는 것은 점치는 죄와 같고, 완고한 것은 사신 우상에게 절하는 죄와 같음이라"(삼상 15:23). 하나님의 말씀을 거역하고, 마음이 완고한 것은 우상숭배와 같은 죄이다. 바리새인들의 죄는 오히려 강력한 우상숭배의 죄에 해당되는 것이다.

예수님께서 이 '일곱 귀신' 비유를 드신 것은 바리새인들의 죄를 책망하기 위해서이다. 왜냐하면 이 비유는 문맥상 바리새인들이 하늘로부터 오는 표적을 구하자, 그들에게 하신 말씀이기 때문이다(눅 11:16; cf. 마 12:38). 외부의 우상을 숭배하는 것보다 더 무서운 것이 내면의 자기 자신을 숭배하는 것이다. 자기숭배는 '자기 의' 와 '자기 확신' 의 형태로 나타난다. 바리새인들은 이러한 자기 확신에 사로잡혔던 것이다. 나침반의 바늘이 멈춰있으면 고장이 난 것이다. 오히려 흔들릴 때 나침반은 정상적으로 작동하고 있는 것이다. 흔들리지 않는 확신에 차 있는 사람일수록 위험한 사람일 수 있다. 자신의 모습을 살펴볼 수 있기를 바란다.

혹자는 오늘날을 '기독교 후기시대' (Post-Christianity)라고 한다. 기독교 시대는 한물갔다는 말이다. 아니다. 학자들이 말하는 대로 역사가 생성, 확장, 소멸의 시기를 지닌다면, 우리는 아직 '확장의 시대' 를 살고 있는 것이다(마 28:18-20). 땅 끝까지 복음이 전파될 것이고, 세상 끝까지 예수님이 우리와 함께 하실 것이다. 비록 악이 무성하지만 진리가 승리할 것이다. 노아시대를 보라. 비록 온 세상에 죄악이 관영했지만, 결국 노아가 승리했다. 우리는 역사적인 비관론자들이 아니다. 패배주의를 용납할 수 없다.

그러므로 본문에서 보이는 배교와 쇠퇴의 역사는 역사 속에서 반복되어진 일이다. 인간의 패역은 모든 시대에 계속 있는 일이다. 비록 성령이 교회에 넘치도록 주어졌다할지라도, 모든 신자들은 "속히 치우쳐 떠나서" 하나님께서 행하신 놀라운 일을 배반했다. 이는 여전히 반복되고 있는 일이다.

1904년 영국 웨일즈에서 '웨일즈 대부흥'이 있었을 때, 술집들이 문을 닫고, 범죄가 없어져 재판이 멈춰졌다. 심지어 거친 욕설로 말을 움직여 석탄을 옮겨야 하는 작업장에서 욕과 거친 말이 사라지자 작업이 불가능해지기도 했다. 그들은 지상에서 천국을 경험하는 듯했다. 그러나 불과 백년도채 못되어 영국교회는 급속한 쇠퇴의 길로 들어서게 된다.

지난 20세기 서구사회는 놀라운 배교의 시대였다. 그러나 사사기의 슬픈 역사가 우리에게 소망을 준다. 왜냐하면 그런 시대에도 여호와께서 사사들을 '세우셨고'(16절), 그 사사와 '함께하셨고'(18a절), 사사들을 통하여 '구원하셨기' 때문이다(18b절). 이것이 중요하다. 왜냐하면 사사들은 그리스도의 모형이기 때문이다. 그들은 그리스도처럼 하나님에 의해 세움을 입었고, 성령에 의해 기름부음을 받았고, 성부의 구속사역을 이루는 일을 했기 때문이다. 그러나 그들은 일시적으로 그 일을 감당했지만, 그리스도께서는 영원토록 일하시기 때문에, 우리는 그리스도 안에서 완전한 소망을 가질 수 있는 것이다.

> 18-19절. 여호와께서 그들을 위하여 사사들을 세우실 때에는 그 사사와 함께 하셨고, 그 사사가 사는 날 동안에는 여호와께서 그들을 대적의 손에서 구원하셨으니, 이는 그들이 대적에게 압박과 괴롭게 함을 받아 슬피 부르짖으므로 여호와께서 뜻을 돌이키셨음이거늘, 그 사사가 죽은 후에는, 그들이 돌이켜 그들의 조상들보다 더욱 타락하여 다른 신들을 따라 섬기며, 그들에게 절하고, 그들의 행위와 패역한 길을 그치지 아니하였으므로,

점진적인 쇠퇴의 원리는 19절에 다시 언급되어진다. 그들은 속히 치우쳐 떠났을 뿐 아니라, "더욱 타락하여 다른 신들을 따라 섬기며, 그들에게 절하고, 그들의 행위와 패역한 길을 그치지 아니하였기" 때문이다. 그래서 이스라엘은 결국 가나안 우상들의 노예가 되었다. 또한 가나안 문화의 노예가 된 것은 논리적

이고 필연적인 결과였다. 하나님의 심판은 결코 자의적이지 않다. 하나님께서는 자신들이 원하는 것을 주어 그들을 심판하신다. 이스라엘은 철학으로서 바알주의를 원했다. 그래서 하나님께서는 그들을 바알적인 문화의 손에 그들을 넘겨버리셨다. 그들은 그 가나안 신들의 노예였기 때문에, 그들 스스로 가나안 문화의 노예가 된 것은 당연한 일이었던 것이다.

WCC를 표방하는 자유주의 신학자들이 구원을 포괄적인 것으로, 즉 삶의 모든 측면을 포함하는 것으로 본 것은 옳다. 그러나 '정치적인 측면' 이 '영적인 측면' 을 넘어선다는 것은 잘못이다. 구원은 전인적인 것이고 포괄적인 것이다. 그러나 거기에는 순서가 있다. 영적변화 이후에 문화적 변화가 따라오는 것이다. 복음은 영적변화 이후 문화적 변화라는 필연적인 결과들을 가진다. 바알주의도 마찬가지이다. 바알숭배는 바알문화를 추종하게 한다. 반면 하나님을 섬기는 자들은 거룩한 하나님의 문화를 사랑하고 창조하며 향유하게 된다. 당신은 어느 편에 서 있는가?

한편, 본문에서 우리가 주목해야 할 것은 이스라엘 백성들의 태도이다. 그들은 고통이 심했지만 구원을 위해 여호와께 진심으로 부르짖지는 않았다. "그들이 대적에게 압박과 괴롭게 함을 받아 슬피 부르짖으므로 여호와께서 뜻을 돌이키셨음이거늘" 에서 그들이 한 것은 적극적으로 하나님께 돌아선 것이 아니다. 고통 가운데 슬퍼한 것일 뿐이다. 오히려 지켜보고 계신 하나님께서 주도적이고 능동적이고 적극적으로 그들을 구원하신 것이다.

때로 우리가 고통을 받고 있는 사람들을 보면서, '저 정도면 하나님께 돌아올 것인데...' 하는 생각이 드는 경우가 있다. 그런데 때로 인간의 완악함은 회개보다 차라리 죽음을 선택한다. 요나서 1:12에서 "그가 대답하되 나를 들어 바다에 던지라. 그리하면 바다가 너희를 위하여 잔잔하리라. 너희가 이 큰 폭풍을 만난 것이 나 때문인 줄을 내가 아노라 하니라." 요나가 이렇게 말한 것은 회개가 아니라 자살을 선택한 것이다. 회개도 은혜를 주셔야 하는 것이다. 요나는 죽으면 끝일 줄 알았는데 죽는 것도 마음대로 안 된다. 그 후에 요나는 물고기 뱃속에서 진심으로 회개하게 된다. 사사시대 이스라엘은 처절한 고통 가운데도 회개하지 않았다. 하나님께서 주도적으로 사사를 세우고 그들을 이끄셨다. 오늘날 우리가 이렇게 존재하는 것은 전적인 하나님의 은혜이다. 진심으로 하나님께 감사드리자.

20-23절. 여호와께서 이스라엘에게 진노하여 이르시되, 이 백성이 내가 그들의 조상들에게 명령한 언약을 어기고 나의 목소리를 순종하지 아니하였은즉, 나도 여호수아가 죽을 대에 남겨 둔 이방 민족들을 다시는 그들 앞에서 하나도 쫓아내지 아니하리니, 이는 이스라엘이 그들의 조상들이 지킨 것 같이 나 여호와의 도를 지켜 행하나 아니하나 그들을 시험하려 함이라 하시니라. 여호와께서 그 이방 민족들을 머물러 두사, 그들을 속히 쫓아내지 아니하셨으며, 여호수아의 손에 넘겨주지 아니하셨더라.

하나님께서 이스라엘이 완전하게 신실하지 않을 것을 아셨다. 그래서 다음 세대를 시험하기 위해 "이방 민족들을" 모두 여호수아의 손에 주지 않으셨다. 그리고 이미 살펴본 것처럼 다음 세대들은 그 시험에서 실패했다. 그래서 하나님께서는 당신의 심판을 선언하신다. 하나님께서 이스라엘을 시험하도록 열국들을 남겨두실 것이라는 것이다.

이것은 모순처럼 보일 수 있다. 하나님께서 이방 민족들을 제거하도록 명령하셨다. 그러나 이제 하나님은 그들을 남겨두시는 것이다. 이것을 어떻게 이해할 수 있는가? 하나님의 심판은 결코 자의적이지 않다. 그러나 하나님은 범죄한 자를 적절하게 벌주신다. 죄와 타협하는 곳에, 바로 죄는 하나님께서 자녀들을 징계하시는 수단이 된다. 우리의 죄는 우리의 재앙이 된다. 섹스피어의 리어왕에 보면 이런 말이 있다. "하나님께서는 우리의 악을 우리를 벌하시는 도구로 사용하신다." 죄와 타협은 가나안 족속들을 쫓아내지 못하게 하였다. 그래서 죄로 인한 재앙은 가나안 족속들이 계속 남아있게 되는 것이다.

'유기' 라는 중요한 신학적 개념이 있다. '버려둔다' 는 뜻이다. 하나님께서는 악인을 당장 벌하지 않고 버려두신다. 그런데 그렇게 버려둔 것 자체가 벌하는 것이다. 로마서 1:26-27 "이 때문에 하나님께서 그들을 부끄러운 욕심에 내버려두셨으니, 곧 그들의 여자들도 순리대로 쓸 것을 바꾸어 역리로 쓰며, 그와 같이 남자들도 순리대로 여자 쓰기를 버리고, 서로 향하여 음욕이 불 일듯 하매, 남자가 남자와 더불어 부끄러운 일을 행하여, 그들의 그릇됨에 상당한 보응을 그들 자신이 받았느니라." 음란에 빠져 사는 자들을 그렇게 살도록 버려두는 것이 '유기'이다. 그렇게 사는 자들은 이미 "상당한 보응"을 받은 것이다. 악인의 형통을 부러워하지 말고, 하나님의 평가와 심판을 두려워하며 살기를 바란다.

9. 하나님의 전쟁(삿 3:1-6)

영화 <고지전>의 줄거리는 이렇다. 6 · 25 전쟁이 나자마자, 동두천 전투에서 힘없이 무너진 국군은 소대장 '강은표' 중위(신하균 역)와 어리버리한 친구 '김수혁' 이병(고수 역)을 비롯하여 모두 죽거나 포로로 잡힌다. 북한군 장교인 '현정윤'(류승룡 역)은 국군 포로들에게 한 마디를 남긴다. "너네들이 왜 전쟁에서 지고, 도망치기에 바쁜지 아네? 고거이 왜 싸우는지 모르기 때문이야." 그리고 1주일 안에 전쟁이 끝날 거라며 포로를 풀어준다. 그러나 전쟁은 쉽게 끝나지 않고, 휴전 얘기가 나온 2년 동안 질질 끌게 된다.

1953년 2월, 휴전협상이 난항을 거듭하는 가운데, 교착전이 한창인 동부전선 최전방 애록고지에서 전사한 중대장의 시신에서 아군의 총알이 발견된다. 상부에서는 이 사건을 적과의 내통과 관련되어 있음을 의심하고 방첩대 중위 '강은표'에게 동부전선으로 가서 조사하라는 임무를 내린다. 애록고지로 향한 은표는 그 곳에서 죽은 줄 알았던 친구 '김수혁'을 만나게 된다. 유약한 학생이었던 '수혁'은 2년 사이에 이등병에서 중위로 특진해 악어중대의 실질적 리더가 되어 있었던 것이다. 수십 차례 뺏고 뺏기는 고지전에서 우리는 전쟁의 참상을 보게 된다.

영화 막바지에 휴전은 성사되고, 마지막 전투에서 대부분 죽게 된다. 그리고 살아남은 남북의 두 장교는 북한산 술과 남한산 담배를 나누며 마지막 시간을 보낸다. 이 때 강은표가 묻다. "왜 싸우는지 이유를 말해봐?" 현정윤은 답한다. "처음엔 분명히 알아써. 긴데 지금은 너무 오래돼서 잊어버려써." 감독이 이 영화를 통해 말하고 싶은 것이 바로 이점이라고 생각한다. 6 · 25전쟁은 왜 싸우는

지를 잊어버리고 싸운 전쟁이라는 거다.

영화에서 신일영 대위의 입을 빌어서 수혁은 이렇게 말한다. "우리는 북한군과 싸우는 것이 아니라, 전쟁과 싸우는 거다." 사실, 이 영화는 6 · 25를 배경으로 한 영화에서 의례히 나올법한 북한군의 상투적인 '민족해방 전쟁' 이니, 남한군의 '자유 민주주의 수호' 니 하는 이데올로기적 표현들이 등장하지 않는다. 이유야 어떻든 전쟁이 났고, 내가 살기 위해서는 적도 죽이고, 필요하면 아군도 죽인다는 '생존의식' 이 깔려있다. 그리고 이러한 생존은 이기적 본능이라기보다 인간의 보편적인 정서에 기초한 것이다. 영화는 이러한 점을 "가랑잎이 휘날리는 전선의 달밤~" 으로 시작하는, 고향집과 어머니를 노래하는 '전선야곡' 을 전쟁터의 적들이지만, 함께 부르는 모습으로 강화하고 있다.

모든 전쟁은 이유가 있다. 나름대로 논리가 있다. 그러나 전쟁을 하다보면 그런 것은 중요하지 않고 그냥 싸우게 되는 것이다. 남북이 싸우는 것이 아니라, 남도 북도 모두 전쟁하고 싸우는 것이다. 영화 이야기를 좀 길게 했지만 이것은 중요한 사실이다.

1-2절. 여호와께서 가나안의 모든 전쟁들을 알지 못한 이스라엘을 시험하려 하시며, 이스라엘 자손의 세대 중에 아직 전쟁을 알지 못하는 자들에게 그것을 가르쳐 알게 하려하사, 남겨두신 이방 민족들은

가나안 족속들이 그 땅에 남겨진 중요한 이유는 "아직 전쟁을 알지 못하는 자들에게 그것을 가르쳐 알게 하려하사" 이스라엘이 전쟁에 대하여 배우도록 하기 위함이다(2절). 이는 다시 사사기 2:22과 3:1에서 말한 "이스라엘을 시험하려" 라는 목적과 다소 모순되게 보이다. 이러한 도순을 조화시키는 방법은 '전쟁' 이 '이스라엘을 훈련시키는 방법' 이라는 것을 증명하는 것이다. 이스라엘에게 전쟁은 어떤 의미가 있는 것인가? 전쟁을 통해 이스라엘이 배워야할 것은 무엇인가?

첫째, 전쟁을 통해서 이스라엘은 가나안 족속들과는 '평화' 나 '타협' 이란 있을 수 없다는 것을 배워야 했다. 오랫동안 전쟁을 하다보면 서로 지치고 힘들어

진다. 빨리 전쟁을 끝내고 싶은 유혹이 생긴다. 그래서 6 · 25 전쟁에서 남북이 싸우는 것이 아니라, 남도 북도 전쟁하고 싸운다는 생각이 들 수 있다.

이스라엘은 매일 얼굴을 맞대고 사는 가나안 족속들과 치열하게 싸우는 것이 쉽지 않았을 것이다. 적당한 선에서 평화나 타협을 생각하기가 훨씬 쉬웠을 것이다. 이것이 보편적인 인간의 모습으로 생각된다. 그러나 하나님의 명령을 생각하지 않고 인류 보편적인 가치를 추구하는 것, 이것이 바로 '인본주의' 이다.

십자군 전쟁이나 유럽의 일부 종교전쟁들처럼, 많은 경우에 신앙의 이름으로 자행되어온 인류역사의 비극적인 일들을 생각하면, 인간의 존재 자체를 중시하고 인류의 보편적 가치를 존중하는 '인본주의' 가 진정한 '신본주의', 즉 하나님의 뜻일 경우가 있다. 하나님은 인간들이 서로 죽고 죽이기보다는 사랑하고 돕고 살기를 원하시기 때문이다. 그러나 그러한 보편성을 강조하다보니, 어느 덧 종교다원주의에 빠져들고, 다른 종교에도 구원이 있다는 식의 가르침이 만연하게 되었다고 생각된다.

이스라엘은 타협해선 안 되는 싸움을 싸우고 있는 것이다. 타협해야 끝나는 싸움이 아니라, 이겨야 끝나는 싸움을 하고 있는 것이다. 우리들의 싸움도 그렇다. 이겨야 끝이 나는 싸움이다. 타협하는 것으로는 계속해서 더욱 지루하고 소모적인 전쟁을 치르게 될 뿐이다. 하나님께서는 이 전쟁을 통하여 타협이란 것은 없다는 것을 가르치기 원하시기 때문이다.

둘째로, 이스라엘은 어떻게 하나님의 거룩한 전쟁을 싸워야 하는지를 배워야 했다. 이것은 비록 전술적인 면을 전혀 배제할 수는 없지만, 반드시 전술만을 의미하지는 않다. 오히려 기도와 믿음을 의미한다. 하나님의 전쟁은 믿음과 기도로 싸우는 것이기 때문이다(엡 6:12).

전술에 관한 한, 성경은 별로 도움이 되지 않아 보인다. 이스라엘의 전투의 대부분은 기적에 근거해서 승리한 것이기 때문이다. 여리고 성을 일곱 번 돈 것이나, 혹은 태양이 하늘에 머물도록 기도한 것에서 무슨 전술을 배울 수 있겠는가? 물론 성경에도 어느 정도 정규적인 전투가 있다. 그리고 어느 전투로부터도 무언가를 배울 수 있기 마련이다. 그러나 여기에서 묘사하고 있는 것은 전술이나 전략이 아니다.

사실 하나님께서는 이스라엘의 왕들이 많은 말들을 갖는 것을 금하셨다. "그는 병마를 많이 두지 말 것이요. 병마를 많이 얻으려고 그 백성을 애굽으로 돌아가게 하지 말 것이니, 이는 여호와께서 너희에게 이르시기를 너희가 이 후에는 그 길로 다시 돌아가지 말 것이라. 하셨음이며"(신 17:16). 하나님께서는 이스라엘이 전쟁도구를 가지지 말 것을 지시하셨다. 승리는 하나님을 의지하는데 있음을 가르쳐 주기 위해서이다.

이스라엘이 애굽에서 나왔을 때, 그들은 '아말렉의 공격'을 받았다. 출애굽기 17:8-13에 기록된 이 유명한 '르비딤 전투'는 믿음과 기도로 승리했다. 모세의 손이 들려 기도하는 동안에는 이스라엘이 승리했다. 모세가 약해지자, 아론과 훌이 모세의 손을 받쳐주었다. 들려진 손은 하나님을 의지함에 대한 표현인 것이다. 이스라엘은 전심으로 하나님을 의지해야만 전쟁에서 이긴다는 것을 배웠다.

그러므로 우리는 이스라엘의 믿음을 시험하는 것과 전쟁을 배우는 것이 같은 것임을 볼 수 있다. 역사는 항상 하나님과 사탄, 하나님의 백성과 사탄의 백성들과의 싸움이다. 전쟁은 항상 믿음과 기도, 즉 하나님을 의지하는 것으로 적절하고 효과적으로 수행되어진다.

이러한 조명 하에, 오늘날에도 모든 전쟁은 여호와께 속한 것이다. 믿음으로 이기는 것이다. 그러나 불행하게 오늘날 대부분은 이 두 가지를 분리한다. 혹은 두 가지 중 한 극단으로 치우치는 경향을 보인다. 한편으로, 기도는 안하고 작전만 짜는 것이다. 하나님을 의지하는 것은 헛되고 비현실적인 것이라고 생각한다. 그래서 때로 신자들은 공산주의나 잘못된 사상들과의 싸움에서, 영적인 실체를 잊은 채, 기도하지 않고 정치적인 행동주의에 빠진다.

다른 한편으로, 작전은 없고 기도만 하는 것이다. 이러한 태도 또한 문제를 더욱 심각하게 만들 수 있다. 중세시대에 소위 '흑사병'으로 알려진 '페스트'가 만연했다. 교회는 모여서 열심히 기도했다. 페스트를 옮기는 귀신들이 사라지기를 기도했다. 그러나 당시 인구의 1/3을 죽일 만큼 페스트는 급속히 번졌다. 페스트는 모인 사람들끼리 감염시키는 전염병이었던 것이다.

하나님은 하나님을 의지하는 가운데 전쟁하도록 우리를 부르신다. 그것이 참된 믿음이다. 그러므로 '믿음의 시험'은 '순종의 시험'과 연결된다. 행함이 없는 믿음은 죽은 것이다. 믿음, 전쟁, 순종 이러한 것은 하나님의 자녀들의 삶에서 필요 불가결한 것이다. 하나님을 의지하며 싸울 때 승리하는 줄 믿는다.

> 3-6절. 블레셋의 다섯 군주들과 모든 가나안 족속과 시돈 족속과 바알 헤르몬 산에서부터 하맛 입구까지 레바논 산에 거주하는 히위 족속이라. 남겨두신 이 이방 민족들로 이스라엘을 시험하사, 여호와께서 모세를 통하여 그들의 조상들에게 이르신 명령들을 순종하는지 알고자 하셨더라. 그러므로 이스라엘 자손은 가나안 족속과 헷 족속과 아모리 족속과 브리스 족속과 히위 족속과 여부스 족속 가운데에 거주하면서, 그들의 딸들을 맞아 아내로 삼으며 자기 딸들을 그들의 아들들에게 주고 또 그들의 신들을 섬겼더라.

여기에서 우리는 다시 이스라엘의 이중적인 죄를 보게 된다. "그들의 딸들을 맞아 아내로 삼으며 자기 딸들을 그들의 아들들에게 주고 또 그들의 신들을 섬겼더라." 즉 우상숭배와 통혼이다. 이스라엘 백성들이 가나안 족속들과 통혼한다는 것은 이스라엘의 타락의 절정을 보여주는 것이다. 오늘날도 비기독교인과 통혼은 모든 죄 가운데에서 가장 파괴적인 것 중의 하나이다. 그것은 배교의 절정으로서 우상숭배와 함께 놓여있다. 통혼은 다음 세대의 실패를 예고하는 일이다. 그러므로 우리는 불신자들과 깊은 교제를 나누면 안 된다. 분별력을 가지기를 바란다.

사도 바울은 육체의 가시가 있었다. 고린도후서 12:7 "여러 계시를 받은 것이 지극히 크므로 너무 자만하지 않게 하시려고, 내 육체에 가시 곧 사탄의 사자를 주셨으니, 이는 나를 쳐서 너무 자만하지 않게 하려 하심이라." 학자들은 이것을 '안질' 이나 무언가 심각한 육체의 질병을 의미하는 것으로 본다. 바울은 세 번이나 기도한다. 고린도후서 12:8-10 "이것이 내게서 떠나가게 하기 위하여 내가 세 번 주께 간구하였더니, 나에게 이르시기를 내 은혜가 네게 족하도다. 이는 내 능력이 약한 데서 온전하여짐이라. 하신지라. 그러므로 도리어 크게 기뻐함으로 나의 여러 약한 것들에 대하여 자랑하리니, 이는 그리스도의 능력이 내게 머물게 하려 함이라. 그러므로 내가 그리스도를 위하여 약한 것들과 능욕과 궁핍과

박해와 곤고를 기뻐하노니, 이는 내가 약한 그 때에 강함이라." 하나님의 응답은 '약할 때가 곧 강함' 이라는 것이다.

전쟁을 두신 이유는 하나님을 의지하도록 하기 위해서이다. 전쟁은 타협으로 끝나지 않는다. 타협으로 평화가 오지 않는다. '평화' 는 오직 '하나님과의 관계' 에서 주어지는 것이다. 우리의 전쟁은 이겨야 끝이 나는데, 때로 이기는 것은 내가 죽고, 내 생각이 죽고, 내가 지는 것이다. 나는 죽지만 내 속에 계신 예수께서 사는 것이 진짜 이기는 것이기 때문이다. 나라는 질그릇은 깨지고 하나님의 영광이 드러나는 것이 진정한 승리이기 때문이다.

말씀을 정리하겠다. 우리는 여러 가지 전쟁들을 치르고 있다. 이 모든 전쟁은 영적인 뿌리를 가지고 있는 영적인 전쟁이다. 기도해야 한다. 그리고 방안들을 찾아야 한다. 그러나 기도도 방법도, 하나님을 의지하는 가운데 사용해야 한다. 그래서 철저하게 하나님만 의지할 때, 져도 이기는 것이고, 이겨도 이기는 것이다. 아니, 이기고 지는 것에 상관없이 주님을 의지하므로 참된 평안과 안식을 누릴 수 있는 것이 진정한 성도들의 삶이다.

제2장
사 사 들

1. 최초의 사사 옷니엘(삿 3:7-11)

사사는 어떤 사람인가? 그들은 왕은 아니지만 이스라엘의 통치자요 구원자이다. 로마서 13:4는 "(다스리는 자) 그는 하나님의 사역자가 되어 네게 선을 베푸는 자니라. 그러나 네가 악을 행하거든 두려워하라. 그가 공연히 칼을 가지지 아니하였으니, 곧 하나님의 사역자가 되어 악을 행하는 자에게 진노하심을 따라 보응하는 자니라"라고 한다. 제사장이 '말씀의 검'을 가진 자라면, 사사는 '통치의 칼'을 가진 다스리는 자이다. 사탄은 하나님께서 교회 안에만 관심을 갖고 계신 것처럼 속이지만, 하나님은 인간의 삶과 사회생활 전반에 관심을 갖고 계신다. 사사기는 구체적인 사회 정치적인 상황 가운데 하나님께서 하나님의 백성들을 어떻게 구원하시는지를 보여준다. 첫 번째 사사 옷니엘을 살펴보자.

7-8절. 이스라엘 자손이 여호와의 목전에 악을 행하여 자기들의 하나
님 여호와를 잊어버리고 바알들과 아세라들을 섬긴지라. 여호와께
서 이스라엘에게 진노하사 그들을 메소보다미아 왕 구산 리사다임

의 손에 파셨으므로 이스라엘 자손이 구산 리사다임을 팔 년 동안 섬겼더니.

이스라엘은 40년 전만해도 430년 동안 애굽에서 종살이를 하던 자들이다. 하나님께서 그들에게 자유를 주셨다. 그들은 자유를 누리며 하나님을 섬겨야 했다. 그런데 이스라엘이 "악을" 행했는데 그것은 바로 "여호와를 잊어버리고 바알들과 아세라들을 섬긴" 것이다. 인간은 하나님을 섬기든지 마귀를 섬기든지 둘 중 하나를 선택해야 하는 존재이다. 중립은 없다. '나는 아무 것도 믿지 않는다' 는 사람은 엄밀하게 말하면 마귀에게 속은 사람이고 마귀를 믿는 사람인 것이다.

특히 "바알들과 아세라들"이라는 표현을 보게 된다. 하나의 바알이나 하나의 아세라가 아닌 수많은 바알과 아세라를 섬긴 것이다. 한 분이신 하나님을 섬기는 일보다 집 앞에 쉽게 만날 수 있는 바알들과 아세라들을 섬기는 일이 쉬웠을 것이다. 특히 아세라는 나무 조각인데 자신의 아세라를 쉽게 만들고 쉽게 섬길 수 있었을 것이다. 게다가 바알과 아세라를 섬기는 일은 게을러져도 잘 표가 나지 않았을 것이다. 사실 바알이나 아세라 모두 듣거나 말하거나 하는 능력이 없는 존재이기 때문이다. 이스라엘 백성들은 "여호와를 잊어버리고" 자기가 편리한대로 살았던 것이다.

하나님을 잊어버리고 살면 행복할까? 하나님을 떠나 살면 행복할까? 돈만 있으면 될까? 친구만 있으면 될까? 건강하면 될까? '탕자비유' 에서 탕자가 유산을 미리 받아가지고 아버지를 떠났다. 멀리 여행을 갈 수 있을 만큼 건강했고, 친구들도 많았다. 그러나 결국 빈털터리가 되어 돼지가 먹는 쥐엄 열매를 얻어먹고자 했으나 주는 사람이 없었다(눅 15장). 잊고 살았던 아버지를 떠올리기 전에 그는 비참한 삶을 살 수밖에 없었던 것이다.

하나님은 이스라엘을 "메소보다미아 왕 구산 리사다임의 손에" 파셨다. "구산 리사다임"(כּוּשַׁן רִשְׁעָתַיִם)에서 '임' 이란 말은 복수형으로 '두 배로 악한 구산사람' 이란 뜻이다.[1] 그는 고대 세계의 실력자로 악한 사탄을 상징하는 인물이

---

1) 이 단어(כּוּשַׁן רִשְׁעָתַיִם, kuûshan rish'âthayim)의 BDB 사전의 정의는 "twice-wicked Cushan" 이다.

다. 그는 '두 강들 사이의 아람' 을 의미하는 '아탐 나하라임' 의 왕이다. 그래서 '두 강들 사이' 를 뜻하는 "메소보다미아 왕" 이라고 한다. 하나님은 이스라엘을 그에게 팔았던 것이다.

9절. 이스라엘 자손이 여호와께 부르짖으매, 여호와께서 이스라엘 자손을 위하여 한 구원자를 세워 그들을 구원하게 하시니, 그는 곧 갈렙의 아우 그나스의 아들 옷니엘이라.

옷니엘은 순종의 사람이다. 성경에선 누구를 소개할 때 흔히 '누구의 아들 누구' 라는 공식을 따른다. 그렇다면 옷니엘은 "그나스의 아들 옷니엘" 이라고 먼저 해야 했을 것이다. 그런데 "갈렙의 아우 그나스의 아들 옷니엘" 이라고 '갈렙의 아우인 그나스의 아들' 임을 먼저 밝힌다. 이는 단지 갈렙이 유명한 사람이었기 때문에 인지도가 높은 갈렙을 언급한 것이 아니다. 사람들이 갈렙하면 떠올리는 어떤 특징과 옷니엘의 특징이 유사했기 때문이다. 그것이 과연 무엇이겠는가?

먼저 갈렙과 그나스의 관계를 살펴보자. 여호수아 15:16-17을 보면, "갈렙이 말하기를 기럇 세벨을 쳐서 그것을 점령하는 자에게는 내가 내 딸 악사를 아내로 주리라 하였더니, 갈렙의 아우 그나스의 아들인 옷니엘이 그것을 점령함으로 갈렙이 자기 딸 악사를 그에게 아내로 주었더라." 개역성경은 "갈렙의 아우요 그나스의 아들인 옷니엘" 이라고 옷니엘이 갈렙의 아우인 것처럼 보인다. 그래서 성경을 연구하는 어떤 이들은 옷니엘은 갈렙의 동생이라고 설명하기도 한다. 그러나 많은 성경학자는 옷니엘은 갈렙의 동생이 아니라 갈렙의 조카라고 말한다. 성경에서 갈렙을 설명할 때에 "여분네의 아들 갈렙" 이라고 말하고, 옷니엘은 "그나스의 아들 옷니엘" 이라고 말한다. 그러므로 두 사람의 아버지가 다르다. 그리고 본문에서 "갈렙의 아우 그나스의 아들 옷니엘" 이라고 말하기 때문이다. 이는 "갈렙의 아우인 그나스의 아들인 옷니엘" 이라고 하는 것이 더 명확한 번역으로 보인다.

이 옷니엘이 갈렙의 제안을 받고 용감하게 기럇 세벨을 정복하였다. 갈렙과 옷니엘은 피를 나눈 가족일 뿐 아니라 전쟁터의 전우이기도 했다. 그것도 옷니엘은 갈렙과 제일 마음이 맞는 동지였다. 약속대로 용감한 옷니엘에게 갈렙은 딸 악사를 주었기에 옷니엘은 갈렙의 사위이기도 했다. 옷니엘과 갈렙이 너무나 닮았기에 옷니엘을 설명하면서 '갈렙의 아우인 그나스의 아들' 이란 말을 먼저 쓴 것이다.

그러면 갈렙은 어떤 사람인가? 성경은 갈렙을 이렇게 말한다. 신명기 1:36 "오직 여분네의 아들 갈렙은 온전히 여호와를 순종하였은즉 그는 그것을 볼 것이요. 그가 밟은 땅을 내가 그와 그의 자손에게 주리라 하시고" 갈렙은 순종의 사람이었다. 옷니엘도 순종의 사람이었다.

하나님께선 순종의 사람들을 사용하신다. 성경 인물들의 공통점이 있다면 순종의 인물들이란 사실이다. 오늘날도 하나님께 쓰임 받는 사람들의 공통점은 순종이다. 부흥사 무디 목사님이 동역자요 제자였던 토레이 목사님과 시카고의 높은 빌딩 위에 올라갔다. 무디 목사님이 아래를 내려다보면서 난데없이 이렇게 말했다고 한다. "여보게 토레이, 하나님께서 여기를 뛰어내리라 하시면, 난 뛰어내릴 수 있을 것 같네." 어처구니없는 말 같지만 무디가 얼마나 순종의 사람이었는지를 알려주는 이야기이다.

우리가 하나님께 쓰임 받지 못한다면 무능해서가 아니다. 가진 것이 없어서도 아니다. 하나님께 순종이 없어서이다. 어느 선교 단체에서 선교사 후보생을 훈련시켰다. 이제 파송할 자를 선별해야 했다. 후보생들에게 새벽 5시까지 사무실로 오라고 했다. 그러나 대부분은 장난인줄 알고 불참했고, 단지 몇 사람만이 나타났다. 그런데 웬일인지 사무실 문이 열려 있지 않았다. 그래서 하나둘 흩어지기 시작했다. 드디어 오후 10시가 되서야 문이 열렸다. 물론 남아 있는 사람이 선교사로 파송되었다. 하나님께 쓰임 받을 수 있는 사람은 순종의 사람이다. 상식적으로는 이해되지 않아도 순종할 수 있어야 하나님께 쓰임을 받는다.

10절. 여호와의 영이 그에게 임하셨으므로, 그가 이스라엘의 사사가 되어 나가서 싸울 때에, 여호와께서 메소보다미아 왕 구산 리사다임을 그의 손에 넘겨 주시매, 옷니엘의 손이 구산 리사다임을 이기니라.

10절에서 주목할 것은 "여호와의 영이 그에게 임하셨으므로" 이다. 옷니엘은 성령의 사람이다. 사사들의 공통점은 '그들이 보통 사람이었으나 하나님의 신이 임했을 때 이스라엘을 승리로 이끌었다' 는 것이다. 하나님께서는 하나님의 뜻에 순종하는 사람들에게 성령을 주신다. 사도행전 5:32 "하나님이 자기를 순종하는 사람들에게 주신 성령도 그러하니라 하더라." 마태복음 10장에서 예수님께서도 12제자를 파송하시면서 성령의 권능을 주셨다. 그래서 귀신도 쫓아내고 병자도 고치고 약한 것을 돕게 하셨다. 할 말도 주시겠다고 하셨다. 이 모든 것이 성령의 역사이다. 마태복음 10:20 "말하는 이는 너희가 아니라, 너희 속에서 말씀하시는 자 곧 너희 아버지의 성령이시니라."

세상에는 재주 있는 사람들이 많다. 그러나 그들이 다 하나님께쓰임을 받는 것은 아니다. 하나님께 쓰임 받으려면 무엇보다도 하나님의 뜻에 순종할 준비가 되어 있어야 한다. 하나님께선 순종할 준비만 되어 있다면 엄청난 성령의 능력을 부어주시는 것이다. 물론 옷니엘은 경험과 용기가 있는 용사였다. 그러나 '옷니엘이 뛰어난 용사이기 때문에 구산 리사다임을 이겼다' 고 되어 있지 않다. 승리의 원인은 여호와의 신이 그에게 임한 것이다. 하나님께 쓰임 받기를 원하는가? 성령의 능력을 간구하기 바란다. 하나님께서는 성령의 사람을 쓰신다.

11절. 그 땅이 평온한 지 사십 년에 그나스의 아들 옷니엘이 죽었더라.

또한 옷니엘은 희생의 사람이다. 놀라지 마라. 옷니엘이 사사르 쓰임 받은 나이는 여든 살이다. 여호수아가 죽었을 때, 갈렙의 나이는 85세, 옷니엘의 나이는 50세였다. 그런데 여호수아가 죽은 뒤 30년이 지나 옷니엘이 사사로 부름을 받았다. 이 때 나이 80세이다.

여든 살의 나이가 되면 무엇을 하겠는가? 젊은이들과 전쟁터에 나가서 싸우는 힘든 일을 할 수 있겠는가? 여유 있는 노년을 즐기고 싶지 않겠는가? 옷니엘은 출애굽 이후 광야에서 태어난 세대이다. 여호수아 장군을 뒤따르며 가나안 정복 전쟁을 치렀다. 누구보다도 앞장서서 전쟁터에서 싸우며 잔뼈가 굵었다. 공도 세웠다. 그래서 비옥한 헤브론 땅을 차지했다. 큰 농지를 소유하며 목축을 했다. 유다지파의 장로로 안락한 노년을 보낼 수 있었다. 그런데 메소보다미아 왕이 8년 간 나라를 빼앗았다. 백성들이 압제를 당했다. 그래서 노구를 이끌고 전쟁을 시작한 것이다.

전쟁하기엔 너무 늙었다고 생각되었을지도 모른다. 상식적으로 노년기엔 모험을 하는 것이 바람직하지 않다. 위험한 일이다. 그러나 옷니엘은 노구를 떨쳐 일어났다. 옷니엘의 입장에서 이것은 하나님을 향한 희생정신 없이는 할 수 없는 일이었다. 옷니엘은 희생의 사람이었다.

그 결과가 무엇인가? 11절 "그 땅이 평온한 지 사십 년에 그나스의 아들 옷니엘이 죽었더라." 40년간 평화가 유지되었다. 우리나라의 지난 40년사를 되돌아본다면 40년 간 나라를 평안하게 지킨다는 것이 얼마나 어려운 일인지 상상할 수 있을 것이다. 그러나 옷니엘은 자신의 한 목숨을 던져 나라를 평안하게 한 것이다.

말씀을 맺겠다. 사사기 2:7을 보면 "백성이 여호수아가 사는 날 동안과 여호수아 뒤에 생존한 장로들 곧 여호와께서 이스라엘을 위하여 행하신 모든 큰 일을 본 자들이 사는 날 동안에 여호와를 섬겼더라." 하나님의 역사를 체험한 옷니엘 같은 사람들은 변함없이 하나님을 섬겼다. 그러나 그 이후 세대는 점점 하나님과 멀어져 갔다.

오늘날도 살아계신 하나님에 대한 생생한 체험을 한 사람들이 점점 줄어들고 있다. 그저 지식적으로 하나님을 알 뿐 체험적인 신앙의 사람들이 하나둘 사라져 가고 있다. 이러한 때 살아계신 하나님께 순종할 사람이 필요하다. 하나님의 성령의 능력을 받을 사람이 필요하다. 희생의 사람이 필요하다. 옷니엘처럼 쓰임받는 삶을 살길 바란다.

2. 장애인 사사 에훗(삿 3:12-30)

기독교의 진리는 역설적인 면이 있다. 약할 때 강하고 어리석을 때 지혜롭게 되는 것이 기독교의 진리이다. 영국의 세계적인 기독교 지도자인 존 스토트 박사는 1999년 7월 케직사경회에서 이런 말을 했다. "기독교의 근본적 진리의 하나는 약함과 어리석음에 있다." 그는 십자가의 복음 자체가 어떤 의미에서는 약하고 어리석은 것이라고 지적했다. 그런데 오늘날 한국 교회 문제 중의 하나는 너무 강하고 너무 지혜로운 것이다. 초기의 한국교회는 참으로 약했고 가난했고 힘이 없었다. 그래서 한국교회는 겸손히 땅에 엎드려 하늘을 바라보며 하나님만 의지한 적이 있었다. 초기 선교사 중의 한 사람인 블레어 박사가 지적한대로 그 당시 한국교회는 절망 가운데서 하늘만을 바라보며 이렇게 울부짖었다. "선교사님, 한국 사람들처럼 불행하고 불쌍하고 소망이 없는 민족이 있는가?" 그래서 하나님께서는 약하고 힘이 없고 소망이 없는 한국 교회 성도들의 부르짖음에 귀를 기울이시고 부흥과 축복의 손길을 펴셨다. 그런데 어느 새 한국교회는 너무 커지고 너무 강해지고 너무 지혜로워졌다. 본문에서 우리는 연약하고 보잘것없는 장애인 왼손잡이 사사 에훗을 만나게 된다. 그러나 그는 하나님께 쓰임을 받을 수 있었다. 에훗은 어떻게 하나님께 쓰임을 받았는가? 먼저 에훗의 활동 배경을 보자.

> 12-14절. 이스라엘 자손이 또 여호와의 목전에 악을 행하니라. 이스라엘 자손이 여호와의 목전에 악을 행하므로, 여호와께서 모압 왕 에글론을 강성하게 하사 그들을 대적하게 하시매, 에글론이 암몬과 아말렉 자손들을 모아 가지고 와서, 이스라엘을 쳐서 종려나무 성읍을 점령한지라. 이에 이스라엘 자손이 모압 왕 에글론을 열여덟 해 동안 섬기니라.

이스라엘 백성들이 "또" 악을 행하게 된다. 사사기에는 이스라엘의 타락-압제-구원의 순환이 모두 '7'번이나 반복된다. 하나님께서는 완전수 '7'을 통하여 이스라엘의 완전한 타락을 보여주시는 것이다. 하나님을 떠난 인간은 타락할 수 밖에 없는 존재이다. 이것이 역사의 교훈이다.

"여호와께서 모압 왕 에글론을 강성하게" 하셨다. 때로는 적들이 강력해지는 것도 하나님의 계획 가운데 일부이다. 또한 "에글론"이 암몬과 아말렉의 세력을 규합하여 "종려나무 성읍" 즉, 여리고를 차지하게 된다. 여리고는 가나안 정복 전쟁의 기념비적인 곳이다. 도저히 공략할 수 없을 것 같은 철옹성 여리고를 하나님께서 기적을 통해 무너뜨리신 기적적인 승리의 장소이다. 그런데 이 여리고를 빼앗긴다. 이제 이스라엘은 낙담할 수밖에 없는 상황이 되어버린 것이다.

> 15절. 이스라엘 자손이 여호와께 부르짖으매, 여호와께서 그들을 위하여 한 구원자를 세우셨으니, 그는 곧 베냐민 사람 게라의 아들 왼손잡이 에훗이라. 이스라엘 자손이 그를 통하여 모압 왕 에글론에게 공물을 바칠 때에,

에훗은 베냐민 사람이다. 히브리어로 '벤'은 '아들'이고 '야민'은 '오른손'이다. 그러므로 '베냐민'이란 말은 '오른 손의 아들'이란 뜻이다. 야곱이 사랑하는 라헬에게서 아들을 낳자 '오른손의 아들'이라고 부름으로 '힘 있는 오른손의 아들'이라고 했다. 또한 야곱은 죽기 전에 유언을 하면서 베냐민은 '물어뜯는 이리'라고 했다(창 49:27). 그래서 그런지 베냐민 족속은 오른손을 잘 쓰는 날렵한 무사들이 많았다.

그런데 에훗은 왼손잡이였다. 베냐민 족속은 오른손을 잘 쓰는 사람들이었다. 그런데 왼손잡이란 정통적인 베냐민 무사는 아니란 말이다. 게다가 왼손잡이가 되는 데는 두 가지가 있다. 오른손도 잘 쓰면서 왼손을 잘 쓰는 왼손잡이가 있고, 오른손을 전혀 못쓰면서 왼손만 쓰는 왼손잡이가 있다. 그런데 "왼손잡이"(אִישׁ אִטֵּר יַד־יְמִינוֹ)라는 원문을 살펴보면 에훗은 오른손을 쓸 수 없어서 왼손잡이가 된 사람이다.[2] 오른손의 장애가 있었던 사람이다. 즉 에훗은 장애자였다.

그러나 에훗이 사사가 될 수 있었던 것은 '하나님께서 어떤 사람을 쓰시는

---

2) Francis Brown, Samuel Rolles Driver and Charles Augustus Briggs, *Enhanced Brown-Driver-Briggs Hebrew and English Lexicon*, electronic ed.(Oak Harbor, WA: Logos Research Systems, 2000), p. 32.

가?' 를 보여주고 있는 것이다. 하나님께서는 어떤 사람을 사용하시는가? 고린도전서 1:26-29 "형제들아 너희를 부르심을 보라. 육체를 따라 지혜 있는 자가 많지 아니하며 능한 자가 많지 아니하며 문벌 좋은 자가 많지 아니하도다. 그러나 하나님께서 세상의 미련한 것들을 택하사 지혜 있는 자들을 부끄럽게 하려 하시고, 세상의 약한 것들을 택하사 강한 것들을 부끄럽게 하려 하시며, 하나님께서 세상의 천한 것들과 멸시 받는 것들과 없는 것들을 택하사 있는 것들을 폐하려 하시나니, 이는 아무 육체라도 하나님 앞에서 자랑하지 못하게 하려 하심이라."

사사들을 생각해 볼 때, 옷니엘은 나이 여든에 사사로 부름을 받은 노인이었다. 에훗은 왼손잡이 장애인이었다. 삼갈은 농사꾼이었다. 드보라는 여자였다. 바락은 여자인 드보라를 의지했던 마마보이였다. 기드온은 겁이 많은 사람이었다. 입다는 거친 비행청소년 출신이었다. 삼손은 성적인 유혹에 약했던 인물이었다. 그러나 하나님께서는 그들을 쓰셨던 것이다. 헌신된 젊은이들이 없었기 때문에 노인인 옷니엘을 쓰셨고, 건장한 사람 중에 믿음 있는 사람이 없었기 때문에 왼손잡이 에훗을 쓰셨고, 남자들이 형편없었기 때문에 여자인 드보라를 쓰셨던 것이다.

우리도 하나님께 쓰임 받을 수 있다. 자신의 연약함을 인정하고 하나님의 능력을 의지하는 믿음이 있다면 우리도 하나님께 쓰임을 받을 수 있는 것이다.

16-19절. 에훗이 길이가 한 규빗 되는 좌우에 날선 칼을 만들어 그의 오른쪽 허벅지 옷 속에 차고, 공물을 모압 왕 에글론에게 바쳤는데, 에글론은 매우 비둔한 자였더라. 에훗이 공물 바치기를 마친 후에 공물을 메고 온 자들을 보내고, 자기는 길갈 근처 돌 뜨는 곳에서부터 돌아와서 이르되, 왕이여 내가 은밀한 일을 왕에게 아뢰려 하나이다 하니, 왕이 명령하여 조용히 하라 하매 모셔 선 자들이 다 물러간지라.

에훗은 철저하게 준비하였다. "한 규빗 되는 좌우에 날선 칼을 만들어 그의 오른쪽 허벅지 옷 속에 차고" 에훗은 혼자 모압 왕 에글론을 죽일 계획을 세웠다. 미리 누구하고 의논한 적이 없다. 하나님의 사람들은 공동체의 의견을 존중한다. 그러나 정말 중요한 일은 하나님과 독대하고 하나님과만 의논한다. 우리들은 사람의 지혜를 따라 살아가지 않기를 바란다. 하나님의 허락을 받고 하나님의 지혜를 얻고 살기를 바란다. 에훗이 어떻게 거사를 행하게 되는가?

에훗은 공물을 바치러 가는 것을 이용했다. 사람은 누구나 선물에 마음을 빼앗기게 된다. 방심하게 된다. 잠언 19:6 "너그러운 사람에게는 은혜를 구하는 자가 많고 선물을 주기를 좋아하는 자에게는 사람마다 친구가 되느니라." 전도를 위해서나 친교를 위해서나 정성껏 마음의 선물을 사용하는 것은 효과가 있다. 또 잠언 18:16 "선물은 그 사람의 길을 너그럽게 하며 또 존귀한 자의 앞으로 그를 인도하느니라." 잠언 17:8 "뇌물은 임자의 보기에 보석 같은즉 어디로 향하든지 형통케 하느니라." 공물을 가지고 가는 에훗은 쉽게 에글론 앞에 갈 수 있었다.

한 규빗의 칼을 우편 다리 옷 속에 찼다. 감쪽같았다. 게다가 에훗은 장애자였다. 그래서 설마하며 방심했을 것이다. 때로 우리가 가진 약점 때문에 가장 강하게 쓰임 받을 수 있다는 것을 알아야 한다. 에훗이 "은밀한 일을 왕에게 아뢰려 하나이다"라고 했을 때, 에글론은 혼자 에훗을 만났다. 그래서 에훗은 에글론을 죽일 수 있었다.

20세기 최고 지휘자 중에 한 사람인 토스카니니는 원래 첼리스트였다. 그런데 지독한 근시였다. 너무 눈이 나빠서 악보를 보면서 연주를 할 수 없었다. 어쩔 수 없이 악보를 다 외워야 했다. 공연을 앞둔 어느 날, 지휘자가 병원에 입원하게 된다. 악보를 전부 외울 수 있었던 유일한 사람인 토스카니니는 대신 지휘를 맡았다. 그 때 나이가 열아홉이었다. 누구나 자신의 약점을 극복하여 철저하게 준비한다면 하나님께 쓰임 받을 수 있음을 믿기 바란다.

20-26절. 에훗이 그에게로 들어가니 왕은 서늘한 다락방에 홀로 앉아 있는 중이라. 에훗이 이르되 내가 하나님의 명령을 받들어 왕에게 아뢸 일이 있나이다 하매 왕이 그의 좌석에서 일어나니, 에훗이 왼손을 뻗쳐 그의 오른쪽 허벅지 위에서 칼을 빼어 왕의 몸을 찌르

매, 칼자루도 날을 따라 들어가서 그 끝이 등 뒤까지 나갔고 그가 칼을 그의 몸에서 빼내지 아니하였으므로 기름이 칼날에 엉겼더라. 에훗이 현관에 나와서 다락문들을 뒤에서 닫아 잠그니라. 에훗이 나간 후에 왕의 신하들이 들어와서 다락문들이 잠겼음을 보고 이르되, 왕이 분명히 서늘한 방에서 그의 발을 가리우신다 하고, 그들이 오래 기다려도 왕이 다락문들을 열지 아니하는지라. 열쇠를 가지고 열어 본즉 그들의 군주가 이미 땅에 엎드러져 죽었더라. 그들이 기다리는 동안에 에훗이 피하여 돌 뜨는 곳을 지나 스이라로 도망하니라.

에훗은 다락방에서 에글론을 죽이고 도망을 간다. 신하들은 비둔한 에글론이 변비로 고통을 받는 줄 알았다. 그래서 오래 기다렸다. 성경에 재미있는 표현이 나타나는데, "발을 가리우신다"라는 말이다.[3] 이는 배변을 보는 장면에 대한 묘사이다. 그런데 시간이 오래 걸렸다. 또 재미있는 표현이 나온다. "그들이 오래 기다려도"라는 말에 난하주가 뭐라고 되어 있는가? "부끄러울 때까지"라고 한다. 민망할 만큼 시간이 걸린 것이다. 26절 "그들이 기다리는 동안에 에훗이 피하여 돌 뜨는 곳을 지나 스이라로 도망하니라." 에훗은 도망갈 시간을 벌었던 것이다. 하나님을 위하여 일을 저지르면 하나님께서 일이 되게 하신다.

27-30절. 그가 이르러 에브라임 산지에서 나팔을 불매, 이스라엘 자손이 산지에서 그를 따라 내려오니 에훗이 앞서 가며 그들에게 이르되, 나를 따르라 여호와께서 너희의 원수들인 모압을 너희의 손에 넘겨 주셨느니라 하매, 무리가 에훗을 따라 내려가 모압 맞은편 요단 강 나루를 장악하여 한 사람도 건너지 못하게 하였고, 그 때에 모압 사람 약 만 명을 죽였으니 모두 장사요 모두 용사라 한 사람도 도망하지 못하였더라. 그 날에 모압이 이스라엘 수하에 굴복하매 그 땅이 팔십 년 동안 평온하였더라.

---

3) 같은 히브리어가 개역개정에는 "뒤를 보러"라고 번역하면서, 난하주에 히브리어로 "발을 가리러"라고 되어 있는데(삼상 24:3), 이는 다소 일관성이 없어 보이는 번역으로 보인다.

에훗은 대담하게 모험하였다. 에훗은 에글론을 죽이고 도망하였다. 에브라임 산지에서 나팔을 불어 사람들을 모았다. 만약 아무도 에훗을 따라주는 사람이 없었다면 에훗은 살인자로 쫓기는 신세가 되었을 것이다. 에훗은 모든 것을 하나님께 믿고 일을 저질러 버린 것이다.

믿음은 모험하게 한다. 요즘 들어 무언가 꼭 꼬집어 말할 수는 없지만 무언가 이래선 안 되는데 하는 안타까운 현실을 보게 된다. 교회와 성도들의 삶에 신앙의 모험이 없는 것이다. 도전이 없다. 자극이 없다. 지나치게 안전 위주로 살아가고 있다. 성령께서 역사하지 않아도 설교자는 설교하고, 은혜를 받지 않고도 성도들은 살고 있는 것 같아 보인다. 기도하지 않는데 사업이 잘되고, 자녀들을 위해 눈물을 흘리지 않는데도 자녀들이 잘되고 있는 것처럼 보이는 것이다. 이것이 위기이다. 예레미야 6:14 "그들이 내 백성의 상처를 심상히 고쳐주며 말하기를 평강하다. 평강하다 하나 평강이 없도다." 적당히 응급조치만하고 '평강하다' 고 하지만 그곳에 '참 평강이 없다' 는 것이다.

우리는 세상에서 안주하도록 부름 받지 않았다. 우리가 누리는 평강은 무덤 속 같은 아무 일도 일어나지 않는 죽은 평강이 아니다. 부딪히고 깨지고 쓰러지는 절망 가운데 다시 일어나는 역동적인 평강이다. 살아있는 평강이다.

고아원에서 학생들을 가르칠 때의 일이었다. 기도를 시켜보면 한결같이 '아무 일 없게 해주세요.' 라고 한다. 그래서 기도를 바꿨다. '좋은 일들이 있게 해주세요.' 라고 말이다. 우리는 현실에 안주하지 말아야 한다. 도전해야 한다. 사고(思考) 없으면 사고(事故) 없다.

개구리를 냄비에 넣고 서서히 열을 높이면, 개구리는 절대 뛰쳐나오지 않는다. 죽는 줄도 모르고 눈만 꿈뻑거리며 가만히 있다. 처음부터 뜨거운 냄비에 개구리를 넣었다면 뛰쳐나왔을 것이지만 서서히 온도를 높이기 때문에 변온동물인 개구리는 따뜻해지는 현실에 안주하여 적응하며 죽어가는 것이다. 도전해야 한다.

진짜 불쌍한 장애자는 하나님을 만나지 못한 영적인 장애자이다. 우리는 육신적인 장애가 있어도 하나님께 쓰임 받을 수 있다. 하나님을 의지하고 철저하게 준비하면 하나님께 쓰임 받을 수 있다. 대담하게 도전하면 하나님께 쓰임 받을 수 있다. 우리 모두 하나님께 귀하게 쓰임 받는 생애를 살기를 바란다.

3. 무명의 사사 삼갈(삿 3:31)

국립묘지에 가면 유명한 대통령의 묘를 비롯해서 이름 모를 무명용사의 묘까지 수많은 무덤들이 즐비하다. 애국은 대통령만 한 것이 아니다. 이름 없는 무명용사들도 나라를 지켰던 것이다. 사실 국립묘지에 묻히지도 못한, 아니 아직도 유해조차 발굴하지 못한 진짜 무명용사들의 희생으로 나라가 지켜졌던 것이다. 유명한 사사들의 틈에서 단 한 절 기록된 무명의 사사 삼갈을 만나도록 하자.

> 31절. 에훗 후에는 아낫의 아들 삼갈이 있어, 소 모는 막대기로 블레셋 사람 육백 명을 죽였고, 그도 이스라엘을 구원하였더라.

삼갈에 대한 기록은 독립적으로 존재하지 않는다. 사사 에훗의 기록 끝에 한 절 덧붙여져 있다. 30절 "그 날에 모압이 이스라엘 수하에 굴복하매 그 땅이 팔십 년 동안 평온하였더라." 그리고 31절이 이어진다. 그러므로 삼갈은 에훗에 의한 80년의 통치와 관련이 있는 인물이다. 가나안을 정복한 이스라엘은 잠시 가나안의 세력에 주춤했으나, 옷니엘과 에훗 같은 사사들이 일어나서 적들을 물리치고 평화를 누리며 살았다. 그 에훗 이후의 인물이 삼갈이다.

31a절. 아낫의 아들 삼갈이 있어

삼갈은 이스라엘식의 이름이 아니다. 아마 이방인 가운데 개종한 사람인 것 같다. 특히 삼갈이 "아낫의 아들"이란 점은 삼갈이 이방인 개종자일 가능성을 높여준다. '아낫'은 그저 평범한 이름일 수 있지만, '이방신 아낫'을 의미하는 것으로 보인다. 아낫은 이미 사사기 1:33에 등장한 이방신이다. "납달리는 벧세메스 주민과 벧아낫 주민을 쫓아내지 못하고, 그 땅의 주민 가나안 족속 가운데 거주하였으나, 벧세메스와 벧아낫 주민들이 그들에게 노역을 하였더라."에서 '벧아낫'은 '아낫 신의 집'이란 말로 아낫을 섬기던 신전이 있는 마을을 뜻한다. 가나안 사람들은 아낫이 농사에 풍요를 가져다준다고 믿었다. 그런 아낫을 섬기던 자가 에훗의 80년 통치 가운데 하나님께로 개종한 것으로 보이는 것이다.

하나님께서 우리를 어디에서 부르셨는지를 기억하자. 흔히 몇 대째 신앙을 자랑하는데, 그 신앙의 결과가 무엇인가? 자랑할 일인지 회개할 일인지 분별하기 바란다. 우리는 하나님의 자녀가 되는 것은 혈통으로나 육정으로나 사람의 뜻으로 나지 아니함을 잘 알고 있다(요 1:12). 하나님은 손자가 없다. 우리들의 하나님은 우리 아버지의 하나님인가? 우리 자신의 하나님인가?

삼갈은 이방인 출신이지만, 하나님께 쓰임 받았다. 사실 이방인 출신 사사로 삼갈이 처음 인물이 아니다. 옷니엘은 그나스의 아들 옷니엘인데(삿 3:9), 그나스(Kenitz)는 모세의 장인이 속한 겐 족속(Kenites)이거나 그들과 함께 거했던 그니스 족속(Kenizzites)의 후예로 보인다(창 15:19). 기독교 역사상 하나님께 쓰임 받은 인물들은 사실은 이방인 출신이었다. 우리도 과거 이방인들이었지 않는가? 오늘날 불신가정에서 믿는 자들 가운데 뛰어난 인물들이 있는 것을 이상하게 생각할 일이 아니다. 과거는 아낫의 아들이었지만, 지금은 하나님의 자녀로 살아간 인물이 삼갈이었다.

삼갈은 이스라엘 남쪽에 살고 있었다. 그곳에는 이스라엘의 대적 블레셋 사람들이 살고 있었다. 에훗의 후계자로 삼갈은 처음부터 두각을 나타내진 못했을 것이다. 그랬다면 그의 이야기가 다소 길게 기록되었을 것이다. 게다가 그는 이방인 출신이지 않는가? 아마 그는 80년 태평성대의 세월이 끝나갈 무렵 활동한 것으로 보인다. 하나님에 대한 믿음으로 신실한 에훗이 영향력이 강할 때는 삼갈 같은 아낫을 섬기던 자들도 개종했지만, 에훗의 영향력 사라지고 이방인들이 세력이 강하게 되었을 때, 정통 이스라엘 사람들 가운데에서조차 제대로 된 신앙의 인물이 없었던 것이다.

이러한 사실을 잘 보여주는 것이 '드보라'라는 여사사의 출현이다. 드보라가 승리한 후 노래한 사사기 5:6-7은 이렇게 기록한다. "아낫의 아들 삼갈의 날에 또는 야엘의 날에는 대로가 비었고, 길의 행인들은 오솔길로 다녔도다. 이스라엘에는 마을 사람들이(또는 지도자들이) 그쳤으니, 나 드보라가 일어나 이스라엘의 어머니가 되기까지 그쳤도다." 여기에서 "마을 사람들(פְּרָזוֹן)이 그쳤다"고 한 후에, 난하주에는 "지도자들이 그쳤다"고 한다.[4] 이스라엘의 지도자 부재의 시대에 여 사사 드보라가 나타났다는 것이다.

에훗 이후, 북쪽은 드보라를 통해 이방나라들과 전쟁을 했지만, 남쪽은 삼갈을 세우신 것이다. 사사기 3장에는 이 무렵 이스라엘의 남쪽에 살던 유다와 시므온과 베냐민 지파에 대하여 침묵하는데, 이는 삼갈이 성공적으로 사역을 잘 감당했음을 암시하는 것이다. 삼갈은 이방인 출신의 무명의 인물이었으나, 자신의 영역인 남쪽 지방의 사사로서 임무를 훌륭하게 감당한 것이다.

31b절. 소 모는 막대기로 블레셋 사람 육백 명을 죽였고,

그렇다면 삼갈은 어떻게 그 사명을 감당했을까? "소 모는 막대기로" 블레셋 사람을 죽였다. 이 막대기는 180cm 정도의 길이에 5cm 정도의 두께를 가진 평범한 농기구였다. 그런데 그 끝을 날카롭게 깍은 듯하다. 그래서 영어로 "날카로운 나무 막대기"(sharp wooden pole)라고 한다. 그 막대기로 600명의 적을 죽였다고 되어 있는데, 아마 600명을 한꺼번에 죽이진 못했을 것이다. 칼로 600명을 죽여도 한꺼번에 죽이기 힘들었을 것이다. 한 명 죽이고, 또 한 명 죽이고, 이렇게 죽여간 사람의 숫자가 600명일 것이다.

물론 600명이란 숫자는 상징적인 숫자로 보인다. '5' 는 일반적으로 '힘' 을 상징하는 숫자이면서, 또한 블레셋 사람들과 관련된 숫자이다. 블레셋은 5개의 마을로 이루어진 나라이기 때문이다. 이 '5' 를 넘어선 '6' 은 인간의 숫자이다. '7' 이란 '완전한 안식' 에 도달하지 못한 죄악에 빠진 인간의 숫자이다. 사사기는 죄악 속의 인간이 어떻게 하나님의 안식에 이르는 지를 보여주는 책이다. 그러므로 600명은 '죄악에 빠진 많은 사람들' 을 가리키는 상징적인 숫자로 보이는 것이다.

그런데 '삼갈' (שַׁמְגַּר)이란 이름의 뜻이 무엇인지 아는가? '도망가는 자' 혹은 '피하는 자' 란 말이다.[5] 이는 삼갈이 겁이 많아서 도망을 다녔다는 것이 아

4) 이 히브리어 단어(פְּרָזוֹן)는 지도자로도 쓰이고 있기 때문이다. Cf. Francis Brown, Samuel Rolles Driver and Charles Augustus Briggs, *Enhanced BDB*, p. 826.

5) DBD 사전에도 '삼갈' 의 어원을 밝히고 있지 않다. 그러나 W. Feiler는 이집트어가 히브리어로 번역된 것으로 보면서 'wanderer, stranger' 을 의미하는 것으로 보고 있다. Cf. W. Feiler, "Huritische Namen im Alten Testament," *ZA* 45(1939): 219를 Daniel I. Block,

니다. 아마 이것은 그가 싸우는 방법을 가리키는 것 같다. 그는 소위 '게릴라전'을 벌렸을 것이다. 즉 '치고 빠지는 전술'을 사용했을 것이다. 농사를 짓거나 소를 몰고 가다가, 블레셋 사람을 만나면 따라가서 죽였을 것이다. 블레셋 군대는 이 평범한 농부를 의심하지 않았을 것이다. 예수님은 제자들을 파송하면서, 즉 복음을 전하도록 보내면서 뱀같이 지혜로울 것을 말씀하셨다. 삼갈은 뱀 같이 지혜롭게 작전을 펴갔던 것이다.

삼갈의 무기는 일할 때 사용하는 도구이다. 성경에는 일하는 문화와 전쟁하는 문화 사이의 대조가 면면히 흐르고 있다. 일하는 사람과 싸우는 사람 가운데 누가 이기겠는가? 하나님은 스가랴의 환상 가운데 말씀하신다. 스가랴 1:18-21 "내가 눈을 들어 본즉 네 개의 뿔이 보이기로, 이에 내게 말하는 천사에게 묻되 이들이 무엇이니이까? 하니 내게 대답하되, 이들은 유다와 이스라엘과 예루살렘을 흩뜨린 뿔이니라. 그 때에 여호와께서 대장장이 네 명을 내게 보이시기로, 내가 말하되 그들이 무엇하러 왔나이까? 하니 대답하여 이르시되, 그 뿔들이 유다를 흩뜨려서 사람들이 능히 머리를 들지 못하게 하니, 이 대장장이들이 와서 그것들을 두렵게 하고, 이전의 뿔들을 들어 유다 땅을 흩뜨린 여러 나라의 뿔들을 떨어뜨리려 하느니라 하시더라." 스가랴는 4개의 뿔을 본다. 그 뿔은 역사 가운데 4개의 강대국인 바벨론, 페르시아, 그리스, 로마이다. 이들은 이스라엘을 공격하는 뿔들이다. 그러나 대장장이 4명이 나타나서 그들을 물리친다. 목수와 같은 장인들이 궁극적으로 뿔들을 정복할 것이다. 일하는 사람이 전쟁하는 사람을 이길 것이다.

사사기에서도 일하는 사람이 전쟁하는 자들을 이기고 있다. 본문에서 볼 수 있듯이, 농부 삼갈은 소 모는 막대기로 블레셋 사람 600명을 죽였다. 4장에서는 겐 사람 헤벨의 아내 야엘이 가나안의 군대 장관 시스라의 관자놀이에 장막 치는 말뚝을 박아서 죽인다. 9장에서는 한 여인이 망대 위에서 맷돌 위짝을 던져 아비멜렉을 죽인다. 메시야는 평강의 왕으로 오셔서 "칼을 쳐서 보습을 만들고, 그들의 창을 쳐서 낫을 만들 것이며, 이 나라와 저 나라가 다시는 칼을 들고 서

The New American Commentary Vol. 6, Judges, Ruth, p. 173의 각주 103에서 재인용,

로 치지 아니하며, 다시는 전쟁을 연습하지 아니하리라" 고 한다(사 2:4). 세상에 평화를 가져오는 것은 전쟁이 아니라 복음이다. 지금 우리가 손에 들고 있는 것들이 영적 전쟁에서 중요한 무기임을 알기 바란다. 지금 하고 있는 일이 영적 전쟁에서 중요한 것임을 알고 감사하며 열심히 일하기 바란다.

31절c. 그도 이스라엘을 구원하였더라.

삼갈이란 인물을 정리해보자. 삼갈은 아낫을 섬긴 이방인이었다. 그러나 에훗에 의한 평화와 부흥의 때에 우상을 버리고 하나님을 믿고 살게 되었다. 문제는 이방인이었던 자신은 하나님을 믿었는데, 정작 정통 유대인들은 믿음에서 떠나 불신앙에 빠진 것이다. 그러나 그들로 인해 삼갈은 낙심하지 않았다. 하나님을 위한 외로운 전투를 계획한다. 농부인 그는 자신의 손에 있는 소 모는 막대기로 블레셋 사람들을 하나씩 처치한다.

아무도 삼갈에게 주목하지 않았다. 심지어 적인 블레셋 사람들마저도 이방인 출신인 삼갈을 의심하지 않았을 것이다. 게다가 그는 '도망치는 자' 란 이름을 가진 농부가 아닌가? 그러나 하나님께서는 삼갈을 기억하셨다. 에훗의 긴 기록에 비해 비록 짧지만, 분명하게 본문은 "그도 이스라엘을 구원하였더라" 라고 기록하고 있는 것이다.

우리가 소의 '일등주의' '영웅주의' 에 빠져서 사는 동안에 잊고 사는 사람들이 너무나도 많다. 전에 학생들과 '천사의 섬' 이라는 신안군에 위치한 증도에 갔었다. 증도의 주인공, 남도의 백합화 故 문준경 전도사님 기념관에 갔었다. 그런데 남아 있는 것이 없다. 가이드하신 목사님의 한 마디가 기억에 남는다. "문 전도사님이 이렇게 유명한 사람이 될 줄 아무도 몰라서 남아 있는 것이 없다요." 그러나 사람들은 기억하지 않아도 하나님은 기억하신다.

마침 문준경 전도사님 묘지에서 학생들과 함께 묵상을 하고 있는 때에, '은광회' 라는 성결교 은퇴목사님들 모임에서 177분의 은퇴목사님들이 성지순례를 오셨다. 이 분들을 뵈면서, 이런 생각이 들었다. '평생 남편의 사랑도 못 받고, 자녀도 없이, 외롭게 살다가 순교한 복음 전도자의 삶과 은퇴하도록 장수하며 목회한 목사님들 가운데 어느 쪽에 더 영혼의 무게가 무겁게 느껴질까?'

우리는 성공주의, 대형화를 지향하는 삶을 살기 쉽다. 큰 일, 위대한 일에 매력을 느낀다. 한강다리도 광진교 외에는 대부분 다리이름에 큰 대(大)자를 붙인다. 게다가 교회도 중앙교회, 제일교회, 큰 교회 등 이름을 붙이고 있다.

어느 목사님께서 설교에서 언급한 내용이다. 신문에 실린 어느 부흥강사진의 직책을 보니 총재, 상임부총재, 부총재, 명예총재, 증경총재 등 총재만 9명이고, 운영회장, 대표회장, 상임회장, 공동회장 등 회장만 13명이었다. 큰일을 하려다 보니 큰 직분이 필요했겠지만, 이름이 작다고 작은 일만 하겠으며, 작은 일이라고 하찮은 일이겠는가? 사도 바울의 본래 이름은 사울이다. '사울' 은 이스라엘의 초대 왕의 이름으로 베냐민 자파에게는 자부심을 갖게 해주는 '희망' 이라는 뜻의 이름이었다. 그러나 그는 '사울' 이라는 큰 이름을 스스로 버리고 '작은 자' 를 의미하는 바울이라는 이름을 가졌지만, 그는 결코 작은 일을 한 사도가 아니었다.

하나님께서 기억해 주시기를 바라며 살자. 옷니엘같은 유명한 사사가 아니고, 에훗같은 영광의 시대를 이끈 대단한 사사가 아니어도, 오히려 이스라엘 백성들마저 하나님을 떠나는 불신앙의 시대에 아무도 주목하지 않는 초라한 이방 개종자 농부일지라도 하나님은 삼갈을 기억해 주시는 것이다. 오히려 입다나 삼손같은 사사들에게도 없었던 긍정적인 평가, 이스라엘을 구원하였다고 기록해 주시는 것이다(삿 15:20, 31). 어쩌면 우리 대부분은 역사 가운데 잊혀진 인물로 살다가 죽게 될지도 모른다. 그러나 하나님께서는 우리를 기억해 주실 것이다.

4. 이스라엘의 어머니 드보라(삿 4:1-5)

사사기를 이해하는 중요한 열쇠가 있다. 그것은 하나님께서 사사기를 기록하신 이유이기도 하다. 사사기는 가나안 정복전쟁을 완전히 끝내지 못한 이스라엘이 가나안 땅에서 가나안 족속들과 살면서 벌어지는 여러 가지 삶의 기록들이다. 이는 우리가 이 세상을 사는 모습들이기도 하다. 신약에서 가나안 정복에 상응하는 것은 그리스도를 위한 그리고 그리스도에 의한 복음으로 세상을 정복하는 것이다(마 28:18-20). 그러므로 사사기는 넓은 시각에서 다음과 같은 상징들이 사용되고 있다. '에덴동산' 처럼, '가나안' 은 '온 세상' 에 대한 상징 혹은 예표이다. 그러므로 사사기에 등장하는 가나안의 왕 "야빈"은 상징적으로 '이 세상의 임금' 이다. 그는 동산/가나안/온 세상의 통치자로서 아담의 위치를 빼앗은 자이다. 그런 점에서 그는 사탄의 모형이고 상징이다.

야빈이 왕이라면 "시스라"는 "그의 군대 장관"인데, 야빈의 오른팔인 셈이다. 그런데 본문은 야빈이 아닌 시스라의 파멸에 대해서 중점적으로 초점을 맞춘다. 야빈에 대해서는 별로 언급하지 않다. 왜 그런가? 그 대답은 성부 하나님의 보좌 우편에 계신 분인 그리스도에 대한 것과 마찬가지이다. 신약성경은 성부 하나님보다는 성자 그리스도에 대한 기록에 집중되어 있다. 성자는 성부를 대리하기 때문이다. '시스라' 는 '야빈' 을 대리하고, '야빈' 은 '사탄' 을 대리하는 것이다. 그래서 본문은 시스라에 대한 기록이 집중되어 있는 것이다.

또한 드보라, 바락, 야엘에 의한 시스라의 패배에 초점을 맞추면서, 그 자손들의 전쟁에 주목하게 한다. 이는 하나님의 보좌 우편에 계신 분(그리스도)과 하나님의 자녀(이스라엘 백성) 대(對) 야빈의 우편에 앉은 자(시스라)와 야빈의 자손들(가나안족)의 전쟁이다. 이는 또한 여호와의 신부인 '이스라엘의 어머니' (드보라)와 '시스라의 어머니' 의 전쟁이기도 하다.

그래서 사사기 5:7의 "나 드보라가 일어나 이스라엘의 어머니가 되기까지"에서 나타나는 이 '이스라엘의 어머니' 라는 표현과 사사기 5:28의 "시스라의 어머니가 창문을 통하여 바라보며 창살을 통하여 부르짖기를, 그의 병거가 어찌하여 더디 오는가?"에서 나타나는 이 '시스라의 어머니' 라는 표현은 본문을 이해하는 중요한 열쇠가 되는 것이다.

1절. 에훗이 죽으니 이스라엘 자손이 또 여호와의 목전에 악을 행하매,

에훗에 의한 80년의 태평성태가 끝이 났다. 에훗 이후, 이스라엘은 남쪽과 북쪽에 각각 다른 지도자들이 나타났는데, 남쪽은 무명의 사사 삼갈이 등장해서 블레셋 사람들로부터 이스라엘을 구원하였다. 북쪽은 여 사사 드보라가 가나안 왕과 전쟁을 하였던 것이다.

2절. 여호와께서 하솔에서 통치하는 가나안 왕 야빈의 손에 그들을 파셨으니, 그의 군대 장관은 하로셋 학고임에 거주하는 시스라요,

여기에서 여호와께서 "가나안 왕 야빈의 손에 그들(이스라엘)을 파셨으니"라고 한다. 역사는 아이러니하다. 전에 이미 패배했던 가나안 족속이 이제 이스라엘을 다스린다. 전에 노아 홍수 이후, 노아에 의해 "가나안은 저주를 받아 그의 형제의 종들의 종이 되기를 원하노라"고 저주 아래 있던 자들이 이제 세상의 통치자들인 의인들을 다스리는 것이다(창 9:25).

마찬가지로 오늘날 이 세상의 상속자들은 하나님의 자녀들이다. 그러나 하나님과 멀어져 저주를 받은 자들이 이 세상을 통치하고 있는 것처럼 보인다. 그러나 우리가 그리스도와 함께 세상을 다스리고 통치하는 자들임을 잊지 말기를 바란다. 그리고 온전한 통치를 위해 이 세상을 방치하거나 포기하지 말고 최선을 다해서 하나님의 주권을 나타내야 할 것이다.

"야빈"이란 애굽의 바로처럼 가나안의 모든 통치자들에게 붙여진 이름이다. 그는 하솔을 다스렸다. 여호수아에 의하여, 이전 하솔의 왕 야빈은 망했었다(수 11:1-15). 그 가나안 왕의 패배는 가나안 정복전쟁의 절정이었다. 그래서 야빈의 도성인 "하솔"은 가나안의 첫 번째 도시 여리고처럼, 도시 전체를 불태워 번제로 여호와께 드려졌던 것이다. 이러한 사실을 여호수아는 이렇게 기록하고 있다. "하솔은 본래 그 모든 나라의 머리였더니, 그 때에 여호수아가 돌아와서 하솔을 취하고 그 왕을 칼날로 쳐 죽이고, 그 가운데 모든 사람을 칼날로 쳐서 진멸하여 호흡이 있는 자는 하나도 남기지 아니하였고, 또 하솔을 불로 살랐고... 여호수아가 하솔만 불살랐고 산 위에 세운 성읍들은 이스라엘이 불사르지 아니하였으며"(수 11:10-13). 여리고에서 하솔까지, 그 땅의 정복전쟁은 일단락되었다. 거룩한 불로 태워서 하나님께 받친 '호르마'가 된 것이다.

도시 중엔 하솔이, 왕 중엔 야빈은 가나안의 머리였기에 '호르마'를 통해 하나님께 드려진 것이다. 이것은 또한 뱀의 정치적인 머리가 박살나는 것이다. 우리는 여기에서 가나안의 철병거가 여호수아를 막지 못한 것을 본다. 그리고 그 승리가 물과 관련된 장소에서 일어난 것을 본다. "이에 여호수아가 모든 군사와

함께 메롬 물 가로 가서 갑자기 습격할 때에"(수 11:7). 이는 두 번째로 하나님께서 야빈으로부터 이스라엘을 구원하실 때, 사용하실 수단에 대한 실마리를 주는 것이다. 훗날 이스라엘은 또 다른 물인 '기손 강'에서 승리한 것이다(수 4:7, 13).

이스라엘 백성들이 영적인 침체에 빠지자, 하솔성은 다시 재건되었고, 새로운 야빈이 등극했다. 야빈은 시스라를 "하로셋 학고임"에 거주하게 했다. 이 "하로셋 학고임"(חֲרֹשֶׁת הַגּוֹיִם)은 '이방의 학고임'을 의미하는데, '학고임'이란 '나무가 많은 땅'이란 말이다. 이는 후대의 '이방의 갈릴리'와 대략 동일한 장소로 여겨진다. 이 장소는 매우 중요한데, 이곳이 그리스도께서 주로 활동하신 곳이기 때문이다. 이사야 9:1-2의 예언은 이 장소를 배경으로 한다. 즉 "전에 고통 받던 자들에게는 흑암이 없으리로다. 옛적에는 여호와께서 스불론 땅과 납달리 땅이 멸시를 당하게 하셨더니, 후에는 해변 길과 요단 저쪽 이방의 갈릴리를 영화롭게 하셨느니라. 흑암에 행하던 백성이 큰 빛을 보고 사망의 그늘진 땅에 거주하던 자에게 빛이 비치도다." 이 예언의 성취가 빛으로 오신 예수님께서 스불론과 납달리 지경 해변에 있는 가버나움에 가서 사신 것이기 때문이다. "나사렛을 떠나 스불론과 납달리 지경 해변에 있는 가버나움에 가서 사시니, 이는 선지자 이사야를 통하여 하신 말씀을 이루려 하심이라 일렀으되"(마 4:13-14).

유대인들의 전승에 의하면 '드보라'는 성전에서 사용하는 등불의 심지를 만드는 일을 하였다고 한다. 그녀를 통하여 참 빛이신 예수님의 모형인 작은 빛들이 빛났었고, 참 빛이신 예수께서 오셔서 어둠의 땅인 이방의 갈릴리를 밝혀주신 것이다.

사실, 이방의 갈릴리에 대한 구속사적 의미는 더욱 풍성하다. 하나님의 백성들의 영역인 '땅'의 백성 이스라엘은 이방의 갈릴리를 거쳐서 이방인의 영역인 '바다'로 나가게 된다. 지역적으로 '복음'이 처음 전파된 곳이 갈릴리였다. 하나님의 백성들의 명칭이 족장시대 '아브라함의 자손'이 통일왕국 '이스라엘'로, '이스라엘'이 포로 이후 '유대인'으로, 그리고 '유대인'에서 신약시대 '교회'로 전환되는 시점에서 중간 역할을 했던 이름이 '갈릴리 사람'이었다. 초대교회 예수님과 제자들의 별명이 '갈릴리 사람들'이었던 것을 기억하라(마 26:69; 막 14:70; 눅 22:59; 23:6; 행 2:7).[6]

3절. 야빈 왕은 철 병거 구백 대가 있어 이십 년 동안 이스라엘 자손을 심히 학대했으므로, 이스라엘 자손이 여호와께 부르짖었더라.

시스라를 통해 야빈은 이스라엘을 "이십 년 동안" 압제했다. 이 "이십 년"이란 기간은 시험의 기간인 '10'을 두 번 더한, 즉 10+10으로 철저한 압제를 말하는 것이다. 여기에서 "심히 학대했으므로"라는 표현은 애굽에서 학대 받을 때 사용된 바로 그 표현인 것이다(출 1:13-14). 그리고 애굽의 바로도 10번이나 이스라엘의 출애굽을 거절하였으므로 재앙을 당하였다.

한편, "철 병거 구백 대"라는 표현이 본문과 4:13에서 두 번이나 등장하는데, 이 "철 병거"는 철기문화의 꽃으로 강력한 전쟁도구였다. 어떤 면에서 인류의 과학과 기술은 전쟁을 통해 발달하고 꽃피워왔다. 2차 대전이 끝나고, 일본의 왕을 처벌하지 않는 연합군의 조건이 인간의 생체실험, 소위 '마루타 실험' 결과들을 넘겨받는 것이었다고 한다. 가나안의 철기문화는 이 "철 병거"라는 가공할 만한 무기로 대표되었던 것이다.

여호수아 11장에서 이 철병거들은 하나님의 능력 앞에 여지없이 무너진다. 여호수아 사후, 철병거는 이스라엘의 위협거리가 된다(삿 1:19). 그러나 드보라가 바락을 통해 군사를 일으키자 철병거들은 다시 한 번 무기력하게 되는 것이다(삿 4:14-15). 과학만능시대를 외치고 있지만, 인간의 과학과 기술은 한계가 있는 것이다. '어머니의 눈물'을 과학적으로 분석하면 소금물일 뿐이지만, 어머니의 눈물은 단순한 소금물이 아닌 것이다. 과학은 이렇듯 한계가 있다. 과학은 사용하는 도구일 뿐이다. 기술도 하나님을 위해 사용해야할 도구일 뿐이다.

아마 "구백 대"라는 표현은 '많음'을 가리키는 숫자인 '1,000'에 못 미치는 숫자를 의미할 것이다. 다른 가능성도 있는데, 원래는 1,000인데, 여호수아 11장에서 이미 호르마를 당해 10분의 1에 해당하는 100이 불살라졌고, 900만 남았을 수 있다. 하나님께서 벌써 십일조를 받으신 것이다. 그러므로 나머지 900도

---

6) 여기에 대한 보다 자세한 설명은 필자의 졸저를 참고하라. Cf. 이동수, 『신약의 구속사적 읽기』, pp. 97-104.

이미 하나님의 것이다. 인간의 과학과 기술, 모든 것들은 하나님께서 주신 자연 은총과 하나님의 허락으로 말미암은 것이다. 이것들은 가치중립적인 것이다. 선하게 사용하면 의의 병기가 되고, 악하게 사용하면 흉기가 되는 것이다. 우리에게 과학과 문명들은 어떻게 사용되고 있는가?

4절. 그 때에 랍비돗의 아내 여선지자 드보라가 이스라엘의 사사가 되었는데

성경은 처음부터 여인의 후손과 뱀 사이의 전쟁을 말하고 있다(창 3:15). 이는 또한 여인과 뱀의 전쟁이기도 하다. 뱀이 여인의 후손을 공격할 대, 여자는 뱀으로부터 아이를 보호한다. 어머니인 구약교회는 그 약속의 씨/후손이신 그리스도가 오시도록 해산의 수고를 했다. 그리고 사탄이 그리스도를 공격할 때 보호하는 역할을 했다. 이것이 그림 언어/이미지로 나타난 것이 계시록 12장이다.

"하늘에 큰 이적이 보이니, 해를 옷 입은 한 여자가 있는데, 그 발 아래에는 달이 있고, 그 머리에는 열두 별의 관을 썼더라. 이 여자가 아이를 배어 해산하게 되매 아파서 애를 쓰며 부르짖더라. 하늘에 또 다른 이적이 보이니, 보라 한 큰 붉은 용이 있어 머리가 일곱이요 뿔이 열이라. 그 여러 머리에 일곱 왕관이 있는데, 그 꼬리가 하늘의 별 삼분의 일을 끌어다가 땅에 던지더라. 용이 해산하려는 여자 앞에서 그가 해산하면 그 아이를 삼키고자 하더니, 여자가 아들을 낳으니, 이는 장차 철장으로 만국을 다스릴 남자라. 그 아이를 하나님 앞과 그 보좌 앞으로 올려가더라. 그 여자가 광야로 도망하며, 거기서 천이백육십 일 동안 그를 양육하기 위하여, 하나님께서 예비하신 곳이 있더라"(계 12:1-6).

시스라의 어머니가 시스라를 키웠듯이, 이스라엘의 어머니인 드보라는 바락과 이스라엘의 신실한 자들을 세우고 전쟁하게 한다. '바락과 시스라'의 전쟁 뒤에는 '드보라와 시스라의 어머니'가 있던 것이다.

인간은 하나님의 형상으로 창조되었다. 그러므로 하나님의 형상으로서 여자와 성령은 유사한 점이 많다. 여자는 남자에게서 나왔다(창 2:21). 마찬가지로 보혜사 성령은 성부로부터 오셨다. "내가 아버지께 구하겠으니 그가 또 다른 보혜사를 너희에게 주사 영원토록 너희와 함께 있게 하리니"(요 14:16, cf. 요 14:26). 여자가 남자를 영광스럽게 한다. "여자는 남자의 영광이니라"(고전 11:7). 마찬가지로 성령은 성자를 영화롭게 한다. "그가 내 영광을 나타내리니 내 것을 가지고 너희에게 알리시겠음이라"(요 16:14). 교회가 신자들의 어머니인 것은 맞다. 그러나 이는 오직 성령으로 통해 가능한 것이다. 그러므로 성령은 교회의 어머니라고 할 수 있는 것이다. 그러므로 이스라엘의 어머니 드보라는 성령과 교회의 사역을 비유적으로 나타내고 있는 셈이다.

사실, '드보라'라는 이름의 뜻은 '벌'(Bee)이다. 벌은 달콤한 '꿀'과 따끔한 '침'을 가지고 있다. 현명한 어머니는 자식들에겐 '꿀'을 주지만, 원수들에겐 '침'을 놓을 것이다. 이러한 이미지는 성경에서 자주 등장한다(cf. 시 19:10; 119:103; 잠 16:24; 24:13-14; 고전 15:55; 계 9:1-10).

5절. 그는 에브라임 산지 라마와 벧엘 사이 드보라의 종려나무 아래에 거주하였고, 이스라엘 자손은 그에게 나아가 재판을 받더라.

드보라가 "에브라임 산지"에 거주하게 된 것은 야빈의 압제 때문일 것이다. 원래 드보라는 잇사갈 지파이다(삿 5:15). 잇사갈 지파는 북쪽지방에서 살았는데, 드보라는 남편 랍비돗을 따라 모든 것을 버려두고 다소 남쪽으로 이주하게 된 것 같다.

드보라가 거주한 곳은 드보라의 종려나무 숲으로 유명한 곳이다. "종려나무"는 성경에서 중요한 나무이다. 종려나무는 사람들에게 유익한 열매와 치료제를 제공하지만(계 22:2; 시 1편), 성경적 상징주의에서 땅에서 하늘로 뻗은 그 나무의 줄기는 하늘로 올라가는 사닥다리 이미지를 주는 것이기도 하다. 드보라의 종려나무가 있는 곳이 야곱이 하늘로 올라가는 사닥다리를 본 "벧엘" 근처인 것에 주목하라(창 28:12-17). 그러므로 "종려나무 아래"는 하늘로 올라가는 '하늘의 문' 역할을 하는 곳이고, 이곳은 재판의 장소로는 적절한 것이었다. 이스라엘의 장로들은 보통 성문에 앉아서 재판했던 것이다. 보아스가 룻의 기업 무를 권리를 얻은 것도 성문에서 재판한 결과이다. "보아스가 성문으로 올라가서 거기 앉아 있더니"(룻 4:1).

또한 드보라가 "라마와 벧엘 사이"에 거했다는 것은 다른 의미가 있어 보인다. 이곳은 다른 이스라엘의 어머니인 '라헬'과 관계가 있는 장소이다. 라헬은 그곳 어디에서 죽었을 것이다. 창세기 35:16-18 "그들이 벧엘에서 길을 떠나 에브랏에 이르기까지 얼마간 거리를 둔 곳에서 라헬이 해산하게 되어 심히 고생하여, 그가 난산할 즈음에 산파가 그에게 이르되, 두려워하지 말라 지금 네가 또 득남하느니라 하매, 그가 죽게 되어 그의 혼이 떠나려 할 때에 아들의 이름을 베노니(슬픔의 아들)라 불렀으나, 그의 아버지는 그를 베냐민(오른손의 아들)이라 불렀더라."

라헬은 베냐민이 커가는 것을 보지 못하고 죽었다. 라헬이 죽어가면서 아들의 이름을 '베노니'(슬픔의 아들)라고 한 것은 창세기 3:16에서 범죄한 인간 여인에게 부과된 형벌인 '해산의 고통'에 대한 고백이요, 인정인 것이다. 그러나 드보라는 자신의 자식들이 자라서 승리하는 것을 볼 수 있었다. 더 위대한 드보라인 '고통'이란 뜻의 이름을 가진 '마리아'는 당신의 아들 예수 그리스도께서 원수들을 이기신 것을 볼 수 있었다.

"라마와 벧엘"은 성소가 있었던 곳이다. 그곳에서 옛 이스라엘은 구속사의 진전을 따라서 자랐던 것이다. 성막이 벧엘에 있었고(삿 20:18), 선지자 사무엘의 집이 라마에 있었다. "라마로 돌아왔으니 이는 거기에 자기 집이 있음이니라"(삼상 7:17).

"이스라엘 자손은 그에게 나아가 재판을 받더라." 드보라는 재판하는 일을 했다. 이스라엘의 기름부음 받은 자들에게는 왕, 제사장, 선지자의 임무가 주어진다. 왕은 아달랴같은 여왕이 있기도 했다(왕하 11:3). 여선지자도 있었다. 그러나 여제사장은 없다. 왜 그런가? 이것을 이해하기 위하여 우리는 창세기 2장으로 돌아가야 한다. "여호와 하나님이 그 사람을 이끌어 에덴동산에 두어 그것을 경작하며 지키게 하시고"(창 2:15). 아담의 일은 에덴동산을 경작하는 것과 지키는 것이다. 돕는 배필인 하와는 동산을 경작하는 일을 도왔다. 그러나 동산을 지키는 것은 아담의 몫이었다. 그러나 아담은 동산을 지키는 것에 실패하고 쫓겨나게 된다. 그 때부터 에덴은 그룹들이 지키게 된다.

그 후, 하나님은 하나님의 다른 동산/포도원/감람원인 이스라엘에서 왕과 제사장과 선지자를 세우셨다. 왕과 제사장은 '경작하는 일' 을 하는 자이다. 그래서 '여왕' 과 '여선지자' 가 있다. 그러나 제사장은 '지키는 자' 이다. 그래서 이스라엘 역사 가운데 '여제사장' 은 없는 것이다. '드보라' 는 재판을 하며 이스라엘을 양육했던 것이다. 그러면서 자신의 한계를 잘 알았다. 그래서 사사 바락을 세운 것이다.

드보라는 이스라엘의 어머니였다. 이스라엘의 왕과 선지자로 이스라엘을 양육했다. 그러나 자신의 한계를 인정하고 제사장적 역할을 감당할 바락을 세웠다. 이스라엘의 어머니 드보라의 아들인 바락은 원수들의 압제 가운데 있는 이스라엘을 구원하게 된다. 하나님은 구약교회나 마리아가 아닌 예수 그리스도를 통하여 인류를 구원하신 것이다.

5. 남자 바락과 여자 야엘(삿 4:6-24)

남자들의 노동력이 중요한 생산수단이었던 농경시대나 산업혁명 시대를 지난, 오늘날은 상대적으로 여성의 지위가 높아진 시대가 되었다. 교회 안에서조차 남성들의 지위가 흔들리는 시대가 되었다. 그 반성으로 1991년 미국에서는 '약속을 지키는 자' 를 뜻하는 Promise Keepers 같은 운동이 생겼다. 이 '프라미스키퍼스' 운동은 로마 가톨릭 교도인 빌 매카트니(Bill McCartney) 등이 시작한 크리스천 남성들의 '성결 회복운동' 이다. 한국은 1999년에 김장환 목사 등에 의해 소개되었고, 그 영향으로 온누리교회는 '아버지학교' 를 개설하여, 전국에 12,000여명의 수료자를 배출했으며, 수만 명의 남자집회가 개최되는 배경이 되기도 했다. 그 외에 할렐루야교회, 명성교회, 사랑의 교회, 주님의 교회, 영락교회 등 많은 교회가 다양한 프로그램을 통해 남성사역을 펼치고 있다.

그러나 이 운동은 '지나친 은사주의' 와 천주교, 몰몬교, 기타 이단까지 포용하는 '에큐메니칼 운동' 이란 심각한 문제점이 있다. 그러나 남자들이 하나님 앞에 바로서서 '성적 순결' , '가정에서의 책임' , '목회자 존경과 교회사역' 을 이루자는 것은 좋은 취지의 운동이라고 생각된다. 남자들이 바로 서지 못하면, 연약한 여자들을 세워서라도 시대적 사명을 감당하게 하시는 하나님이시다. 드보라는 그런 시대에 하나님이 세우신 위대한 여 사사였다. 이제 '남자 바락과 여자 야엘'을 살펴보겠다.

> 6-7절. 드보라가 사람을 보내어 아비노암의 아들 바락을 납달리 게데스에서 불러다가 그에게 이르되, 이스라엘의 하나님 여호와께서 이같이 명령하지 아니하셨느냐? 너는 납달리 자손과 스불론 자손 만 명을 거느리고 다볼 산으로 가라. 내가 야빈의 군대 장관 시스라와 그의 병거들과 그의 무리를 기손 강으로 이끌어 네게 이르게 하고, 그를 네 손에 넘겨주리라 하셨느니라.

드보라는 바락을 불러다가 "이스라엘의 하나님 여호와께서 이같이 명령하지 아니하셨느냐?"라고 한다. 이미 하나님께서 바락에게 군사적인 행동을 명령하신 것이다. 드보라는 다시 바락에게 이스라엘 백성들을 이끌고 가나안 왕 "야빈의 군대 장관 시스라"와 일전을 치르도록 격려하고 있는 것이다.

"바락"은 '번개'를 의미하고, "아비노암"은 '나의 아버지는 기뻐하신다'는 뜻이다. 이 가문은 "납달리 게데스"에 살고 있었다. "게데스"는 '성소'를 의미하는데, "납달리 게데스"는 납달리에 있는 도피성이었다. 이는 레위 지파의 성이었던 것이다(수 20:7; 21:32). 그러므로 바락은 일종의 제사장인 레위 지파 사람이었던 것이다. 이렇게 바락이 레위인이란 사실은 많은 의미를 함축하고 있다.

첫째, 이것은 바락이 기름부음을 받은 이스라엘의 보호자 중의 한 사람이었음을 의미하고 있다. 여 선지자 드보라는 바락에게 리더십을 이양하려고 했다. 이는 예컨대, 어떤 가정에서 가장이 일찍 죽었다. 그러면 아들에게 가장의 리더십이 넘어가야하는데, 아들이 어려서 어머니가 대신 리더십을 가지고 있다가, 장성한 어린 아들에게 가장의 권한을 양도하는 어머니의 행동인 셈이다.

그런데 바락이 이런 책임과 사명을 거부한다. 이는 분명히 잘못된 일이다. 그래서 9절 "그러나 네가 이번에 가는 길에서는 영광을 얻지 못하리니"라고 바락에게 심판이 나타나고 있는 것이다. 이렇게 제사장/보호자로서 행동에 대한 레위인의 실패는 뒤에 사사기 17-21장의 중요한 주제이기도 하다.

제사장/레위인들은 영적인 지도자로서 이스라엘을 보호하고 이끌어야 했다. 오늘날 교회의 영적인 지도자들에게 결핍되기 쉬운 것 하나가 책임지지 않으려는 태도일 것이다. 가끔 목회자들에게 상담을 하면, "너의 신앙양심대로 하라"는 모호한 말을 자주 듣는다. 어떻게 해야 할지를 몰라서 상담하는 것인데 '알아서 하라는 식' 이다. 물론 본인의 신앙양심과 판단이 자신의 행동에 중요한 기준이 되어야 한다. 그러나 지도자들은 성도들이 가진 문제의 핵심을 파악하고, 선을 긋고 울타리를 쳐주고, 성도들이 그 안에서 판단하도록 지도해야 할 책임이 있다. 그 책임을 회피한다면, 그는 이미 지도자로서 자격을 상실한 것이다.

둘째, 바락이 레위인이란 사실은 바락의 싸움이 거룩한 전쟁, 즉 '성전'(聖戰)이라는 것을 의미하고 있다. 사실 이스라엘이 치른 모든 전쟁은 영적인 전쟁이었다. 오늘날에도 성도들의 모든 싸움은 영적인 싸움인 것을 기억하기 바란다. "우리의 씨름은 혈과 육을 상대하는 것이 아니요, 통치자들과 권세들과 이 어둠의 세상 주관자들과 하늘에 있는 악의 영들을 상대함이라"(엡 6:12). 그래서 우리는 영적으로 무장해야하고 말씀과 기도로 승리해야 하는 것이다. 말씀과 기도 가운데 승리하기 바란다.

셋째, 10절에서 "만 명이 그를 따라 올라가고" 라는 말에서처럼, 그 전투는 하나님의 모든 백성들에게 확장된다. 우리의 싸움은 철저하게 개인적이면서 동시에 공동체적인 것이다. 예를 들어, 요나 한 사람의 범죄로 온 배의 사공들이 풍랑을 만나서 고통을 겪는다. 그러나 요나 한 사람이 회개하고 니느웨에서 복음을 전할 때, 높고 낮은 자를 막론하고 온 니느웨 사람들이 회개하는 역사가 일어난다(욘 3:5). 우리는 소돔 같고 고모라 같은 세상을 구할 '의인 열 사람' 으로 살아야 하는 것이다. 그것이 이 시대의 영적인 제사장으로서 우리의 사명이다. 분명한 것은 나 한사람의 성공과 실패는 우리 공동체의 성공과 실패와 연결되어 있다는 사실이다.

8-9절. 바락이 그에게 이르되, 만일 당신이 나와 함께 가면 내가 가려니와 만일 당신이 나와 함께 가지 아니하면 나도 가지 아니하겠노

> 라 하니, 이르되 내가 반드시 너와 함께 가리라. 그러나 네가 이번에 가는 길에서는 영광을 얻지 못하리니, 이는 여호와께서 시스라를 여인의 손에 파실 것임이니라 하고, 드보라가 일어나 바락과 함께 게데스로 가니라.

바락은 명령과 약속의 하나님의 말씀을 동시에 받았었다. 그러나 그 말씀을 품고 머뭇거렸던 것 같다. 그래서 얼마의 시간이 지난 후, 여선지자이며 이스라엘의 어머니인 드보라는 바락이 하나님의 말씀대로 순종할 것을 명령한다. 그때 바락은 "만일 당신이 나와 함께 가면 내가 가려니와 만일 당신이 나와 함께 가지 아니하면 나도 가지 아니하겠노라"고 한다. 이는 하나님의 사람인 드보라에 대한 신뢰를 보여주는 말이기도 하다. 그러나 "만일 당신이 나와 함께 가지 아니하면 나도 가지 아니하겠노라"는 말은 하나님의 말씀 앞에 조건을 거는 것이다. 그 만큼 바락은 약한 믿음을 가진 자였다.

우리도 하나님의 말씀 앞에 절대순종하기보다, 조건을 걸 때가 있다. 이것은 사실, 하나님이 어떤 분인지 모르기 때문에 일어나는 일이다. 즉 하나님께서는 사명을 주실 때 감당할만한 능력을 주시는 하나님이시란 사실을 모르기 때문이다. 하나님은 사명과 함께 감당할만한 능력도 주시는 하나님이시다.

한편, 우리는 바락의 불신앙으로 인해 그가 어떤 강한 책망을 받을 것이라고 생각하기 쉽다. 그러나 하나님의 책망은 의외로 가벼운 것이었다. 여기에서 우리는 우리의 연약함을 다루시는 하나님의 관대하심을 볼 수 있다. 하나님은 우리의 신앙의 정도에 따라서 적당한 만큼의 헌신을 요구하신다. 성숙한 신앙의 사람일수록 많은 것을 요구하신다. 어린 자들에게는 그저 먹고 마시고 무럭무럭 잘 자라기만 원하시는 것이다.

지금 우리는 감당하기 어려운 헌신을 요구받고 있는가? 더 큰 축복으로 갚아주시는 하나님이심을 믿기 바란다. 그러나 헌신의 기회를 잃는 것은 축복의 기회를 잃는 것이다. 바락에 대한 징계는 이것이다. "네가 이번에 가는 길에서는 영광을 얻지 못하리니, 이는 여호와께서 시스라를 여인의 손에 파실 것임이니라." 한마디로 적장을 죽이는 영광은 어떤 여자에게로 갈 것이라는 것이다. 이 예언대로 시스라는 헤벨의 아내 야엘에 의하여 죽는다(삿 4:21). 그 결과 사사기 5:6은 이렇게 노래한다. "아낫의 아들 삼갈의 날에 또는 야엘의 날에는 대로가 비었고, 길의 행인들은 오솔길로 다녔도다." 그 시대를 '삼갈과 바락의 시대' 가 아니라 '삼갈과 야엘의 시대' 라고 한다. 바락은 이스라엘이 물 긷는 곳에서 그의 이름을 찬양하는 이런 영광을 빼앗긴 것이다(삿 5:11).

No Cross, No Crown! 십자가 없이는 면류관도 없는 것이다. 오늘 땀을 흘리며 수고하지 않고 내일 영광이 없는 것이다. 이것은 모든 면에서 진리이다. 공부하는 학교에서도, 돈 버는 직장에서도, 경기하는 운동장에서도, 교회에서도 그렇다. 우리 앞에 주어진 일들을 용감하게 결단하고 인내하며 수고하기 바란다. 하나님의 위로와 축복의 보상이 있을 것이다.

또한 여기에서 기억해야할 중요한 원리가 한 가지 있다. 남자가 실패할 때, 그 일을 감당해야 할 사명이 여자에게 넘어간다는 것이다. 성경에서 남녀차별은 없지만 구별은 있다. 남자에게 영적 우선권이 주어졌다. 아담은 동산지기로 하와와 동산을 지키고 돌볼 사명이 주어졌고, 하와는 '돕는 배필' 로 아담을 도울 사명이 주어졌다(창 2:18). 그러나 본문의 시대는 남자 바락의 시대가 아닌 여자 야엘의 시대가 되었다. 이어서 사사기는 계속되는 여자의 시대를 기록하고 있다.

11-24절. 모세의 장인 호밥의 자손 중 겐 사람 헤벨이 자기 족속을 떠나 게데스에 가까운 사아난님 상수리나무 곁에 이르러 장막을 쳤더라. 아비노암의 아들 바락이 다볼 산에 오른 것을 사람들이 시스라에게 알리매, 시스라가 모든 병거 곧 철 병거 구백 대와 자기와 함께 있는 모든 백성을 하로셋학고임에서부터 기손 강으로 모은지라. 드보라가 바락에게 이르되, 일어나라. 이는 여호와께서 시스라를 네 손에 넘겨 주신 날이라. 여호와께서 너에 앞서 나가지 아니하시느냐? 하는지라. 이에 바락이 만 명을 거느리고 다볼 산에서 내려가니, 여호와께서 바락 앞에서 시스라와 그의 모든 병거와 그의 온 군대를 칼날로 혼란에 빠지게 하시매, 시스라가 병거에서 내려 걸어서 도망한지라. 바락이 그의 병거들과 군대를 추격하여 하로셋학고임에 이르니 시스라의 온 군대가 다 칼에 엎드러졌고 한 사람도

남은 자가 없었더라. 시스라가 걸어서 도망하여 겐 사람 헤벨의 아내 야엘의 장막에 이르렀으니, 이는 하솔 왕 야빈과 겐 사람 헤벨의 집 사이에는 화평이 있음이라. 야엘이 나가 시스라를 영접하며 그에게 말하되, 나의 주여 들어오소서. 너게로 들어오시고 두려워하지 마소서 하매, 그가 그 장막에 들어가니 야엘이 이불로 그를 덮으니라. 시스라가 그에게 말하되, 청하느니 내게 물을 조금 마시게 하라. 내가 목이 마르다 하매, 우유 부대를 열어 그에게 마시게 하고 그를 덮으니, 그가 또 이르되, 장막 문에 섰다가 만일 사람이 와서 네게 묻기를 여기 어떤 사람이 있느냐 하거든 너는 없다 하라 하고, 그가 깊이 잠드니 헤벨의 아내 야엘이 장막 말뚝을 가지고 손에 방망이를 들고 그에게로 가만히 가서, 말뚝을 그의 관자놀이에 박으매 말뚝이 꿰뚫고 땅에 박히니 그가 기절하여 죽으니라. 바락이 시스라를 추격할 때에 야엘이 나가서 그를 맞아 그에게 이르되, 오라 네가 찾는 그 사람을 내가 네게 보이리라 하매, 바락이 그에게 들어가 보니, 시스라가 엎드러져 죽었고 말뚝이 그의 관자놀이에 박혔더라. 이와 같이 이 날에 하나님이 가나안 왕 야빈을 이스라엘 자손 앞에 굴복하게 하신지라. 이스라엘 자손의 손이 가나안 왕 야빈을 점점 더 눌러서 마침내 가나안 왕 야빈을 진멸하였더라.

바락과 시스라 사이에 전쟁이 일어났다. 전황이 불리해지자, 시스라는 헤벨의 장막으로 숨어든다(17절). 그러나 헤벨의 아내 야엘에 의하여 죽임을 당한다. 그런데 왜 시스라가 헤벨의 집에 안심하고 숨어들었겠는가?

11절에서 "모세의 장인 호밥의 자손 중 겐 사람 헤벨"이라는 언급에서 볼 수 있듯이, 헤벨은 겐 족속이다. 이 '겐 사람들'은 이스라엘의 배신자들이었다. 원래 그들은 모세의 장인인 이드로의 후손이다. "모세의 장인 호밥"이란 말의 난하주에는 '처남이란 뜻도 있음'이라고 하는데, '처남'이 더 정확한 번역이다. 모세의 장인은 이드로이기 때문이다. 그들은 사사기 1:16 "모세의 장인은 겐 사람이라. 그의 자손이 유다 자손과 함께 종려나무 성읍에서 올라가서 아랏 남방의 유다 황무지에 이르러 그 백성 중에 거주하니라"에서 볼 수 있듯이 가나안 백성들과 함께 거주하여 이스라엘 백성들과 헤어진다. 심지어 사사기 4:17 "하솔 왕 야빈과 겐 사람 헤벨의 집 사이에는 화평이 있음이라." 그들은 서로 평화 조약을 맺었던 것이다. 그래서 시스라가 안심하고 헤벨의 집에 들어갔던 것이다. 그러나 야엘은 하나님에 대한 믿음으로 살았던 것이다.

더욱이 고대사회에서 여자의 '장막' 으로 들어가는 일은 특별한 일이다. '육신의 장막' 이란 표현처럼, '장막' 은 '몸' 에 대한 은유적인 표현이다(cf. 고후 5:1, 4; 벧후 1:13, 14). 여자의 장막은 여자의 몸으로 볼 수 있는데, 고대사회에서 여자의 장막에 들어가는 일은 간음을 의미했다. 이는 전쟁 상황 가운데 시스라가 간음을 했다는 뜻은 아니고, 야엘이 자신의 장막에 시스라를 들일만큼 적극적으로 시스라를 안심시키며 시스라를 공격했다는 것을 생각할 수 있다.

한편, 시스라가 야엘의 장막에 든 것은 가나안 족속이 하나님의 백성의 영역에 침범한 것이며, 그 결과 하나님의 백성을 공격한 것임을 보여주는 것이다. 그러므로 여인의 후손에 의하여 뱀의 머리가 박살나듯(창 3:15), 시스라의 머리가 박살나는 것은 당연한 일인 것이다.

레위인 제사장 남자인 바락이 사명을 감당하지 못할 때, 이방인 여자인 야엘이 시스라를 죽였다. 우리의 출신과 과거가 우리의 미래를 결정짓지 않는다. 세상에는 중요한 3가지 '금' 이 있다고 한다. 황금, 소금, 그리고 지금이다. 지금 현재를 믿음으로 결단하고 헌신할 때, 하나님은 우리를 통해 하나님의 일들을 이루어 가시는 것이다. 지금 하나님께 더욱 귀하게 쓰임 받기 바란다.

6. 드보라의 노래(삿 5:1-31)

대부분 히브리어 시에서는 같은 사실을 두 번 언급한다. 이를 '평행법' 이라고 하는데, 이는 두 개의 사상을 나란히 배열함으로 의미의 확장이나 부연설명을 하는 것이다. 이러한 평행법의 이유는 시가 단순한 노래가 아니라 하나님의 말씀으로서 '법정의 증언' 역할을 하는 것이기 때문일 것이다. 이스라엘의 법정에서 증언이 유효하려면 최소한 두 명 이상의 증인이 필요했던 것이다. "죽일 자를 두 사람이나 세 사람의 증언으로 죽일 것이요. 한 사람의 증언으로는 죽이지 말 것이며"(신 17:6). 사실 예배 중에 교독문을 읽는 것도 두 명 이상이 말씀의 증인으로 증언 역할을 하는 것이다. 그러므로 이 드보라의 노래는 미리암의 노래처럼[7], 하나님께서 주신 승리의 기쁨을 노래한 것인 동시에, 하나님의 심판의 메시지이기도 한 것이다.

1절. 이 날에 드보라와 아비노암의 아들 바락이 노래하여 이르되,

이 노래는 드보라와 바락이 부른 노래처럼 보인다. 그러나 드보라 혼자 부른 노래이다. 바락은 레위인이었다. 레위인 중 일부는 "여호와께 찬송을 드리기 위하여 만든 악기로 찬송하는 자들"이었는데(cf. 대상 23:3-5), 아마 바락은 악기를 연주했을 뿐이고, 드보라가 혼자 노래를 불렀기에 "노래하여"(שׁוּר)라는 히브리어 동사가 3인칭 여성단수 형으로 되어 있다. 이 노래는 하나님께서 여선지자 드보라를 통해 주신 하나님의 심판의 말씀이다.

학자들은 이 드보라의 노래가 3연으로 되어있다고 한다. 제1연인 2-11절은 '전쟁의 원인', 즉 다른 신을 선택한 것을 보여준다. 제2연인 12-22절은 전쟁에 참여한 자와 불참한 자들의 '전쟁의 과정'을 말한다. 제3연인 23-31절은 야엘에 의한 승리라는 '전쟁의 결과'를 말한다. 간략히 살펴보도록 하겠다.

2절. 이스라엘의 영솔자들이 영솔하였고, 백성이 즐거이 헌신하였으니,
여호와를 찬송하라.

이 "이스라엘의 영솔자들이 영솔하였고"(בִּפְרֹעַ פְּרָעוֹת בְּיִשְׂרָאֵל)를 원문에서 여자적으로 번역하면 "이스라엘에서 지도자들이 (전쟁의 맹세로) 머리를 풀고"

---

7) 드보라의 승리의 노래는 미리암의 노래와 많은 유사성이 있다. 먼저, 이스라엘은 강력한 압제자들(애굽의 바로, 가나안왕 야빈)로 고통을 받았다. 특히 그들은 병거를 가진 자들로 묘사되고 있다. 둘째, 그들의 적은 하나도 남김없이 전멸하였다(출 14:28, 삿 4:16). 셋째, 자녀의 죽음으로 인한 어머니들의 눈물이 있다(출애굽 직전의 유아살해와 시스라의 어미). 넷째, 두 노래는 모두 하나님의 궁극적인 승리를 노래한 것이다. Cf. Judy Taubes Sternum, "Themes in the Deborah narrative(Judges 4-5)", *Jewish Bible Quarterly* vol. 39(No. 1, 2011), pp. 15-24.

이다. 그래서 공동번역 성서는 "이스라엘의 용사들이 머리를 풀고"라고 번역한다. 이는 삼손을 다룰 때 자세하게 살필 나실인에 대한 맹세와 연관이 있는 것이다. 이스라엘은 제사장 나라이기에, 성전(聖戰)에 임하는 모든 이스라엘 백성들은 제사장이었다. 그래서 하나님께서는 성막과 전쟁의 진이 동일하게 거룩할 것을 요구하셨다. "네가 적군을 치러 출진할 때에 모든 악한 일을 스스로 삼갈지니... 이는 네 하나님 여호와께서 너를 구원하시고, 적군을 네게 넘기시려고, 네 진영 중에 행하심이라. 그러므로 네 진영을 거룩히 하라. 그리하면 네게서 불결한 것을 보시지 않으므로 너를 떠나지 아니하시리라"(신 23:9-14). 전쟁 중에 군사들에게는 나실인 수준의 성적 도덕적 깨끗함을 요구하셨고(삼하 11:11), 포도주나 독주는 물론 건포도도 먹지 않았고, 일상생활 가운데 합법적으로 인정된 쾌락도 금하게 하셨다. 또한 머리를 자르지 못하게 하셨다. 그러므로 긴 머리카락은 맹세 기간의 끝날 영광과 힘의 상징이었다.

본문에서 이스라엘의 지도자들은 나실인의 거룩한 서원 가운데 거룩한 전쟁을 수행한 것이다. 이는 또한 영적 전쟁에서 이길 수 있는 방법은 하나님께서 함께 하시도록 우리가 거룩해야 함을 알게 한다. 우리의 싸움은 사실 거룩함의 싸움이다. 이기기 위해서는 힘이나 지혜가 아닌 거룩함이 필요한 것이다.

3-5절. 너희 왕들아 들으라. 통치자들아 귀를 기울이라. 나 곧 내가 여호와를 노래할 것이요. 이스라엘의 하나님 여호와를 찬송하리로다. 여호와여 주께서 세일에서부터 나오시고 에돔 들에서부터 진행하실 때에 땅이 진동하고 하늘이 물을 내리고 구름도 물을 내렸나이다. 산들이 여호와 앞에서 진동하니 저 시내 산도 이스라엘의 하나님 여호와 앞에서 진동하였도다.

본문에서는 히브리시의 전통적인 평행법이 나타난다. 3절에서 "너희 왕들아 들으라. 통치자들아 귀를 기울이라." 그 핵심은 하나님의 승리가 공적으로 나타났다는 것이다. 그리고 4절 "땅이 진동하고 하늘이 물을 내리고 구름도 물을 내렸나이다"는 것은 그 승리가 바알에 대한 승리임을 알게 한다. 바알은 폭풍의 신으로 알려졌는데, 땅이 흔들리거나 비가 내리는 폭풍으로 인한 현상들이 바알 때문이 아니라, 여호와 하나님 때문이라고 밝히는 것이다.

이러한 놀라운 자연 현상들 앞에서 인간들은 두려움에 사로잡히고 미혹을 받아 우상을 만든다. 그러나 세상의 모든 일들은 하나님이 주관하신다. 미혹되지 말기를 바란다. 사탄은 하나님을 모방하고 하나님처럼 섬김을 받으려 한다. 그러나 새 한 마리 날고 떨어지는 일들도 오직 하나님께서 주장하시는 것이다.

또한 폭풍 가운데 나타나신 하나님은 우리가 모세의 시내산을 기억하게 한다. 우레와 번개와 빽빽한 구름이 산 위에 있었고, 나팔 소리가 매우 크게 들렸고, 연기가 피어오르고 온 산이 크게 진동했었다. 그 가운데 나타나신 하나님께서 10계명을 주시고 언약을 맺으셨던 것이다(출 19:10-20:21). 이제 하나님께서 그 언약을 지키도록 폭풍 가운데 나타나신 것이다. '폭풍의 신' 이라는 바알은 여호와 하나님과 상대가 되지 않음을 선포하고 있는 것이다.

하나님은 우리에게 하나님의 말씀인 계명을 주셨고, 우리가 그 계명을 지키도록 도우시는 하나님이시다. 하나님의 도우심 가운데 하나님의 말씀을 삶으로 살아내는데 승리하기를 바란다.

6-11절. 아낫의 아들 삼갈의 날에 또는 야엘의 날에는 대로가 비었고 길의 행인들은 오솔길로 다녔도다. 이스라엘에는 마을 사람들이 그쳤으니 나 드보라가 일어나 이스라엘의 어머니가 되기까지 그쳤도다. 무리가 새 신들을 택하였으므로, 그 때에 전쟁이 성문에 이르렀으나, 이스라엘의 사만 명 중에 방패와 창이 보였던가? 내 마음이 이스라엘의 방백을 사모함은 그들이 백성 중에서 즐거이 헌신하였음이니 여호와를 찬송하라. 흰 나귀를 탄 자들, 양탄자에 앉은 자들, 길에 행하는 자들아 전파할지어다. 활 쏘는 자들의 소리로부터 멀리 떨어진 물 긷는 곳에서도 여호와의 공의로우신 일을 전하라. 이스라엘에서 마을 사람들을 위한 의로우신 일을 노래하라. 그 때에 여호와의 백성이 성문에 내려갔도다.

그 시대는 "삼갈의 날에 또는 야엘의 날" 이었다. 남쪽 지방은 이방개종자인 아낫의 아들 '삼갈' 이 다스렸다. 북쪽 지방은 '바락' 이 다스리도록 되어있었다.

그러나 바락은 불신앙으로 '야엘' 에게 영광을 빼앗겼다. 그래서 "야엘의 날", 즉 '야엘의 시대' 가 된 것이다. 이 시대가 믿음으로 승리하는 우리들의 시대가 되기를 바란다.

8절에 "무리가 새 신들을 택하였으므로, 그 때에 전쟁이 성문에 이르렀으나" 라고 한다. 전쟁의 이유는 배도였다. '제2의 예루살렘' 이라고 불리던 모스크바의 배도로 러시아는 피의 혁명과 전쟁을 치러야 했다. '동방의 예루살렘' 이라던 평양도 전쟁을 치러야 했다. 우리들이 "새 신들을" 선택하는 순간, 우리들은 전쟁을 경험하게 될 것이다.

그 전쟁에서 "이스라엘의 사만 명 중에 방패와 창이 보였던가?" 라고 한다. 아마 '이스라엘의 사만명' 은 동서남북 '사방' 을 지키는 하나님의 군대일 것이다. 그들은 완전히 무장이 해제되어 방패 하나, 창 하나를 제대로 가지지 못했다. 그러나 기쁨으로 헌신하는 자들로 인하여 전쟁을 이겼던 것이다(9절). 전쟁은 하나님의 은혜로 승리하는 것이다. 그 은혜는 헌신된 자들을 통하여 나타나는 것이다. 우리들의 헌신이 값지게 쓰임 받을 줄 믿기 바란다.

12-22절. 깰지어다. 깰지어다. 드보라여, 깰지어다. 깰지어다. 너는 노래할지어다. 일어날지어다. 바락이여, 아비노암의 아들이여 네가 사로잡은 자를 끌고 갈지어다. 그 때에 남은 귀인과 백성이 내려왔고 여호와께서 나를 위하여 용사를 치시려고 내려오셨도다. 에브라임에게서 나온 자들은 아말렉에 뿌리 박힌 자들이요. 베냐민은 백성들 중에서 너를 따르는 자들이요 마길에게서는 명령하는 자들이 내려왔고 스불론에게서는 대장군의 지팡이를 잡은 자들이 내려왔도다. 잇사갈의 방백들이 드보라와 함께 하니, 잇사갈과 같이 바락도 그의 뒤를 따라 골짜기로 달려 내려가니, 르우벤 시냇가에서 큰 결심이 있었도다. 네가 양의 우리 가운데에 앉아서 목자의 피리 부는 소리를 들음은 어찌 됨이냐? 르우벤 시냇가에서 큰 결심이 있었도다. 길르앗은 요단 강 저쪽에 거주하며 단은 배에 머무름이 어찌 됨이냐? 아셀은 해변에 앉으며 자기 항만에 거주하도다. 스불론은 죽음을 무릅쓰고 목숨을 아끼지 아니한 백성이요. 납달리도 들의

높은 곳에서 그러하도다. 왕들이 와서 싸울 때에 가나안 왕들이 므깃도 물 가 다아낙에서 싸웠으나 은을 탈취하지 못하였도다. 별들이 하늘에서부터 싸우되, 그들이 다니는 길에서 시스라와 싸웠도다. 기손 강은 그 무리를 표류시켰으니 이 기손 강은 옛 강이라. 내 영혼아 네가 힘 있는 자를 밟았도다. 그 때에 군마가 빨리 달리니 말굽 소리가 땅을 울리도다.

전쟁은 끝이 났다. 이스라엘은 승리를 거두었다. 남은 것은 논공행상이다. 12-22절은 승리를 위해 싸운 지파들과 전쟁을 회피한 지파들이 각각 등장한다. 먼저 성전에 참여한 자들이다. 14-15절 "에브라임에게서 나온 자들은 아말렉에 뿌리박힌 자들이요. 베냐민은 백성들 중에서 너를 따르는 자들이요. 마길(므낫세의 장자, 수 17:1)에게서는 명령하는 자들이 내려왔고, 스불론에게서는 대장군의 지팡이를 잡은 자들이 내려왔도다. 잇사갈의 방백들이 드보라와 함께 하니, 잇사갈과 같이 바락도 그의 뒤를 따라 골짜기로 달려 내려가니, 르우벤 시냇가에서 큰 결심이 있었도다." 스불론과 납달리와 잇사갈 지파는 드보라와 바락과 함께 목숨을 걸고 싸웠다. 18절 "스불론은 죽음을 무릅쓰고 목숨을 아끼지 아니한 백성이요. 납달리도 들의 높은 곳에서 그러하도다." 주님은 이같이 우리가 수고한 것을 알고 반드시 갚아주시는 하나님이심을 믿기 바란다.

그러나 성전에 참여하지 않은 자들도 있다. 16절 "네가 양의 우리 가운데에 앉아서 목자의 피리 부는 소리를 들음은 어찌 됨이냐? 르우벤 시냇가에서 큰 결심이 있었도다." 르우벤 지파는 피리나 불면서 한가로이 지냈던 것이다. "큰 결심이 있었도다"(גְּדוֹלִים חִקְרֵי־לֵב)는 말을 표준새번역은 "마음에 반성을 하였다"로 번역하고, 공동번역은 "끝도 없이 토론이나 벌이는구나"라고 번역한다. 그러나 이 문장을 문자적으로 번역하면, '마음속으로(לֵב) 생각만(חִקְרֵי) 크게 했다(גְּדוֹלִים))'는 것이다. 그래서 이 말은 '생각만 했다'는 뜻이기도 하고, '뒤늦게 후회만 했다'는 뜻이기도 하다. 싸울 기회, 헌신할 기회를 생각만하고 놓치지 말기를 바란다. 머뭇거리지 말기 바란다. 믿음으로 결단하고 헌신하여 후회 없는 인생을 살아야 할 것이다.

17절 "길르앗은 요단 강 저쪽에 거주하며 단은 배에 머무름이 어찌 됨이냐? 아셀은 해변에 앉으며 자기 항만에 거주하도다." 길르앗 지파는 요단 동편에서 자신의 안전만 생각하며 살았던 것이다. 단 지파와 아셀 지파는 배를 타고 항해하며 돈벌이에만 급급했던 것이다.

우리가 일상생활을 열심히 사는 것은 당연한 일이다. 그러나 그렇게 일상에 빠져 열심히 사는 것도 얼마든지 문제가 될 수 있다. 범사에 때와 시기가 있기 때문이다. "범사에 기한이 있고 천하만사가 다 때가 있나니... 사랑할 때가 있고 미워할 때가 있으며, 전쟁할 때가 있고 평화할 때가 있느니라." 때와 시기를 잘 분별하기 바란다(cf. 전 3:1-8).

23-31절. 여호와의 사자의 말씀에 메로스를 저주하라. 너희가 거듭거듭 그 주민들을 저주할 것은 그들이 와서 여호와를 돕지 아니하며, 여호와를 도와 용사를 치지 아니함이니라 하시도다. 겐 사람 헤벨의 아내 야엘은 다른 여인들보다 복을 받을 것이니 장막에 있는 여인들보다 더욱 복을 받을 것이로다. 시스라가 물을 구하매 우유를 주되 곧 엉긴 우유를 귀한 그릇에 담아 주었고, 손으로 장막 말뚝을 잡으며 오른손에 일꾼들의 방망이를 들고 시스라를 쳐서 그의 머리를 뚫되 곧 그의 관자놀이를 꿰뚫었도다. 그가 그의 발 앞에 꾸부러지며 엎드러지고 쓰러졌고 그의 발 앞에 꾸부러져 엎드러져서 그 꾸부러진 곳에 엎드러져 죽었도다. 시스라의 어머니가 창문을 통하여 바라보며 창살을 통하여 부르짖기를 그의 병거가 어찌하여 더디 오는가? 그의 병거들의 걸음이 어찌하여 늦어지는가? 하매, 그의 지혜로운 시녀들이 대답하였겠고, 그도 스스로 대답하기를, 그들이 어찌 노략물을 얻지 못하였으랴? 그것을 나누지 못하였으랴? 사람마다 한두 처녀를 얻었으리로다. 시스라는 채색 옷을 노략하였으리니, 그것은 수 놓은 채색 옷이리로다. 곧 양쪽에 수 놓은 채색 옷이리니 노략한 자의 목에 꾸미리로다 하였으리라. 여호와여 주의 원수들은 다 이와 같이 망하게 하시고, 주를 사랑하는 자들은 해가 힘 있게 돋음 같게 하시옵소서 하니라. 그 땅이 사십 년 동안 평온하였더라.

23절에 "메로스를 저주하라"고 한다. '메로스'는 기손 시냇가 근처의 이방인 중의 하나일 것이다. 그들은 시스라가 승리할 것으로 생각하고 중립적인 위치에서 관망만 했을 것이다. 이들의 행동은 24절 이하의 야엘의 기록과 대조되면서 우리에게 신앙의 회색지대가 얼마나 위험한지를 경고하고 있다. 세상은 회색지대를 안전지대라고 한다. 그러나 회색지대는 결코 안전지대가 아니다.

24-27절은 야엘의 행적이 구체적으로 드러난다. 그녀는 시스라를 안심시킨 후, 잠들게 하고, 장막 말뚝으로 시스라를 죽였던 것이다. 이러한 행위에 대한 정당성은 28-30절의 시스라의 어머니가 시스라가 취할 전리품에 대한 기대에서 나타난다. 30절에서 시스라의 어머니는 시스라가 노략물을 갖고 올 것을 기대했다. 그의 부하들도 사람마다 한두 처녀를 얻었을 것이라고 기대했다. 시스라는 가장 좋은 채색 옷을 노략했을 것이라고 기대했다. 시스라는 이스라엘의 여자들을 약탈하는 자였던 것이다. 그러나 시스라는 죽임을 당하고 말았다. 시스라를 죽이는 것은 약탈자를 죽이는 정당한 일이었다.

그리고 드보라의 노래 가운데 가장 감동적인 결론이 이렇게 선포된다. 31절. "여호와여 주의 원수들은 다 이와 같이 망하게 하시고, 주를 사랑하는 자들은 해가 힘 있게 돋음 같게 하시옵소서!" 우리는 이것이 복음의 대적들이 망하게 해달라는 '구속사적 기도'인 것을 알아야 한다. 성경은 저주하는 것을 금하고 있다. 심지어 원수 갚는 것조차, 하나님께 맡기도록 가르치고 있다. "내 사랑하는 자들아 너희가 친히 원수를 갚지 말고 하나님의 진노하심에 맡기라. 기록되었으되, 원수 갚는 것이 내게 있으니, 내가 갚으리라고 주께서 말씀하시니라"(롬 12:19; cf. 히 10:30). 그러나 "만일 누구든지 주를 사랑하지 아니하면 저주를 받을지어다"라고 한다(고전 16:22). 이러한 저주는 복음의 대적들에게 반복적으로 나타나고 있다(갈 1:8-9; 벧후 2:14).

드보라의 탄원같이, 누가복음 18장에는 한 여인의 기도가 나타난다. "그 도시에 한 과부가 있어 자주 그에게 가서 내 원수에 대한 나의 원한을 풀어 주소서 하되"(눅 18:3). 과부의 억울함에 대한 호소는 교회의 기도였다. 그 과부의 호소는 택하신 자들의 호소와 동일시되고 있기 때문이다. "하물며 하나님께서 그 밤낮 부르짖는 택하신 자들의 원한을 풀어 주지 아니하시겠느냐? 그들에게 오래 참으시겠느냐?"(눅 18:7) 이것은 주님의 오심으로 인해 유대주의가 심판을 받고, 고통 받는 신약교회가 그 억울함을 푸는 것을 의미한다. 하나님의 교회의 원수들에 대한 하나님의 복수는 계시록의 중심적인 주제이기도 하다.

오늘날도 교회는 복음의 대적들이 물러가도록 기도해야 한다. 영적인 싸움을 계속해야 한다. 세상과 타협하고 세상의 인정과 사랑을 받으려 할수록 교회는 고통을 받게 되어 있다. 하나님 편에서 승리를 바라보고 싸울 때, 하나님의 평화가 주어지는 것이다. 본문은 "그 땅이 사십 년 동안 평온하였더라."로 끝을 맺고 있다. 평화는 싸움의 결과이지 타협의 결과일 수 없다.

7. 죄에 대한 심판(삿 6:1-10)

드보라가 다스린 40년의 세월 동안 이스라엘은 평안했다(삿 5:31). 그러나 한 세대가 지나면서 이스라엘 백성들은 가나안 사람들과 조금씩 타협하며 살았다. 하나님 없이도 살길을 찾아보려했던 것이다. 그러나 인간은 하나님을 사랑하거나 혹은 하나님을 원망하며 살아도 하나님 없이 살 수는 없는 존재이다. 죄는 본질적으로 하나님 없이 살려는 시도이다. 이스라엘은 거듭해서 죄에 빠진다. 그 때마다 하나님은 그들을 구원하시고 그들과 함께 하심을 보여주신다.

1절. 이스라엘 자손이 또 여호와의 목전에 악을 행하였으므로, 여호와께서 칠 년 동안 그들을 미디안의 손에 넘겨주시니,

이스라엘의 범죄는 계속된다. 하나님께서는 이스라엘에게 참지 않으신다. "칠 년 동안" 미디안의 손에 넘기신다. 7은 완전수이다. 압제의 7년은 충분히 고통스러운 완전한 압제의 시간이었음을 말하는 것이다. 또한 8일째 할례처럼, 8년째 구원은 새로운 탄생에 대한 하나의 상징이다. 하나님께서 연단하시는 기간이 있다. 그 기간 동안 참고 인내하는 것이 필요하다. "하나님의 능하신 손아래에서 겸손하라. 때가되면 너희를 높이시리라"(벧전 4:6; cf. 약 4:10). 때가 되면 높여주시는 하나님이심을 믿고 겸손하게 기다리기 바란다.

2절. 미디안의 손이 이스라엘을 이긴지라. 이스라엘 자손이 미디안으로 말미암아 산에서 웅덩이와 굴과 산성을 자기들을 위하여 만들었으며,

미디안 족속에 의한 압제의 심각성은 몇 가지로 표현된다. 첫째, 이스라엘 백성들이 거주할 "웅덩이와 굴과 산성을" 만들었다는 것이다. 1925년 기랏 세벨이란 곳을 발굴했다. 그곳을 파보니 산 속에다 돌로 창고를 만들어 놓고 구멍을 이리저리 뚫어놓고 앞뒤로 문을 만들어 놓았던 것이다. 만일 앞에서 쫓아오면 뒤로 도망가고 뒤에서 잡으러오면 앞으로 달아나곤 했던 것이다. 이스라엘은 이런 토굴생활을 했는데 이를 '그러토우'(grotto)라고 한다. 유대인들은 2차 대전 직전까지도 이런 습관이 남아 게토(ghetto)생활을 했다. '게토'란 2차 세계대전 당시 유대인들을 그린 <쉰들러리스트>같은 영화에서처럼, 아파트에 좁은 비밀 방들을 여러 개 만들고 집집마다 통로를 연결한 것이다. 그래서 집단으로 거주하며 자기보다 약한 사람들이 공격하면 싸워서 내쫓고 강한 사람이 공격하면 도망가는 것이다.

그러나 땅 아래 숨어 사는 것은 심판과 저주 아래 있는 증거이다. 사람은 흙으로 만들어져서, 최초의 인간인 '아담'은 '흙'이란 말이다. 그 아담이 받은 저주는 그가 나온 흙으로 돌아가는 것이다(창 2:19). 성경에서 땅 아래 숨는 것은 언제나 저주의 상징이다. 창세기 19장을 보면, 소돔이 멸망당한 뒤, 소알로 가라는 명령을 거부하고, 산에 올라가 동굴에 숨어 살았던 롯의 경우에도 두 딸을 통해 이스라엘의 원수가 될 모압과 암몬 족속을 낳았다. 계시록 6장에서도 "땅의 임금들과 왕족들과 장군들과 부자들과 강한 자들과 모든 종과 자유인이 굴과 산들의 바위 틈에 숨어, 산들과 바위에게 말하되 우리 위에 떨어져 보좌에 앉으신 이의 얼굴에서와 그 어린 양의 진노에서 우리를 가리라. 그들의 진노의 큰 날이 이르렀으니 누가 능히 서리요 하더라"(계 6:15-17).

계시록에서처럼, 사사기에서 이스라엘 백성들은 산속에 굴을 파고 숨어서 살 길을 찾았다. 하나님 없이 살 길을 찾아보았던 것이다. 그러나 숨는 것이 살 길이 아니라 회개만이 살 길인 것이다. 어떤 문제든지 근본적인 해결책은 상황이

나 사람, 사건을 피하는 것이 아니라 하나님과의 관계를 회복하는 것이다.

3-6절. 이스라엘이 파종한 때면 미디안과 아말렉과 동방 사람들이 치러 올라와서, 진을 치고 가사에 이르도록 토지 소산을 멸하여, 이스라엘 가운데에 먹을 것을 남겨두지 아니하며, 양이나 소나 나귀도 남기지 아니하니, 이는 그들이 그들의 짐승과 장막을 가지고 올라와 메뚜기 떼 같이 많이 들어오니, 그 사람과 낙타가 무수함이라. 그들이 그 땅에 들어와 멸하려 하니, 이스라엘이 미디안으로 말미암아 궁핍함이 심한지라. 이에 이스라엘 자손이 여호와께 부르짖었더라.

둘째, 8년째 구원 받기 전, 7년 동안 해마다 원수들은 메뚜기 떼처럼 무수한 군사(삿 8:10, 135,000명)를 이끌고 그 땅으로 들어왔다. 메뚜기 떼처럼, 그들은 그 땅을 초토화시켰다. 4절의 "가사에 이르도록"이란 말은 원수들이 북쪽의 이스라엘만 공략한 것을 알게 한다. 가사는 블레셋의 도시인데, 그들은 남쪽의 블레셋 사람들의 땅은 건드리지 않았던 것이다. 살다보면, 누구는 건드리고 누구는 건드리지 않는 경우를 당한다. 막연히 '재수 없다' 고 생각할 일이 아니다. 나를 향한 하나님의 계획이 있다. 모든 것이 하나님의 섭리 가운데 일어나는 일인 줄 믿기 바란다.

셋째, 그 압제자들 가운데 "아말렉" 족속의 등장은 압제의 심각성을 가리키고 있다. 그 원수들의 지도자는 아브라함의 후처인 그두라의 자식으로 하나님에 대한 신앙을 저버린 배교의 자식인 미디안 족속이다(창 25:2). 이 미디안 족속들은 이스라엘이 광야에서 방황하는 동안 공격했었다(민 22-25장, 31장). 발람은 하나님의 백성들을 이길 수도, 저주할 수도 없다는 사실을 잘 알았다. 하나님의 백성들을 망하게 하는 유일한 방법은 죄를 지어 타락시키는 것이었다. 이것은 오늘날도 마찬가지이다. 거룩한 교회는 세상이 감당치 못할 불패의 공동체이다. 그러나 타락한 교회는 심판의 대상이다. 이 점에서 교회는 가장 강할 수도 가장 약할 수도 있는 공동체이다.

악한 선지자 발람의 충고대로, 미디안 족속은 이스라엘이 죄에 빠지도록 유혹하기 위하여 심지어 자신들의 딸들을 이스라엘 진으로 보냈고, 이스라엘은 행음에 빠졌고, 심판으로 염병이 돌아 24,000명이 죽었다(민 25:9). 그러나 "제사장

아론의 손자 엘르아살의 아들 비느하스가 보고, 회중 가운데에서 일어나 손에 창을 들고, 그 이스라엘 남자를 따라 그의 막사에 들어가 이스라엘 남자와 그 여인의 배를 꿰뚫어서 두 사람을 죽이니 염병이 이스라엘 자손에게서 그쳤더라"(민 25:7-8). 이 때 죽은 남자는 시므온 지파의 족장이었던 시므리이고, 여자는 미디안 족속의 족장의 딸인 고스비였다(민 25:14-15). 지도자의 위치에 있는 자들이 행음하고 우상숭배에 빠져 있었기에 비느하스는 하나님의 질투로 질투하고 평화의 언약을 가져온 것이다.

장차 기드온은 '둘째 비느하스'가 될 것이다. 제 2계명에서 하나님은 당신을 질투하시는 하나님이라고 하셨다(출 20:5). 하나님의 질투심으로 거룩한 질투를 하며, 이스라엘을 회개시키고 악한 자들을 심판할 것이다. 우리 중에 누가 '우리 시대의 비느하스'가 되겠는가?

넷째, 미디안 족속들과 결합한 "동방 사람들"은 이스마엘 족속(삿 8:24)과 아브라함의 다른 후손들(창 25:6, 18)을 언급하는 것이다. 이 사람들은 유목민들이었다. 그들은 집도 없이, 이곳저곳을 떠돌며 약탈을 일삼았었다. 그들은 창세기 1:26-28과 2:15의 문화명령을 거부했고, 가인의 저주를 따라서, 즉 방랑의 땅에 거주하는 자들이었다(창 4:16). 이제 이 떠돌이들이 이 땅의 진정한 통치자들을 압제하고 있는 것이다.

우리가 세상의 주인이다. 아담이 상실한 세상에 대한 통치권을 예수님께서 되찾아 오셨다. 그리고 우리에게 주셨다. "예수께서 나아와 말씀하여 이르시되, 하늘과 땅의 모든 권세를 내게 주셨으니, 그러므로 너희는 가서 모든 민족을 제자로 삼아 아버지와 아들과 성령의 이름으로 세례를 베풀고, 내가 너희에게 분부한 모든 것을 가르쳐 지키게 하라. 볼지어다. 내가 세상 끝 날까지 너희와 항상 함께 있으리라 하시니라"(마 28:18-20). 모든 영역에서 하나님의 주권을 선포할 수 있기를 바란다.

7-10절. 이스라엘 자손이 미디안으로 말미암아 여호와께 부르짖었으므로, 여호와께서 이스라엘 자손에게 한 선지자를 보내시니, 그가 그들에게 이르되, 여호와께서 이같이 말씀하시기를, 이스라엘의 하나님

> 내가 너희를 애굽에서 인도하여 내며, 너희를 그 종 되었던 집에서 나오게 하여, 애굽 사람의 손과 너희를 학대하는 모든 자의 손에서 너희를 건져내고, 그들을 너희 앞에서 쫓아내고, 그 땅을 너희에게 주었으며, 내가 또 너희에게 이르기를 나는 너희의 하나님 여호와이니 너희가 거주하는 아모리 사람의 땅의 신들을 두려워하지 말라 하였으나, 너희가 내 목소리를 듣지 아니하였느니라. 하셨다 하니라.

이스라엘이 구원을 위해 울부짖었을 때 즉각적인 구원은 없었다. 하나님은 너무나도 분노하셨던 것이다. 그들에게 평안을 주는 것보다, 그들의 죄를 징치하기 위하여 "한 선지자"를 보내셨다. 선지자는 양쪽의 말을 전하는 '중보자' 이다. 하나님의 말씀을 사람들에게 전하기도 하고, 사람들의 말을 하나님께 전하기도 했다(출 19-35장의 모세의 사역). 이렇게 선지자가 있는 것은 하나님의 은혜의 징조인데, 하나님과 직접 대면하여 말하는 것은 두려운 일이기 때문이다. "모세에게 이르되, 당신이 우리에게 말씀하소서. 우리가 들으리이다. 하나님이 우리에게 말씀하시지 말게 하소서. 우리가 죽을까 하나이다"(출 20:19; cf. 출 33:20). 그러므로 심판하는 중에도 하나님의 은혜가 있었는데, 이는 모든 심판은 최종적인 심판을 앞두고 회개할 기회로 주는 것이기 때문이다.

많은 경우에 '선지자의 역할' 을 한 사람들은 레위사람들이었다. 이는 하나님과 이스라엘 백성들 가운데 소통하는 일은 레위인들의 몫이었기 때문이다. 사실 레위인들은 여호와를 위한 메신저(히브리어로 '사자들')였다. "제사장의 입술은 지식을 지켜야 하겠고, 사람들은 그의 입에서 율법을 구하게 되어야 할 것이니, 제사장은 만군의 여호와의 사자가 됨이거늘"(말 2:7). 그러므로 사사기의 이 선지자는 레위사람이었을 가능성이 높다. 그러나 사사기에서 레위인들이 그들의 일을 수행하는데 실패한 것으로 나타나기 때문에 다른 사람을 세우셨을 가능성도 있다.

사사기는 1-16장까지는 다양한 출신성분이나 배경을 가진 사사들이 등장하여, 마치 이스라엘의 '춘추전국시대' 를 떠올리게 한다. 아직 사회가 안정되지 못한 것이다. 그리고 사사기 17-21장은 부록처럼, 당시 시대상을 에피소드를 통해 고발하는데, 둘 다 타락한 레위인들에 대한 것이다. 하나는 예배의 타락(17-18장)이고, 다른 하나는 성적인 타락(19-21장)이다. 이같이 예배의 타락은 생활의 타락을 가져온다. 가인과 아벨의 경우에서처럼, 예배에 실패하면 모든 일에 실패한다. 예배가 회복되기를 바란다. 하나님의 사람으로서 거룩함을 회복하고 유지할 수 있기를 바란다. 이 시대에도 영적인 리더십을 바로 세워야할 것이다.

그 선지자가 전한 메시지의 핵심은 무엇인가? 한 마디로 이스라엘에 대한 주권이 하나님께 있는데 그들이 하나님의 통치를 인정하지 않았다는 것이다. 이를 '언약적 소송' 이라고 한다. 이스라엘이 언약을 깨뜨렸고, 하나님의 법정에 세워졌다. 하나님께서는 그들을 애굽에서 구원하셨다는 것을 기억하도록 하셨다. 이는 하나님께서 이스라엘을 다시 구원하실 수 있고, 여전히 보호하실 수 있다는 것을 보여주기 위하여 반복하여 말해진다.

성경의 중요한 원리 가운데 구원자가 통치자가 되는 원리가 있다. 우리를 구원하신 그분이 구원의 공로로 우리를 다스릴 권한을 갖는 것이다(cf. 눅 1:71-75). 이스라엘은 이러한 사실을 망각했다. 그러나 하나님께서 이스라엘을 구원했기 때문에 다스리시는 것이다. 하나님은 그들에게 바알을 숭배하라고 하지 않으셨다. 그러나 그들은 하나님께 불순종했던 것이다. 문제는 압제가 아니라 바알 숭배였다는 것이 분명하다.

제3장
사사 기드온

1. 기드온의 겸손(삿 6:11-16)

일제강점기에 창씨개명을 요구하자, 견디지 못한 사람들이 견분창위(犬糞昌爲), 견분취식(犬糞取食), 강원야원(江原野原)과 같은 이름으로 창씨개명을 했다. 그 뜻은 '견분창위' 나 '견분취식' 은 '개똥이나 쳐먹어라' 는 뜻이고, '강원야원' 은 '될 대로 되라' 는 뜻이다. 암울한 상황에 더한 저항과 분노의 표현이었다. 기드온은 요아스의 아들이었다. 요아스란 '절망' 이란 말이다. 암울한 시대였기에 이름을 '절망' 이라고 불렀는지 모르겠다. 그러나 분명한 것은 기드온은 '절망의 아들로 절망 가운데 살았다' 는 사실이다.

11절. 여호와의 사자가 아비에셀 사람 요아스에게 속한 오브라에 이르러 상수리나무 아래에 앉으니라. 마침 요아스의 아들 기드온이 미디안 사람에게 알리지 아니하려 하여 밀을 포도주 틀에서 타작하더니.

여호와의 사자가 "상수리나무 아래"로 오셨다. 성경적 상징주의에 의하면 지상의 나무는 '하늘로 올라가는 사닥다리'의 상징이다.[1] 즉 하나님께서 사람을 만나신 장소에 대한 상징이다. 이 "여호와의 사자"는 "여호와의 군대 대장"으로도 나타나는데(cf. 수 5:14), 이는 구약에 나타나신 그리스도로 보인다.

물과 은혜는 위에서 아래로 흐르는 법이다. 우리가 먼저 하나님을 찾은 것이 아니라 하나님께서 우리를 찾아와 주셨다. 여호와의 사자가 기드온을 찾아왔다. 이같이 언제나 하나님께서 인간과의 교제 회복에 대한 주도권을 잡고 계신다. "우리가 사랑함은 그가 먼저 우리를 사랑하셨음이라"(요일 4:19). 먼저 사랑해주시고 변함없이 사랑해주시는 하나님의 사랑에 감사하며 살기를 바란다.

이 때, 기드온은 "밀을 포도주 틀에서 타작"하고 있었다. 왜냐하면 미디안 족속에게 들키지 않기 위함이었다. 그런데 밀과 포도주는 성경에서 중요한 의미가 있는 것이다. 포도주와 떡은 왕들의 음식이다. 가나안의 참된 왕으로써 아브라함을 경배하기 위하여, 멜기세덱이 아브라함에게 준 것이 떡과 포도주였다(창 14:18). 그리고 창세기 40장에 바로의 '술 맡은 관원'과 '떡 맡은 관원'이 등장한다. 이 주제에 대한 신약의 성취는 당신의 백성들에게 왕의 음식인 '성찬의 떡과 포도주'를 주시는 더 위대한 멜기세덱이신 그리스도이다.

처음에 기드온은 왕의 음식을 준비하는 자처럼 보인다. 예수 그리스도처럼, 그는 섬기는 왕으로써 다른 사람을 위에 군림하기보다 다른 사람들을 위하여 섬김으로 통치할 것이다(막 10:42-45). 그러나 훗날 기드온은 이러한 처음의 겸손에서 멀어진다. 미디안 족속을 친 후에, 백성들에게 금을 달라고 한다. 그리고 "기드온이 그 금으로 에봇 하나를 만들어 자기의 성읍 오브라에 두었더니, 온 이스

---

1) 바벨탑은 하늘로 가는 위조된 사닥다리이지만, 제단과 돌기둥은 하늘로 가는 사닥다리이다. 이것들은 거룩한 산들의 축소형이고, 거룩한 산은 하늘로 가는 사닥다리이기 때문이다. 족장들 시대에는 제단과 나무가 서로 관련이 있었다. 아브람은 세겜에서 하늘로 가는 사다리인 예배 제단을 쌓았다. 이것은 나무와 관련이 있다(창 12:6, 35:4, 수 24:25, 삿 9:6). 야곱의 환상 가운데 나타난 사닥다리는 참된 것이다. 하나님은 로뎀 나무 아래에서 엘리야를 먹이셨고 거기서 그를 거룩한 산 호렙으로 인도하셨다(왕상 19:4, 5, 7). 그리고 최종적인 참된 사닥다리는 메시야의 십자가 나무일 것이다. Cf. James B. Jordan, 이동수 · 정연해 역『새로운 시각으로 본 성경적 세계관』(서울: 로고스, 2002), pp. 121-135.

라엘이 그것을 음란하게 위하므로, 그것이 기드온과 그의 집에 올무가 되니라" (삿 8:27). 기드온의 집에 올무가 된 것이다.

우리는 변함없이 겸손하게 주님을 섬기며 살아야 하겠다. 우리가 얼마나 하나님께 쓰임 받을 수 있는지 아는가? 겸손한 만큼이다. 우리가 언제까지 하나님께 쓰임 받을 수 있는지 아는가? 겸손할 때까지이다. 그래서 어거스틴은 '기독교는 첫째도 겸손, 둘째도 겸손, 셋째도 겸손' 이라고 했다.

또한 "타작" 하는 것은 알곡과 가라지를 골라내는 것이다. 이는 성경에서 자주 등장하는 심판에 대한 상징이다. 누가복음 3:17에서 세례 요한은 그리스도께서 알곡과 가라지를 구별하기 위하여 세상을 키질할 것이라고 했다. 하나님께서는 바알 숭배 때문에 이스라엘을 심판하며 타작하실 것이다. 하나님의 종으로, 기드온은 이스라엘을 타작해야 할 것이다. 사실 하나님께서 그에게 행하게 하신 첫 번째 일은 그의 집을 타작하는 것이었다.

이 주제와 관련하여, 성전이 아리우나의 타작마당에 세워졌다는 것은 흥미로운 일이다. 이는 하나님의 나라가 어떻게 세워질 것인가에 대한 하나의 예표이다(삼하 24:18이하). 하나님의 나라는 알곡과 가라지가 함께 자라지만, 마지막 날에 심판하며 알곡과 가라지를 구분해 낼 것이다. 이 세상에서 가라지같은 자들이 더 기승을 부리고 머리를 쳐들고 영광을 누리지만, 마지막 심판을 바라보며 참고 인내하기를 바란다.

12절. 여호와의 사자가 기드온에게 나타나 이르되, 큰 용사여 여호와께서 너와 함께 계시도다 하매,

하나님께서는 기드온에게 "큰 용사여 여호와께서 너와 함께 계시도다" 라고 임마누엘의 선언과 약속을 주신다. 모든 언약의 가장 기본적인 약속은 하나님이 우리와 함께 하신다는 임마누엘이다. 하나님께서 우리와 함께하시기 때문에, 우리가 하나님의 백성으로 살 수 있게 된 것이다. 기드온도 강력한 용사가 될 수 있는 것이다.

13절. 기드온이 그에게 대답하되, 오 나의 주여 여호와께서 우리와 함께 계시면 어찌하여 이 모든 일이 우리에게 일어났나이까? 또 우리 조상들이 일찍이 우리에게 이르기를, 여호와께서 우리를 애굽에서 올라오게 하신 것이 아니냐 한 그 모든 이적이 어디 있나이까? 이제 여호와께서 우리를 버리사 미디안의 손에 우리를 넘겨 주셨나이다 하니.

이 때 기드온은 "오 나의 주여 여호와께서 우리와 함께 계시면 어찌하여 이 모든 일이 우리에게 일어났나이까?"라고 한다. 이는 하나님께 투정하거나 비난하는 것으로 보인다. 그러나 이는 역설적으로 기드온의 참된 믿음을 보여주고 있는 것이다. 그의 말의 핵심은 하나님이 함께 하시면 이럴 리가 없다는 것이다. "여호와께서 우리를 버리사" 그는 이 모든 재앙들이 여호와께로부터 왔다는 것이다. 기드온은 문제의 본질을 정확하게 꿰뚫어 보고 있었다. 우리가 당하는 모든 일들은 본질적으로 하나님의 허락 하에 된 일들이다. 문제보다 크신 하나님을 바라볼 때, 문제에 대한 답을 발견할 수 있는 것이다.

14절. 여호와께서 그를 향하여 이르시되, 너는 가서 이 너의 힘으로 이스라엘을 미디안의 손에서 구원하라. 내가 너를 보낸 것이 아니냐? 하시니라.

기드온은 애굽에서 구원하신 하나님께서 이제 미디안의 손에 그들을 넘기셨다고 한다. 이는 일종의 죄에 대한 고백인 것이다. 기드온은 먼저 자신의 죄를 고백하며 자신을 심판했다. 그래서 그는 심판을 받지 않을 것이다. "우리가 우리를 살폈으면 판단을 받지 아니하려니와"(고전 11:31). 그래서 여호와께서 그를 "향하여" 돌이키셨다(14절).

그래서 여호와께서는 그에게 두 번째 약속 겸 명령인 "이 너의 힘으로 이스라엘을 미디안의 손에서 구원하라"고 하셨다. 이것은 능력에 대한 약속이다. "이 너의 힘"이란 무엇인가? 이것은 바로 하나님의 힘이다. "내가 너를 보낸 것이 아니냐?" 하나님이 책임지신다는 것이다. 하나님과의 교제로 회복되는 것이 능력이다. 사명자로 살아가는 것이 능력자로 살아가는 것이다. 목숨보다 귀한 사명을 감당하기 위해 발버둥 칠 때 주님은 우리를 도우신다.

> 15-16절. 그러나 기드온이 그에게 대답하되, 오 주여 내가 무엇으로 이스라엘을 구원하리이까? 보소서 나의 집은 므낫세 중에 극히 약하고, 나는 내 아버지 집에서 가장 작은 자니이다 하니, 여호와께서 그에게 이르시되, 내가 반드시 너와 함께 하리니, 네가 미디안 사람 치기를 한 사람을 치듯 하리라. 하시니라.

기드온은 겸손하게 반응하고 있다. 그는 요하스의 가장 작은 아들일 뿐이고, 요하스의 집은 므낫세 중에 극히 약하고, 그리고 므낫세는 유다와 에브라임(창 48장)과 비교하여 열등한 지파라고 말하는 것이다. 사실, 기드온은 부족한 사람일 수 있다. 그러나 하나님은 요아스의 아들, 즉 '절망의 아들' 도 붙잡고 큰 용사로 만드실 수 있는 분이다. 영적인 전쟁은 믿음으로 싸우는 것이다. 기드온이 믿음으로 하나님을 바라볼 때, 그들의 약함은 더 이상 문제가 되지 않았다. 이는 오늘날도 마찬가지이다.

사실 기드온은 소년이 아니라 중년의 나이였을 것이다. 그는 당시에 이미 10대의 아들이 있었다. "그의 맏아들 여델에게 이르되, 일어나 그들을 죽이라 하였으나, 그 소년이 그의 칼을 빼지 못하였으니, 이는 아직 어려서 두려워함이었더라" (삿 8:20). 그러나 그는 하나님 앞에서 겸손한 사람이었다. 자신을 "나는 내 아버지 집에서 가장 작은 자니이다" 라고 소개하는 것이다.

여기에 두 가지 중요한 성경적 주제가 나타난다. 첫째, 아들이 아버지를 대신하고 구속한다는 것이다. 예수님을 '인자' (人子)라고 한다. 이는 단순하게 사람의 아들, 즉 '아담의 아들' 을 의미하는 것이다. 아버지인 아담은 하나님을 대적했고 죄에 빠졌다. 그러나 아들인 예수는 그를 대신하여 둘째 아담이 되었고, 또한 아담 안에서 타락한 자들을 구원하였다. 동일한 주제가 바로 여기 기드온 이야기에서 나타나고 있는데, 기드온의 아버지 요하스는 바알 숭배자이지만, 기드온의 신실함이 그를 구원하는 것이다.

둘째, 큰 자는 배신하여 버려지지만, 작은 자는 택함을 받는다는 것이다. 예수님은 장자인 아담을 대신할 동생이다. 창세기를 통하여, 우리는 장자가 죄에 빠지고 내쫓기는 것을 본다. 가인, 이스마엘, 에서, 야곱의 큰 아들들, 심지어 므낫세까지도 그렇다. 그러나 동생이 형들을 구원하는 것을 본다. 아마 그 이야기의 절정은 요셉의 이야기일 것이다. 특별한 예로, 다윗도 이새의 막내아들이었다(삼상 16:11).

그런데 젊은이들이 빠지기 쉬운 유혹은 자신을 과대평가하는 것이다. 그 자신에 대하여 품어야할 이상의 생각에 빠지는 것이다. 자신의 몫이 아님에도 젊은 혈기로 욕심을 낸다. 이것이 노아의 아들인 '함' 이 저지른 죄의 본질이었다. 노아가 술에 취해 쓰러져 있을 때, 함은 그런 아비에게 실망하고 조롱하기보다, 아비의 허물을 가려줄 수 있어야 했다. 그러나 기드온은 겸손했던 것이다.

여호와께서는 기드온의 겸손에 대하여 세 번째 약속, 즉 승리에 대한 약속으로 보답해 주신다. "내가 반드시 너와 함께 하리니, 네가 미디안 사람 치기를 한 사람을 치듯 하리라"(16절). 하나님께서 그와 함께하시기 때문에, 미디안에 대한 그의 승리는 당연한 것이다.

1983년 3월에 한 목사님이 마흔 줄에 개척교회를 시작했다. '넉넉해져서 휘청대는 한국교회가 이래선 안 된다' 는 거룩한 불만을 갖고 개척교회를 시작했다. '오직 선교에 힘쓰는 교회' 라고 교회의 색깔을 분명히 했다. 그 교회는 단돈 십원도 자기들끼리 먹고 즐기는데 사용하지 않았다. 교회표어도 "하나님의 돈으로 군것질하지 말자!" 라고 했다. 제직회를 해도 사탕하나 없었다. 교인들 자녀 결혼식에 성경 한권이 선물의 전부였다. 그러는 가운데 놀라운 역사가 일어났다. 2010년도에 397명이 넘는 선교사를 파송했다. 한 교회에서 파송한 선교사가 웬만한 교단 전체 선교사 숫자보다 많았던 것이다. 하나님을 향한 거룩한 불만은 이런 놀라운 역사를 나타낸다. 하나님께서는 이런 불만은 기꺼이 받아 주시는 것이다.

말씀을 정리하겠다. 기드온은 절망의 아들로 가슴 졸이며 살아야 했었다. 신명나야할 추수의 순간에도 포도주 틀에서 곡식의 알갱이를 떼어내며 '이게 아닌데' 라고 고민해야 했다. 하나님이 함께 하시면 이럴 수 없다고 생각한 것이다. 하나님은 이런 기드온을 찾아주신 것이다. 문제의식을 가지고 기도하며 준비하는 사람을 하나님은 찾아주신다. 문제 속에 답이 있는 것이다. 거룩한 고민을 하는 사람들이 이 시대의 문제를 풀 하나님의 답인 것이다.

2. 여호와 샬롬(삿 6:17-24)

'절망의 아들' 로 살았던 기드온에게 하나님께서 찾아오신다. '하나님께서 함께 하시면 이럴 리가 없다' 고, 자신들의 죄 때문에 하나님께서 떠나셨다고 죄를 고백하는 기드온에게 하나님께서는 '미디안 족속을 치라' 는 사명을 주신다. 그러자 기드온은 그에게 주가 되시는 표징을 보여 달라고 요청한다.

17절. 기드온이 그에게 대답하되, 만일 내가 주께 은혜를 얻었사오면 나와 말씀하신 이가 주 되시는 표징을 내게 보이소서.

먼저 생각해보자. 우리가 하나님을 시험해도 되는 것인가? 예수님께서 말씀하신다. 마태복음 4:7 "예수께서 이르시되, 또 기록되었으되, 주 너의 하나님을 시험하지 말라 하였느니라." 이는 신명기 6:16의 "너희가 맛사에서 시험한 것 같이 너희의 하나님 여호와를 시험하지 말고"라는 말씀을 인용한 것이다. 출애굽하자마자 이스라엘 백성들은 호렙산 근처 르비딤에서 마실 물의 고갈로 모세를 원망한 적이 있다(출 17:1-17). 이때 하나님은 반석에서 생수가 터지도록 해 주셨다.

하나님을 시험해선 안 된다. 초대교회에 성령을 시험하다가 죽은 아나니아와 삽비라도 있었다. 사도행전 5:9 "베드로가 이르되 너희가 어찌 함께 꾀하여 주의 영을 시험하려 하느냐? 보라 네 남편을 장사하고 오는 사람들의 발이 문 앞에 이르렀으니 또 너를 메어 내가리라 하니." 바울은 우상숭배와 음행 등의 사건들을 염두에 두고 경고한다. 고린도전서 10:9 "그들 가운데 어떤 사람들이 주를 시험하다가 뱀에게 멸망하였나니 우리는 그들과 같이 시험하지 말자."

그럼에도 불구하고 하나님께서 기드온이 시험하는 것을 허락하신 이유는 무엇 때문인가? 이것은 기드온의 믿음의 수준을 인정하신 것이다. 하나님께서는 우리 각 사람의 수준과 처지와 형편을 알고 계신다. 우리의 연약함을 아시고, 우리를 용납하시는 것이다. 여기에 놀라운 하나님의 은혜가 있다.

한 학생이 '자신에게 실망하면 어떻게 해야 하느냐?' 고 물었다. 그래서 '나 자신마저 나를 용서하지 못하고, 내 편이 되지 못하면, 누가 내 편이 되어줄 수 있겠느냐?' 고 되물었다. 자신을 사랑하고, 자신의 있는 모습 그대로를 받아들이는 것이 필요할 것이다. 주님은 우리에게 실망하지 않으신다. 지금 있는 모습을 그대로 수용하고 나면, 비로소 앞으로 어떻게 해야 할지가 보일 것이다.

하나님께서 표징을 요구하는 기드온의 요구를 승낙하시는데, 이는 그것이 불신앙이 아니라 약한 믿음이었기 때문이다. 마치 "주여, 내가 믿나이다. 나의 믿음 없음을 도우소서" 라고 기도한 것이 그의 기도였던 것이다(막 9:24). 연약한 모습 그대로를 인정하자. 그리고 주님의 도우심을 구하자.

18절. 내가 예물을 가지고 다시 주께로 와서 그것을 주 앞에 드리기까지 이 곳을 떠나지 말기를 원하나이다. 하니, 그가 이르되 내가 너 돌아올 때까지 머무르리라. 하니라.

기드온은 예물을 드리겠다고 했다. 여기에서 우리는 기드온이 단순히 징조만을 원한 것이 아니었음을 알아야 한다. 기드온의 예물은 함께 식사하는 것이었다. 보통 식사는 가족이나 친구들과 한다. 가족의 다른 이름이 '식구' (食口)이다. 한솥밥을 먹는 사람이란 의미이다. 그래서 '무엇을 먹느냐?' 하는 것보다 '누구와 먹느냐?' 가 중요한 것이다. 식사하는 것은 사회적인 행동이다. 기드온은 만약 하나님과 함께 식사할 수 있다면, 이미 하나님과의 교제가 회복되었다는 것을 알고 있었던 것이다.

한편, 성경에서 '식사' 는 친밀한 교제 이상의 의미가 있다. 누군가와 소금과 곡식을 나누는 것은 그와 '언약관계' 속에 들어가는 것이다. 이것은 주의 만찬의 의미의 일부이기도 하다.

특히 성경에서 '소금' 을 치는 것은 '언약행위' 이다. "네 모든 소제물에 소금을 치라. 네 하나님의 언약의 소금을 네 소제에 빼지 못할지니, 네 모든 예물에 소금을 드릴지니라"(레 2:13). 소금은 제물에서 반드시 들어가야 하는 것이다. 그래서 성경에는 '소금언약' 이란 표현이 등장한다(민 18:19; 대하 13:5). 특히 소금을 치는 것은 화목제와 연관이 있는 것이다. 그래서 신약성경에서도 "소금은 좋은 것이로되, 만일 소금이 그 맛을 잃으면 무엇으로 이를 짜게 하리요. 너희 속에 소금을 두고 서로 화목하라. 하시니라"고 말씀하는 것이다(막 9:50).

기드온이 드린 예물은 하나님과 관계의 회복, 즉 새로운 언약의 체결을 의미하는 것이다. 이제 기드온은 하나님께 화목 제사를 지내며 화목하게 된 것이다.

19절. 기드온이 가서 염소 새끼 하나를 준비하고, 가루 한 에바로 무교병을 만들고, 고기를 소쿠리에 담고 국을 양푼에 담아 상수리나무 아래 그에게로 가져다가 드리매,

기드온은 최선을 다해 하나님과의 식사를 준비한다. 밀가루 "한 에바"는 결코 적은 양이 아니다. 왜냐하면 한 에바는 한사람이 들 수 있는 커다란 그릇인데, 약 22리터 정도이다(스 5:7). 기드온은 엄청나게 많은 빵을 만든 것이다. 아마 기드온이 그렇게 많은 빵을 만들기란 쉽지 않았을 것이다. 포도주 틀에서 타작하는 밀가루의 양이 많지 않았을 것이기 때문이다. 그러므로 기드온의 예물은 매우 넉넉한 것이었다.

또한 기드온은 "무교병"을 만들었는데, 이것은 출애굽의 빵이었다. 애굽의 옛 누룩을 하나님의 약속의 새로운 땅으로 가져오지 않고, 이스라엘 백성들이 새로운 누룩을 사용한 것처럼, 기드온은 옛 죄된 누룩을 사용하지 않고 겸손의 빵에 성령의 새로운 누룩을 넣어서 하나님께 드리려했던 것이다.

그는 또한 "염소 새끼"를 준비했다. 이 염소 새끼 한 마리는 7년 동안의 미디안에 학정 가운데 매우 귀한 것이었을 것이다. 디디안 족속들이 "양이나 소나 나귀도 남기지" 아니하였기 때문이다(삿 6:4). 이같이 기드온은 최선을 다해 예물을 드렸던 것이다.

20절. 하나님의 사자가 그에게 이르되, 고기와 무교병을 가져다가 이 바위 위에 놓고 국을 부으라 하니, 기드온이 그대로 하니라.

기드온이 준비한 예물은 세 부분, 음료(국)와 빵과 고기로 되어 있다. 이는 모세 율법에서 화목제와 일치하는 것이다. 우리가 기드온 이야기에서 이 부분을 바로 이해하기 위하여, 우리는 화목제에 대하여 어느 정도 알아야만 할 것이다. 기본적으로 화목제 음식은 제물을 가지고 온 사람과 제사장과 여호와 사이에 나누어진다.

화목제 식사의 특징들은 다음과 같다. 1) 제물을 가져온 사람은 희생제물의 일부를 먹는다(레 7:15-17). 2) 고기의 일부는 여호와께 돌려지는데, 여호와께서는 그것을 다시 제사장이 먹도록 하신다(레 7:28-34; 10:14; 21:22). 3) 기름과 특정 내장들은 불에 태워지고 연기가 되는데, 이는 여호와를 위한 음식이다(레 3:11, 16; 22:25). 4)무교병은 여호와를 위한 음식으로 불살라지고, 한편 누룩이 든 떡은 제사를 드리는 사람과 제사장이 먹는다(레 7:11-14). 5) 포도주는 하나님께서 마시도록 부어지는데, 또한 참여자들도 포도주를 마신다(민 15:1-10). 6) 화목제물의 어떤 예들은 창세기 18:1-8; 31:54, 출애굽기 18:12; 24:1-11에서 발견되어지는데, 유월절은 이 화목제물의 변형이었다.

다듬어지지 않은 "바위"는 임시적인 제단을 이루었고(출 20:25), 여호와께서는 기드온에게 여호와께서 마시도록 국을 쏟아 붓도록 명령하셨다. 그리고 고기와 무교병을 지팡이로 대셨는데, 이는 심판을 하는 것이고, 모든 것이 불 가운데 사라진 것은 하나님께서 제물을 받으셨다는 것을 보여주는 것이다. 이렇게 하나님께서 제물을 받으심으로 하나님의 백성들과 교제가 회복된 것이다.

21절. 여호와의 사자가 손에 잡은 지팡이 끝을 내밀어 고기와 무교병에 대니, 불이 바위에서 나와 고기와 무교병을 살랐고, 여호와의 사자는 떠나서 보이지 아니한지라.

하나님께서는 화목제물을 받으셨음만 보여주지 않고, 기드온에게 중요한 교훈을 주셨다. 자, 보라. 고기와 무교병과 국을 반석에 쏟았다. 그리고 "지팡이 끝을 내밀어 고기와 무교병에 대니" 어떤 일이 일어났는가? 제물을 지팡이로 가리킬 때, 지팡이를 제물에 대었을 때, 우리가 기대하는 일은 무엇인가? 지팡이에서 불이 나와 제물을 불태울 것을 기대할 것이다.

자세히 보라. 지팡이에서 불이 나왔는가? 반석에서 불이 나왔는가? 하나님의 사자의 손에 들린 지팡이에서 불이 나와야 하는 상황이다. 그런데 불은 반석에서 나왔다. 여기에 무슨 메시지가 있을까? 하나님께서 기드온에게 무엇을 보여주고 싶어 하시는가? 하나님의 능력이란 하나님의 손에 들린 지팡이에 있지 않고 하나님께 있다는 사실을 보여 주고 싶으신 것이다.

우리는 쉽게 착각한다. 하나님께서는 특별한 사람들만 쓰신다. 아무나 주의 일을 하는 것이 아니다. 그러나 이런 생각 뒤에는 자신의 열등감도 작용하겠지만, 한편 하나님의 능력을 믿지 못하는 불신앙도 있는 것이다. 심지어 나는 하나님의 일을 하는데 부적합하다는 도피와 변명 같은 자기 합리화도 있을 수 있는 것이다.

그러나 불은 지팡이에서 나오는 것이 아니다. 반석에서 나오는 것이다. 하나님께 나오는 것이다. 지팡이는 아무 힘이 없다. 그저 들려있을 뿐이다. 우리가 하나님의 일을 할 때, 우리는 부르신 하나님께 순종하여 붙잡혀있기만 하면 되는 것이다. 우리가 성령보다 앞서고, 우리가 나서고, 우리가 책임질 일은 하나도 없는 것이다. 그저 주님의 손에 붙잡혀있기만 하면 되는 것이다.

이러한 사실을 가장 잘 보여준 예가 '300 용사'를 선별하는 과정일 것이다. 기드온이 전쟁을 일으키자 32,000명이 그 뒤를 따랐다. 어마어마한 숫자이다. 전쟁에서 숫자는 곧 힘이다. 그러나 하나님께서 이 숫자를 줄이셨다. 사사기 7:2 "여호와께서 기드온에게 이르시되, 너를 따르는 백성이 너무 많은즉, 내가 그들의 손에 미디안 사람을 넘겨주지 아니하리니, 이는 이스라엘이 나를 거슬러 스스로 자랑하기를 내 손이 나를 구원하였다. 할까 함이니라." 숫자를 줄이신 이유는 이스라엘이 자기 힘으로 전쟁을 이겼다고 착각할 것을 막기 위함이다. 그래서 다시 숫자를 줄이셨다. 사사기 7:7 "여호와께서 기드온에게 이르시되, 내가 이 물을 핥아 먹은 삼백 명으로 너희를 구원하며, 미디안을 네 손에 넘겨주리니,

남은 백성은 각각 자기의 처소로 돌아갈 것이니라 하시니." 물먹는 자세가 문제가 아니었다. 하나님께서는 적은 숫자를 만드신 것이다.

그리고 도저히 납득이 안가는 작전을 쓰도록 하셨다. 나팔과 횃불을 사용하도록 하신 것이다. 결국 이스라엘이 이긴 이유는 숫자가 많아서도 아니고, 전술이 훌륭해서도 아니다. 하나님의 능력이 함께 해주셨기 때문이다.

이것은 오늘날에도 진리이다. 우리가 승리하는 삶을 살 수 있는 비결은 하나님께서 함께 해주시는 것 밖에 달리 방법이 없다. 하나님의 능력이 함께 하시는 것 밖에 없다. 우리는 지팡이일 뿐이다. 지팡이에서 불이 나오는 것이 아니다. 반석에서 불이 나오는 것이다. 하나님께 불이 나오는 것이다. 하나님의 손에 들려 있으면 되는 것이다. 이러한 사실을 믿기 바란다.

22-24절. 기드온이 그가 여호와의 사자인 줄을 알고 이르되, 슬프도소이다. 주 여호와여 내가 여호와의 사자를 대면하여 보았나이다. 하니, 여호와께서 그에게 이르시되, 너는 안심하라. 두려워하지 말라. 죽지 아니하리라. 하시니라. 기드온이 여호와를 위하여 거기서 제단을 쌓고, 그것을 여호와 살롬이라 하였더라. 그것이 오늘까지 아비에셀 사람에게 속한 오브라에 있더라.

하나님께서 모세에게 말씀하셨다. "네가 내 얼굴을 보지 못하리니 나를 보고 살 자가 없음이니라"(출 33:20). 기드온은 이제 자신과 이야기하고 있는 분이 누구인지를 알았다. 그래서 죽을까봐 두려움에 떨었다. 그러자 하나님께서 평화를 약속하시며 그를 안심시키셨다. 여기에서 우리는 이것이 화목제사의 변형이었다는 것을 완전히 알 수 있다. 기드온은 죽지 않을 것이다. 왜냐하면 불태워진 제물이 그를 대신했기 때문이다. 화목제사는 단순한 식사가 아니라, 하나의 제사였다. 그래서 "여호와 살롬" 평화에 대한 약속이 주어진 것이다. 이제 이스라엘은 하나님과 화목하게 되었다. 남은 것은 복을 누리는 것뿐이다. "너는 하나님과 화목하고 평안하라. 그리하면 복이 네게 임하리라"(욥 22:21).

비느하스가 미디안 사람을 찔렀을 때, 하나님께서 그에게 "내가 그에게 내 평화의 언약을 주리니"라고 여호와 샬롬으로 보상하셨다(민 25:12). 기드온은 이제

제2의 비느하스가 된 것이다.

말씀을 정리하겠다. 기드온은 한 에바나 되는 많은 양의 곡식과 귀중한 새끼 염소 한 마리를 통째로 드렸다. 이스라엘이 굶주리고 있을 그 당시, 이 거룩한 낭비는 일을 더 나쁘게 만드는 것처럼 보였다. 게다가 다음에 하나님께서는 기드온에게 그 땅에 겨우 남겨진 몇 마리 안 되는 황소 가운데 하나를 죽이라고 말씀하실 것이다. 그러나 구원은 곧 이를 것이고, 기드온은 온 이스라엘에게 여호와 샬롬의 축복을 가져온 것이다. 우리들의 헌신과 희생으로 이 땅에 여호와 샬롬의 축복이 있기를 바란다.

3. 먼저 할 일(삿 6:25-35)

덴마크가 독일과의 전쟁에서 패해서 막대한 전쟁배상금을 물고 풍요로운 곡창지대를 빼앗기고 산악지대의 험하고 황폐한 땅만 갖게 되었을 때, 덴마크의 젊은이들은 전쟁에서 돌아와 희망을 잃고 술로 세월을 보내고 있었다. 그때 덴마크의 그룬투비 목사는 '밖에서 잃은 것을 안에서 찾자' 며 부흥과 개혁 운동을 일으켰다. 그 결과 덴마크는 오늘날 지상 최고의 복지국가가 되었다. 우리도 바깥보다 안에서 답을 찾아야 한다.

기드온은 외부의 침략자들을 쫓아내기 전에, 이스라엘은 내부의 부패와 죄를 청산해야 했다. 먼저 회개하고 바알숭배에서 돌아서야만 했던 것이다. 그러므로 기드온의 첫 번째 전투는 바알의 대항한 것이다.

25절. 그 날 밤에 여호와께서 기드온에게 이르시되, 네 아버지에게 있는 수소 곧 칠 년 된 둘째 수소를 끌어 오고, 네 아버지에게 있는 바알의 제단을 헐며 그 곁의 아세라 상을 찍고,

"그 날 밤에" 하나님의 명령은 밤에 주어졌다 하나님께서 밤에 나타나심은 영광이 다가올 것에 대한 상징이다. 첫 창조에서, 먼저 밤이 왔고, 그 후에 아침

이 되었다. 옛 언약에서 하나님의 계시는 종종 밤에 주어졌다. 예를 들어, 창세기 15장에서 "해질 때에" 아브라함에게 계시가 임한 것을 본다. 사실 스가랴 1-6장은 밤이 지나고 아침을 향하여 가는 것처럼, 어둠 후에 점점 밝아지는 환상의 연속들이다. 물론, 니고데모도 의의 태양이신 예수 그리스도를 보기 위하여 밤에 왔었다(요 3장; 말 4:2).

"네 아버지에게 있는 바알의 제단을 헐며 그 곁의 아세라 상을 찍고"라고 되어 있다. 하나님의 명령은 먼저 기드온의 가정과 고향에서부터 실천되어야 했다. 하나님께서는 바알을 향한 직접적인 공격을 명령하셨다. 바알의 제단과 아세라 상은 반드시 무너져야했고, 그 자리에 하나님의 제단이 세워져야만 했다. 바알의 제단이 요아스에게 속했다는 사실은 기드온이 바알을 숭배하는 집안에서 성장했다는 것을 의미하고 있다. 아마 말로는 여호와를 섬겼을지라도, 기드온의 집안은 바알과 아세라를 섬기는 집안이었던 것이다.

우리들의 가정은 어떠한가? 입술로는 하나님을 섬기지만, 실제로 다른 것을 섬기고 있지는 않는가? 한 아이가 집에 손님들이 몰려오니까, 군용담요를 가지런히 접어서 바닥에 깔았다고 한다. 손님들은 당황했다. 아이는 평소 아빠친구들이 집에 와서 화투를 치자, 칭찬과 용돈을 얻을 생각으로 자리를 깔아준 것이다. 아마 엄마가 심방 온 사람들에게 자랑하기 위하여 아이에게 '자주 보던 책' 가져오라니 성경이 아닌 여성잡지 갖고 온 집도 그 집이 아닐까 싶다.

그러나 우리들의 가정이 어떠하든지 간에 우리들도 하나님께 쓰임 받을 수 있다. 아브라함도 우상 섬기던 집의 아들이었다. 기드온도 바알 숭배자의 집에서 나서 자랐던 것이다. 하나님에 대한 참 믿음을 갖고 있다면 출신과 관계없이 하나님께 쓰임 받을 수 있었다.

26절. 또 이 산성 꼭대기에 네 하나님 여호와를 위하여 규례대로 한 제단을 쌓고, 그 둘째 수소를 잡아 네가 찍은 아세라 나무로 번제를 드릴지니라 하시니라.

요아스와 마을사람들은 천둥과 번개를 내리는 신인 바알과 풍요와 다산의 신인 아세라를 섬기는 것에 의하여 그들이 풍요롭고 번영할 것이라고 생각했을 것이다. 그러나 우상을 섬긴 결과는 빈곤이었다. 만약 그들이 여호와께 돌아온다면, 참으로 생명과 풍요와 번영을 주시는 하나님께서 모든 것들을 바꾸어 주실 것이다. 그리스도 안에 있는 풍요를 누리는 사람들이 되기를 바란다.

한글 성경에 "둘째 수소"라고 잘 번역된 것을 <NASV>는 '두 마리 수소'를 잡은 것으로 되어 있고, <공동번역성서>는 '살진 수소'를 잡은 것으로 번역하는데, 이것은 "둘째 수소"(הַפַּר הַשֵּׁנִי)였다.[2] '둘째' 혹은 '어린' 수소를 잡은 것은 이미 설명한 '작은 자/동생'이 '큰 자/형'을 대신한다는 구속사적 원리를 보여주고 있는 것이다.

그리고 수소가 7년이 되었다는 것은 지난 7년 동안 미디안에 압제 하에 놓여 있었다는 것을 의미한다. 이는 이스라엘의 배교의 7년에 상응하는 것이다. 즉 이스라엘이 7년 동안 압제를 당했다는 것은 이스라엘이 7년 동안 배교했다는 것이다. 이스라엘이 하나님께 돌아왔다면 하나님께서는 벌써 이스라엘을 구원하셨을 것이다. 그러므로 7년의 압제는 7년의 타락을 보여주는 것이다.

그런데 왜 하필 수소를 제물로 삼았을까? 레위기에서 국가적 죄를 속죄하기 위해서 수소를 제물로 드려야했다. "만일 이스라엘 온 회중이 여호와의 계명 중 하나라도 부지중에 범하여 허물이 있으나 스스로 깨닫지 못하다가, 그 범한 죄를 깨달으면 회중은 수송아지를 속죄제로 드릴지니, 그것을 회막 앞으로 끌어다가, 회중의 장로들이 여호와 앞에서 그 수송아지 머리에 안수하고 그것을 여호와 앞에서 잡을 것이요"(레 4:13-15).

이 7년 된 수소는 이스라엘의 범죄에 대한 완전한 한 주간을 구속했다. 그것은 오염된 첫 번째 주간을 깨끗하게 했고, 그래서 여덟째 날의 부활을 가능하게 했던 것이다. 사실, 바알을 파괴하고 제물로 드려진 이 수소는 "산성 꼭대기"에서 드려졌는데, 이는 골고다 언덕 위의 십자가에서 죽으신 그리스도를 예표하고 있는 것으로 보인다. 우리는 예수님의 이 골고다 언덕의 십자가를 통해 구원을 받은 것이다.

2) 여기에 쓰인 שֵׁנִי(shênîy)의 BDB 사전의 정의는 '둘째, 거듭, 다른 것'이라는 뜻이다.

27절. 이에 기드온이 종 열 사람을 데리고, 여호와께서 그에게 말씀하신 대로 행하되, 그의 아버지의 가문과 그 성읍 사람들을 두려워하므로 이 일을 감히 낮에 행하지 못하고 밤에 행하니라.

기드온은 하나님께 순종했다. 그러나 두려움 때문에 그는 밤에 그것을 행했다. 만약 그가 대담하게 낮에 했다면, 아마도 사람들에게 제지를 당했을 것이다. 한편 기드온을 도운 열 명의 사람들이 있었으나, 그 사람들에 의하여 비밀은 지켜지지 않았다. 그래서 온 마을 사람들은 기드온이 자신들의 바알 제단을 쪼갰다는 것을 알게 되었다. 결과적으로 하나님께서는 우리의 연약함조차 합력하여 선을 이루도록 하시는 것이다.

28-32절. 그 성읍 사람들이 아침에 일찍이 일어나 본즉, 바알의 제단이 파괴되었으며, 그 곁의 아세라가 찍혔고, 새로 쌓은 제단 위에 그 둘째 수소를 드렸는지라. 서로 물어 이르되, 이것이 누구의 소행인가? 하고, 그들이 캐어 물은 후에 이르되, 요아스의 아들 기드온이 이를 행하였도다 하고, 성읍 사람들이 요아스에게 이르되, 네 아들을 끌어내라. 그는 당연히 죽을지니 이는 바알의 제단을 파괴하고 그 곁의 아세라를 찍었음이니라 하니. 요아스가 자기를 둘러선 모든 자에게 이르되, 너희가 바알을 위하여 다투느냐? 너희가 바알을 구원하겠느냐? 그를 위하여 다투는 자는 아침까지 죽임을 당하리라. 바알이 과연 신일진대 그의 제단을 파괴하였은즉 그가 자신을 위해 다툴 것이니라 하니라. 그 날에 기드온을 여룹바알이라 불렀으니 이는 그가 바알의 제단을 파괴하였으므로 바알이 그와 더불어 다툴 것이라 함이었더라.

요아스는 명목상 하나님의 백성이었으나, 실제로는 바알 숭배자였다. 그런데 본문에서 요아스가 자신의 아들을 두둔하고 변론하고 있다. 이것만으로도 이는 하나님의 은혜를 보여주는 놀라운 일이었다. 사람들은 기드온을 죽이도록 내놓으라고 했으나, 요아스는 그들에게 바알이 신이라면, 그 스스로를 지킬 수 있어야 한다고 했던 것이다.

31절은 난해구절이다. "그를 위하여 다투는 자는 아침까지 죽임을 당하리라"는 말씀은 무슨 의미인가? 바알을 위하여 싸우는 자는 아침에 죽을 것이란 말로 보인다. 그러나 요아스는 이렇게 말하는 것이다. "바알이 자신을 변호하기 위하여 너희들이 필요하겠느냐? 바알이 자신을 구원하기 위하여 너희들이 필요하겠느냐? 바알을 위하여 싸우려고 하는 사람들아, 내 말을 들어봐라. 누가 바알을 공격했다면, 그는 내일 아침에 죽은 채로 발견될 것이다. 바알 스스로 24시간 안에 복수하게 하자. 만약 바알이 신이라면, 스스로 싸우게 하자." 물론 무능한 바알은 기드온에게 복수를 할 수 없었다. 하나님께서 기드온을 보호하셨다.

기드온의 별명인 "여룹바알"은 '바알과 싸우는 자'이다. 사람들이 기드온을 여룹바알이라고 부를 때마다 기드온이 바알의 제단을 부순 것을 계속 생각하도록 했을 것이다. 기드온이 먼저 바알과 싸웠고, 바알과의 싸움에 승리했기에 이후에 미디안 족속들과의 싸움에서도 승리할 수 있었던 것이다. 한국교회는 세계선교를 꿈꾸기에 앞서, 먼저 우리의 가정과 교회 공동체에 버티고 있는 우리들의 바알을 파괴해야 한다. 십자가 없는 면류관, 고난 없는 영광, 번영과 성공주의에 빠져 있지 않는지 살펴볼 수 있기를 바란다.

33-35절. 그 때에 미디안과 아말렉과 동방 사람들이 다 함께 모여 요단강을 건너와서 이스르엘 골짜기에 진을 친지라. 여호와의 영이 기드온에게 임하시니, 기드온이 나팔을 불매, 아비에셀이 그의 뒤를 따라 부름을 받으니라. 기드온이 또 사자들을 온 므낫세에 두루 보내매, 그들도 모여서 그를 따르고, 또 사자들을 아셀과 스불론과 납달리에 보내매, 그 무리도 올라와 그를 영접하더라.

세 부류의 유목민들이 이스라엘을 약탈하기 위하여 몰려왔다. 이스라엘은 다시 한 번 커다란 국가적 위기의 순간을 맞게 된다. 그러나 하나님께서는 그런 위기의 순간에 역사하신다.

"여호와의 영이 기드온에게 임하시니"라고 되어 있다. 기드온에게 성령의 기름부음이 나타나는 것이다. 기드온은 기름 부음 받은 자인 메시야적 존재가 되는 것이다.하나님은 인간의 구속을 위해서 필요한 우선적인 일들을 끝내셨다. 그 우선적인 일은 바로 죄를 속죄하고, 원수를 결정적으로 파괴하는 것이다. 기드온이 수소를 드림으로 이스라엘의 죄는 용서되었고, 기드온에 의해 바알은 박살이 났다. 이제 남은 것은 바알숭배자들을 소탕하는 것이다. 이러한 순서는 신약에서 분명하게 나타난다. 그리스도께서 십자가를 통해 구원을 완성하신 후에, 오순절에 교회에 성령을 보내셔서 교회가 성장하고 사탄의 잔당들을 소탕하게 하신 것이다.

이것은 매우 중요한 원리이다. 교회가 먼저 해야 할 일은 교회의 원수를 파괴하는 것이 아니고, 자신들의 마음속에 있는 우상들을 파괴하는 것이다. 마음속의 바알이 사라지고 여호와의 제단이 새롭게 되었을 때, 그 원수들은 급속히 멸망할 것이다. 이러한 점에서 기드온이 바알을 파괴할 때, 그 전투는 이미 끝난 것이다. 남아있는 미디안 족속들과의 싸움은 사실 아무 것도 아니었다. 기드온이 그것을 깨닫지 못했을 지라도 가장 힘든 부분은 이미 끝난 것이다.

나팔을 부는 것은 이스라엘을 모으는 방법이었다. 아마 기드온은 나팔을 불면서 두려웠을 것이다. 과연 몇 사람들이나 올 것인가? 적들을 자극해서 더 어려움을 겪지는 않을까? 많은 생각이 머리를 스쳤을 것이다. 그러나 기적이 일어났다. 먼저 그의 고향사람들인 "아비에셀" 사람들이 온 것이다. 선지자가 그의 고향에서 존경을 받지 못한다는 말처럼, 예수님조차 고향에서 존경을 받지 못했다(마 13:54-58). 그러나 어릴 적부터 기드온을 보아왔던 사람들이 이제 그들의 지도자로 기드온을 추종하러 온 것이다. 그들은 얼마 전까지 바알과 아세라 신을 훼파했다고 기드온을 죽이려고 했던 자들이었다. 그러나 이제 기드온의 영적 영향력 아래 놓이게 된다.

바알과 아세라를 무너뜨린 기드온의 결단은 기드온을 지도자로 만들었다. 자기 친척인 "아비에셀" 사람들 뿐 아니라, "므낫세"와 "아셀과 스불론과 납달리" 사람들도 왔다.

우리들의 시야를 밖으로 돌리기 이전에 내면을 관찰할 수 있기를 바란다. 겉을 꾸미기 전에 내면을 충실하게 채우기를 바란다. 아무리 겉이 화려해도 내면이 충실하지 못하면, 영적 공허와 허탈을 견딜 수 없을 것이다. 먼저 내면이 튼튼한 사람들이 되기 바란다. 기드온은 바알과의 싸움에서 승리했기에 미디안 족속들과의 싸움은 별로 문제되지 않았던 것이다. 먼저 영적 전쟁에 승리하면 다른 모든 싸움에 승리하게 될 줄 믿는다.

4. 양털 시험(삿 6:36-40)

근동지방은 강수량은 적은데 기후가 매우 무덥고 건조하기 때문에 농사를 오직 이슬에 의존해야 한다. 그러므로 성경에서 이슬이 하나님의 축복의 상징으로 쓰이는 것은 당연한 일이었다. 이삭은 야곱에게 축복하길 하늘이 이슬을 내릴 것이라고 했고(창 27:27-29), 에서에게는 이슬이 없을 것이라고 저주했다(창 27:39). 이렇듯 이슬은 축복의 상징이고, 이슬이 없는 것은 저주의 상징이었다. 엘리야는 3년 6개월 동안 이스라엘은 우로가 없을 것이라고 예언했다(왕상 17:1). 즉 비와 함께 이슬이 내리지 않았다. 엘리야에게 이슬이 없음을 하나님의 말씀이 성취되는 증거였다. 기드온은 양털과 이슬로 하나님의 뜻을 알려고 한다. 기드온의 양털 시험을 살펴보자.

> 36-38절. 기드온이 하나님께 여쭈되, 주께서 이미 말씀하심 같이 내 손으로 이스라엘을 구원하시려거든, 보소서 내가 양털 한 뭉치를 타작마당에 두리니, 만일 이슬이 양털에만 있고 주변 땅은 마르면, 주께서 이미 말씀하심 같이 내 손으로 이스라엘을 구원하실 줄을 내가 알겠나이다. 하였더니. 그대로 된지라. 이튿날 기드온이 일찍이 일어나서 양털을 가져다가 그 양털에서 이슬을 짜니 물이 그릇에 가득하더라.

이미 3장에서 바알주의(Baalism)란 자연의 힘을 믿는 것임을 말했다. 이는 우주가 그 자체 안에 생명의 힘을 가지고 있다는 생각이다. 세상이 바알과 아세라라고 불리는 양과 음의 합일의 결과라는 것이다. 그들 가운데는 이신론자들처럼 하나님의 창조를 인정하는 자들도 있다. 이 이신론(理神論)이란 비록 세상을 하나님이 만드셨을지라도 세상은 자연법칙에 의해 돌아간다고 믿는 자들이다.

기드온은 바알주의 가운데 자랐다. 아버지 요아스는 오늘날의 이신론자들처럼, 하나님께서 세상을 창조하셨지만, 세상은 자연의 법칙에 따라 움직인다고 가르쳤을 것이다. 사실, 오늘날 사회 전반적인 분위기는 이런 자연법칙을 존중하는 것이다. 오늘날 세태는 과학적이라고 하면 무조건 머리를 숙인다. TV에서 봤다고 하면 권위를 가진다. 교과서에 나왔다고 하면 절대적 권위를 가진다. 그러나 우리가 절대적인 권위를 두어야 할 것은 과학책이 아니라 성경인줄 믿는다.

바알주의는 자연법칙을 존중하기에, 기적을 믿지 않는다. 기적이 일어나는 것은 자연법칙이 깨지는 것으로 생각한다. 그래서 우주가 스스로 만들어졌다고 믿는 범신론이든, 하나님이 우주를 창조했지만 우주가 자연법칙에 의해 스스로 돌아가도록 하나님이 버려두셨다고 믿는 이신론이든, 바알주의자들은 기적을 믿지 않는다.

그러면 실제 일어나는 기적들을 그들은 어떻게 설명하는가? 그들은 기적적인 현상들도 사실은 우리가 몰랐던 자연법칙의 일부라고 설명한다. 이것을 '우연성의 원리' 라고 한다. 그들은 땅이 이슬로 덮였을 때, 양털이 뽀송뽀송 말랐어도, 우연히 양털이 말랐을 것이라고 주장한다. 그 반대의 경우에도 우연히 그럴 수 있다고 생각한다.

그러나 세상에 우연은 없다. 하나님에 의한 기적이든 사단에 의한 기적이든 기적은 우연히 일어나지 않는다. 모든 기적은 목적과 때가 있다. 더군다나 성경에서 많은 기적들이 미리 예고된 상태에서 일어난다. 애굽에서 열 가지 재앙이 내린 것을 기억해 보라. 열 가지 재앙이 있을 때마다 10번 다 똑같은 패턴이 나타나는데, "여호와께서 모세에게 이르시되" 라고 하나님께서 모세에게 기적을 알리시고 뒤이어 기적이 행해진다(출 7:14; 8:1, 16, 20; 9:1, 8, 13; 10:1, 21; 11:1). 예고 없이 기적이 일어난 적은 없다. 성경에서 기적은 우연히 일어난 일이 아니다. 미리 예고된 대로 일어난 일들이다. 우연이란 것은 미리 예고할 여지가 없다. 우리들에게 일어난 모든 일들에는 하나님의 목적과 하나님의 때가 있음을 믿기 바란다.

39-40절. 기드온이 또 하나님께 여쭈되, 주여 내게 노하지 마옵소서. 내가 이번만 말하리이다. 구하옵나니, 나게 이번만 양털로 시험하게 하소서. 원하건대 양털만 마르고 그 주변 땅에는 다 이슬이 있게 하옵소서. 하였더니, 그 밤에 하나님이 그대로 행하시니, 곧 양털만 마르고, 그 주변 땅에는 다 이슬이 있었더라.

기드온이 처음 시험 후에, 양털이 축축해지고, 주변의 땅이 뽀송뽀송했을 때, 양털이 이슬을 몽땅 흡수했을 것이라고 생각했을 수 있다. 왜냐하면 양털은 원래 흡수력이 강하기 때문이다. 그래서 보다 강력한 둘째 기적을 시험하는 것이 필요했다. 기적을 보면서 기적을 못 믿었기 때문이다. 그래서 하나님은 둘째 기적을 보여주실 것을 허락하셨다. 사실, 기드온에게 기적 자체가 문제가 아니라 믿음 자체가 문제였던 것이다.

우리도 마찬가지이다. 우리는 먼저 기적을 보면 믿겠다고 하지만, 기적을 보고 믿기보다는 믿으니 기적이 보이는 경우가 많다. 의심 많은 도마가 그랬다. "다른 제자들이 그에게 이르되, 우리가 주를 보았노라 하니, 도마가 이르되, 내가 그의 손의 못 자국을 보며, 내 손가락을 그 못 자국에 넣으며, 내 손을 그 옆구리에 넣어 보지 않고는 믿지 아니하겠노라. 하니라"(요 20:25). 그래서 주님께서 말씀하신다. "네 손가락을 이리 내밀어 내 손을 보고, 네 손을 내밀어 내 옆구리에 넣어 보라. 그리하여 믿음 없는 자가 되지 말고 믿는 자가 되라"(요 20:27). 그러자 도마는 대답한다. "나의 주님이시오. 나의 하나님이시니이다"(요 20:28). 도마도 보고 믿은 것이 아니다. 말씀을 듣고 믿은 것이다. 믿음은 하나님의 말씀을 들음에서 난다. 보는 것으로 믿음이 생기는 것은 아니다.

그러면 왜 기드온은 기적을 요구했고, 하나님께서 기적을 보이셨는가? 기드온은 바알주의 가운데 성장했다. 하나님에 대한 기적의 체험도 믿음도 약한 수준의 어린 신앙이었던 것이다. 기드온 뿐 아니라 당시 가나안 땅으로 들어온 이스라엘은 하나님께서 불구름 기둥으로 인도하시고 광야에서 베푸신 놀라운 기적들을 잊고 살았다(삿 2:10). 조상들에게 듣기는 들었지만, 지금은 시대가 달라졌다고 생각했다. 하나님께서 침묵하신다고 생각했다. 그래서 기드온은 하나님께서 지금도 살아계셔서 역사하시는지를 알고 싶었다. 정말 자신을 통해 이스라엘을 구원하실지 알고 싶었다.

기드온은 양털 기적을 통해 하나님은 바알과 다른 분이신 것을 깨달았다. 하나님은 바알처럼 자연법칙에 제한받지 않으신다는 것을 깨달았다. 오히려 하나님은 자연법칙을 초월해서 온 세상을 통치하신다는 것을 깨달았다. 기드온은 하나님께서 그 능력으로 이스라엘을 구원하실 것을 알았다.

그렇다면, 오늘날 우리들도 범사에 기적을 구하며 살아야 하는가? 두 가지 이유에서 우리는 기적보다, 말씀을 읽고 묵상하며 순종하는 말씀중심의 신앙이 소중한 것을 알아야 한다. 첫째, 기적은 성경이 완성되기 이전에 사람들의 믿음을 돕기 위해 주어진 것이다. 그러나 이제 성경이 완성되었고, 우리는 성경 말씀을 통해 굳건한 믿음을 가질 수 있다. 둘째, 오늘날도 기적은 약한 믿음을 가진 자를 돕기 위하여 주어진다. 교회사는 복음이 처음 전파되는 곳에서 놀라운 기적들이 많이 일어남을 증거한다. 그러나 하나님은 사람들이 기적이 아닌 하나님의 말씀을 의지하기를 원하신다(요 20:30-31).

한국교회 초창기에도 숱한 기적들이 있었다. 특히 1900년 소안론 선교사에 의해 개종한 평양깡패 출신 김익두 목사는 얼마나 놀라운 기적들을 많이 행했는지, 당시 그가 행한 이적들을 조사한 <조선예수교 이적명증>이란 책이 나올 정도였다. 물론 오늘날도 믿음이 약한 자들을 위해 하나님은 이적을 베푸신다. 그러나 말씀중심의 성숙한 성도로 자라가는 것이 하나님의 계획이다.

히브리서에서 주님은 이렇게 안타까워하신다. "때가 오래 되었으므로 너희가 마땅히 선생이 되었을 터인데, 너희가 다시 하나님의 말씀의 초보에 대하여 누구에게서 가르침을 받아야 할 처지이니, 단단한 음식은 못 먹고 젖이나 먹어야 할 자가 되었도다"(히 5:12). 이어서 "이는 젖을 먹는 자마다 어린 아이니, 의의 말씀을 경험하지 못한 자요"라고 한다(히 5:13). '의의 말씀'이란 무엇일까? '의에 관한 말씀', '의로워지는 말씀', '믿음으로 의롭다함을 받는 말씀'일 것이다.

그러면, 양털 기적은 어떤 깊은 의미가 없이 단순히 기드온의 약한 믿음을 위해 주어진 것일까? 기드온은 비록 두려워했지만, 바알과 아세라 상을 찍어 화목을 삼고, 수소를 잡아 민족의 죄를 속죄하고, 여호와의 신으로 충만한 자였다.

기적은 그의 약한 믿음을 위해 필요했지만, 왜 하필 양털과 이슬로 시험했을까? 여기에 다음과 같은 중요한 의미가 있다고 믿는다.

첫째, 가장 기본적으로 "양털"은 '이스라엘'을, "주변 땅"은 '주변 나라들'을, 그리고 "이슬"은 '축복'을 상징한다(창 27:28; 신 33:13, 28). 그러므로 하나님께서 이스라엘을 축복하실 때, 하나님은 주변나라들을 마르게 하셨고, 반대로, 이스라엘의 죄 때문에 하나님께서 이스라엘을 마르게 하실 때, 하나님은 주변나라들을 축복하셔서, 그들이 이스라엘을 공격하고 징계하도록 하셨던 것이다.

둘째, 이 "타작마당"은 나중에 성전이 세워진 '하나님의 성소'인 아리우나의 타작마당과의 연관성을 생각할 수 있다. 이 경우에 양은 보편적인 희생제물이었기에 "양털"은 하나님의 '희생제사'를 상징하고, 이 경우에 "타작마당"은 '이스라엘'을 상징하는 것으로 보인다. 양털은 젖고 마당은 말랐을 때, 젖은 양털에서 물/이슬이 가득하게 되었다. 다시 말하면, 마당/이스라엘은 메말랐다. 그러나 하나님의 축복은 양털/하나님의 거룩한 어린양에 의해서 주어진다. 겟세마네 동산에서 땀방울이 핏방울이 되도록, 골고다에서 물과 피를 다 흘리시며, 자신을 쥐어짠 어린양의 사역의 결과로 이슬의 축복이 가득하게 되는 것이다(38절). 어린양/양털의 쥐어짬, 즉 희생제사 때문에 이슬의 축복이 타작마당/이스라엘에 주어질 수 있는 것이다.

셋째, 먼저 '젖은 양털, 마른 마당'은 옛 언약의 모습이다. 그러나 '마른 양털, 젖은 마당'은 새 언약의 모습이다. 왜냐하면 옛 언약에서는 축복이 이스라엘만 있었고, 열방은 메말랐다. 그러나 새 언약에서는 축복이 열방/마당에 있고, 이스라엘/양털은 메마르게 되기 때문이다. 그러므로 새 언약 백성인 우리들은 메마른 세상을 향해 이슬의 축복을 가지고 나아가야 한다. 그래서 미가는 이스라엘의 남은 자들을 열방 가운데 이슬로 비유했다(미 5:7). 하나님의 하늘의 백성들은 죄악 된 세상에 신선함과 새로운 생명을 가져오기 위하여 세상으로 가야 하는 것이다.

넷째, '이슬'은 '세례'로 의미의 확대와 진전이 가능한 것이다. 이슬은 이사야 26:19에서 부활의 상징으로 쓰이고 있다. "주의 죽은 자들은 살아나고, 그들의 시체들은 일어나리이다. 티끌에 누운 자들아 너희는 깨어 노래하라. 주의 이슬은 빛난 이슬이니 땅이 죽은 자들을 내놓으리로다." 땅이 이슬을 내는 것처럼, 또한 이슬은 죽음에서 새로운 생명을 낸다. 이슬은 그리스도의 죽음과 부활로 말미암는 우리의 세례를 떠올리게 하는 것이다. 왜냐하면 이슬은 "중생의 씻음"으로 땅을 새롭게 하는 것이기 때문이다. 우리는 열방의 마른 땅을 이슬의 세례를 베푸는 자들이 되어야하는 것이다.

이러한 세례/이슬의 연관성은 이슬이 제사장의 기름부음과 관련이 있다는 것을 주목할 때, 더욱 확실해진다. 시편 133:2-3에서, 제사장 아론의 머리에 부어지는 '기름' 과 시온 산에 떨어지는 '이슬' 로 비유된다. 산은 전체로서 하나님의 백성들을 상징할 수 있는데(히 12:22-23), 산/제사장의 이슬세례는 산/백성의 세례를 확장하는 것이다.[3]

말**씀을 맺겠다.** 양털 시험은 기적을 경험하지 못한 기드온의 약한 믿음을 위해 필요했다. 게다가 양털 시험은 하나님의 백성들이 어린양의 축복으로 세상을 정복해가야 한다는 사실을 상징적으로 보여주고 있다. 하나님의 말씀을 의지하고 말씀을 통해 세상을 섬기는 사람들이 되길 바란다.

5. 전쟁 준비(삿 7:1-18)

기드온의 승리는 어느 날 갑자기 일어난 것이 아니다. 하나님께서 철저하게 준비하신 것이다. 하나님께서는 기드온에게 무엇을 준비시키셨을까? 우리는 영적 전쟁에 승리하기 위하여 무엇을 준비해야 할까?

1-3절. 여룹바알이라 하는 기드온과 그를 따르는 모든 백성이 일찍이 일어나 하롯 샘 곁에 진을 쳤고, 미디안의 진영은 그들의 북쪽이요. 모레 산 앞 골짜기에 있었더라. 여호와께서 기드온에게 이르시되, 너

---

3) 다소 생소할 수 있는 이슬과 세례의 연관성은 다음을 참조하라. Cf. 이동수,『구약의 구속사적 연구』(서울: 로고스, 2003), pp. 9-13.

> 를 따르는 백성이 너무 많은즉 내가 그들의 손에 미디안 사람을 넘겨 주지 아니하리니, 이는 이스라엘이 나를 거슬러 스스로 자랑하기를 내 손이 나를 구원하였다 할까 함이니라. 이제 너는 백성의 귀에 외쳐 이르기를, 누구든지 두려워 떠는 자는 길르앗 산을 떠나 돌아가라 하라 하시니, 이에 돌아간 백성이 이만 이천 명이요. 남은 자가 만 명이었더라.

기드온은 '바알과 싸우는 자'를 뜻하는 "여룹바알"이라고 불렸다. 우리의 이름은 무엇인가? 별명은 무엇인가? 진짜 이름은 내가 붙인 이름이 아니라 남이 불러주는 이름이다(행 11:28). 아름다운 이름을 소유하게 되길 바란다.

기드온은 바알과 싸우는 자이다. 전날 밤에 하나님께서 양털 시험으로 확신을 주셔서 기드온은 "여룹바알"이란 이름대로 바알과 진짜 전쟁을 하려고 했다. 그들은 해가 뜨자마자 일찍 일어났다. 사사기에서 해가 뜨는 것은 하나님의 의로운 백성들에게 힘을 주시는 것에 대한 묘사이다. 하나님께서 힘을 주셨고, 이스라엘 사람들이 기드온 주변에 몰려들기 시작하였다. 그러나 그 중에는 두려움으로 온 자들도 있었다. 그저 따라온 자들도 있었다.

그래서 하나님의 첫째 시험은 두려워하는 자들을 돌려보내는 것이다. 이는 하나님의 율법의 말씀대로 순종하는 일이기도 했다. 신명기 20:8 "책임자들은 또 백성에게 말하여 이르기를, 두려워서 마음이 허약한 자가 있느냐? 그는 집으로 돌아갈지니, 그의 형제들의 마음도 그의 마음과 같이 낙심될까 하노라." 기드온은 군사들 가운데 두려워하는 자들은 돌아가도록 했다. 거룩한 전쟁은 두려움 없는 믿음의 사람들이 싸울 수 있는 전쟁이다. 그래서 22,000명의 사람들이 돌아갔고, 그 장소는 "하롯 샘" 즉 '두려움의 샘'이라고 불리게 되었다.

하나님은 두려움에 사로잡힌 다수의 사람보다 확신에 찬 소수의 사람들을 통해 일하신다. 이렇게 소수의 사람들로만 전쟁에 참여하게 하신 이유가 무엇인가? "내 손이 나를 구원하였다 할까 함이니라." 하나님께서는 오직 하나님의 영광이 나타나기를 원하신다. 인간의 힘을 의지하고 자랑하는 것이 아니라, 철저하게 하나님만을 의지하도록 하시는 것이다. 하나님께 쓰임받기를 원하는가? 그럼

작은 일도 철저하게 하나님을 의지하며, 모든 일이 하나님의 은혜임을 고백하며, 항상 하나님의 영광을 나타내며 살기를 바란다.

> 4-8절. 여호와께서 또 기드온에게 이르시되, 백성이 아직도 많으니 그들을 인도하여 물 가로 내려가라. 거기서 내가 너를 위하여 그들을 시험하리라. 내가 누구를 가리켜 네게 이르기를, 이 사람이 너와 함께 가리라 하면, 그는 너와 함께 갈 것이요. 내가 누구를 가리켜 네게 이르기를, 이 사람은 너와 함께 가지 말 것이니라 하면 그는 가지 말 것이니라 하신지라. 이에 백성을 인도하여 물 가에 내려가매, 여호와께서 기드온에게 이르시되, 누구든지 개가 핥는 것 같이 혀로 물을 핥는 자들을 너는 따로 세우고, 또 누구든지 무릎을 꿇고 마시는 자들도 그와 같이 하라 하시더니. 손으로 움켜 입에 대고 핥는 자의 수는 삼백 명이요. 그 외의 백성은 다 무릎을 꿇고 물을 마신지라. 여호와께서 기드온에게 이르시되, 내가 이 물을 핥아 먹은 삼백 명으로 너희를 구원하며 미디안을 네 손에 넘겨주리니, 남은 백성은 각각 자기의 처소로 돌아갈 것이니라 하시니, 이에 백성이 양식과 나팔을 손에 든지라. 기드온이 이스라엘 모든 백성을 각각 그의 장막으로 돌려보내고, 그 삼백 명은 머물게 하니라. 미디안 진영은 그 아래 골짜기 가운데에 있었더라.

하나님의 둘째 시험은 절제하는 자들을 가려내는 것이다. 두려움이 없는 용감한 사람들의 약점은 통제가 안 된다는 것이다. 거룩한 전쟁에 승리하기 위해서는 '한 마음 한 뜻' 이 되어야 했다. 자신의 의와 분노로 싸우는 것이 아니라 명령에 죽고 사는 사람들이 필요했다. 당시 싸우러 온 사람들, 그들 가운데 용감한 자들은 미디안으로 인한 가난과 학대에 고통 받는 자들이었다. 이제 목숨을 걸고 싸우기만 바라는 자들이었다. 그러나 기드온은 이런 사람들을 데리고 전쟁을 할 수 없는 것이다. 전쟁은 지휘관의 명령에 순종할 줄 아는 자들이 할 수 있는 것이다. 훈련소에 가면 제일 먼저 '제식훈련' 을 받는다. 앞으로가, 뒤로가, 우로가, 좌로가... 이 제식훈련의 목적은 명령에 순종하는 군인을 만드는 것이다. 그래서 4절에 "내가 너를 위하여 그들을 시험하리라"고 하시는 것이다.

결국 만 명 가운데 300명만 남았다. 그들은 "무릎을 꿇고 마시는 자들"이 아니라 손으로 물을 떠서 "개가 핥는 것 같이 혀로 물을 핥는 자들"이었다. 그 차이는 무엇인가? 분명한 것은 하나님은 소수의 사람들을 남기기를 원하셨다는 것이다. 뿐만 아니라 더 중요한 이유가 있다고 생각된다. 바로 본능에 대한 통제력이다. 목이 마른 상태에서 여러 사람이 한꺼번에 물을 마시면, 경쟁하게 되고 빨리 마시고자하는 본능으로 정신없이 물을 마시게 된다. 그러나 이렇게 본능대로 사는 자들은 통제가 되지 않다. 명령이 먹히지 않게 된다.

그들은 훈련된 군인들이 아니었다. 만약 기드온이 펼칠 작전을 물먹는 것 하나도 제대로 조절하지 못하는 자들에게 명령했다면, 그들은 다 기드온을 떠났을 것이다. 절제력이 있는 300용사만이 기드온의 명령에 절대적으로 순종하고 따를 수 있었던 것이다. 하나님의 전쟁은 오직 그런 절제할 줄 아는 사람들에 의해서 싸워질 수 있는 것이다. 성령의 열매 가운데 마지막이 '절제'이다(갈 5:23). 지난날 한국교회의 타락한 지도자들은 능력이 없어서가 아니라 절제가 안돼서 무너진 것이다. 사도 베드로는 이렇게 권면한다. "사랑하는 자들아, 거류민과 나그네 같은 너희를 권하노니, 영혼을 거슬러 싸우는 육체의 정욕을 제어하라"(벧전 2:11).

기드온의 군대는 300명이었고 적들은 135,000명이었다. 이것은 450:1의 비율로 적들에게 절대적으로 유리해 보이는 비율이었다. 인간적으로 말해서 불리한 조건이었다. 어쩌면 한 명이 아쉬운 상황이었다. 그러나 하나님께서는 두려워하는 자, 절제하지 못하는 자들을 자신의 장막으로 되돌려 보내신 것이다. 훗날 그들은 첫 번째 기습작전이 있은 후에, 잔당들을 소탕하는 작전에 회집될 것이다. 그러나 하나님의 기습작전을 위해서는 300의 선택된 용사가 필요했던 것이다. 거룩한 전쟁을 위해서는 수(數)가 아니라 질(質)이다. '몇 명이냐'가 아니라 '어떤 사람들이냐'가 중요한 것이다. 두려움 없는 믿음, 충성된 믿음의 사람들이 되길 바란다.

9-11절. 그 밤에 여호와께서 기드온에게 이르시되, 일어나 진영으로

> 내려가라. 내가 그것을 네 손에 넘겨주었느니라. 만일 네가 내려가기를 두려워하거든 네 부하 부라와 함께 그 진영으로 내려가서, 그들이 하는 말을 들으라. 그 후에 네 손이 강하여져서 그 진영으로 내려가리라 하시니, 기드온이 이에 그의 부하 부라와 함께 군대가 있는 진영 근처로 내려간즉, 미디안과 아말렉과 동방의 모든 사람들이 골짜기에 누웠는데 메뚜기의 많은 수와 같고 그들의 낙타의 수가 많아 해변의 모래가 많음 같은지라.

하나님은 이스라엘 백성들의 죄와 반역에도 불구하고, 언제나 그들을 먼저 사랑하신다. 이스라엘 백성들이 회개하도록 선지자를 보내신 분도 바로 하나님이시다(삿 6:8). 기드온을 구원자로 부르시는 분도 바로 하나님이시다(삿 6:11). 바알을 공격하는 일에도 주도권을 잡고 계신 분도 바로 하나님이시다(삿 6:25). 기드온에게 성령으로 덧입게 하신 분도 바로 하나님이시다(삿 6:34). 기드온의 300용사를 세우신 분도 바로 하나님이시다(삿 7:2, 4). 이제 전투를 앞두고 기드온에게 용기를 주시는 분도 바로 하나님이시다. 이것이 하나님의 어린자녀들을 따뜻하게 다루시는 하나님의 사랑이다.

하나님은 기드온에게 미디안 진영으로 가서 하나님께서 어떻게 그들의 승리를 위한 길을 미리 준비하셨는지를 보도록 하신다. 12절 "미디안과 아말렉과 동방의 모든 사람들이 골짜기에 누웠는데, 메뚜기의 많은 수와 같고, 그들의 낙타의 수가 많아 해변의 모래가 많음 같은지라"라는 말씀은 이들이 얼마나 두려움에 대상이었는지를 잘 보여준다. 이렇게 훈련된 용사들이 바닷가의 모래와 같이 많은 것을 보고도 두려워하지 않는 자는 없을 것이다. 사실 기드온도 틀림없이 두려워했을 것이다. 그러나 하나님은 기드온이 그들을 정탐하도록 하신다.

13절. 기드온이 그 곳에 이른즉, 어떤 사람이 그의 친구에게 꿈을 말하여 이르기를, 보라 내가 한 꿈을 꾸었는데, 꿈에 보리떡 한 덩어리가 미디안 진영으로 굴러 들어와 한 장막에 이르러 그것을 쳐서 무너뜨려 위쪽으로 엎으니 그 장막이 쓰러지더라.

정탐을 간 기드온은 뜻밖의 사건을 만나게 된다. 미디안 사람들끼리 이야기하는 것을 엿듣게 되는 것이다. "보리떡"은 이스라엘에서 가난한 자들의 음식이었다. 7년 동안 침입을 받은 결과, 모든 이스라엘 사람들은 가난했었다. 침략자들은 이스라엘 사람들이 먹도록 보리만 남겨두고, 모든 밀을 빼앗아 갔기 때문이다. 그런즉 "보리떡 한 덩어리"는 분명히 '이스라엘'을 상징하고 있는 것이다 (cf. 레 23:10이하; 요 20:22; 행 2장; 고전 10:17). 미디안 진영으로 '보리떡이 굴러 들어간 것'은 곧 '이스라엘이 공격을 개시할 것'이라는 사실을 상징하는 것이다.

그리고 보리떡이 덮쳐서 쓰러뜨린 그 장막은 미디안 군대를 상징하는 것이다. 특히 그것이 '어떤 장막'이 아니라 "한 장막"(הָאֹהֶל)이고, 그것을 직역하면 '그 장막'인데 이것은 그 장막이 '지휘본부'라는 사실을 말하고 있는 것이다. 그 지휘본부는 이스라엘 사람들의 보리떡에 의하여 부서질 것이고, 완전히 뒤집어엎어질 것이다. 사실, 장막이 뒤집어엎어진 채로 있다는 것은 상상하기 힘든 것이지만, 꿈에서는 얼마든지 가능한 일이었다. 이는 분명히 미디안 사람들이 패할 것임을 암시하는 것이다.

> 14-15절. 그의 친구가 대답하여 이르되, 이는 다른 것이 아니라. 이스라엘 사람 요아스의 아들 기드온의 칼이라. 하나님이 미디안과 그 모든 진영을 그의 손에 넘겨 주셨느니라 하더라. 기드온이 그 꿈과 해몽하는 말을 듣고 경배하며, 이스라엘 진영으로 돌아와 이르되, 일어나라 여호와께서 미디안과 그 모든 진영을 너희 손에 넘겨 주셨느니라 하고.

그러나 그 꿈에 대한 해석은 더욱 놀라운 것이다. 꿈을 꾼 그 사람의 친구는 즉시 그 꿈이 기드온의 대한 것이라고 결론을 내린다. 놀랍지 않는가? 이 미디안 사람들을 전에 기드온에 대하여 결코 들어본 적이 없었을 것이다. 그런데 누가 기드온과 그의 아버지의 이름을 알게 했을까? 그들은 분명히 기드온에 대하여 떨고 있었다. 어떻게 이러한 일이 있을 수 있었는가?

이것은 오직 하나님의 주도 하에서 이루어진 것이었다. 여기에서 우리는 이스라엘과 기드온에게 나타난 하나님의 은혜의 다른 측면을 보게 된다. 여기에서 우리는 하나님께서 미디안 족속들의 마음에 두려움을 주신 것을 볼 수 있다. 이제 기드온과 이스라엘은 두려움으로부터 구원을 받았고, 반면 미디안 사람들은 두려움에 빠졌던 것이다. 미디안 군대는 하룻밤 만에 군대를 조직한 신비로운 사람인 기드온에 대한 소문을 들었던 것이다. 이 때문에 그들은 두려움에 사로잡혔다. 인간적으로 말하면, 그들은 놀랄 이유도 크게 문제될 것도 없었다. 이는 그가 135,000명을 이길 수 없을 것이기 때문이다. 그러나 하나님께서 그들에게 두려움을 주신 것이다.

이것이 기드온에게 얼마나 격려가 되었겠는가? 미디안 족속들은 기드온을 하나님의 기름 부으심을 받은 메시야로 알고, 두려워하고 있었다. 그들은 하나님께서 기드온과 함께 하시고, 그들을 대적할 것이라는 것을 알았다. 이제 기드온은 하나님께 감사하며 용기를 내게 된다.

우리는 하나님께서 이미 여러 차례 기드온에게 증거를 보여주시고 확신을 심어 주신 것을 알 수 있다. 반석 위의 고기를 불로 태우심으로 주되심의 표징을 보여주셨고(삿 6:16이하), 성령의 충만함을 주셨다(삿 6:34). 양털 시험으로 두 번씩이나 확신을 주셨고(삿 6:36-40), 많은 동역자들이 그를 따르도록 하셨다(삿 7:1). 미디안 족속과의 전쟁에서 가장 중요한 준비는 기드온을 준비시키는 것이었다. 영적 전쟁에서도 핵심은 사람을 키우는 것이다.

16-18절. 삼백 명을 세 대로 나누어 각 손에 나팔과 빈 항아리를 들리고 항아리 안에는 횃불을 감추게 하고, 그들에게 이르되, 너희는 나만 보고, 내가 하는 대로 하되, 내가 그 진영 근처에 이르러서 내가 하는 대로 너희도 그리하여, 나와 나를 따르는 자가 다 나팔을 불거든, 너희도 모든 진영 주위에서 나팔을 불며 이르기를, 여호와를 위하라. 기드온을 위하라 하라 하니라.

기드온은 여호와께서 그의 원수들을 이스라엘의 손에 넘겨주셨다는 것을 확신하게 되었다. 하나님께서 어떻게 하라고 더 이상 말씀하지 않으셨다. 그래도 그는 무엇을 해야 할지 잘 알고 있었다. 그는 자신의 300명을 "세 대"로 나누었다. 각각의 사람들은 때가 되면 그들의 가슴에 차고 있는 나팔을 불도록 했다.

각각 사람들은 그들의 오른손에는 질그릇 항아리를 가지고, 그들의 왼손에 있는 타오르는 횃불을 그 항아리 속에 넣어두었다.

기드온은 그들에게 "너희는 나만 보고, 내가 하는 대로 하되"라고 한다. 그들은 기드온을 본받도록 했다. 이제 기드온은 이스라엘의 기름부음을 받은 이스라엘의 구원자로서 완전히 준비가 된 것이다. 우리가 궁극적인 구원자 예수 그리스도를 본받아야 하는 것처럼, 그들은 기드온이 행하는 것을 본받아야만 했다. 그들이 적진을 향해 외친 "여호와를 위하라. 기드온을 위하라"는 소리는 중요한 것이다. 여호와의 이름과 함께 기드온의 이름을 부르도록 명령한 것은 자기중심적인 자만 때문이 아니었다. 오히려 기드온은 적군의 꿈과 해석으로부터 그들이 자신의 이름을 두려워 한 사실을 알았다. 그러므로 기드온의 이름을 사용하는 것이 전략상 중요한 것이었던 것이다.

말씀을 정리하겠다. 전쟁에서 가장 필요한 것은 무엇인가? 강력한 군대와 최첨단 무기가 필요할 것이다. 그러나 그 보다 더 필요한 것이 좋은 지도자이다. 우리는 헤라클레스같은 세상의 영웅들의 잘못된 모습에 세뇌되어 있다. 진정한 기독교 영웅은 강력한 능력과 카리스마가 있는 자가 아니다. 주기철 목사님이나 손양원 목사님처럼, 철저하게 주님을 의지하고, 겸손하게 섬기는 자이다. 잘 준비되어 귀하게 쓰임 받는 지도자들이 되길 바란다.

6. 승리의 이유(삿 7:19-25)

우리는 어떤 드러난 현상을 보면 땅에서 그 원인을 찾게 되기 쉽다. 그러나 근원을 찾아 올라가보면 모든 일의 원인은 하늘에 있다. 기드온이 전쟁에서 승리한 원인을 생각해 보겠다. 군사학을 배우는 사관생도들은 기드온의 작전이 게릴라전에서 심리전 지침서에 나타난 것임을 알 수 있다.[4] 인간적으로 말해서,

---

4) 사실, 존스 홉킨스 대학의 교수였던 Paul M. A. Linebarger는 자신의 책, *Psychological Warfare*(New York: Duell, Sloan and Pearce, 1954)에서 이러한 사실들을 잘 설명하고 있다.

그 전투는 단지 심리전에 근거한 승리였다. 그런 측면에서 그 작전의 구성요소들은 다음과 같이 평가되어질 수 있을 것이다.

19절. 기드온과 그와 함께 한 백 명이 이경 초에 진영 근처에 이른즉, 바로 파수꾼들을 교대한 때라. 그들이 나팔을 불며 손에 가졌던 항아리를 부수니라.

첫째, 밤의 "이경 초"는 "파수꾼들을 교대한 때"였다. 이 시간은 이른 아침시간보다 더욱 소리가 잘 들릴 때이다. 미디안 사람들이 갑자기 일어났을 때, 그들은 "나팔"과 "항아리" 깨지는 소리에 정신이 없었을 것이다.

20절. 세 대가 나팔을 불며 항아리를 부수고 왼손에 횃불을 들고 오른손에 나팔을 들어 불며 외쳐 이르되, 여호와와 기드온의 칼이다 하고,

둘째, 보초의 시선은 한 곳에 고정되어 있었을 것이다. 그런데 갑자기 항아리 속에 횃불이 나타난 것이다. 어두움 가운데 갑자기 밝아지자 그들의 눈은 제대로 적응하지 못했을 것이다. 그들은 자신들 앞에 나타난 300개의 횃불을 보고, 300개의 나팔소리를 듣고서는, 이 300명의 용사들은 단지 전선의 앞에 있는 자들이고, 더 많은 적들이 뒤에 있을 것이라고 생각했을 것이다.

게다가 "여호와와 기드온의 칼이다"라는 함성으로 인해 그들은 더욱 두려움에 사로 잡혔을 것이다. 왜냐하면 이미 기드온의 이름은 그의 대한 소문을 들었던 모든 사람들의 마음속에 두려움을 주었기 때문이다.

21-22절. 각기 제자리에 서서 그 진영을 에워싸매, 그 온 진영의 군사들이 뛰고 부르짖으며 도망하였는데, 삼백 명이 나팔을 불 때에, 여호와께서 그 온 진영에서 친구끼리 칼로 치게 하시므로 적군이 도망하여, 스레라의 벧 싯다에 이르고, 또 답밧에 가까운 아벨므홀라의 경계에 이르렀으며,

셋째, 처음 보초에서 돌아온 사람들은 자신들의 장막으로 이동하는 중이었다. 그 때, 함성과 나팔 소리를 듣고 깊은 잠에서 갑자기 깨어난 사람들은 그들이 기습공격을 받았다는 것을 알게 되었다. 그 때, 그들은 자신의 진영으로 돌아오는 무장한 사람들을 보았다. 그러나 그들은 이 사람들이 보초를 마치고 돌아오는 자신의 동료들인 것을 깨닫지 못했다. 결국 그들은 서로를 공격했던 것이다. 게다가 나팔과 함성과 불은 낙타들이 놀라서 도망치게 했고, 그 때문에 낙타에 밟혀 죽은 사람들도 부지기수 있었을 것이다.

그러나 정말 기드온의 작전이 좋아서 승리한 것일까? 우리는 이 작전에 대해 인간적인 측면들만 말해서는 안 될 것이다. 우리는 22절의 "여호와께서 그 온 진영에서 친구끼리 칼로 치게 하시므로 적군이 도망하여"라는 말씀에 주목해야 할 것이다. 여호와께서 하신 일이다. 우리는 어떤 기적이 일어나는 것을 볼 때, 그 기적 자체나 그러한 기적을 행한 사람을 보기 쉽다. 그러나 그 기적보다 크신 하나님, 그 기적을 일으킨 사람보다 크신 하나님을 보아야 할 것이다.

기드온에 의해 사용되어진 것들은 사실 시내산에 나타난 하나님의 영광-구름의 이미지이다. "셋째 날 아침에 우레와 번개와 빽빽한 구름이 산 위에 있고, 나팔 소리가 매우 크게 들리니, 진중에 있는 모든 백성이 다 떨더라"(출 19:16). 영광-구름은 하나님의 병거-보좌 주변에 있었고, 하나님의 군대를 이루고 있었다. 우리는 계시록에서 그 구름을 다시 보게 된다(계 10:1; 14:14, 15 등). 그 구름이 나타났을 때, 일반적으로 빛, 나팔소리, 군중들의 함성 같은 현상들이 동반되어진다. 이 모든 요소들이 지금 여기에 나타난 것이다. 즉 기드온의 인간 군대는 여호와의 하늘 군대를 형상화하고 있는 것이다.

또한 기드온의 군대가 잠든 적의 군대를 향해서 항아리를 깨고, 횃불을 높이 들고, 나팔을 불면서 "여호와와 기드온의 칼이다"라고 외친 행동들도 독특한 것이 아니다. 이는 우리가 영적 전쟁에서 행할 바를 보여주는 것이기도 하다. 영적으로 잠들어 있는 세상이 심판의 나팔과 빛, 그리고 하나님의 말씀의 선포에 의하여 무너지는 것을 볼 수 있다. 우리는 여기에서 무엇을 더 배울 수 있는가?

첫째, 성경에서 잠들어 있는 것은 이 세상에 대한 일반적인 이미지이다. 예를 들어, 데살로니가전서 5:5-8을 보면, "너희는 다 빛의 아들이요 낮의 아들이라.

우리가 밤이나 어둠에 속하지 아니하나니, 그러므로 우리는 다른 이들과 같이 자지 말고 오직 깨어 정신을 차릴지라. 자는 자들은 밤에 자고 취하는 자들은 밤에 취하되, 우리는 낮에 속하였으니, 정신을 차리고 믿음과 사랑의 호심경을 붙이고 구원의 소망의 투구를 쓰자." 어둠에 속한 세상은 진리에 대해 잠들어 있었다. 그들은 그들을 흔들어 깨울 복음을 필요로 하고 있는 것이다(마 10:34-36과 눅 12:51-53을 비교하라).

둘째, 나팔을 부는 것은 심판에 대한 경고이다. 나팔은 여리고에 대한 심판을 알렸고(수 6:20), 계시록에서도 하나님의 심판을 알리고 있다(계 8:2). 신실하지 못한 자들에게는 심판의 메시지가 필요한 것이다.

셋째, 횃불처럼, 빛은 진리에 대한 증거이다(요 3:19; 요일 1:5-7; 2:9-10 등). 악한 자들의 진영에 비추었던 것은 바로 진리의 빛이다. 세상 사람들은 빛보다 어둠을 사랑한다. 빛은 그들을 눈멀게 한다. 또한 그들의 죄와 허물을 보게 한다.

넷째, 칼은 말씀의 선포, 특히 여호와와 그의 메시야에 대한 복음의 말씀을 선포하는 것이다(사 11:4; 살후 2:8; 히 4:12; 계 19:15). 말씀의 선포는 악인들의 잠들어 있는 진영을 깜짝 놀라게 할 것이다. 우리는 반드시 악인에 대한 심판과 구원의 완전한 복음을 전파해야 할 것이다.

23절. 이스라엘 사람들은 납달리와 아셀과 온 므낫세에서부터 부름을 받고 미디안을 추격하였더라.

드디어 기드온이 승리했다. 이제 모든 이스라엘은 도망치는 적들의 잔당들을 소탕하기 위하여 기드온의 뒤를 따른다. 여기에서 중요한 신학적 원리가 나타난다. 먼저 그리고 결정적인 한방은 하나님께서 먹이시고, 그 후에 의인들의 군대가 적의 잔당들을 소탕하기 위하여 부름을 받은 것이다. 이는 성경 전체의 메시지이기도 하다. 그리스도께서 확정적인 승리를 하셨고, 이제 그를 뒤따르는 그의 군대로서 교회는 지상에서 남은 적의 잔당들을 무찌르는 특권을 가지고 있는 것이다.

지상교회는 연약해 보인다. 그리스도의 교회는 항상 비틀거리는 모습이다. 이에 반해 사탄의 교회는 강력해 보인다. 흔들림 없이 전진하는 것 같아 보인다. 그러나 궁극적으로 그리스도의 교회가 승리할 것이다. 왜냐하면 교회가 비틀거리는 것은 십자가에서 발뒤꿈치를 상했기 때문이다. 그러나 사탄은 머리가 박살난 것이다. 교회는 뒤꿈치가 상해서 비틀거려도 더리되신 그리스도께서는 건재하시다. 반면 사탄의 공동체는 강력해보여도 머리가 이미 박살났다. 그래서 결국 그리스도의 교회가 승리할 것이다.

24절. 기드온이 사자들을 보내서 에브라임 온 산지로 두루 다니게 하여 이르기를, 내려와서 미디안을 치고 그들을 앞질러 벧 바라와 요단 강에 이르는 수로를 점령하라 하매, 이에 에브라임 사람들이 다 모여 벧 바라와 요단 강에 이르는 수로를 점령하고,

전투에 승리한 후, 기드온은 거만한 에브라임 지파를 소집한다. 이들은 요단 강을 따라 진을 치고, 강을 건너려는 모든 미디안 족속들을 죽였다(삿 3:28 참고). 이는 '얕은 여울의 집' 을 의미하는 "벧 바라" 근처였고, 이 장소는 후에 세례 요한이 세례를 준 장소로 요한복음 1:28에 언급된다.[5] 즉 그곳은 삶과 죽음을 판가름하는 심판의 장소였던 것이다.

25절. 또 미디안의 두 방백 오렙과 스엡을 사로잡아, 오렙은 오렙 바위에서 죽이고, 스엡은 스엡 포도주 틀에서 죽이고, 미디안을 추격하였고, 오렙과 스엡의 머리를 요단 강 건너편에서 기드온에게 가져왔더라.

에브라임 사람들은 미디안 군대의 사령관인 "오렙" 과 "스엡" 을 사로잡아서 죽였다. "오렙" 은 '까마귀' 를 의미하고, "스엡" 은 '늑대' 를 의미하는데, 이 두 짐승들은 미디안 족속들의 짐승같은 특징을 나타내는 것이다. 그들은 시체를 뜯

---

5) 어떤 사본은 요한복음 1:28을 '베다니' 라고 한다. 이는 동일한 장소이며 그것에 대한 전통적인 읽기는 베다 바라(Betha-Barah)이다.

어먹는 까마귀나 늑대처럼 떼를 지어 몰려다니며 악행을 일삼았던 것이다.

처음에는 오렙과 스엡은 무사히 강을 건너 도망친 듯 보인다. 그러나 에브라임 사람들이 숨어있는 그들을 찾아서 죽인 그 장소는 하나의 이정표가 되었다. 그 "오렙 바위"는 이스라엘 백성들이 숨었던 그 바위들을 생각나게 한다(삿 6:2). 이제 원수들이 자신들의 파멸을 피하기 위하여 바위로 숨으려고 하는 것이다(계 6:15-16).

또한 "스엡 포도주 틀"은 기드온이 추수를 하던 포도주 틀을 생각나게 한다(삿 6:11). 기드온은 미디안 족속에게 들키지 않으려고 포도주 틀에서 숨어서 타작을 했었다. 그러나 이제 미디안 족속의 지도자가 포도주 틀에 숨은 것이다(사 63:1-6과 비교하라).

성경은 하나님의 거룩한 유머로 가득하다. 하나님의 유머는 대부분 역설적인 것이다. 마태복음 26:52에 이런 말씀이 있다. "이에 예수께서 이르시되 네 칼을 도로 칼집에 꽂으라. 칼을 가지는 자는 다 칼로 망하느니라." 이를 <표준새번역>은 "칼을 쓰는 사람은 모두 칼로 망한다."로 번역한다.

"오렙 바위"나 "스엡 포도주 틀"처럼, 지금 우리들이 당하고 있는 고통스런 문제들이 언젠가 축복의 조건이 될 것이다. 지금은 바위틈에 숨죽이며 숨어 살듯이 힘든 삶을 살아야 하고, 포도주 틀에서 타작을 하듯 하루하루 힘들게 일하며 살지만 언젠가 하나님께서 우리들의 눈에 눈물을 거두실 날이 있을 것이다. 소망을 가지고 살기를 바란다.

성경은 사탄의 머리가 박살난 것에 대해 잊지 않도록 본문 마지막에서 오엡과 스엡의 머리가 잘려진 사실에 언급한다. 그리스도의 교회는 반드시 승리한다. 낙심하지 말기를 바란다.

7. 피할 일과 싸울 일(삿 8:1-17)

맥아더 장군의 <회상록>에 나오는 <맥아더 장군의 기도>라는 유명한 기도문이 있다. 이런 내용이다. "내게 이런 자녀를 주옵소서 / 약할 때에 자기를 돌아볼 줄 아는 여유와 / 두려울 때 자신을 잃지 않는 담대성을 가지고 / 정직

한 패배에 부끄러워하지 않고 태연하며 / 승리에 겸손하고 온유한 자녀를 내게 주옵소서 / 생각해야 할 때에 고집하지 않게 하시고 / 주를 알고 / 자신을 아는 것이 지식의 기초임을 / 아는 자녀를 주옵소서 / 원하옵나니 그를 / 평탄하고 안이한 길로 인도하지 마옵시고 / 고난과 도전에 직면하여 분투 항거할 줄 알도록 / 인도하여 주옵소서 / 그리하여 폭풍우 속에서 용감히 싸울 줄 알고 / 패자를 관용할 줄 알도록 가르쳐 주옵소서 /

그 마음이 깨끗하고 그 목표가 높은 자녀를 / 남을 정복하기 전에 / 먼저 자신을 다스릴 줄 아는 자녀를 / 장래를 바라봄과 동시에 지난날을 잊지 않는 / 자녀를 내게 주옵소서 /

이런 것들을 허락하신 다음 / 이에 더하여 내 자녀에게 유머를 알게 하시고 / 생을 엄숙하게 살아감과 동시에 즐길 줄 알게 하옵소서 /

자기 자신에게 지나치게 집착하지 말게 하시고 / 겸허한 마음을 갖게 하시사 / 참된 위대성을 소박함에 있음을 알게 하시고 / 참된 지혜는 열린 마음에 있으며 / 참된 힘은 온유함에 있음을 명심하게 하옵소서 / 그리하여 / 나 아버지는 어느 날 내 인생을 / 헛되이 살지 않았노라고 / 고백할 수 있도록 도와주시옵소서. 아멘."

특히 "폭풍우 속에서 용감히 싸울 줄 알고, 패자를 관용할 줄 알도록 가르쳐 주옵소서"라는 구절을 주목해 본다. 싸울 때와 관용할 때! 싸울 일과 피할 일을 아는 것은 우리에게 너무나 중요한 일이다. 기드온은 미디안 족속과의 전쟁에서 승리하면서 에브라임에게는 관용했고, 숙곳과 브누엘에게는 보복했다. 왜 그랬을까? 이것이 우리의 삶과 무슨 연관이 있을까?

1-3절. 에브라임 사람들이 기드온에게 이르되, 네가 미디안과 싸우러 갈 때에 우리를 부르지 아니하였으니 우리를 이같이 대접함은 어찌 됨이냐? 하고, 그와 크게 다투는지라. 기드온이 그들에게 이르되, 내가 이제 행한 일이 너희가 한 것에 비교되겠느냐? 에브라임의 끝물 포도가 아비에셀의 맏물 포도보다 낫지 아니하냐? 하나님이 미디안의 방백 오렙과 스엡을 너희 손에 넘겨주셨으니, 내가 한 일이

어찌 능히 너희가 한 것에 비교되겠느냐? 하니라. 기드온이 이 말을 하매, 그 때에 그들의 노여움이 풀리니라.

하나님이 승리를 주셨으나, 에브라임은 그 하나님의 승리를 기뻐하지 않았다. 그들의 관심은 오직 자신들의 영광뿐이었다. 그들은 전투에 참여하지 못한 것에 대해서 화가 나 있었고, 여호와의 기름부음을 받은 메시야 기드온에게 따졌다. 그러나 기드온은 부드러운 말로 그들의 진노를 달래고 있다. "유순한 대답은 분노를 쉬게 하여도 과격한 말은 노를 격동하느니라"(잠 15:1; cf. 롐 12:10; 빌 2:3).

그는 "에브라임의 끝물 포도가 아비에셀의 맏물 포도보다 낫지 아니하냐?" 고 말한다. 이는 에브라임의 제일 하품인 쭈그렁 포도라도 우리 아비에셀의 일등품보다 낫다는 말이다. 이렇게 말하면서 그는 두 전투를 비교한다. "아비에셀의 맏물 포도"는 300명으로 135,000을 대적한 것이고, 한편 "에브라임의 끝물 포도"는 요단강을 건너는 자들에 대한 전투였다. 사실 이는 아비에셀이 맏물, 즉 먼저 공격한 것이고, 에브라임은 끝물, 즉 끝에 조금 싸운 것이라는 느낌을 주기도 한다. 말의 표면적인 뜻은 에브라임을 높이는 것이지만, 실제로 그 말을 듣는 사람들은 에브라임이 부끄러움을 느끼도록 말한 것이다.

기드온은 "에브라임의 끝물 포도"가 더 나은데, 이는 그들이 오렙과 스엡이라는 사령관을 죽였기 때문이라고 한다. 비록 온화하게 했을지라도, 기드온이 "하나님이 미디안의 방백 오렙과 스엡을 너희 손에 넘겨주셨으니"라고, 그 승리가 에브라임의 능력에 의한 것이 아니라 하나님에 의한 승리임을 강조하는 것이다.

마음이 진정된 에브라임은 기드온을 공격하지 않다. 그러나 에브라임은 기드온의 충고를 진심으로 받아들이지 않았다. 그러나 훗날, 그들이 같은 방식으로 입다를 공격했을 때, 입다는 에브라임 사람 42,000명을 죽이게 된다(삿 12:1-6).

기드온이 에브라임을 부드럽게 대한 것이 옳은가? 이것은 중요한 문제이다. 현실적으로 교회 안에 분쟁이 있을 때, 참아야 하는가? 아니면 싸워야 하는가? 지금 이스라엘의 적은 미디안이다. 에브라임이 아니다. 기드온은 도망치는 적을 추격할 기회를 놓쳐선 안 되었던 것이다. 겸손으로 교회의 평화를 유지하는 것이 아직 미숙한 영적인 상태에 있는 형제들과 다투는 것보다 나은 것이다.

4-9절. 기드온과 그와 함께 한 자 삼백 명이 요단강에 이르러 건너고, 비록 피곤하나 추격하며, 그가 숙곳 사람들에게 이르되, 나를 따르는 백성이 피곤하니 청하건대, 그들에게 떡덩이를 주라. 나는 미디안의 왕들인 세바와 살문나의 뒤를 추격하고 있노라 하니, 숙곳의 방백들이 이르되, 세바와 살문나의 손이 지금 네 손 안에 있다는거냐? 어찌 우리가 네 군대에게 떡을 주겠느냐? 하는지라. 기드온이 이르되, 그러면 여호와께서 세바와 살문나를 내 손에 넘겨주신 후에 내가 들가시와 찔레로 너희 살을 찢으리라 하고, 거기서 브누엘로 올라가서 그들에게도 그같이 구한즉, 브누엘 사람들의 대답도 숙곳 사람들의 대답과 같은지라. 기드온이 또 브누엘 사람들에게 말하여 이르되, 내가 평안히 돌아올 때에 이 망대를 헐리라 하니라.

엄청난 군대가 요단강을 건너는 곳에서 소탕작전을 하는 한편, 기드온의 특공대는 미디안의 왕들과 그들의 잔당 15,000명을 맹렬하게 추격하고 있었다. 기드온의 300 용사들은 요단강에서 물을 마실 수 있었을지라도, 음식을 먹을 기회는 없었기에, 기드온은 숙곳과 브누엘 사람들에게 빵을 요구했다. 이는 출애굽의 역사를 기억나게 하는 사건이다. 신명기 23:3-4은 하나님께서 모압과 암몬을 저주하신 것이 출애굽한 이스라엘이 굶주릴 때 빵을 주지 않았기 때문이라고 한다. 그러므로 숙곳 사람들이 하나님의 백성들을 도와주기를 거절했을 때, 이러한 행위는 그들 자신들을 모압 족속과 암몬 족속과 그리고 미디안 족속과 동일시하는 것이었다.

예수님은 마태복음 25:40-46에서 같은 말씀하셨다. "임금이 대답하여 이르시되, 내가 진실로 너희에게 이르노니, 너희가 여기 내 형제 중에 지극히 작은 자 하나에게 한 것이 곧 내게 한 것이니라 하시고, 또 왼편에 있는 자들에게 이르시되, 저주를 받은 자들아 나를 떠나 마귀와 그 사자들을 위하여 예비된 영원한 불에 들어가라. 내가 주릴 때에 너희가 먹을 것을 주지 아니하였고, 목마를 때에 마시게 하지 아니하였고, 나그네 되었을 때에 영접하지 아니하였고, 헐벗었을 때에 옷 입히지 아니하였고, 병들었을 때와 옥에 갇혔을 때에 돌보지 아니하였느니라. 하시니, 그들도 대답하여 이르되, 주여 우리가 어느 때에 주께서 주리신 것이나, 목마르신 것이나, 나그네 되신 것이나, 헐벗으신 것이나, 병드신 것이나, 옥에 갇히신 것을 보고 공양하지 아니하더이까? 이에 임금이 대답하여 이르시되, 내가 진실로 너희에게 이르노니, 이 지극히 작은 자 하나에게 하지 아니한 것이 곧 내게 하지 아니한 것이니라 하시리니, 그들은 영벌에, 의인들은 영생에 들어가리라 하시니라."

"세바와 살문나의 손이 지금 네 손 안에 있다는거냐?"라는 이 표현은 숙곳과 브누엘의 지도자들이 무엇을 두려워하는지 알게 한다. 그들은 미디안 왕들이 살아서 도망갈 수 있다고 생각했다. 그들은 하나님에 대한 믿음이 없었던 것이다. 육적으로는 이스라엘 백성이지만, 영적으로는 미디안 족속들이었던 것이다. 특히 "세바와 살문나의 손"은 이스라엘을 압제한 것이 바로 그 미디안의 "손"을 가리키는 것이었다(삿 6:1 등). 그들의 손을 잘라내는 것은 승리를 상징하는 것이다. 죽을 때 머리가 잘려나가는 것처럼, 또한 그의 손이 잘려나간다면 더 이상 하나님과 그의 백성들을 향하여 칼을 잡을 수 없을 것이기 때문이다.

여기에서 아이러니의 일부는 하나님께서 미디안의 지도자들에게 주신 이름들이다. "세바"는 '희생자'이고, "살문나"는 '보호를 거절한 자'이다. 이는 아마 그들의 실제 이름이 아니었을 것이다. 하나님께서 이미 그들을 파멸하시기로 작정하셨다는 것을 보여주기 위하여 사사기 저자가 그들에게 이런 이름을 붙여 주었을 것이다. 여기에서 그런 이름을 사용하는 것은 이미 하나님이 죽이기로 작정한 자들을 숙곳과 브누엘의 지도자들이 알아보지 못하는 그들의 영적인 어리석음을 지적하고 있는 것이다.

기드온은 여호와께서 승리를 주실 것을 확신하고 있었다. 그래서 그는 숙곳의 사람들의 믿음 없음을 꾸짖고 있는 것이다. 숙곳 사람들은 에덴 밖의 광야에서 유리하며 사는 창세기 4:16의 저주 아래 살고 있는 이 유목민들과 자신들을 동일시하는 것을 선택했다. 그러므로 그들에 대한 적절한 징계는 광야에서 자라고 저주를 상징하는 가시로 징치하는 것이다(창 3:18; 마 27:29). 그들은 그리스도의 대속적인 가시 면류관을 신뢰하지 않았다. 그래서 그들은 자신들의 가시관을 써야 했다. 그들은 저주를 원했고, 그래서 저주를 받았던 것이다.

브누엘은 요새이고, 그들은 자신들을 구원할 강한 망대를 의지했다(왕상

12:25). 그들은 그들의 전능한 요새가 되실 여호와께 믿음과 신뢰를 두지 않았고(시 46편), 오히려 자신들이 만든 망대를 의지했던 것이다. 그래서 기드온은 돌아와서 그들의 망대를 무너뜨리겠다고 약속하고 있는 것이다.

> 10-13절. 이 때에 세바와 살문나가 갈골에 있는데, 동방 사람의 모든 군대 중에 칼 든 자 십이만 명이 죽었고, 그 남은 만 오천 명 가량은 그들을 따라와서 거기에 있더라. 적군이 안심하고 있는 중에 기드온이 노바와 욕브하 동쪽 장막에 거주하는 자의 길로 올라가서 그 적진을 치니, 세바와 살문나가 도망하는지라. 기드온이 그들의 뒤를 추격하여 미디안의 두 왕 세바와 살문나를 사로잡고 그 온 진영을 격파하니라. 요아스의 아들 기드온이 헤레스 비탈 전장에서 돌아오다가,

이스라엘의 지파들은 이미 이스라엘 군대의 12배가 되는 120,000명의 본진을 파괴했다. 그리고 단지 15,000명만 남았을 뿐이다. 그들이 "갈골"에 이르렀을 때, 미디안의 남은 자들은 주로 동방사람의 자손, 즉 이스마엘의 자손으로 이루어져 있었다. 그들은 틀림없이 적의 공격으로부터 안전하게 멀리 도망쳐있다고 생각했을 것이다. 처절하게 지쳐있는 그들은 잠시 휴식을 취했다. 그러나 그들이 알지 못하는 사이에 기드온은 지름길인 상인의 길로 그들을 포위하며 다가왔던 것이다.

노바의 므낫세 지파의 마을과 욕브하의 갓 지파의 마을이 그를 지원했다. 이곳에 대한 지리적 연구는 그가 다른 방향으로 적진을 포위하고 왔고, 기습을 전혀 예기치 못한 동쪽에서 밤에 공격했음을 보여준다. 기드온은 해가 떠오르는 것처럼, 해가 뜨는 쪽으로 돌아왔다. 우리는 하나님의 백성들이 해가 떠오르는 것처럼 힘 있게 해달라는 드보라의 기도를 기억한다. 기드온은 밤새 싸우고, 낮에는 추격했다. 그리고 두 번째로 밤새도록 싸웠다. 틀림없이 드보라의 기도가 응답된 것이다.

이곳은 야곱이 밤새 씨름하고, 해가 떠오를 대에 그 강을 건넌 브니엘, 즉 "브누엘" 근처였다(창 35:22-32). 이는 기드온 이야기에서 중요한 배경이다. 왜냐

하면 하나님과 야곱의 씨름은 특별한 의미를 가지기 때문이다. 하나님은 야곱에게 화가 나신 것이 아니었다. 왜냐하면 야곱은 어릴 적부터 완전했기 때문이다. 창세기 25:27의 "야곱은 조용한 사람이었으므로 장막에 거주하니"라는 말이 있는데, 이 '조용한 사람' (תָּם)이라는 단어는 창세기 17:1 "너는 내 앞에서 행하여 완전하라(תָמִים)"는 말과 욥기 1:1 "우스 땅에 욥이라 불리는 사람이 있었는데, 그 사람은 온전하고(תָּם) 정직하여 하나님을 경외하며 악에서 떠난 자더라" 에서처럼 문자적으로 '완전한' (תָּם)이란 말이다.[6)]

야곱이 공격을 받았을 때, 야곱은 자신과 싸우는 자가 누구인지 몰랐다. 자신을 쫓아온 '라반' 이었을까? 자신을 기다리는 '에서' 였을까? 이들은 야곱의 오랜 적들이었다. 그러나 야곱과 씨름한 분은 바로 하나님이심이 밝혀졌다. 그 의미는 이것이다. 지난 세월 동안 하나님께서 원수들을 등장시키신 것이다. 그들은 야곱의 죄 때문에 야곱을 벌하려고 세워진 자들이 아니라, 야곱의 훈련을 위한 것이었다. 아버지가 마루에 무릎을 꿇고 아들과 씨름을 하듯, 그렇게 하나님께서 야곱을 성숙한 자로 훈련하기 위하여 그 동안 씨름하였던 것이다. '충돌' 이란 단계를 통하여 하나님께서 인간을 성숙시키심의 주제는 또한 기드온의 역사에서도 중심적인 것이다. 이는 하나님께서 이스라엘을 버리지 않으시고 성숙을 향하여 훈련시킨다는 증거였다. 오늘날도 하나님께서는 여러 가지 어려움을 통하여 우리들을 훈련하신다. 어려움을 주는 그 사람을 보지 말고, 그 사람의 배후에 역사하시는 하나님을 볼 수 있기를 바란다.

14-17절. 숙곳 사람 중 한 소년을 잡아 그를 심문하매, 그가 숙곳의 방백들과 장로들 칠십칠 명을 그에게 적어 준지라. 기드온이 숙곳 사람들에게 이르러 말하되, 너희가 전에 나를 희롱하여 이르기를 세바와 살문나의 손이 지금 네 손 안에 있다는 거냐? 어찌 우리가 네 피곤한 사람들에게 떡을 주겠느냐 한 그 세바와 살문나를 보라 하고, 그 성읍의 장로들을 붙잡아 들가시와 찔레로 숙곳 사람들을

---

6) 이 תם(taâm)에 대한 BDB의 사전적 의미는 'perfect, complete' 이다. 이는 능력이나 외모, 도덕성에서 총체적으로 완전함을 의미하는 것이다.

징벌하고, 브누엘 망대를 헐며 그 성읍 사람들을 죽이니라.

숙곳에 대한 기드온의 공격 방법은 여리고를 정탐하고 룻에 대하여 행한 일을 생각나게 한다(삿 1:24). 이제 적으로 간주된 도시는 이스라엘의 도시이다. 그 도시의 지도자들인 77명의 사람들은 가시로 징벌을 당했다. 그들은 여호와를 알려하지 않았고, 그래서 그들은 첫째 저주를 당하여 알게 되었다.

기드온은 브누엘의 망대를 무너뜨렸을 뿐 아니라, 그 도시의 아마 지도자로 보이는 사람들을 죽였다. 왜 브누엘보다 숙곳에 대하여 강격하게 대처했는지 우리는 알 수 없다. 기드온만이 그 이유를 알고 있을 것이고, 우리는 그가 저주를 하지 않았기 때문에, 그들이 아직 선한 사람들임을 믿는다. 아마 브누엘의 죄가 숙곳보다 심각한 것은 그들이 자신들의 망대를 신뢰했기 때문일 것이다.

숙곳과 브누엘은 모두 갓 지파의 도시였다. 갓은 드보라를 지원하는데 실패했고(삿 5:17), 명백하게 영적으로 약했었다. 그러나 모든 것을 잃은 것은 아니다. 왜냐하면 욕브하의 갓 지파의 도시는 기드온을 지지했기 때문이다(삿 8:11).

왜 기드온은 에브라임은 그대로 두고 숙곳과 브누엘만 징벌했을까? 그 차이점은 매우 중요하다. 에브라임은 이기적이었다. 그러나 에브라임은 여호와의 편에서 싸웠다. 에브라임은 습관적인 죄를 짓고 있는 신자의 모습을 보여주고 있는 셈이다. 그에게 책망은 필요하지만, 심판은 필요치 않았다. 에브라임은 죄 가운데 있었지, 배교 가운데 있은 것은 아니었기 때문이다. 그가 가는 길은 시간이 말해 줄 것이다. 바울은 투기로 복음이 전해지는 것을 기뻐했다(빌 1:15-19). 바울은 결국 하나님께서 그들을 손보실 것을 알았기 때문이다. 입다는 얼마 안 있어서 에브라임을 손보았다.

습관적인 죄에 빠진 약한 형제들이 있다. 그들은 이기적이고, 때로 거짓말을 하고, 자신들의 영광만을 구한다. 그들을 심판하는 것이 하나님의 공의 같이 느껴진다. 그러나 그들은 심판의 대상이 아니라, 기도하고 돌봐주어야 할 섬김의 대상인 것이다. 세상에서나 교회에서나 악한 자가 이기는 것 같다. 그러나 하나님께서는 합력해서 선을 이루시는 분이다. 우리는 하나님의 계획과 하나님의 심판을 믿는다.

한편 숙곳과 브누엘은 신실하지 못했고, 그들은 배교자였다. 그들은 여호와의 편에서 싸우지 않았다. 신앙의 회색지대는 없다. 하나님 편이 아니면 하나님을 대적하는 것이다. 그들은 하나님의 원수였다. 그래서 그들은 심판을 당했던 것이다.

싸울 때와 피할 때, 덮어주고 용서할 일과 밝혀서 치리할 일을 분간하는데 지혜가 필요하다. 주님은 말씀하신다. "그런즉 너희는 먼저 그의 나라와 그의 의를 구하라"(마 6:33). 하나님의 나라와 의를 먼저 생각하며 판단하기를 주님의 이름으로 바란다.

8. 가정을 바로 세우는 일(삿 8:18-28)

다윗은 가정적으로 불행한 사람이었다. 블레셋사람의 양피 100개로 목숨 걸고 얻은 사울의 첫째 딸 메랍을 사울은 아드리엘에게 준다(삼상 18:19). 그래서 사울의 둘째 딸 미갈과 결혼하게 된다. 그런데 사울을 피해 도망가면서 그 미갈과 생이별을 하게 된다. 사울은 다시 미갈을 갈림에 사는 라이스의 아들 발디에게 준다(삼상 25:44). 미갈은 상처를 이겨내고 나름대로 행복한 삶을 꾸려갔던 것으로 보인다. 그러나 훗날 다윗이 정권을 잡자 재혼하여 살고 있는 미갈을 데려온다. 미갈은 다시 강제로 끌려오는데, 이 때 다윗에 대한 미갈의 심정은 어떠했겠는가? 얼마 후 그녀는 법궤 앞에서 춤추는 다윗을 멸시한 죄로 평생 자식이 없이 지낸다(삼하 6:23). 이는 별거를 했다는 말이다. 그러므로 다윗은 불행한 가정의 가장이었고, 그래서 그런지 너무나도 쉽게 밧세바와 간통죄를 저지르게 된다. 성군 다윗의 아킬레스건은 바로 가정이었다. 이 점에서는 기드온도 다르지 않다고 본다. 아담 이후 가정은 최고의 축복이며, 동시에 모든 인간들의 아킬레스건이었다.

18-19절. 이에 그가 세바와 살문나에게 말하되, 너희가 다볼에서 죽인 자들은 어떠한 사람들이더냐? 하니 대답하되, 그들이 너와 같아서 하나 같이 왕자들의 모습과 같더라 하니라. 그가 이르되 그들은 내 형제들이며 내 어머니의 아들들이니라. 여호와께서 살아계심을

두고 맹세하노니, 너희가 만일 그들을 살렸더라면, 나도 너희를 죽이지 아니하였으리라 하고,

이스라엘의 전쟁은 개인의 전쟁이 아닌 하나님의 원수들에 대한 거룩한 전쟁이었다. 그런데 기드온은 그 전쟁을 개인적 복수로 만드는 것 같아 보인다. "너희가 만일 그(기드온의 형제)들을 살렸더라면, 나도 너희를 죽이지 아니하였으리라"고 말한 것은 다소 문제가 있어 보인다. 정말로 자기 형제들을 죽이지 않았다면 그들을 살려줘야 했을까? 신명기 20:13-14 "네 하나님 여호와께서 그 성읍을 네 손에 넘기시거든, 너는 칼날로 그 안의 남자를 다 쳐죽이고, 너는 오직 여자들과 유아들과 가축들과 성읍 가운데에 있는 모든 것을 너를 위하여 탈취물로 삼을 것이며, 너는 네 하나님 여호와께서 네게 주신 적군에게서 빼앗은 것을 먹을지니라." 하나님께서는 적들은 모두 죽이고, 전리품을 취하라고 명령하셨다.

기드온을 변호한다면, 아마 그는 그 질문에 대한 세바와 살문나의 대답을 알고 있었고, 자신의 형제들에 대한 '개인적 복수'는 또한 여호와의 백성들에 대한 '여호와의 복수'였던 것이다. 그러나 기드온이 형제들을 내세운 것은 왠지 문제가 있어 보이는 것이다.

20-21절. 그의 맏아들 여델에게 이르되, 일어나 그들을 죽이라 하였으나, 그 소년이 그의 칼을 빼지 못하였으니 이는 아직 어려서 두려워함이었더라. 세바와 살문나가 이르되, 네가 일어나 우리를 치라. 사람이 어떠하면 그의 힘도 그러하니라 하니, 기드온이 일어나 세바와 살문나를 죽이고, 그들의 낙타 목에 있던 초승달 장식들을 떼어서 가지니라.

또한 기드온은 어린 아들인 여델에게 세바와 살문나를 죽이도록 한다. 어린 소년에게 죽임을 당하는 것은 두 왕들에게 치욕적인 일이었을 것이다(삼상 17:41). 그러나 이것도 역시 기드온이 이 전쟁을 자신의 가족의 일로 만들고 있음을 보여주는 일이기도 하다. 기드온은 자신의 아들을 이스라엘 앞에 자랑스럽게 드러내고 있는 것이다. 과거, 기드온의 아버지는 기드온이 우상을 박살내자

무조건적으로 두둔했었다. 기드온도 그런 아비의 마음으로 아들에게 적장의 목을 치는 중요한 역할을 맡긴 것 같다.

그러나 여델은 너무 어리고 겁이 났었다. 기드온은 불과 얼마 전까지 연약했던 자신의 모습을 기억해야 했던 것이다. 그러나 그는 자신의 어린 아들이 이 강력하고 무시무시한 두 왕들을 담대하게 죽이기를 기대하고 있는 것이다. 우리는 기드온이 얼마 전까지는 지독한 겁쟁이였던 것을 기억한다. 그런 기드온을 하나님께서 확신을 주시고 용기를 주셔서 담대한 용사가 되게 하셨다. 우리는 기드온이 하나님께서 자신을 대해주셨듯이 자신의 아들을 대하지 못하고 있음을 볼 수 있다. 이 시점에서 하나님께서 우리에게 베푸셨던 사랑과 인내를 우리의 자녀들에게, 혹은 다른 사람들에게 베풀고 있는지 묻고 싶다.

기드온의 개인적 복수는 기드온이 넘어지는 원인이 되었다. 사람이 하나님의 길에서 벗어나면, 어리석게 행동하기 시작한다. 기드온은 적에게 치욕적인 조롱을 듣는다. 그들이 말한 "사람이 어떠하면 그의 힘도 그러하니라" 라는 것은 한마디로 '너의 아들을 보니 네가 어떤 사람인줄 알겠다' 는 뜻이다. 이는 어떤 사람의 장자는 그 사람의 힘으로 여겨지기 때문이다. "르우벤아 너는 내 장자요, 내 능력이요, 내 기력의 시작이라"(창 49:3; cf. 신 21:17; 시 78:51). 기드온의 무분별한 자식 사랑이 적들에게 기드온의 허점을 노출시킨 것이다.

로버트 슐러 목사의 LA에 있는 수정교회 건물이 천주교에 경매로 넘어갔다. 로버트 슐러 목사가 자신의 아들에게 목회자 자리를 넘겨주었으나, 부자간의 갈등으로 교회가 약해지고, 재정이 악화되고, 결국은 예배당 건물이 경매로 넘어가게 된 것이다. 자식에 대한 절대적인 사랑은 위험한 사랑일 수 있다.

22-23절. 그 때에 이스라엘 사람들이 기드온에게 이르되, 당신이 우리를 미디안의 손에서 구원하셨으니 당신과 당신의 아들과 당신의 손자가 우리를 다스리소서 하는지라. 기드온이 그들에게 이르되, 내가 너희를 다스리지 아니하겠고, 나의 아들도 너희를 다스리지 아니할 것이요. 여호와께서 너희를 다스리시리라 하니라.

이스라엘 사람들이 기드온의 마음을 눈치 챈 듯하다. 그들은 기드온 가문이 사사가 아닌 왕으로 계속해서 자신들을 다스려 주기를 원하고 있다. 그들은 구원을 주신 여호와를 보지 못하고, 구원의 도구로 쓰인 기드온만 보았던 것이다. 그들은 자신들의 안전과 보호를 국가와 왕조가 보장해 준다고 믿었던 것이다. 그러나 기드온은 잠시 흔들렸던 중심을 바로 잡는다. 그는 왕관을 거부한다. 그리고 여호와께서 이스라엘을 다스릴 것이라고 천명한다.

22절에서 우리는 다시 '구원자가 주인' 이라는 중요한 원리를 보게 된다. 기드온이 구원자가 아니라 여호와께서 구원자이시다. 그래서 여호와께서 이스라엘의 주인이신 것이다. 십계명을 주신 이유도 분명하다. "하나님이 이 모든 말씀으로 말씀하여 이르시되, 나는 너를 애굽 땅, 종 되었던 집에서 인도하여 낸 네 하나님 여호와니라"(출 20:1-2). 하나님께서 이스라엘을 구원해주신 구원자이기 때문에 십계명을 주실 수 있는 것이다. 또한 그리스도께서 우리의 주인이시다. 우리의 남편이나, 아내가 우리의 주인이 아니다. 직장의 사장도 주인이 아니다. 오직 그리스도께서 우리의 주인이심을 믿기 바란다.

> 24-28절. 기드온이 또 그들에게 이르되, 나가 너희에게 요청할 일이 있으니, 너희는 각기 탈취한 귀고리를 내게 줄지니라 하였으니, 이는 그들이 이스마엘 사람들이므로 금귀고리가 있었음이라. 무리가 대답하되, 우리가 즐거이 드리리이다 하고, 겉옷을 펴고 각기 탈취한 귀고리를 그 가운데에 던지니, 기드온이 요청한 금귀고리의 무게가 금 천칠백 세겔이요. 그 외에 또 초승달 장식들과 패물과 미디안 왕들이 입었던 자색 의복과 또 그 외에 그들의 낙타 목에 둘렀던 사슬이 있었더라. 기드온이 그 금으로 에봇 하나를 만들어 자기의 성읍 오브라에 두었더니, 온 이스라엘이 그것을 음란하게 위하므로 그것이 기드온과 그의 집에 올무가 되니라. 미디안이 이스라엘 자손 앞에 복종하여 다시는 그 머리를 들지 못하였으므로 기드온이 사는 사십 년 동안 그 땅이 평온하였더라.

기드온이 인간적인 왕권을 거절한 것은 잘한 일이지만, 그 다음 행동은 심각한 결과를 가져온다. 기드온은 빈곤한 가문 출신이었고, 전쟁의 전리품은 그에게 매력적인 것이었을 것이다. 신명기 20:14에 의하면 전쟁에서 전리품을 취하는 행위 자체는 잘못이 아니다. 만약 백성들이 기드온에게 감사를 표하기 원한다면, 그들은 그에게 더 많은 선물들을 주었을 것이다. 문제는 전리품 자체가 아니라 어떻게 전리품을 사용했느냐 하는 것이다.

기드온은 모든 사람에게 탈취한 귀고리를 요구했다. 이스마엘 사람들은 귀고리를 했으나, 이스라엘 사람들은 하지 않았다. 이스라엘 사람들이 애굽에서 나왔을 때, 그들은 금송아지를 만들도록 그들의 귀고리를 받쳤었다(출 32:2-4). 그들은 그것을 음란하게 섬겼고, 하나님께서 그들의 음행으로 인하여 그들을 징계했다. 그 결과, 그들이 회개했을 때, 그들은 귀고리와 장신구 등을 완전히 버렸던 것이다(출 33:4-6). 그러므로 전리품 귀고리들은 귀고리로서는 아무에게도 쓸모가 없었다. 그것으로 다른 무언가를 만들어야 했을 것이다.

기드온은 1,700세겔, 오늘날 무게로 환산하면 약 20kg이나 되는 이 금귀고리들과 다른 전리품들로 "에봇 하나를 만들어 자기의 성읍 오브라에" 두었다. 그러나 "온 이스라엘이 그것을 음란하게 위하므로 그것이 기드온과 그의 집에 올무가" 되었다. 기드온의 동네인 오브라는 에봇 우상숭배의 중심지가 되어버린 것이다. 여기에 등장하는 "음란하게 위하므로"라는 말은 우상숭배에 대한 관용적인 표현이다. 이는 여호와께서 남편이심을 전재하고 사용하는 표현이다. 이스라엘은 남편을 버린 음녀처럼 하나님을 버리고 우상을 섬겼던 것이다.

여기에서 우리는 이 사건과 출애굽 직후 금송아지 사건 사의의 병행을 주목해야 할 것이다. 기드온이 왕좌는 버렸을지라도, 에봇을 만듦으로 앞으로 우상숭배의 여지를 만들어 두었다. 훗날 인본주의적 왕인 이스라엘의 여로보암은 공개적으로 금송아지 숭배를 재개했다(왕상 12:28-29). 그는 자신이 만든 금송아지를 오랫동안 에봇 숭배의 중심지였던 단에 두었던 것이다(삿 17-18장).

여기에서 우리는 한 가지 중요한 원리를 발견하게 된다. 사람들이 하나님과 하나님에 대한 예배로 만족하지 못할 때, 그들은 이를 대체할 어떤 인간적인 수단들을 만들기 시작한다는 것이다. 인위적으로 분위기를 잡아서 감정적이고 감각적인 예배를 드리거나, 복잡한 의식적이고 형식적인 예배를 드리려고 할 것이다. 여로보암은 금송아지를 만들어 숭배하게 함으로 고의적으로 미신적인 국가주의적 종교를 만들려고 했다. 게다가 여로보암은 자신의 아들들을 아론의 배교한 아들들(레 10:1-2)의 이름인 '나답'과 '아비후'라고 불렀다(왕상 14:1, 20). 이는 자신을 아론과 같은 존재로 부각시키는 것이다. 그리고 이는 아론과 모세가 하나님에 대한 참된 예배로부터 이스라엘을 빗나가게 했지만, 자신이 금송아지 예배를 재개함으로 여호와 신앙의 원래의 순수성을 회복하고 있다고 말하는 것이다.

물론 기드온이 에봇을 만들려고 한 것에는 다음과 같은 기드온 나름대로 핑계가 있었을 것이다. 첫째, 하나님은 나를 특별하게 대우하셨고, 아비에셀의 제단에 그 하나님을 세우도록 명령하셨다. 심지어 그는 나에게 희생제사를 드리도록 명령하셨다(삿 6:26). 둘째, 성막에 있는 에봇은 멀리 떨어져있다. 만약 내가 이스라엘을 재판하려고 한다면, 나는 하나님께 묻기 위하여 하나님을 만나는 것이 필요하다. 내가 이곳 오브라에 나 자신의 에봇을 가지고 있다면, 그렇게 하는 것이 더욱 쉬울 것이다. 셋째, 여기에 에봇을 가지고 있는 것은 사람들을 하나로 묶기에 유용할 것이다.

그런데 에봇이란 무엇인가? 우리는 에봇이 어떤 역할을 했는지 정확하게 알 수 없다. 그것은 12지파에 하나씩 12보석으로 만들어진 가슴장식이 있고, 우림과 둠밈을 넣어둔 작은 주머니가 있는 대제사장의 겉옷이었다. 이 우림과 둠밈은 땅에 던져서 '예'와 '아니오'를 응답받는 아마 평평한 두 개의 돌일 것이다(출 28:6-35; 삼상 23:6-12). 그런 장치는 재판을 하기에 유용했을 것이다.

그러나 기드온이 에봇을 만든 것은 결코 지혜로운 행동이 아니다. 그 이유는 다음과 같다. 첫째, 하나님은 기드온에게 이것을 만들라고 명하지 않으셨다. 둘째, 이 에봇은 모든 이스라엘을 통일시키기는커녕 오히려 실로와 오브라라는 두 개의 종교적인 중심지를 만들 것이다. 셋째, 가장 중요한 것은 에봇은 전체 성막 시스템에 속한 일부였다. 출애굽기 28:1-35은 에봇이 대제사장의 의복 가운데 독특한 부분이었다고 분명하게 말하고 있다. 그러므로 이러한 의복은 아무나 가질 수 없는 구분되어진 것, 즉 거룩한 것이었다.

또한 민수기 27:21 "그는 제사장 엘르아살 앞에 설 것이요. 엘르아살은 그를 위하여 우림의 판결로써 여호와 앞에 물을 것이며, 그와 온 이스라엘 자손 곧 온 회중은 엘르아살의 말을 따라 나가며 들어올 것이니라." 여기에서 무언가를 물을 수 있는 것은 오직 대제사장의 에봇 뿐이라는 것을 말하고 있다. 이는 아론이 중보자이신 그리스도를 나타내기 때문이다(출 28:30). 에봇은 '델피의 신탁' 처럼, 단지 미신적인 신탁으로 타락해선 안 되었던 것이다. 하나님 없는 에봇은 아무 것도 아니었던 것이다.

유사한 일이 오늘날 교회 안에서 벌어질 수 있다. 사람들이 성경의 일부 혹은 진리의 일부만 취할 때, 그들은 유사한 함정에 빠질 것이다. 설교자들은 어떤 특정한 주제만 설교할 위험성이 있다. 그러면 성도들은 균형이 잡힌 신앙생활을 하지 못하게 될 것이다. 그래서 바울 사도는 하나님의 전체 경륜을 설교했던 것이다(행 20:27). 전체 성경에서 분리된 부분적인 진리처럼, 전체 성막에서 분리된 일부분인 에봇은 위험한 것이었다.

오브라에 있는 에봇은 마술적인 응답상자로 여겨졌고, 사람들은 레위인들이나 여호와께 묻기보다는 그것을 찾았다. 심지어 기드온마저 하나님과의 인격적 관계를 상실하고, 미신적인 두려움으로 에봇을 중시하게 되었다. 결국 그것은 그 자신과 가족들과 공동체를 타락시키게 되었다. 오브라의 에봇은 급속하게 당시에 유행하는 가나안 족속들의 바알주의 철학으로 변질되었다. 그것은 바알주의에 대항하는 안전장치가 아니라, 오히려 바알주의를 고무하는 것이 되어버린 것이다.

이스라엘은 에봇을 "음란하게 위했다"고 한다. 그들의 남편이자 왕이신 분은 바로 여호와시다. 그들이 청종해야 했던 것은 바로 레위지파와 대제사장과 참된 에봇을 통하여 들려주시는 하나님의 말씀이었다(레 10:10-11; 민 27:21). 그러나 다른 에봇에 귀를 기울임으로, 그들은 그들의 여호와에 대하여 영적 간음죄를 저질렀던 것이다.

그러나 기드온의 이러한 결점에도 불구하고, 그는 분명히 매우 지혜롭게 이스라엘을 재판했고, 그 땅은 한 세대(40년) 동안, 즉 그가 죽을 때까지 평화로웠다. 우리는 성경이 기드온의 결점을 언급하는 것은 성경이 인본주의적 국가주의에 대하여 우리에게 경고하기 위함임을 알아야 한다. 그러나 사사 기드온은 하나님의 성령을 힘입고 한 시대를 잘 이끌어 갔던 것이다.

다음 구절(삿 8:29)은 계속해서 다음처럼 말할 것 같다. "기드온이 죽은 후에, 이스라엘의 자손들이 다시 여호와 앞에서 악을 행했다. 그리고 여호와께서 그들을 어떤 원수의 손에 넘겨주셨다." 그러나 이것이 우리가 볼 수 있는 것이 아니다. 대신에, 그 기드온의 비극적인 이야기는 한 세대로 더 연장된다. 바로 기드온의 아들들에 대한 이야기이다. 기드온은 믿음의 가문을 잘 세워야 했던 것이다.

가정을 잘 세우는 것은 아담 이후 모든 인류에게 가장 중요한 일 가운데 하나였다. 노아의 가문은 인류를 구원했다. 기드온은 바알숭배자 요아스(절망)의 아들로 태어나 절망 가운데 살다가, 여호와를 만나고 새로운 희망의 사람이 되었다. 300명으로 135,000명을 이기는 대승을 이루어냈다. 그러나 거룩한 전쟁을 형제들에 대한 개인적 복수로, 아들을 앞세우는 어리석음으로, 급기야는 자신의 가문을 위하여 금을 모으고 에봇을 만드는 불신앙으로 나아갔던 것이다. 훗날 그는 많은 아내를 두며 70명이나 되는 자식을 낳았다. 그 결과는 비참한 형제간의 분쟁과 죽음이었다. 가정을 잘 세우기 바란다. 가장 위대한 일은 아름다운 믿음의 가정을 세우는 일이라고 믿는다.

9. 가정을 바로 세우는 일(II)(삿 8:29-35)

가정과 교회는 '신적 기관' (Divine Institution)이라고 한다. 하나님께서 직접 세우신 기관이란 말이다. 가정과 교회는 불가분의 절대적인 관계가 있다. 가정이 무너지면 교회가 흔들리고, 교회가 무너지면 가정이 파괴된다. 행복한 가정은 교회같이 거룩한 가정이고, 좋은 교회는 가족 같은 교회이다. 우리들의 공동체가 거룩한 가정, 사랑이 넘치는 교회가 되기를 바란다.

아담 이후, 가정의 붕괴는 교회의 붕괴를 가져왔다. 이스라엘은 하나의 거대한 교회였다. 그러므로 이스라엘에서 가정을 잘 세우지 못하면 사회 전체가 휘청거렸다. 기드온은 위대한 사사였지만, 가정을 바로 세우는 일에 실패했다. 그 결과 이스라엘 전체가 흔들리는 것을 보게 된다. 다시 기드온의 가정을 살펴보자.

29절. 요아스의 아들 여룹바알이 돌아가서 자기 집에 거주하였는데,

29절에서 기드온은 바알과 대적하는 자인 "여룹바알"이라 불렸다. 이는 그가 궁전에서 살지 않고 자신의 집에서 살았기 때문에 여룹바알로 불린 것이다. 그는 국가의 왕이 되려는 바알주의적 경향을 피하였다. 이 점에서 기드온은 여전히 바알과 싸우는 자로 행동하고 있는 것이다.

'박수칠 때 떠나라' 는 말이 있다. 왕으로 추대하려는 백성들의 환호성을 뒤로하고 자기 집으로 돌아올 수 있는 것은 기드온의 훌륭한 점이다. 떠날 때를 알고 떠나는 사람의 뒷모습은 분명 아름다운 것이다. 그 때를 놓치면 추해진다. 우리 사회에 어른이 없다고 하는 것은 능력자가 없어서가 아니라 희생자가 없어서 일 것이다. 욕심 부리지 말고 희생하고 죽을 때, 영원히 사는 것이다. 우리들의 뒷모습도 항상 아름답게 되기를 바란다.

30절. 기드온이 아내가 많으므로 그의 몸에서 낳은 아들이 칠십 명이었고,

30절에서 기드온은 '여룹바알' 이 아니라 "기드온"이란 이름으로 불린다. 바알과 싸우는 자가 아니라, 바알을 따라가는 자가 된 것이다. 우리는 마귀와 싸우는 자가 아니면 마귀를 따라가는 자가 된다. 신앙의 세계에 회색지대는 없다. 하나님 아니면 마귀이다. 죽거나 죽이거나 둘 중 하나이다.

여룹바알로 바알과 싸우지 않는 자연인 기드온은 "칠십 명"의 아들을 낳는다. 기드온은 많은 아내들을 거느린 것이다. 성경적 입장은 언제나 일부일처(一夫一妻)이다. 인간은 하나님의 형상대로 지음 받은 존재이다. 조심스러운 표현이지만, 여호와께서 일부일처이시다. 여호와의 신부는 오직 교회뿐이고, 다른 무엇도 가지고 있지 않으시다.

좀 더 풀어서 말하면, 여호와의 옛 신부는 구약교회인 이스라엘이었다. 그러나 이스라엘이 우상숭배의 영적 간음에 빠지자, 여러 차례 그를 불러 회개를 촉구하셨다. 하나님은 음녀 고멜과 결혼한 선지자 호세아를 통해 이스라엘의 영적 음행을 고발하신다. "여호와께서 처음 호세아에게 말씀하실 때, 여호와께서 호

세아에게 이르시되, 너는 가서 음란한 여자를 맞이하여 음란한 자식들을 낳으라. 이 나라가 여호와를 떠나 크게 음란함이니라 하시니"(호 1:2).

그러나 배교한 이스라엘은 끝내 돌아오지 않는다. 그래서 신약교회와 새로운 언약을 맺으신다. 이제 음녀인 옛 이스라엘은 심판을 받고 쫓겨나며, 신부된 교회가 혼인잔치를 하며 영광스런 신부의 자리에 오른 것이다. 이것이 계시록 17장의 '음녀의 정체' 이고, 19장의 '어린 양의 혼인잔치' 인 것이다.

만약 어떤 사람이 일부일처의 하나님의 법에 충실하지 않는다면, 그는 여호와의 형상을 이루고 있는 것이 아니다. 그리스도인의 삶의 기준은 오직 예수님이다. 예수님을 닮는 것이다. 그리스도를 닮음으로 신의 성품에 참여하는 것이다. "이로써 그 보배롭고 지극히 큰 약속을 우리에게 주사, 이 약속으로 말미암아 너희가 정욕 때문에 세상에서 썩어질 것을 피하여 신성한 성품에 참여하는 자가 되게 하려 하셨느니라"(벧후 1:4). 그런데 일부일처의 법을 어기는 것은 하나님을 닮지 못하는 것이다. 창조질서를 어지럽히는 것이다.

이는 직접적으로 율법을 어기는 것이기도 하다. 분명히 신약에서도 음행은 금지된 것이다. 구약의 618개의 율법 가운데, 초대교회는 4가지만은 그대로 지키도록 했다. 즉 "다만 우상의 더러운 것과 음행과 목매어 죽인 것과 피를 멀리하라고 편지하는 것이 옳으니"(행 15:20). 그 후 음식에 관한 규정들은 율법에서 자유롭게 되었다. "그러므로 먹고 마시는 것과 절기나 초하루나 안식일을 이유로 누구든지 너희를 비판하지 못하게 하라"(골 2:16). 그러나 여전히 음행은 금지된 것이다. 앞으로도 교회는 음행을 정죄할 것이다.

일부다처제는 레위기에서 금하고 있다. "너는 아내가 생존할 동안에 그의 자매를 데려다가 그의 하체를 범하여 그로 질투하게 하지 말지니라"(레 18:18). 일부다처제를 주장하는 사람들은 야곱이 4명의 아내를 둔 것을 말한다. 그러나 야곱이 여러 아내를 두게 된 것은 야곱의 의도가 아니었다. 장인의 농간 때문이었다. 첫날 밤, 장인은 라헬이 아닌 레아를 들여보냈다. 물론 이후에 야곱의 잘못도 있었다. 결국 야곱은 바로 앞에서 말한 것처럼 험악한 세월을 보낸 것을 기억하라. 야곱 집안은 형제간의 불화가 끊이지 않았던 것이다. 하물며 경건한 야곱도 두 자매들과 결혼함으로 험악한 세월을 보내는 고통을 받았다면, 다른 사람들도 틀림없이 일부다처로 고통을 받았을 것이다. 일부다처는 축복이 아니라 재앙이란 사실을 기억하라.

게다가 두 아내가 한나와 브닌나처럼 경쟁관계에 있었다면 그 가정의 고통은 더했을 것이다(삼상 1장). 누구든지 둘째 부인을 얻는 것은 첫째 부인이 만족스럽지 못하다는 것을 온 세상에 알리는 것이다. 그래서 둘째 결혼은 첫째 결혼을 부끄럽게 하는 것이다. 그러므로 레위기 18:18은 이스라엘에서 그 자매를 질투하게 하는 일부다처는 분명하게 불법이라고 선언하고 있는 것이다.

특히 일부다처는 왕이나 통치자들에게 금지 되었다(신 17:17). 이는 그들이 더욱 일부다처의 유혹을 받기 쉬웠을 것이기 때문이다. 또한 왕들의 많은 아내들은 대개 금지된 외국과의 동맹 관계를 맺는 것을 의미했기 때문에 금해진 것이다. 솔로몬은 하나님의 말씀을 어기고 정략결혼을 했으나, 결국 나라가 분열되고 국력이 약해지는 결과를 초래했다. 이스라엘은 제사장 나라였다. 제사장은 성별된 자이다. 구별된 자이다. 세상과 정략결혼을 하며, 세상의 힘을 빌어서는 안 되었던 것이다. 영적 이스라엘이요 제사장 나라인 신약교회도 세상과 구분된 삶을 살아야 하는 것이다.

기드온은 가짜 에봇을 만들어서 이스라엘을 영적 간음에 빠지게 했다. 영적 타락은 반드시 육적 삶을 통해 나타나게 되어 있다. 둘째 에봇을 만든 기드온은 둘째 부인을 두었고, 또 다른 처첩들을 둠으로 일부다처의 죄를 범한 것이다.

어떤 사람의 됨됨이는 그가 말하는 것이 아니라 그가 행하는 것으로 알 수 있다. 기드온은 말로는 왕이 되기를 거부했지만 왕처럼 살았다. 기드온의 많은 부인들은 그가 인본주의적 왕권에 기울여졌다는 것을 보여주는 것이다. 그는 스스로 왕의 지위를 누렸던 것이다. 게다가 30절은 그가 "70명"의 아들들을 가졌다고 말한다. 이 70이라는 숫자는 사사기 1:4-6의 설명에서 말했듯이 당시 세상의 나라들을 의미하는 것이다(삿 1:7). 그러므로 기드온이 70명의 아들이 있었다는 것은 통치와 왕조를 향한 열망이 있었다는 것을 암묵적으로 나타내는 것이다. 그래서 아비멜렉이 세겜 사람들에게 경고했을 때, 70명이 너희를 다스리는 것이 좋겠느냐고 물었던 것이다(삿 9:2).

31절. 세겜에 있는 그의 첩도 아들을 낳았으므로 그 이름을 아비멜렉이 라 하였더라.

그러나 31절은 더욱 심각한 상황을 나타내고 있다. 기드온에게 세겜 출신의 첩이 있었다. 이 "첩"(פִּילַגְשׁוֹ)이란 말은 남편과 함께 살도록 정식으로 시집오는 대신에 자신의 아버지의 집에 머물러 있는 부인을 말하는 것이다. 남편이 때때로 방문하지만, 자녀들은 그 부인의 집에서 자랐던 것이다. 우리는 사사기 15:1 삼손 이야기에서 이러한 풍습을 다시 보게 된다. 물론 이러한 풍습은 창세기 2:24 "이러므로 남자가 부모를 떠나 그의 아내와 합하여 둘이 한 몸을 이룰지로다"는 말씀을 어기는 것이고 명백한 죄이다.

게다가 그 여자는 "세겜에 있는 그의 첩"이었다. 이는 그 여자가 가나안족속의 여자라는 것을 의미한다. 당시 세겜은 하몰의 후손을 섬기겠다는 자들이 살던 곳이다(삿 9:28). 그리고 사사기 9:1-4에서 그 여자의 친척들은 자신들의 정체성을 바알숭배자라고 한다. 또한 요담은 사사기 9:18에서 그녀를 가나안 족속임을 나타내는 '여종'이라고 부르고 있다(삿 1:28). 여기에서 우리는 사사기 3:6의 경고, 즉 "그들의 딸들을 맞아 아내로 삼으며 자기 딸들을 그들의 아들들에게 주고 또 그들의 신들을 섬겼더라"는 것이 성취된 것을 보게 된다. 이는 이스라엘 백성들이 멸절시키지 않은 가나안 족속들과 결혼할 것이라는 경고이다. 아비멜렉이 혼혈아인 것은 전체 문맥에서 분명한 것이다.

그러나 가장 슬픈 일은 기드온이 그 아들에게 "아비멜렉"이란 이름을 주었다는 것이다. 이는 "나의 아버지는 왕이시다"는 뜻이다. 만약 그 소년의 어머니가 이러한 이름을 주었다면 이해할 수 있는 일일 것이다. 그러나 기드온이 그러한 이름을 주었다는 것은 기드온이 말로는 왕의 지우를 거부했지만 마음으로는 왕이 되고 싶어 했다는 것을 알게 해준다. 아니 이미 기드온은 왕으로 살았던 것이다. 그래서 여기에서는 기드온을 바알과 싸우는 자인 '여룹바알'이라 불리지 않고, 기드온이라고 불리고 있는 것이다.

기드온은 더 이상 바알과 싸우는 자가 아니었다. 바알처럼 사람들 위에 군림하려는 욕망에 사로잡힌 자였다. 기드온의 욕망은 아들들에게 은연중에 전해졌을 것이다. 아버지의 말이 아니라 삶이 자녀들에게 전달되는 법이다. 우리는 다윗의 생애에서도 이러한 원리가 적용됨을 본다. 다윗이 밧세바를 범한 것을 그 아들들이 보았다. 결국 아들인 암논은 다말을 강간한 것이다. 그 아버지에 그 아들인 것이다. 기드온을 보고 아비멜렉은 배운 것이다.

젊은 날의 기드온은 겸손한 사람이었다. 그러나 이제 다른 사람들 위에 군림하기 시작했다. 이것이 인간의 죄성이다. 우리는 평생 겸손하게 하나님의 뜻 안에서 살도록 기도해야 할 것이다.

32절. 요아스의 아들 기드온이 나이가 많아 죽으매 아비에셀 사람의 오브라에 있는 그의 아버지 요아스의 묘실에 장사되었더라.

32절에서 여전히, "요아스의 아들 기드온이 나이가 많아 죽으매"라는 구절은 그의 죄와 실패들에도 불구하고, 여전히 그가 여호와의 축복을 누리고 있음을 가리키고 있다. 이는 우리에게 용기와 소망을 주는 것이다. 기드온은 완벽한 사람이어서 축복을 받은 것이 아니다. 그를 대신하여 그리스도께서 완벽한 분이셨기 때문에 복을 받았던 것이다. 우리의 연약에도 불구하고 성령께서 우리를 평생토록 지켜주실 줄 믿는다.

33-35절. 기드온이 이미 죽으매, 이스라엘 자손이 돌아서서 바알들을 따라가 음행하였으며, 또 바알브릿을 자기들의 신으로 삼고, 이스라엘 자손이 주위의 모든 원수들의 손에서 자기들을 건져내신 여호와 자기들의 하나님을 기억하지 아니하며, 또 여룹바알이라 하는 기드온이 이스라엘에 베푼 모든 은혜를 따라 그의 집을 후대하지도 아니하였더라.

기드온이 살아 있는 동안에는 그래도 직접적인 바알숭배는 없었다. 그러나 그의 죽음 이후, 이스라엘은 다시 바알을 따라 음행하기 시작하였다. 그들이 신으로 삼은 것은 "바알브릿"(בַּעַל בְּרִית)이다. 이는 '언약의 바알' 이란 말이다. 바알주의의 요소들과 참된 여호와 신앙을 혼합한 혼합주의적 신앙이었다. 이렇듯 이스라엘은 혼합주의 종교를 만들어 섬겼다. 그들에게는 혼혈아인 아비멜렉이 어울리는 인물이었다. 세겜이라는 혼합된 도시가 그 중심지가 될 것이 뻔했다.

사실, 혼합주의는 오늘날 우리시대의 특징이기도 하다. 우리는 절대적 가치를 부인하고, 모든 것을 상대화하고 다원화하는 소위 '포스트모던 시대'를 살고 있다. 그래서 오늘날 종교통합 현상이 극심해진 것이다. 예를 들면, 오늘날 바알브릿 종교의 한 예는 몰몬교일 것이다. 몰몬교는 성경의 언어를 사용하고, 그리스도와 십계명 등에 대해서 말하고 있지만, 일부다처에 다산의 바알숭배를 하고 있는 것이다.

기드온은 젊은 날 겸손을 버리고 왕처럼 살았다 특히 가정을 바로 세우지 못했다. 바알과 싸우는 자가 아니라, 바알숭배자의 가장이 되었다. 결국 기드온은 하나님을 버린 것이다. 그래서 이스라엘 사람들은 기드온의 집을 버렸다.

그러나 하나님께서는 이스라엘을 이방세력의 손에 파는 대신에, 아비멜렉에게 넘겨주었다. 이스라엘에 대한 그의 재앙적인 3년간의 통치에 대한 이야기는 사사기의 다른 이야기들에서 묘사된 이방 민족의 침략에 상응하는 일종의 '압제의 기간' 이었다. 그들은 잡종 신을 경배했고, 그래서 여호와께서 그들을 잡종 인간에게 넘겨주었던 것이다. 그들은 인본주의적 왕을 원했고, 그래서 그들은 인본주의적 왕이 다스렸던 것이다. 하나님은 언제나 당신의 백성들이 원하는 것을 그들에게 줌으로 그들을 벌하신다. 하나님의 통치를 바라며 하나님을 왕으로 모신 삶을 살기를 바란다.

10. 살인자와 순교자(삿 9:1-6)

예배를 드리는 것은 위험한 일이다. 한 번의 잘못된 예배로 가인처럼 살인자가 되기도 하고, 아벨처럼 순교자가 되기도 하기 대문이다. 예배를 통해 옛 사람이 죽는 경험을 한 사람만이 새로운 생명과 새로운 삶을 맛보게 될 것이다. 그런 점에서 예배는 죽고 죽이는 일이다. 예배시간에 죽은 자는 순교자가 되지만, 죽지 못한 자는 살인자가 되어 버린다. 그런 점에서 세상의 모든 사람들은 살인자와 순교자로 나눌 수 있다. 서서히 죽거나 표가 안 나게 죽어도 모든 사람들은 순교자 아니면 살인자인 것이다.

1-3절. 여룹바알의 아들 아비멜렉이 세겜에 가서 그의 어머니의 형제에게 이르러, 그들과 그의 외조부의 집의 온 가족에게 말하여 이르되, 청하노니 너희는 세겜의 모든 사람들(baals)의 귀에 말하라. 여룹바알의 아들 칠십 명이 다 너희를 다스림과 한 사람이 너희를 다스림이 어느 것이 너희에게 나으냐? 또 나는 너희와 골육임을 기억하라 하니, 그의 어머니의 형제들이 그를 위하여 이 모든 말을 세겜의 모든 사람들의 귀에 말하매, 그들의 마음이 아비멜렉에게로 기울어서 이르기를 그는 우리 형제라 하고,

아비멜렉은 세겜에 있는 기드온의 첩의 아들이다. 바알숭배자인 가나안 사람인 세겜 여인이 낳은 혼혈아이다. 그러나 혼혈아도 하나님의 백성이 될 가능성은 있었다(cf. 수 8:33). 출애굽 때에도 무수히 많은 잡족들이 이스라엘 백성들을 따라와서 하나님의 백성의 일원이 되었다(출 12:38). 예수님의 족보에 등장하는 여인들인 라합이나 룻도 이방인 출신이었다(마 1:5).

아비멜렉에게 문제가 된 것은 출신이 아니라 성장과정이다. 그는 언약의 백성으로 하나님의 말씀을 듣고 신앙교육을 받을 기회를 놓친 것이다. 매일은 아니지만 가끔씩 들르는 아버지 기드온은 이 아들에게 '나의 아버지는 왕이시다' 라는 뜻의 '아비멜렉' 이란 이름을 주었다. 어린 아비멜렉은 말로는 왕의 자리를 거절했지만 사실은 왕처럼 살고 있는 아버지 기드온을 보며 자랐다. 과거에는 바알과 싸우는 자인 '여룹바알' 이었지만, 지금은 바알과 타협하는 자인 아버지를 보며 자랐던 것이다. 여호와 하나님에 대한 바른 믿음이나, 언약 백성으로 어떻게 살아야 하는 것에 대해서는 전혀 모르는 채 자란 것이다. 우리들의 자녀들은 어떤 신앙교육을 받으며 자라고 있는가?

아비멜렉은 "세겜에 가서 그의 어머니의 형제에게" 말하였고, 그들은 "세겜의 모든 사람들" 에게 말했다. 여기 "모든 사람들" 은 단순한 사람들이 아니라 '지도자들' 이다. 그들에 대해서 <개정개역>에는 잘 나타나지 않지만, <공동번

역>에는 "어른들"이라고 번역하고 있고, 영어 성경들에는 'leaders' 라는 표현이 나타난다. 때로 이들을 "baals" 라고도 하는데, 바알이라는 말이 보통명사로 지도자를 의미할지라도 이들은 바알숭배자의 지도자들임에 틀림없다.

그러므로 아비멜렉이 자신의 아버지를 '기드온' 이 아니라 바알과 싸우는 자인 "여룹바알" 로 언급하고 있는 것은 중요한 것이다. 그는 세겜 사람들에게 자신과 바알과 싸우는 자인 여룹바알의 70명의 아들들 사이에 선택해야 한다고 제안하고 있는 것이다. 2절에서 그는 교활하게 다음과 같은 4가지를 더 논증하고 있다.

첫째, 아비멜렉은 "칠십 명이 다 너희를 다스림과 한 사람이 너희를 다스림이 어느 것이 너희에게 나으냐?" 라고 묻는다. 먼저 그는 이 질문에서 '한 사람' 을 강조하고 있다. 사람들은 한 사람의 왕을 원했다. 이런 인본주의적 한 사람의 왕은 참된 왕이신 한 분 여호와를 반대하는 것이기도 하다.

둘째, 아비멜렉은 "칠십 명이 다 너희를 다스림" 에 대해 말한다. 이는 가능성이 없는 거짓말이다. 70명이 다스릴 수 없기 때문이다. 그러나 아비멜렉은 세겜 사람들을 겁주기 위하여 그렇게 말하고 있는 것이다.

셋째, "여룹바알의 아들 칠십 명" 이라고 그들이 바알과 싸우는 자들의 아들임을 강조한다. 세겜 사람들은 바알브릿의 숭배자들이었다. 그러므로 '바알과 싸우는 자의 아들들이 너희를 통치하기를 원하느냐?' 는 일종의 위협이다.

넷째, 아비멜렉은 "나는 너희와 골육임을 기억하라." 고 회유한다. '나는 너희 마을 출신이다. 나는 너희들의 혈육이다. 나는 너희들의 상황을 알고 공감한다. 나도 너희처럼 바알브릿의 숭배자다' 라며 온갖 달콤한 말로 사람들의 마음을 흔드는 것이다. 그리고 3절 마지막 부분 "그들의 마음이 아비멜렉에게로 기울어서 이르기를 그는 우리 형제라 하고" 에서 우리는 이러한 논증이 매우 효과적이었다는 것을 알 수 있다. 그들의 마음이 아비멜렉에게 기울어진 것이다.

4-5절. 바알브릿 신전에서 은 칠십 개를 내어 그에게 주매, 아비멜렉이 그것으로 방탕하고 경박한 사람들을 사서 자기를 따르게 하고, 오브라에 있는 그의 아버지의 집으로 가서, 여룹바알의 아들 곧 자기

형제 칠십 명을 한 바위 위에서 죽였으되, 다만 여룹바알의 막내 아들 요담은 스스로 숨었으므로 남으니라.

여룹바알 가문의 몰락은 바알브릿의 신전에서 지원된 돈으로 이루어졌다. 그러므로 우리는 이것을 여호와와 바알, 즉 하나님과 사탄 사이의 계속되는 전쟁의 일부인 것으로 보아야 한다. 그러나 우리가 살펴볼 것처럼, 세겜의 바알브릿의 신전은 결국 아비멜렉에 의해 망하게 된다.

기드온의 70명의 아들들은 여전히 "오브라"에 있었다. 아마 그들은 아직도 자신들의 아버지의 죽음을 슬퍼하고 있었던 것 같다. 그런데 여기에서 가장 중요한 점은 그들 모두가 "한 바위 위에서" 죽임을 당했다는 사실이다. 이것은 그들이 바알에게 인간 제물로 드려졌다는 것을 가리키는 것이다. 여룹바알이 바알의 제단을 헐고 여호와께 황소를 잡아서 제물로 제사를 드린 것처럼(삿 6:25-27), 바알에게 드려진 제사는 여룹바알의 70명의 아들들을 희생제물로 드려진 것이다.

'인신제사' 문제는 사사 입다를 다룰 때, 자세하게 다룰 것이다. 그러나 간단하게라도 말하면, 창세기 4:1-10과 히브리서 12:24에 의하면, 아벨의 피는 일종의 인신제사였다. 하나님께서는 모든 사람들이 죄인이며 죗값을 치르기 위하여 오직 대속물의 죽음만이 그 죄를 구속할 수 있음을 아담에게 계시하셨다. 가인과 아벨 둘 다는 이것을 알았었다. 그들은 자신이 죄인이고, 자신의 죄가 깨끗하게 되고 속죄될 필요가 있다는 것을 알았었다. 그들은 또한 자신이 하나님의 진노 하에 있고, 하나님의 진노가 달래지고 바뀌고 녹아질 필요가 있다는 것을 깨달았었다.

아벨과 가인은 하나님께서 아벨과 그의 제물을 귀하게 여기신다는 것을 알았다. 그러나 가인과 그의 제물은 귀하게 여겨지지 않았다. 하나님으로부터 그것을 받아들이신다는 응답의 불이 없었던 것이다.

가인은 하나님에게 좋은 것을 바치려고 했다. 제물에 대한 그의 견해는 그것이 하나님께 드리는 선물이었다. 훗날의 바알주의자들처럼, 그는 하나님을 자극하려고 했다. 세월이 흐르자 그는 자신이 죽을 죄인임을 망각했다. 그는 대속물이 필요한 것을 알지 못했다. 그는 하나님과 거래하기를 원했다. 그러나 하나님께서 자신의 선물을 받아주지 않자 화가 났다. 그는 어린 동생 앞에서 굴욕을 당했다고 생각했다.

하나님은 은혜롭게 가인에게 오셔서 그가 제대로 제물을 드리도록 격려해주셨다. 즉 받을 수 있는 대속물을 요구하셨던 것이다. 가인은 아벨에게 양을 사와야 했다. 가인은 자신의 마음을 살필 필요가 있었다. 죄가 가인의 마음 문 앞에 웅크리고 있었고, 동시에 그리스도께서 그의 마음 문을 두드리고 계셨기 때문이다(계 3:20). 하나님께서는 가인에게 죄의 욕망을 이기는 자가 되라고 격려해 주셨다(계 3:21). 아마 가인은 아벨에게 하나님께서 말씀하신 것을 말했을 것이다. 그리고 아벨은 가인에게 여호와의 말씀을 들으라고 권면했을 것이다. 그러나 이것이 가인을 더 비참하게 만들었다. 결국 그는 아벨을 죽인 것이다.

가인이 아벨을 죽인 것이 살인인가? 아니면 인신제사인가? 모든 살인은 인간에게 있는 하나님의 형상에 대한 공격이다. 이는 결국 하나님을 공격하는 일이다. 또한 모든 살인은 진노의 표현이고, 스스로의 화를 달래려는 욕망이고, 그래서 모든 살인은 희생제사적인 요소들을 가지고 있는 것이다. 살인, 희생제사, 그리고 죽음의 죗값은 궁극적으로 분리할 수 없는 것이다. 왜냐하면 이 모든 것들이 인간의 진노든지 하나님의 진노든지 누군가의 진노를 달래기 위하여 행해지는 것이기 때문이다.

창세기에서 아벨의 피가 땅에서 부르짖는다고 했고(창 4:10), 히브리서 12:24은 이 부르짖음을 예수 그리스도의 피의 부르짖음과 명백하게 연결하고 있다. 그리스도의 피는 그의 백성들의 구원을 위해 부르짖고 있고, 한편 아벨의 피는 복수를 위해 부르짖고 있다. 이러한 피의 부르짖음은 분명히 희생제사적인 피의 부르짖음인 것이다.

왜 가인은 아벨을 죽였는가? 이것이 과연 옳은 일인가? 사탄은 인간에게 하나님처럼 될 것이라고 했다(창 3:5). 가인은 하나님처럼 되려한 것이다. 그는 자신의 분노가 반드시 풀려야 한다고 믿었던 것이다. 그는 자신이 가지고 있는 문제와 어려움들이 제거되기를 원했다. 가인은 자기 스스로가 문제임을 깨닫지 못했다. 오히려 아벨이 문제라고 생각했다. 가인에게 악은 바로 아벨이었다.

속죄나 화해 같은 것들은 죄를 희생제사적으로 대속하는 것에 대한 신학적인 용어들이다. 가인의 행동은 명백하게 희생제사적인 것이다. 하나님은 그것을 희생제사로 여기셨다.

가인이 에덴 밖에서 도시와 문화를 세운 것을 주목해야 한다. 이 세속 도시와 문화는 그리스도의 대속적인 죽음이 아니라, 인간의 분노를 달래기 위해 세워진 것이다. 모든 인본주의적 사회질서들은 인간의 희생제사적인 살인 위에 세워졌다. 무고한 수백만의 사람들이 죽으며 독일 히틀러의 국가사회주의가 세워졌고, 중국의 모택동과 소련 스탈린의 사회주의가 세워졌다. 알렉산드라 솔제니친의 세권짜리 <수용소군도>라는 책은 이러한 사실을 자세하게 보여주고 있다. 이런 점에서 오늘날 우리 사회의 심각한 문제인 낙태된 수백만의 아이들도 일종의 인신제사의 제물로 드려진 것이다.

금지된 여리고 성이 건축될 때, 우리는 일종의 인신제사를 보게 된다. "그 시대에 벧엘 사람 히엘이 여리고를 건축하였는데, 그가 그 터를 쌓을 때에 맏아들 아비람을 잃었고, 그 성문을 세울 때에 막내아들 스굽을 잃었으니, 여호와께서 눈의 아들 여호수아를 통하여 하신 말씀과 같이 되었더라"(왕상 16:34).

새 예루살렘인 교회의 건축도 기초돌이요 모퉁이돌이신 그리스도의 희생 위에 세워진 것이다. 교회는 그리스도의 피 위에 세워진 공동체이다. 교회가 유지된 것도 순교자의 피로 가능했다. 한국교회는 제너널셔먼 호를 타고 대동강에 와서 순교를 피를 흘린 토마스 선교사의 피를 비롯해서 수많은 순교자들의 피 흘림이 있었다. 앞으로도 교회는 수많은 희생의 피를 필요로 하고 있는 것이다. 피를 흘리는 순교자가 아니면, 피를 흘리게 만드는 살인자가 될 것이다.

6절. 세겜의 모든 사람과 밀로 모든 족속이 모여서 세겜에 있는 상수리 나무 기둥 곁에서 아비멜렉을 왕으로 삼으니라.

여기 아비멜렉을 왕으로 세운 "상수리나무 기둥 곁"이라는 장소도 중요하다. 여호수아 24:26-28을 보라. "여호수아가 이 모든 말씀을 하나님의 율법책에 기록하고 큰 돌을 가져다가 거기 여호와의 성소 곁에 있는 상수리나무 아래에 세우고, 모든 백성에게 이르되, 보라 이 돌이 우리에게 증거가 되리니, 이는 여호와께서 우리에게 하신 모든 말씀을 이 돌이 들었음이니라. 그런즉 너희가 너희의 하나님을 부인하지 못하도록 이 돌이 증거가 되리라 하고, 백성을 보내어 각기 기업으로 돌아가게 하였더라." 여기에서 이 기둥들은 사람들이 여호와와 그들의 언약을 기념하기 위하여 여호수아에 의해 세워진 기념비이다. 이것은 여호와께서 그들의 왕이심을 기억하도록 하는 것이었다. 그러나 이제 무시무시한 반역이 일어난다. 여호와께서 바로 이 장소에서 거부되었고, 살인자 인본주의자 왕이 등극했다. 여기에서 우리는 이스라엘의 배교의 축소판을 보게 된다. 또한 여호와의 장막이란 것은 원래 곁에 있는 이 상수리나무 기둥으로 묶여졌다(수 24:26). 의심할 바 없이 이곳은 이제 바알브릿의 성전이 된 것이다(삿 9:4).

화려한 유럽의 교회들이 관광지나 박물관으로 전락하고 있다. 엄청나게 돈을 들여 지은 건물들이 이단들이나 타 종교에 넘어가고 있는 실정이다. 우리의 아름다운 영적유산들이 하나님을 높이는데 계속적으로 쓰임받기를 바란다.

왜 하나님께서 기드온의 70명의 아들이 죽는 것을 허락하셨을까? 그 이유는 그들이 죄를 지었기 때문이다. 먼저 그들은 그들의 아버지의 죄의 결과로 죽었는데, 기드온은 일부일처의 법을 어겼다. 자식들을 신앙으로 양육하지 못했다. 뿐만 아니라 사사기 8:27에서 기드온의 에봇이 "기드온과 그의 집에 올무가 되었다"고 말하는데, 기드온처럼 70명의 아들들도 결국 불신앙과 타협했던 것이다. 그들은 자신들의 아버지를 따라 타락했다. 그 결과 심판이 불가피해진 것이다. 온전한 신앙을 전수하는 가정과 교회가 되기를 바란다.

70명의 아들들이 죽임을 당하는 가운데 살아남은 요담을 기드온의 아들 가운데 "막내"라고 한다. 이것은 형을 대신하고 구속하는 동생, 즉 둘째 아담이 첫째 아담을 대신하고 구속하는 창세기에서 세워진 구속사적인 주제와 연관이 있는 것이다. 그러나 여기에선 구속이 아닌 복수가 나타난다. 저주를 선포하는 것으로, 요담은 그의 형제들의 복수를 하고 있는 것이다. 구약성경에서 조상들은 죄를 짓고 죽고, 그들을 대신하여 젊은 아들들이 일어난다. 이 모든 것들은 아담 안에서 죽은 모든 사람들의 구속자이며 복수하는 분이신 그리스도를 가리키고 있는 것이다.

기드온이 바알을 대적하며 여호와께 예배할 때, 300의 용사로 135,000명이나 되는 적군을 죽일 수 있었다. 그러나 에봇을 만들어 섬기며 하나님에 대한 예배에 실패할 때, 기드온의 아들들은 죽임을 당하게 된다. 구약 제사에서 대속의 제물들이 피 흘리며 죽은 것처럼, 신약교회가 매주일 예배시간 말씀의 검을 통해 심령이 쪼개지며 죽임을 경험할 때, 새로운 생명의 삶을 누릴 수 있게 되는 것이다. 그러나 예배에 실패할 때, 우리의 심령이 죽게 된다. 뿐만 아니라 누군가를 죽이게 된다. 그래서 예배는 살인자를 만들기도 하고, 순교자를 만들기도 한다. 온전한 예배를 통해 순교적 삶을 이어가길 바란다.

11. 열매 맺는 삶(삿 9:7-15)

기드온의 사명은 바알과 싸우는 자, 즉 여룹바알로 사는 것이다. 그러나 가짜 에봇을 만들며 바알과 타협하는 자가 될 때, 그의 70명의 아들들이 바알의 제단에 제물로 받쳐진다. 이제 형제들의 죽음 가운데 살아남은 요담의 목소리를 들어보자.

> 7절. 사람들이 요담에게 그 일을 알리매, 요담이 그리심 산 꼭대기로 가서 서서 그의 목소리를 높여 그들에게 외쳐 이르되, 세겜 사람들아 내 말을 들으라. 그리하여야 하나님이 너희의 말을 들으시리라.

요담은 하나님의 심판을 선포하기 위하여 "그리심 산 꼭대기"로 올라갔다. 지리적으로 세겜은 그리심 산과 에발 산 사이의 언덕에 위치해 있었다. 이 두 산은 이스라엘의 역사에서 중요한 의미가 있는 산들이다. 출애굽한 이스라엘이 40년의 광야생활을 끝내고 가나안 땅에 들어오기 직전에 있었던 일이다. 모세는 이스라엘 백성들에게 이렇게 명령했다. 신명기 27:11-16 "모세가 그 날 백성에게 명령하여 이르되, 너희가 요단을 건넌 후에 시므온과 레위와 유다와 잇사갈과 요셉과 베냐민은 백성을 축복하기 위하여 그리심 산에 서고, 르우벤과 갓과 아셀과 스불론과 단과 납달리는 저주하기 위하여 에발 산에 서고, 레위사람은 큰 소리로 이스라엘 모든 사람에게 말하여 이르기를, 장색의 손으로 조각하였거나 부어 만든 우상은 여호와께 가증하니, 그것을 만들어 은밀히 세우는 자는 저주를 받을 것이라 할 것이요. 모든 백성은 응답하여 말하되, 아멘 할지니라." 이렇게 시작된 축복과 저주는 신명기 28장까지 이어진다.

이러한 모세의 명령은 여호수아 8:30-35에서 성취된다. "그 때에 여호수아가 이스라엘의 하나님 여호와를 위하여 에발 산에 한 제단을 쌓았으니, 이는 여호와의 종 모세가 이스라엘 자손에게 명령한 것과 모세의 율법책에 기록된 대로 쇠 연장으로 다듬지 아니한 새 돌로 만든 제단이라. 무리가 여호와께 번제물과 화목제물을 그 위에 드렸으며, 여호수아가 거기서 모세가 기록한 율법을 이스라엘 자손의 목전에서 그 돌에 기록하매, 온 이스라엘과 그 장로들과 관리들과 재판장들과 본토인뿐 아니라 이방인까지 여호와의 언약궤를 멘 레위사람 제사장들 앞에서 궤의 좌우에 서되 절반은 그리심 산 앞에, 절반은 에발 산 앞에 섰으니, 이는 전에 여호와의 종 모세가 이스라엘 백성에게 축복하라고 명령한 대로 함이라. 그 후에 여호수아가 율법책에 기록된 모든 것 대로 축복과 저주하는 율법의 모든 말씀을 낭독하였으니, 모세가 명령한 것은 여호수아가 이스라엘 온 회중과 여자들과 아이와 그들 중에 동행하는 거류민들 앞에서 낭독하지 아니한 말이 하나도 없었더라."

그리심 산의 축복과 에발 산의 저주는 모든 이스라엘에게 '아멘' 으로 맹세된 것이다. 그러므로 지금 요담이 세겜과 아비멜렉에 대한 저주를 선포한 것은 축복과 저주를 위한 전통적인 위치였던 것이다. 원래 그리심 산은 축복의 산이었고, 저주의 산은 에발이었다. 그런데 지금 요담은 그리심 산에서 저주를 퍼붓는다. 이는 그리심의 축복이 언약의 파괴자들에게는 저주로 돌아선다는 것을 보여주는 것이다. 세겜 사람들은 여호와의 언약을 깨뜨렸다. 그러므로 이제 언약의 저주가 그들의 조상들이 맹세한 것처럼 임할 것이다.

기독교는 '기복종교' 는 아니지만 '축복의 종교' 이다. 하나님이 인간에게 하신 첫 번째 일도 복을 주신 것이었다. 우리는 하나님께 나아가는 자에게 하나님께서 상주시는 분이심을 믿어야 한다(히 11:6). 그러나 언약의 축복은 언약을 순종할 때 주어지는 것이다. 불순종은 저주를 가져온다. 세겜 사람들의 불순종은 축복의 산인 그리심을 저주의 산으로 만들어버렸던 것이다. 하나님의 말씀에 순종하며 복된 삶을 살기를 주님의 이름으로 축복한다.

8-13절. 하루는 나무들이 나가서 기름을 부어 자신들 위에 왕으로 삼으려 하여 감람나무에게 이르되, 너는 우리 위에 왕이 되라 하매, 감람나무가 그들에게 이르되, 내게 있는 나의 기름은 하나님과 사람을 영화롭게 하나니 내가 어찌 그것을 버리고 가서 나무들 위에 우쭐대리요 한지라. 나무들이 또 무화과나무에게 이르되, 너는 와서 우리 위에 왕이 되라 하매, 무화과나무가 그들에게 이르되, 나의 단 것과 나의 아름다운 열매를 내가 어찌 버리고 가서 나무들 위에 우쭐대리요 한지라. 나무들이 또 포도나무에게 이르되, 너는 와서 우리 위에 왕이 되라 하매, 포도나무가 그들에게 이르되, 하나님과 사람을 기쁘게 하는 내 포도주를 내가 어찌 버리고 가서 나무들 위에 우쭐대리요 한지라.

요담은 사람을 나무로 비유하고 있다. 이는 성경신학적으로 적절한 비유이다. 원래 인간은 나무 같은 존재이기 때문이다. 나무처럼 흙에서 나서 흙으로 돌아가는 나무 같은 존재이다. 그래서 소경이 눈을 뜨고 사람을 보며 "이르되 사람들이 보이나이다. 나무 같은 것들이 걸어가는 것을 보나이다." 라고 했다(막 8:24). 그런데 세상에는 열매 맺는 나무 같은 사람과 가시나무 같은 사람이 존재한다.

요담의 비유를 더 들어 보자. 나무들이 자신들의 왕이 되어달라고 감람나무, 무화과나무, 포도나무, 가시나무를 찾아간다. 이 나무들은 성경에서 이스라엘과 연관되어진다. 그들은 하나님 밑에서 자신들의 임무를 성실하게 감당하는 신실한 사람들을 상징하고 있다. 이들은 창세기 1:26-28, 2:15의 문화명령을 성취하기 위하여 열심히 일하는 사람들이다. 그들은 자신들의 일을 통하여 만족과 자존감과 기쁨을 가지고 있었다. 그들은 "하나님과 사람"을 '섬기는 존재' 로 자신들을 보고 있었다. 그래서 그들은 '왕' 이 되는 것을 거부했다.

이렇게 자신에게 참된 만족이 있으면 다른 것을 더 요구하지 않는다는 것을 보여주는 좋은 예가 있다. 희랍 철학자 디오게네스의 일화이다. 그는 '행복은 만족하며 사는 것'을 역설했다. 그는 실제로 나무 술통을 집 삼아서, 가난하지만 만족하며 살고 있었다. 어느 날 그가 사는 아테네를 정복한 알렉산더 대왕이 찾아왔다. 그리고 제안한다. "무엇이든지 원하는 것을 들어주겠다." 그날도 자신의 집이며 전 재산인 나무통 속에서 옷을 벗고 일광욕을 즐기던 디오게네스가 뭐라고 했는지 아는가? "부탁하지요. 햇빛을 가리지 말고 저리로 비켜주시오"라고 했다.

우리는 하나님이 기뻐하시는 열매 맺는 삶을 살아야 한다. 아니면 다른 마음이 자꾸 들게 되어있다. 진정한 마음속에서 부터의 만족이 없으면 다른 욕망에 사로잡히게 되어있다. 하나님 앞에서 합당한 열매 맺는 삶을 살기를 바란다.

어떤 열매를 맺어야 할까? 먼저, 우리는 회개에 합당한 열매를 맺어야 할 것이다. 마태복음 3:8 "그러므로 회개에 합당한 열매를 맺고," 또한 이 열매는 빛의 열매로 나타난다. 에베소서 5:9 "빛의 열매는 모든 착함과 의로움과 진실함에 있느니라." 이것을 세분화하면 성령의 열매일 것이다. 갈라디아 5:22-23 "오직 성령의 열매는 사랑과 희락과 화평과 오래 참음과 자비와 양선과 충성과 온유와 절제니 이 같은 것을 금지할 법이 없느니라." 그리고 사역의 열매들도 맺어야 한다. 예를 들면, 전도의 열매이다. 로마서 16:5 "나의 사랑하는 에배네도에게 문안하라 저는 아시아에서 그리스도께 처음 익은 열매니라." 다음에는 찬양의 열매이다. 히브리서 13:15 "이러므로 우리가 예수로 말미암아 항상 찬미의 제사를 하나님께 드리자. 이는 그 이름을 증거하는 입술의 열매니라." 마지막으로 구원의 열매이다. 로마서 6:22 "그러나 이제는 너희가 죄에게서 해방되고 하나님께 종이 되어 거룩함에 이르는 열매를 얻었으니 이 마지막은 영생이라." 아름다운 열매를 맺는 사람들이 되길 바란다.

그러면 어떻게 열매 맺는 삶을 살 수 있는가? 과수원의 나무들을 상상해 보라. 열매 맺는 유실수치고 굵고 크고 잘 생긴 나무가 없다. 키가 작고 잔가지가 많은 그런 나무들이다. 마찬가지로 하나님을 위해 큰일을 한 사람들 중에 세상에서 크게 자랑거리가 많았던 사람들은 별로 없는 것 같다. 오히려 약하고 못난 사람들이 예수님을 믿고 변화되어 능력 있는 삶을 산 것이다.

그런데 과수원의 같은 나무라도 아름답고 굵고 탐스런 열매를 맺으려면 가지치기를 하고, 꽃도 너무 많지 않게 적당히 따주기도 한다. 열매의 숫자가 많아지면 자연히 열매가 작아지기 때문이다. 그래서 하나님께서도 우리에게 가지치기를 하시는 것이다. 이것을 히브리서는 이렇게 말한다. 히브리서 12:11 "무릇 징계가 당시에는 즐거워 보이지 않고 슬퍼 보이나 후에 그로 말미암아 연달한 자에게는 의의 평강한 열매를 맺나니" 징계는 열매를 맺는다고 하는 것이다. 그러므로 우리의 못된 성품, 벌레 먹은 부분들에 가지치기를 해주시는 것이다. 영국 웨일즈 부흥의 중심지였던 모리아 교회에 가면, 예배당 입구 비석에 이런 기도의 문구가 새겨져 있다. "하나님 나를 꺾어주십시오. 나를 사용해 주십시오."

어떤 열매를 맺고 있는가? 좋은 열매를 맺고 싶은가? 징계와 연단을 두려워하지 말기 바란다. 시험을 당한다면 '주께서 나를 다듬고 계시는구나, 나의 깎여야하는 부분은 어디일까?' 하고 주님께 맡겨야 할 것이다. 주님께서 열매 맺는 나무로 다듬으실 것이다.

14-15절. 이에 모든 나무가 가시나무에게 이르되, 너는 와서 우리 위에 왕이 되라 하매, 가시나무가 나무들에게 이르되, 만일 너희가 참으로 내게 기름을 부어 너희 위에 왕으로 삼겠거든 와서 내 그늘에 피하라 그리하지 아니하면 불이 가시나무에서 나와서 레바논의 백향목을 사를 것이니라 하였느니라.

그러나 열매가 없는 가시나무는 자신이 왕이 되고자 했다. 여기에서 발견할 수 있는 한 가지 교훈이 '열매 없는 사람은 무언가 다른 것으로 보상을 받고 싶어 한다' 는 것이다. 진짜 우리가 해야 할 본연의 일이 무엇일까? 그 일을 통해 열매를 맺지 못하면 우리도 다른 것으로 대체하려고 할 것이다. 지금 우리들이 맺을 열매는 무엇인가?

가시나무는 열매가 없었다. 가시나무는 가시덤불이다(시 58:9). 그러므로 땅의 저주에 대한 상징이다(창 3:18; 마 27:29). 게다가 가시나무는 덤불이고 그늘이 없다. 그런데 다른 모든 나무들에게 자신의 그늘로 피난처를 삼으라는 것은 어리석은 일이다. 가시나무는 남들을 자신보다도 낮은 위치로 격하시키고자 했다. 그렇게 된다면 결과적으로 다른 나무들도 아무 것도 생산하지 못하게 될 것이다.

가시나무는 생산적인 일을 지향하지 않고, 오히려 독재적인 통치를 지향하고 있다. 그는 다른 사람들이 노력한 것을 빼앗는 것에 기초한 사회를 세우는 악한 사람들을 상징하고 있다. 그의 사회는 다른 사람들의 부와 힘들여 얻은 저축과 자산을 한꺼번에 몰수하는 것에 기초한 사회주의 사회이다. 약자들을 강탈한 것에 기초한 제국주의 사회이다. 다른 사람들의 노동력을 착취하는 것에 기초한 노예사회이다. 사실 가시나무의 사회는 저주받은 자들의 사회인 것이다.

또한 가시나무는 진노의 사람이다. 누군가 자신을 따르지 않으면, 그는 자신의 계획에 장애가 되는 사람을 불로 태우려고 할 것이다. 실제로 가끔 가시나무의 메마른 넝쿨을 따라 번진 불이 다른 나무들을 괴롭혔고, 요담의 비유는 이러한 사실을 염두에 두고 나왔던 것이다. 심지어 가시나무는 나무들 가운데 가장 강력한 나무인 레바논의 백향목 마저도 그렇게 괴롭혔던 것이다.

이 요담의 비유의 요점은 선한 사람은 다른 사람들 위에 군림할 욕망을 가지지 않는다는 것이다. 선한 사람은 하나님과 자신을 따르는 사람들 때문에 행복한 생산적인 존재라는 것이다. 그들은 위대함에 이르는 길이 주님께서 가르치신 것처럼 섬김의 길이라는 것을 깨달은 자들이다(닥 10:42-45). 그러나 가시나무 같은 자들은 자신을 위한 권력욕에 사로잡힌 자들이다.

건전한 기독교인들은 자신들의 일을 통하여 하나님과 사람들을 섬긴다. 그들의 만족은 생산성을 통하여 주어진다. 그들은 오늘날 사회 문제들의 해결책이 하나님에 대한 믿음과 열심히 일하는 것에 있다고 믿고 있다. 그러나 불행하게, 대부분의 사람들은 자신들의 문제를 믿음과 노동이 아닌 국가를 통해 답을 얻으려고 한다. 이는 가시나무를 바라보는 것이다.

말씀을 정리하겠다. 우리들의 열매는 무엇인가? 열매 맺는 삶을 살기를 원하는가? 그러면 말씀으로 자신을 바로 세울 수 있기를 바란다. 그리고 인내할 수 있기를 바란다. 지금 당장 열매가 없어서 걱정인가? 원뿌리에 붙어서 있기만 하면 때가 차면 열매를 맺기 마련이다. 예수님께서 이렇게 말씀하신다. 요한복음

15:4-5 "내 안에 거하라. 나도 너희 안에 거하리라. 가지가 포도나무에 붙어 있지 아니하면 스스로 열매를 맺을 수 없음 같이 너희도 내 안에 있지 아니하면 그러하리라. 나는 포도나무요 너희는 가지라. 그가 내 안에, 내가 그 안에 거하면 사람이 열매를 많이 맺나니 나를 떠나서는 너희가 아무 것도 할 수 없음이라." 그러므로 주님과의 관계를 다시 점검해 보기 바란다. 그리고 정말 주님 안에 살고 있는지 스스로 진지하게 물어보기 바란다. 주님 안에 살며 말씀의 자양분을 받고 성령의 볕을 쪼이며 기도의 호흡을 계속하는 가운데 우리는 성장하게 된다. 열매 맺게 된다.

예레미야 32:19 "주는 모략에 크시며 행사에 능하시며 인류의 모든 길에 주목하시며 그 길과 그 행위의 열매대로 보응하시나이다." 마태복음 7:16, 20 "이러므로 그의 열매로 그들을 알리라" 하나님 앞에 섰을 때 좋은 열매를 맺어 칭찬받는 우리들이 되길 바란다.

12. 배반의 영(삿 9:16-25)

요담의 비유에서 열매 맺는 나무들은 열매를 내고 가시나무는 불을 낸다. 자신의 일에 열매가 충실한 선한 사람들은 그 자체가 축복이고 위로이고 보상이다. 그러나 열매가 없는 악한 자들은 끝없이 공허하고 허망하고 불만과 불평 가운데 살며, 그 자체가 저주이다. 요담의 이야기를 더 들어보겠다.

16-21절. 이제 너희가 아비멜렉을 세워 왕으로 삼았으니, 너희가 행한 것이 과연 진실하고 의로우냐? 이것이 여룹바알과 그의 집을 선대함이냐? 이것이 그의 손이 행한 대로 그에게 보답함이냐? 우리 아버지가 전에 죽음을 무릅쓰고 너희를 위하여 싸워 미디안의 손에서 너희를 건져냈거늘, 너희가 오늘 일어나 우리 아버지의 집을 쳐서 그의 아들 칠십 명을 한 바위 위에서 죽이고, 그의 여종의 아들 아비멜렉이 너희 형제가 된다고 그를 세워 세겜 사람들 위에 왕으로 삼았도다. 만일 너희가 오늘 여룹바알과 그의 집을 대접한 것이

> 진실하고 의로운 일이면, 너희가 아비멜렉으로 말미암아 기뻐할 것이요. 아비멜렉도 너희로 말미암아 기뻐하려니와, 그렇지 아니하면, 아비멜렉에게서 불이 나와서 세겜 사람들과 밀로의 집을 사를 것이요. 세겜 사람들과 밀로의 집에서도 불이 나와 아비멜렉을 사를 것이니라 하고, 요담이 그의 형제 아비멜렉 앞에서 도망하여 피해서 브엘로 가서 거기에 거주하니라.

요담은 세겜 사람들에게 기드온이 과거에 그들을 위하여 싸웠던 것을 말한다. 또한 그들이 기드온의 70명의 아들들을 죽인 것에 대해서도 말한다. 모든 사람은 아니어도 그 소리가 들리는 곳에서는 이 끔찍한 행위에 대하여 알려졌을 것이다. 요담의 저주의 핵심은 19-20절이다. 만약 세겜 사람들과 아비멜렉이 기드온의 70명의 아들들을 죽인 것이 정당한 일이었다면, 세겜 사람들과 아비멜렉이 서로 계속해서 기뻐할 것이고, 아니면 하나님의 심판이 있을 것이라는 것이다.

이것은 사사기 6:31에서 바알에 대한 요아스의 연설과 같은 논리이다. "바알이 과연 신일진대 그의 제단을 파괴하였은즉 그가 자신을 위해 다툴 것이니라." 바알이 신이라면 바알 제단을 파괴한 기드온을 직접 벌할 것이라는 내용이다. 그러나 바알은 침묵했다. 반면 무능한 바알과 달리, 이스라엘의 하나님 여호와는 당신의 원수들에 대한 복수를 실행하실 것이다.

세겜 사람들의 행위는 명백한 악이기 때문에, 불이 가시나무(아비멜렉)로부터 나와서 세겜을 삼킬 것이고, 또한 불이 세겜 사람들로부터 나와서 아비멜렉을 삼킬 것이다. 아비멜렉이나 세겜 사람들이나 모두 가시나무들이기 때문이다. 서로를 불태우는 것이 하나님의 심판의 방법이기 때문이다.

아비멜렉과 세겜 사람들이라는 두 가시나무들은 서로가 서로를 파괴할 것이다. 이렇듯 악은 자기 파괴적이다. 서로가 하나님처럼 되려고 하기 때문에 자신의 계획을 방해하는 자들을 죽이려고 한다. 악한 자들은 자신들에게 문제를 일으키는 자를 희생제물로 삼아서 자신의 분노를 달래려고 한다. 각자가 외부에서부터 문제를 해결하기를 원하고 자신의 내면에서 문제를 발견하지 못한다. 그래서 그들에게 있어서 언제나 문제를 일으킨 사람은 자신이 아니라 남이다. 남 탓을 하며, 그 사람만 없으면 모든 문제가 해결될 것처럼 생각한다. 그러나 문제는 자기 내면에서 찾아야 하는 것이다. 우리는 모든 문제의 근원을 자신의 내면에서 찾아야 할 것이다. 더 나아가 하나님과의 관계에서 찾아야 할 것이다.

악은 자기 파괴적이기 때문에, 가시나무들은 역사에서 결코 승자가 될 수 없다. 결국 서로를 파괴할 것이기 때문이다. 악한 권력이 힘이 센 것 같아도 결국 성실하게 살아가는 선한 사람들을 이기지 못한다는 것이 스가랴 1:18-21에서 나타난다. 쉬운 이해를 위해 <표준새번역>으로 소개하겠다. "내가 고개를 들어서 보니, 뿔 네 개가 내 앞에 나타났다. 나는 내게 말하는 천사에게 물었다. '이것은 무슨 뿔들인가?' 그가 나에게 대답하였다. '이것들은 유다와 이스라엘과 예루살렘을 흩어 버린 뿔이다.' 그 때에 주께서 나에게 대장장이 네 명을 보여 주셨다. 내가 여쭈었다. '이 사람들은 무슨 일을 하려고 온 사람들인가?' 주께서 나에게 대답하셨다. '이 뿔 넷은 유다 사람을 뿔뿔이 흩어지게 하여, 유다 사람이 감히 머리도 쳐들지 못하게 만든 나라들이다. 그러나 대장장이 넷은, 곧 유다 땅을 뿔로 들이받아 백성을 흩어 버린 이방 나라들을 떨게 하고, 그 이방 나라들의 뿔을 꺾으려고 온 사람들이다.'"

여기에서 '네 뿔'은 가시나무들이 가진 '세상 권세'들을 상징한다. '뿔'이란 것은 그것이 하나님의 제단의 네 모퉁이에 있든지 혹은 바이킹의 투구 위에 있든지 '힘과 통치'를 나타내는 것이다. 그러므로 세상 권력인 네 뿔은 노동이 아닌 폭력 혹은 세금으로 자신이 원하는 것을 착취하는 악한 자들의 힘이다. 반면 '대장장이' 혹은 '장인들'은 '하나님의 사람들'을 나타내는 것이다. 그들은 하나님께서 세우신 사명의 땅에서 조용하게 자신들의 일을 하며, 좋은 물건들을 만들고, 이웃들에게 도움을 주는 일을 한다. 사람들은 그런 착한 일을 하는 평범한 사람들이 언제나 이 세상 폭군들의 먹잇감이 된다고 생각할 것이다. 그러나 그렇지 않다! 성경은 그 장인들이 그 뿔들을 이길 것이라고 하기 때문이다. 열심히 일하고 자본을 축적한 것에 기초한 사회가 도둑질과 약탈과 폭력에 기초한 사회를 결국은 이길 것이다. 왜 그런가? 스가랴 4:6 "이는 힘으로 되지 아니하며 능력으로 되지 아니하고 오직 나의 영으로 되느니라." 하나님께서 성령으로 개입하시기 때문이다. 또한 악은 자기 파괴적이기 때문에 결국 자멸하기 때문이다.

악한 세력의 파괴는 스가랴 14:12-15에도 나타난다. 악한 민족들은 다음의 4가지 상호보완적인 방법으로 파괴될 것이다. 역시 <표준새번역>으로 소개하겠다. 첫째, 12절 "예루살렘을 치러 오는 모든 민족을, 주께서 다음과 같은 재앙으로 치실 것이다. 그들이 제 발로 서 있는 동안에 살이 썩고, 눈동자가 눈구멍 속에서 썩으며, 혀가 입 안에서 썩을 것이다." 그들은 자신들의 내적인 부패로 스스로 썩을 것이다.

둘째, 13절 "그 날이 오면, 주께서 보내신 크나큰 공포가 그들을 휩쌀 것이다. 그들은 서로 손을 잡고, 저희들끼리 손을 들어서 칠 것이다." 그들은 상호 미움과 충돌로 인하여 파괴될 것이다. 이것이 바로 사사기 9장의 주제이다.

셋째, 14절 "유다 사람들도 예루살렘을 지키려고, 침략자들과 싸울 것이다. 그들은 주변 모든 이방 나라의 재물 곧 은과 금과 의복을 마구 차지할 것이다." 그들은 복음의 선포에 의하여 하나님의 군사적인 나라에 의하여 정복될 것이다. 바울도 고린도후서 10:3-4에서 이렇게 선언한다. "우리가 육신으로 행하나 육신에 따라 싸우지 아니하노니, 우리의 싸우는 무기는 육신에 속한 것이 아니요. 오직 어떤 견고한 진도 무너뜨리는 하나님의 능력이라."

넷째, 15절 "말과 노새와 낙타와 나귀 할 것 없이, 적진에 있는 모든 짐승에게도, 적군에게 내린 이 같은 재앙이 내릴 것이다." 악한 자들은 그들이 가진 자신들의 자원들을 남용하고 낭비하고 소모할 것이다. 이러한 4가지 이유들로 인하여, 악한 자들이 언제까지나 세상을 계속해서 통치할 수 없게 된다. 때로는 여호와께서 조금 늦으시는 것처럼 보여도, 그 하나님 나라의 승리는 불가피한 것이다(마 13:31-33). 우리는 반드시 하나님의 나라가 세상 나라를 이김을 믿는다.

22절. 아비멜렉이 이스라엘을 다스린 지 삼 년에,

악한 자들은 서로에게 만족하지 못하게 된다. 결국 가시나무 사람들은 불과 3년이 채 못 되어서 서로에게 전쟁을 시작하였다. 신학적으로, '3일' 혹은 '3년'이란 기간은 그리스도께서 부활하셔서 의의 시대를 시작하는 셋째 날 이전의 '저주 아래 있는 세상' 을 상징하고 있다. 실제로 가시나무 왕들의 때가 결코 길지 못하다. 북한 김일성의 3대 세습도 머지않아 끝날 것으로 보인다. 가시나무 사람들은 항상 그들의 가시나무 지도자를 증오하면서 자란다. 결국 독재자의 총으로 독재자가 죽고, 그도 또 다른 누군가에게 죽게 되어 있다.

셀리 클라인이 쓴 <독재자의 최후>라는 책이 있다. 역사상 가장 잔혹하고 무자비한 독재자 15명에 대한 연구를 담은 책이다. 저자는 과거의 역사는 물론 현재에 살아있는 인물에 이르기까지 독재정권 아래에서 희생된 사람들의 수와 잔악함의 정도를 기준으로 15명의 독재자들을 선별하였다. 이 책에는 성경의 헤롯 대왕에서부터 18세기 아프리카의 샤카 줄루, 현대에 이르러 캄보디아의 폴 포트와 이라크의 사담 후세인, 짐바브웨의 로버트 무가베 등의 독재자들이 등장한다. 이 중 헤롯 대왕, 징기스칸, 샤카 줄루에 대해서는 공적을 함께 언급하고 있으며, 나머지 12명에 대해서는 그들이 얼마나 잔인하게 사람들을 고통 속으로 밀어 넣었는지 살펴보고 그들의 최후를 상세하게 다루었다. 대부분 그들은 자신의 정적들을 잔인하게 숙청한다. 그리고 전부는 아니지만 대부분 자신들도 비참한 최후를 맞는다. 악한 자들이 악한 자를 죽이도록 되어 있는 것이다.

이런 잔인한 피의 숙청은 독재정권의 특징이다. 예를 들면, 중국공산화 이후 모택동은 소위 '문화혁명'을 통해 자신과 정치적 갈등이 있던 세력을 축출하는데, 10년간 진행된 이 운동은 현대판 분서갱유로 학자, 언론인, 교수, 종교인, 부유층을 제거했는데, 수 만 명이 사망했으나 그 숫자가 아직까지 다 밝혀지지 않은 상태이다.

북한의 김일성도 두 번의 대숙청을 했다. 첫째, 1953년 박헌영, 이승엽 등 남로당 계열을 대대적으로 숙청했다. 김일성은 박헌영 등을 미국의 간첩으로 몰아 남로당 출신들을 대거 처형했다. 그 후 1960, 1970년대에도 정치적 사건이 있을 따마다 억울하게 처형되거나 반혁명 통제구역으로 보내져 삶을 마감하는 경우가 비일비재했다. 2000년 남북정상회담 후 몇 차례 이산가족상봉 행사가 성사되었지만 상봉을 원하는 남한의 가족 수는 많으나 상봉하러 나올 북한의 가족 수가 항상 적은 이유도 이들 대부분이 처형되었기 때문이다.

두 번째 대숙청은 1956년 8월의 이른바 '8월 종파사건'이다. 8월 종파사건은 1956년 2월 소련공산당 20차 대회에서 스탈린 개인숭배가 공개적으로 비판당하자, 이러한 변화의 물결은 곧바로 조선노동당으로 넘어오게 되었다. 남로당 계열에 대한 대숙청 후 조선노동당의 파벌은 크게 3부류인데, 소련파, 연안파, 빨치산파이다. 소련파는 소련공산당의 영향을 받은 허가이, 남일, 박창옥 등이다. 연안파는 중국공산당과 손을 잡고 독립운동에 참여한 김두봉(金枓奉)을 필두로, 김원봉(金元鳳), 무정(武亭), 최창익 등이다. 셋째 빨치산파는 김일성과 동북항일연군에서 같이 활동한 자들이다. 김일성은 1956-57년에 걸쳐 이른바 소련파와 연안파에 대한 당 내부 종파들을 완전히 제거, 숙청해 버렸던 것이 바로 8월 종파사건이다. 공산주의자들 가운데는 순수한 공산주의 이념에 매력을 느낀 사람도 있었을 것이고 일부 민족주의자들도 참여했을 것이다. 그러나 공산주의의 피의 숙청의 역사는 악인을 악인으로 심판하는 원리에 의한 심판인 것이다.

23-25절. 하나님이 아비멜렉과 세겜 사람들 사이에 악한 영을 보내시매, 세겜 사람들이 아비멜렉을 배반하였으니, 이는 여룹바알의 아들 칠십 명에게 저지른 포학한 일을 갚되, 그들을 죽여 피 흘린 죄를 그들의 형제 아비멜렉과 아비멜렉의 손을 도와 그의 형제들을 죽이게 한 세겜 사람들에게로 돌아가게 하심이라. 세겜 사람들이 산들의 꼭대기에 사람을 매복시켜 아비멜렉을 엿보게 하고, 그 길로 지나는 모든 자를 다 강탈하게 하니, 어떤 사람이 그것을 아비멜렉에게 알리니라.

일부 기독교 진영에서 인기 있는 '세계정부의 음모이론' 이란 것이 있다. 이는 '일루미나이트 클럽' 등이 세계정복을 위하여 오랜 기간 동안 비밀결사 세력들을 규합하여 수십 년 혹은 수백 년 동안 협력하고 있다는 것이다. 그러나 악인들은 서로 동조하기보다 그들은 서로 싸우도록 되어 있다. 세상에는 사실 우리가 알고 있는 것보다 더 많은 음모들이 있다. 그러나 그 음모들이 문제가 아니라, 죄가 문제이다. 만약 사람들이 하나님을 경배하고 의롭게 산다면, 이 시대의 가시나무들의 음모들이 유혹하는 노래에 귀 기울일 사람은 아무도 없을 것이다.

우리는 하나님께서 이들 가시나무 사람들이 서로 싸우도록 하시는 것이 사사기 7:19-22에서 계속되고 있다는 것을 기억해야 한다. 위대한 피의 복수자인 그

분(시 18:47)은 여룹바알의 70명의 아들들의 죽음을 복수하고 있는 것이다.

하나님께서 "악한 영"을 보내시어, 세겜 사람들은 아비멜렉을 제거하려고 결심했다. 그들은 매복하였고, 노상강도가 되었다. 하나님께서 악한 영을 보내실 수 있다는 것은 놀랄 일이 아니다. 악한 존재들을 포함하여 모든 천사들은 하나님의 명령 아래에 있기 때문이다. 하나님은 사탄이 마음대로 행하는 것을 허락하지 않으신다. 그러나 욥기 1-2장에 묘사된 것처럼, 하나님의 목적에 합당할 때, 하나님은 악한 영들을 보내신다. 우리는 또한 열왕기상 22:18-23에서도 이러한 것을 볼 수 있다. 하나님은 하나님의 심판의 일을 하도록 앗수르 사람들을 일으키실 수 있는 것이다. 그리고 그들은 그것을 기쁘게 행한다. 그러나 동시에 하나님은 그들의 악한 마음과 행위들 때문에 그들을 심판하시는 것이다. 그것은 또한 타락한 천사들에게도 마찬가지이다.

사탄이 하나님과 싸우며 어느 정도 독립적인 영역을 가지고 있다는 것은 잘못된 생각이다. 이는 마니교적이고 이단적인 견해이다. 성경에서 사탄은 하나님의 법정의 타락한 일원이다. 그는 여전히 하나님의 명령 하에 있다. 사탄은 하나님께서 허락하신 것에 한해서 제한적으로 하나님의 백성들을 대적할 수 있을 뿐이다. 하나님은 때로 당신의 백성들을 징계하기 위하여 사탄을 사용하신다. 그러나 사탄이 독자적으로 행동할 여지는 전혀 없는 것이다. 사탄이 하나님의 백성들을 압제할 때, 그것은 하나님의 허락 하에 된 것이고, 모든 것이 합력하여 선을 이루기 위한 것이다. 배반의 영에 사로잡혀서 사는 것이 바로 저주이고 심판이다.

13. 예언의 성취(삿 9:26-57)

게를 잡아 큰 그릇에 두면 뚜껑을 닫아두지 않아도 도망치지 못한다고 한다. 서로 밖으로 빠져나가려고 먼저 올라가는 놈을 뒤에서 끌어내려서 결국 아무도 빠져나가지 못하기 때문이라고 한다. 요담의 비유는 예언이다. 비유대로 악한 자들은 서로 물고 뜯으며 자멸하게 되어 있다. 하나님께서는 아비멜렉과 세겜 사람들에게 배반의 영을 보내셨다. 그들 사이에 불이 나오기 시작한다.

26-29절. 에벳의 아들 가알이 그의 형제와 더불어 세겜에 이르니, 세겜 사람들이 그를 신뢰하니라. 그들이 밭에 가서 포도를 거두어다가 밟아 짜서 연회를 베풀고, 그들의 신당에 들어가서 먹고 마시며 아비멜렉을 저주하니, 에벳의 아들 가알이 이르되, 아비멜렉은 누구며 세겜은 누구기에 우리가 아비멜렉을 섬기리요. 그가 여룹바알의 아들이 아니냐? 그의 신복은 스불이 아니냐? 차라리 세겜의 아버지 하몰의 후손을 섬길 것이라. 우리가 어찌 아비멜렉을 섬기리요? 이 백성이 내 수하에 있었더라면 내가 아비멜렉을 제거하였으리라 하고, 아비멜렉에게 이르되, 네 군대를 증원해서 나오라 하니라.

기드온의 70명의 아들들을 죽인 아비멜렉은 기드온과 세겜 여인 사이에 태어난 혼혈아였고, 혼합주의 종교를 가진 자였다. 당시 '바알 브릿' 이란 종교는 '언약의 바알' 이란 말로 참된 언약신앙의 상징들이 바알주의 철학과 결합된 혼합종교였다. 그런데 오늘 나타난 "에벳의 아들 가알" 은 정통적인 바알신앙을 회복하자는 자이다. 그는 여호와신앙과 바알신앙이 혼합된 바알 브릿의 종교에서 전심으로 바알주의로 돌아서서 모든 이스라엘적인 영향들을 거부하고 바알 신앙을 회복하자는 순수혈통의 가나안 사람이었다.

한글성경에 "에벳의 아들 가알"(גַּעַל בֶּן־עֶבֶד)이라고 하는데, '에벳' 은 단지 '노예' 라는 히브리어일 뿐이다. 그리고 '가알' 은 '역겨운 자' 를 뜻한다. 그러므로 "에벳의 아들 가알" 이란 문자적으로 번역하면 '역겨운 노예의 아들' 이다. 아마 이것은 원래 그의 이름일 수도 있고, 혹은 사사기 저자에 의하여 주어진 새 이름일 것이다. 하나님께서 '기드온' 에게 '여룹바알' 이란 더 나은 새 이름을 주신 것처럼, 원수들에게도 더 나쁜 새 이름을 주실 수도 있기 때문이다. 당시 가나안 족속을 노예로 삼았기 때문에 이는 최소한 그가 순수한 가나안 족속이라는 것을 나타낸다.

우리들의 이름은 하나님의 생명책에 어떤 이름으로 기록될까? 하나님이 주신 새 이름이 있는가? 새 이름은 새로운 삶이 시작되었음을 알리는 것이다. 로마교에서 세례명을 주는 것은 새로운 삶을 살라는 의미가 있다. 우리는 모두 '그리스도인' 이란 공통의 새 이름을 가지고 있다. 크리스천(Christian)이란 '그리스도

같은' 이란 형용사가 명사로 쓰이게 된 것이다. 그리스도 같은 사람이 그리스도인이다. 이 아름다운 이름에 맞는 아름다운 삶을 살기를 바란다.

가알의 형제들은 그와 함께 하였다. 아마 그의 친척들이 포함되었을 것이고, 그의 부하들의 무리들도 있었을 것이다. 그는 이미 작은 무리들의 왕초가 되어 있었고, 배반의 영에 사로잡혀 아비멜렉을 칠 기회만 엿보고 있었던 세겜 사람들은 그들을 환영했다.

그 시기는 포도를 수확할 때였다. 가알의 무리들과 세겜 사람들은 바알 브릿의 신전에서 먹고 마시며 축제를 베풀었다. 그리고 그 자리에서 가알은 바알과 싸우는 자인 여룹바알의 아들인 아비멜렉을 저주하고 몰아내자고 모의했다. 이 바알 브릿 신전은 전에 세겜 사람들이 아비멜렉과 언약을 맺은 바로 그 동일한 장소이기도 하다. 이제 그들은 같은 장소에서 역겨운 노예의 자식과 언약을 맺고 있는 것이다.

이 땅에 영원한 제국은 없다. 영원한 적도, 친구도 없다. 어제의 친구가 오늘 적이 되어 모반의 논의를 하는 것이다. 어제 동맹을 약속하던 장소가 오늘 반역을 모의하는 곳이 되어 버린다. 계시록에서 끔찍한 경고가 나오는데, 두아디라 교회가 음행을 회개하지 않으면 "내가 그를 침상에 던질 터이요" 라고 하는데(계 2:20-22), 이는 음행의 침대를 저주의 병상으로 만들겠다는 것이다. 유일한 해결책은 우리가 언제나 사람을 의지하지 않고, 하나님을 의지하며 하나님 편에 서서 사는 것이다.

가알은 아비멜렉이 자신의 70명의 형제들을 향하여 했던 것과 동일한 주장을 아비멜렉을 향하여 사용하고 있다. 그는 아비멜렉이 그렇게 한 것처럼, 아비멜렉이 바알과 싸우는 자인 기드온의 아들임을 말하고 있다. 그는 이스라엘 문화의 모든 잔재들을 추방하고, 그 도시의 원래 모습인 가나안 문화로 돌아가자고 세겜사람들을 부추겼다. 그 도시는 세겜의 아버지라 불리는 하몰에 의해 세워졌었다(창 34:2). 아비멜렉은 이스라엘의 왕이었을 뿐 아니라 세겜 지역을 지배하기도 했다. 아마 스불을 세워서 다스리고 있었을 것이다. 28절의 "그의 신복은 스불이 아니냐?" 라는 말을 통하여 우리는 스불이 세겜을 담당하고 있는 아비멜렉의 봉신이었을 것으로 짐작 할 수 있다. 이제 가알은 아비멜렉을 쳐부수고 가나안의 전통을 회복하자고 떠벌리고 있는 것이다. 그는 술에 취해서 아비멜렉에게 싸우러 오라고 도전장을 내밀었다.

30-41절. 그 성읍의 방백 스불이 에벳의 아들 가알의 말을 듣고 노하여, 사자들을 아비멜렉에게 가만히 보내어 이르되, 보소서 에벳의 아들 가알과 그의 형제들이 세겜에 이르러 그 성읍이 당신을 대적하게 하니, 당신은 당신과 함께 있는 백성과 더불어 밤에 일어나 밭에 매복하였다가, 아침 해 뜰 때에 당신이 일찍 일어나 이 성읍을 엄습하면 가알 및 그와 함께 있는 백성이 나와서 당신을 대적하리니, 당신은 기회를 보아 그에게 행하소서 하니, 아비멜렉과 그와 함께 있는 모든 백성이 밤에 일어나 네 떼로 나누어 세겜에 맞서 매복하였더니, 에벳의 아들 가알이 나와서 성읍 문 입구에 설 때에 아비멜렉과 그와 함께 있는 백성이 매복하였던 곳에서 일어난지라. 가알이 그 백성을 보고 스불에게 이르되, 보라 백성이 산 꼭대기에서부터 내려오는도다 하니, 스불이 그에게 이르되, 네가 산 그림자를 사람으로 보았느니라 하는지라. 가알이 다시 말하여 이르되, 보라 백성이 밭 가운데를 따라 내려오고 또 한 떼는 므오느님 상수리나무 길을 따라 오는도다 하니, 스불이 그에게 이르되 네가 전에 말하기를 아비멜렉이 누구이기에 우리가 그를 섬기리요 하던 그 입이 이제 어디 있느냐? 이들이 네가 업신여기던 그 백성이 아니냐? 청하노니 이제 나가서 그들과 싸우라 하니, 가알이 세겜 사람들보다 앞에 서서 나가 아비멜렉과 싸우다가, 아비멜렉이 그를 추격하니 그 앞에서 도망하였고, 부상하여 엎드러진 자가 많아 성문 입구까지 이르렀더라. 아비멜렉은 아루마에 거주하고, 스불은 가알과 그의 형제들을 쫓아내어 세겜에 거주하지 못하게 하더니,

가알은 아비멜렉에게 무모한 도전을 한다. 이어 아비멜렉의 신하인 스불이 그 밤에 아비멜렉에게 연락을 한다. 그는 가알이 거대한 무력을 형성하기 전에, 그리고 가알과 그의 추종자들이 밤새 마시고 취해있는 동안에, 즉각적으로 그를 공격하자고 제안한다. 비록 아비멜렉은 악한 자이지만, 우리는 여전히 해가 뜰

때에 승리가 주어진다는 성경적 사고방식이 그대로 적용되는 것을 본다. 아비멜렉은 그의 군대를 그 땅의 통치의 숫자인 '4'를 나타내는 네 그룹으로 나누었다. 또한 도시 안에 있는 스불의 군대는 다섯 번째 부대인 셈이다. 이 '5'는 힘을 나타내는 숫자이다. 결과는 불량배에 불과한 가알의 무리들은 아비멜렉의 정규군에게 상대가 되지 않았다. 가알의 패거리들은 도망쳤고, 많은 자들이 죽었다.

> 42-45절. 이튿날 백성이 밭으로 나오매, 사람들이 그것을 아비멜렉에게 알리니라. 아비멜렉이 자기 백성을 세 무리로 나누어 밭에 매복시켰더니, 백성이 성에서 나오는 것을 보고 일어나 그들을 치되, 아비멜렉과 그 떼는 돌격하여 성문 입구에 서고, 두 무리는 밭에 있는 자들에게 돌격하여 그들을 죽이니, 아비멜렉이 그 날 종일토록 그 성을 쳐서 마침내는 점령하고, 거기 있는 백성을 죽이며, 그 성을 헐고 소금을 뿌리니라.

이제 아비멜렉의 본격적인 복수가 시작된다. 사람들은 살 길을 찾아 성 밖으로 도망쳐 나온다. 아비멜렉은 그들 모두를 한꺼번에 죽일 작전을 편다. 아마 세겜 사람들을 쳐서 감히 아비멜렉에게 배반한 자들에게 어떤 일이 일어나는지 본을 보일 생각이었을 것이다. 아비멜렉은 군대를 세 그룹으로 나누었다. 이미 사람들이 성에서 나왔으므로, 다시 성으로 들어가지 못하도록 한 무리의 사람들은 그 성 입구를 지키고 있고, 다른 두 무리들은 아마 집게발처럼 포위하며 두 방향으로 접근하여 그 사이에 있는 모든 사람들을 죽였을 것이다. 그런 후에, 그는 성으로 들어가서, 그 안에 있는 모든 사람들을 죽였고, 성을 헐고 소금을 뿌렸다. 이렇게 소금을 뿌리는 것은 저주의 상징인데, 이는 그 땅을 완전히 메마르게 하는 것이기 때문이다(신 29:23).

우리는 여기에서 아비멜렉이 하나님의 흉내를 내고 있음을 볼 수 있다. 하나님의 스랍들이 에덴동산으로 사람들이 들어오지 못하도록 지키는 것처럼, 아비멜렉의 사람들은 그 성문을 지켰고, 아무도 그 안에 들어가지 못하도록 했다. 또한 하나님을 대적하여 배반하는 죄를 범한 도시가 완전히 파괴된 것(호르마)처럼,

그렇게 아비멜렉은 자신을 배반한 도시를 파괴하고 있는 것이다. 그러나 아직 복수는 끝나지 않았다.

> 46-49절. 세겜 망대의 모든 사람들이 이를 듣고 엘브릿 신전의 보루로 들어갔더니, 세겜 망대의 모든 사람들이 모인 것이 아비멜렉에게 알려지매, 아비멜렉 및 그와 함께 있는 모든 백성이 살몬 산에 오르고, 아비멜렉이 손에 도끼를 들고 나뭇가지를 찍어 그것을 들어올려 자기 어깨에 메고, 그와 함께 있는 백성에게 이르되 너희는 내가 행하는 것을 보나니 빨리 나와 같이 행하라 하니, 모든 백성들도 각각 나뭇가지를 찍어서 아비멜렉을 따라 보루 위에 놓고 그 것들이 얹혀 있는 보루에 불을 놓으매, 세겜 망대에 있는 사람들이 다 죽었으니, 남녀가 약 천 명이었더라.

고대 도시들은 종종 그들을 둘러싼 성벽 뿐 아니라, 그 도시의 가장 높은 곳을 둘러싼 둘째 장벽인 '망대' 라고 불리는 것을 가지고 있었다. 여기가 그 성의 가장 존귀한 자들이 끝까지 항거할 수 있는 중앙 요새였다. 분명하게 바알 브릿의 신전은 세겜 망대의 가장 튼튼한 부분에 위치해 있었을 것이다.

한글 성경에 "세겜 망대의 모든 사람들"이라고 되어 있는 이 사람들은 평범한 사람들이 아니다. 이 '사람들' 이란 말은 히브리어로 '바알리' (בעלי)라고 되어 있는데, 이는 이들이 바알을 섬기는 '세겜의 어른들' 로서 그들은 바알신전을 피난처로 삼아 도망쳤던 것이다.

한편 이 '세겜의 망대' (the tower of Shechem)는 하늘의 문을 공격하고 하나님의 보좌를 차지하기 위한 인간의 시도인 '바벨탑' (the tower of Babel)이 생각나게 한다. 각각의 작은 인본주의적 도시-국가는 자신들의 '망대' 혹은 '지구라트' 를 가지고 있었다. 그 지도자들은 자신들의 신의 신전으로 피난처를 삼았다.

그 신전의 이름이 "엘브릿 신전"이다. '바알' 이 '남편' 혹은 '주인' 을 의미하는 것처럼, '엘' 은 '신' 을 의미하는데, 특히 신의 능력을 강조하는 것이다. 여기에서 '바알 브릿' 은 능력의 신임을 강조하는 '엘브릿" 으로 나타난다. 그러나 그는 무능했다. 결국 "엘브릿"은 바알이 자신의 추종자들을 보호하는데 무력함을 강조하는 풍자적인 표현인 셈이다.

그리고 요담의 예언대로 세겜의 이 가시나무 사람들은 또 다른 가시나무인 아비멜렉으로부터 나온 불로서 파멸된다. 사실, 불을 피우기 위하여 "나뭇가지"를 사용한 것은 그 비유에서 말한 가시나무를 의미하는 것이다. 또한 불타서 죽은 이들은 세겜의 지도자들, 즉 머리들이었다. 다시 한 번 우리는 뱀의 머리가 박살난 것을 볼 수 있다.

이번에는 다시 한 번 아비멜렉이 그의 아버지 기드온을 모방하면서 어떻게 하나님의 방법을 흉내 내고 있는지를 주목해 보라. 그는 48절에서 "너희는 내가 행하는 것을 보나니 빨리 나와 같이 행하라"고 말하고 있다. 이는 사사기 7:17 "너희는 나만 보고 내가 하는 대로 하되"와 비교되는 것이다. 모든 전투에서 여호와께서 먼저 행하시고, 다음으로 메시야가 그의 우편에 있고, 그 군대는 셋째이다. 여기에서, 아비멜렉은 여호와의 위치를 차지하고 있다. 결국 그는 신성모독으로 인하여 보응을 받게 될 것이다.

기드온은 늘 하나님을 앞세웠지만, 아비멜렉은 하나님을 앞세우지 않았다. 하나님께 묻지도 않았다. 자신이 스스로 결정하고 싸우는 하나님의 자리에 섰다. 우리는 먼저 하나님을 앞세우며 싸워야 한다. 승패를 떠나 하나님의 싸움을 싸우는 것이 중요하다. 순종하는 삶은 이기면 이기는 것이고, 져도 이기는 것이다. 반대로 불순종하는 삶은 질 수밖에 없고, 이겨도 지는 것이다.

아마 여기에서 가장 강조되고 있는 것은 바알의 충성스런 추종자인 아비멜렉이 자기 손으로 바알 신전을 불태웠다는 사실일 것이다. 하나님을 대적한 바알의 전쟁은 그 자신의 추종자에 의해 바알 신전이 파괴되는 것으로 끝이 난다.

악한 자들은 자기 파괴적이다. 악한 종교도 그렇다. 이방 종교의 중심은 그들이 섬기는 신들이 아니라 인본주의이다. 바알의 신전을 불태우는 것이 아비멜렉에게는 아무 것도 아니었다. 왜냐하면 아비멜렉의 종교에서 가장 중요한 것은 바알이 아니라 자신이기 때문이다. 그에게 신들이란 오직 인간이 잘되도록 인간을 섬기고, 다른 인간을 겁주기 위하여 존재하는 것에 불과하기 때문이다. 만약 인간이 신들에 대해 격노한다면, 인간이 신들에게 따끔한 맛을 보여주기 위하여 그 신들의 신전을 불태울 수도 있었던 것이다. 이러한 태도는 우리 크리스천들에게 이상스러운 것으로 보일 것이다. 그러나 세상 모든 종교에서 중요한 것은 궁극적으로 신들이 아니라 사람이다.

> 50-55절. 아비멜렉이 데베스에 가서 데베스에 맞서 진 치고, 그것을 점령하였더니, 성읍 중에 견고한 망대가 있으므로, 그 성읍 백성의 남녀가 모두 그리로 도망하여 들어가서 문을 잠그고 망대 꼭대기로 올라간지라. 아비멜렉이 망대 앞에 이르러 공격하며 망대의 문에 가까이 나아가서 그것을 불사르려 하더니, 한 여인이 맷돌 위짝을 아비멜렉의 머리 위에 내려 던져 그의 두개골을 깨뜨리니, 아비멜렉이 자기의 무기를 든 청년을 급히 불러 그에게 이르되, 너는 칼을 빼어 나를 죽이라. 사람들이 나를 가리켜 이르기를 여자가 그를 죽였다 할까 하노라 하니, 그 청년이 그를 찌르매 그가 죽은지라. 이스라엘 사람들이 아비멜렉이 죽은 것을 보고 각각 자기 처소로 떠나갔더라.

아비멜렉은 이제 이성을 잃고 어리석은 자가 된다. 그는 모든 것을 파괴하기로 작정했다. 그래서 그는 "데베스"로 싸우러 갔다. 그는 바알 신전에서 했던 것과 같은 작전을 여기에서도 시도했다. 그러나 이번에는 그가 죽는다. 그는 한 여인이 던진 맷돌 위짝에 맞아서 죽게 된다. 그가 영화롭게 죽기를 원했으나, 여자에게 죽임을 당하는 굴욕적인 죽음을 당한 것은 모든 세대들이 그를 비웃도록 성경에 기록된 것이다(삿 4:9). 그러나 그가 여자에게 죽은 것은 우연이 아니다. 이는 다시 한 번 뱀의 머리가 박살난 것이다. 그리고 그 다시 한 번 뱀의 머리를 부순 것은 언약의 수호자이며, 그 씨의 보호자는 한 여인이었다. 그러므로 아비멜렉은 시스라에 필적하는 자였다.

그런데 그 이상의 의미가 여기에 있다. 돌로 치는 것은 율법에서 중요한 징계의 수단이다. 그러므로 아비멜렉이 돌에 맞아 죽은 것은 그 형제들을 살인한 것에 대한 징계였던 것이다. 또한 그가 형제들을 한 돌 위에서 죽인 것처럼, 그렇게 한 돌에 의해서 죽임을 당하였다. 눈에는 눈, 이에는 이의 원칙이 적용된 것이다.

끝으로 우리는 이것이 단지 하나의 돌이 아님을 알아야 한다. 성령께서는 그것이 "맷돌 위짝"이라는 사실을 밝히고 있다. 아마 그 여인은 도둑맞지 않으려고 자신이 매일 사용하는 작은 맷돌 위짝을 벗겨 가지고 있었을 것이다. 그런데 하나님의 섭리 가운데, 그것은 아비멜렉을 죽이는 도구가 되었다. 여기에서 우리는 선한 나무와 가시나무, 뿔과 장인들 사이의 전쟁을 볼 수 있다. 궁극적으로 뿔과 가시나무를 이기는 자는 장인, 즉 열심히 일하는 평범한 사람인 것이다.

혹자는 이 53절에서 우리가 너무 많은 것을 끌어낸다고 생각할 수 있을 것이다. 그러나 성령께서 쉽게 "그러나 어떤 사람이 돌을 던져서 그것이 아비멜렉을 맞췄고, 그래서 그가 죽었다"라고 기록했을 수도 있다. 그러나 성령께서 그렇게 기록하는 것을 선택하지 않았다. 성령은 우리가 그 여인, 맷돌, 머리를 박살냄에 대해 주목하도록 요구하고 있는 것이다.

56-57절. 아비멜렉이 그의 형제 칠십 명을 죽여 자기 아버지에게 행한 악행을 하나님이 이같이 갚으셨고, 또 세겜 사람들의 모든 악행을 하나님이 그들의 머리에 갚으셨으니, 여룹바알의 아들 요담의 저주가 그들에게 응하니라.

이 두 구절은 그 동안 일어난 일련의 사건들이 하나님께서 아비멜렉과 세겜 사람들에게 기드온의 가족들에 대한 복수를 한 것이라고 설명하고 있다. 범죄에 연루된 모든 자들이 죽임을 당하였다(삿 9:43, 45, 49, 54). 하나님은 당신의 성도들의 피를 반드시 복수하시는 분이다. 그러나 이 모든 것은 하나님의 신실한 용사였던 기드온에 의해 주어진 겉으로 보기에는 작은 타협으로부터 벌어진 일이었다. 우리 모두는 유사한 타협들을 하지 않도록 조심해야 할 것이다. 왜냐하면 우리가 한 일들에 대해 자녀들이 그 값을 치를 수 있기 때문이다.

제4장

사사 입다(삿 10:1-12:15)

1. 소 사사들(삿 10:1-5, 12:8-15)

당시 최고의 배우들이라고 할 수 있는 정우성, 이병헌, 송강호가 함께 출연한 <놈놈놈>이란 영화가 있다(2008년, 김지운 감독) 영화 속에서 정우성은 '좋은 놈', 이병헌이 '나쁜 놈', 송강호는 '이상한 놈' 이다. 본문에서 우리는 여러 명의 사사들을 만난다. 그들 가운데도 좋은 놈, 나쁜 놈, 이상한 놈이 있다. 왜 그런가? 그리고 우리는 어떤 사람인가?

사사기 10-12장은 입다 이야기를 중심으로 앞뒤로 소위 '소 사사들' 의 이름이 등장한다. 이 사람들은 무엇을 했는지가 중요하지 않았고, 단지 완전수인 '12' 를 채우기 위해 포함된 것으로 보인다. 그러나 성경은 아무렇게나 기록되지 않았다. 본문은 실제로 '왕권으로 표류하는 이스라엘' 이란 주제를 보여주기 위하여 정교하게 배열된 것이기 때문이다.

성경의 모든 구절들이나 모든 단락들이 명백하게 독립된 메시지를 가지는 것은 아니다. 어떤 부분은 단지 큰 맥락에서 이해될 때만 의미를 가지기도 한다. 본문이 그런 경우이다. 낱개 혹은 하나의 그룹으로서 이 소 사사들이 이야기들은 거의 아무런 의미가 없어 보인다. 그러나 넓은 문맥에서 볼 때, 이것들은 의미심장한 메시지를 가지고 있다. 먼저, 각각의 것을 짧게 살펴보고, 그런 후에 넓은 문맥에서 생각해 보겠다.

1-2절. 아비멜렉의 뒤를 이어서 잇사갈 사람 도도의 손자 부아의 아들 돌라가 일어나서 이스라엘을 구원하니라. 그가 에브라임 산지 사밀에 거주하면서, 이스라엘의 사사가 된 지 이십삼 년 만에 죽으매 사밀에 장사되었더라.

"돌라"는 이상한 이름인데 '벌레'를 의미한다. 그러나 '돌라'라는 말은 또한 벌레를 터뜨려서 만든 염료로 만들어진 '자주색 천'을 언급하기도 한다. 그러므로 그것은 사사의 직무의 존엄성을 상징하는 일종의 존귀한 예복이었을 것이다.

본문에는 이 돌라의 아내들과 아이들에 대한 언급이 전혀 없는데, 이것이 중요하다. 왜 그들의 이름이 없겠는가? 이러한 사실은 뒤에 등장하는 다른 사사들과 비교해 보면 분명해진다. 다른 사사들은 30명(야일, 입산), 혹은 40명(압돈)의 아들을 두었다. 이는 많은 아내를 두었다는 말이고, 이는 권력을 유지하기 위한 정략결혼이었을지라도 일부다처제를 금지한 하나님의 말씀을 어겼다는 말이다.

옛날 우리 조상들은 권세가 있고 돈이 있는 집에서 축첩을 자랑으로 삼았다. 혹시 오늘날에도 여러 명은 아니어도 한 둘 정도는 '능력'(?)이라고 생각을 하는 사람도 있을 것이다. 그렇지 않더라도 '이혼'이라는 합법적인 절차를 통해 일부다처 혹은 그 반대로 한 여자가 여러 남자와 사는 경우도 있다. 이혼 문제는 민감하고 다양한 경우가 있어서 쉽게 말하기는 어려운 것이 사실이다. 성경에서 허용하는 합법적인 이혼의 경우들도 있다. 그러나 옳고 그름을 떠나, 하나님의 사람들은 한 아내와 한 남편이란 아름다운 가정을 포기해선 안 되는 것이다.

아마 사사 돌라는 '벌레 같은 나'를 하나님께서 영광스런 자리에 세워주셨으니, 그저 감사하고 충성하며 살아야겠다고 생각한 듯하다. 한 청년에게 기도원 원장님이 "이 지렁이 같은 자야"라고 하자, 그는 '하나님이 나를 지렁이라고 하시다니' 하면서 얼마나 울었는지 모른다. 사실, 이는 이사야 41:14에서 "너 지렁이 같은 야곱아"라는 말씀에서 온 것인데, <개정개역성경>은 "버러지 같은 너 야곱아"로 되어 있다.

얼마 전 캐런 트래포트가 쓴 <꿈틀이 사우르스>라는 책을 읽었다. '꿈틀이 사우르스'는 지렁이를 말하는 것인데, 하루 밤에 3km를 이동하며, 미생물을 배출하여 흙을 살리는 지렁이가 지구의 역사에서 어떤 역할을 했는지를 보여준다. 이 책은 작지만 위대한 지렁이의 효용에 대해 알려준다. 하나님의 나라는 이런 "버러지 같은 야곱"을 통해 세워졌다. '벌레'라는 이름의 사사 '돌라'처럼, 묵묵히 자신의 몫을 감당하는 사람들에 의해 발전해왔다. 우리의 이름이 유명하지 않아도, 자식들에게 물려줄 것이 별로 없어도, 주님을 바라보며 받은 사명 감당하며 살기를 바란다.

3-5절. 그 후에 길르앗 사람 야일이 일어나서 이십이 년 동안 이스라엘의 사사가 되니라. 그에게 아들 삼십 명이 있어 어린 나귀 삼십을 탔고, 성읍 삼십을 가졌는데, 그 성읍들은 길르앗 땅에 있고 오늘까지 하봇야일이라 부르더라. 야일이 죽으매 가몬에 장사되었더라.

"야일"은 요단강 건너편 길르앗에서 22년 동안을 치리한 사사였다. 야일은 '멋진 사람'을 의미하고 있다. 이는 아마 빛나는 이름이었을 것이다. 그러나 우리는 또한 이 '멋쟁이'란 이름 가운데, 그가 자기를 부각시키는 사람이었음을 볼 수 있다. 게다가 그는 30명의 아들들이 있었다. 그러므로 그는 한 명 이상의 아내를 거느렸을 것이다. 또한 그의 30명의 아들들은 30개의 성읍들을 다스렸고, 그들은 영광스럽게 30마리의 나귀를 탔었다. 그러므로 돌라와 대조적으로 야일은 왕으로서의 특권을 누린 것으로 보인다.

초기의 야일은 '야일의 성읍'들로 알려진 촌락들을 정복했었다(민 32:41). 역대상 2:22 "야일은 길르앗 땅에서 스물세 성읍을 가졌더니"라는 구절에 의하면, 처음엔 단지 23개의 성읍이었다. 그러나 훗날 야일은 30명의 아들들에게 맞추기 위해서 30개의 성읍으로 확대했던 것이다.

자식들에게 무언가 물려주고 싶은 것은 부모들의 공통된 마음일 것이다. 그러나 건강한 몸과 마음을 '유전' 으로 물려줄 수 있기를 바란다. 아름다운 믿음을 '유산' 으로 남겨줄 수 있기를 바란다. 야일은 아들들에게 성을 하나씩 물려주고, 나귀를 타고 다닐 수 있도록 재산을 물려주고 안락한 삶을 살게 한 것 같다. 그러나 야일의 자식들이 지킬 수 있었던 것은 아무 것도 없었다. 우리는 자녀들에게 어떤 것을 물려주겠는가?

야일은 사사였다. 아무나 사사가 되지는 않았을 것이다. 아마 하나님의 성령이 그와 함께 했고, 의심할 바 없이 그는 대체로 지혜롭고 신실한 사람이었을 것이다. 그러나 그는 그 시대의 압박, 즉 높아진 인본주의적 국가를 향한 압박에 빠져들고 말았던 것이다. 그래서 여러 아내를 거느리고 자식들을 낳고, 자식들에게 성을 물려주며, 국가의 기초를 굳건하게 세우려 한 것 같다.

사람은 누구나 '그 시대의 아들' 로 살게 되어있다. 그 시대가 가진 가치관의 영향을 받게 되는 것이다. 다윗도, 바울도, 어거스틴도, 칼빈도 그 시대의 아들로 살았다. 그래서 다윗도 범죄했고, 바울도 절망했으며, 어거스틴도 칼빈도 완벽한 사람은 아니었던 것이다. 우리도 시대의 아들로 살 수 밖에 없다. 그러나 하나님의 사람들은 시대의 아들로만 산 것이 아니라, 그 시대정신을 뛰어넘어 영원하신 하나님의 아들로 살았던 것이다. 우리도 우리 시대의 시대정신, 트렌드를 극복할 수 있기를 바란다.

야일 다음의 사사는 유명한 사사 입다이다. 입다에 대한 메시지는 다음에 상세하게 살필 것이다. 여기에서 우리는 한 가지만 짚고 넘어가겠다. 입다는 길르앗 사람들을 구원해주는 대신, 그를 일종의 왕으로 추대하기를 원했다. 우리가 살펴볼 것처럼, 입다는 상징적으로 왕으로서 자신의 가문의 출발점에 한 사람을 희생제물로 드리는 것을 통하여 자신을 위한 하나의 왕국을 세우려고 했다. 그러나 하나님은 하나님 자신의 집을 위하여, 입다의 딸, 즉 그의 유일한 자녀를 취하는 것으로 그의 계획을 무너뜨리셨다. 그런 점에서 입다는 왕이 되려고 했지만 왕이 되지 못한 비운의 인물인 셈이다.

12:8-10. 그(입다) 뒤를 이어 베들레헴의 입산이 이스라엘의 사사가 되었더라. 그가 아들 삼십 명과 딸 삼십 명을 두었더니, 그가 딸들

을 밖으로 시집보냈고, 아들들을 위하여는 밖에서 여자 삼십 명을 데려왔더라. 그가 이스라엘의 사사가 된 지 칠 년이라. 입산이 죽으매 베들레헴에 장사되었더라.

"입산"은 스불론에 있는 베들레헴 출신이다. 만약 유다에 있는 베들레헴이 그의 고향이라면, 본문에서 그렇게 말했을 것이다. 혹은 '베들레헴 에브라다'라고 했을 것이다. 입산은 여전히 북왕국의 사사들 가운데 한 명이다. 입산은 60명의 자녀들이 있는 것으로 보아서, 최소한 서너 명의 아내들이 있었을 것이다. 그리고 입산은 그 자녀들을 정략결혼을 시킴으로 주변 사람들과 일종의 동맹을 맺은 것으로 보인다. 그는 왕이 되고자 한 것이다. 하나님이 도와주지 않아도 자신의 힘으로 안정과 평화를 보장받는 왕이 되려 한 것이다.

성령으로 시작하여 육체로 마치는 사람들의 특징은 자꾸 대체할 무엇을 찾는다는 것이다. 예를 들면, 기도하는 것 대신에 헌금 좀 더하면 되겠지, 전도하는 대신에 기도 좀 더 하면 되겠지... 그러나 주님이 요구하시는 기도의 분량이 따로 있고, 헌금의 분량이 따로 있고, 전도의 분량이 따로 있고, 성경말씀을 읽어야 하는 분량이 따로 있는 것이다. 물론 그 분량이란 것은 신앙의 수준에 따라 다른 것이다. 그러나 무엇이 무엇을 대신하는 것은 아니다.

우리는 모두 주님을 필요로 한다. 언제까지 필요할까? 천국에서도 필요하다고 믿는다. 구원은 이 세상에서 벗어나 천국 가는 것만이 구원이 아니다. 날마다 일상생활 가운데 주님의 형상을 온전히 회복하는 것도 구원이다. 소위 '~로부터'(from)의 구원과 '~를 향한'(to) 구원이 있다. 매 순간 주님을 의지하고 사는 것이 복이지, 우리는 주님 없이 살 수도 없을 뿐 더러, 주님 없이 사는 것이 바로 저주이다.

11-12절. 그 뒤를 이어 스불론 사람 엘론이 이스라엘의 사사가 되어 십 년 동안 이스라엘을 다스렸더라. 스불론 사람 엘론이 죽으매 스불론 땅 아얄론에 장사되었더라.

"엘론"은 '참나무'(oak)를 의미하는데, 그는 입산이나 압돈과는 대조적인 존재이다. 엘론에 대해서는 그가 30명의 아들들이 있었는지에 대해 아무 것도 말하고 있지 않다. 그는 분명히 그러한 유혹을 잘 이겨냈을 것이다. 사사이지만 왕 같은 삶을 누린 자들과는 달리, 사사로서 자신의 사명을 묵묵하게 잘 감당한 것으로 보이다. 돌라처럼 23년을 사사로 섬겼든지, 엘론처럼 10년만 섬겼든지, 하루를 살아도 하나님의 사람답게 살며, 하나님의 사람답게 쓰임 받는 사람들이 되길 바란다.

13-15절. 그 뒤를 이어 비라돈 사람 힐렐의 아들 압돈이 이스라엘의 사사가 되었더라. 그에게 아들 사십 명과 손자 삼십 명이 있어 어린 나귀 칠십 마리를 탔더라. 압돈이 이스라엘의 사사가 된 지 팔 년이라. 비라돈 사람 힐렐의 아들 압돈이 죽으매, 에브라임 땅 아말렉 사람의 산지 비라돈에 장사되었더라.

"압돈"은 사사가 되었을 때에 나이가 많은 사람이었을 것이다. 그가 이미 40명의 아들들과 30명의 손자들이 있었기 때문이다. 사사로 섬긴 8년 동안에 그 많은 자식들을 낳을 순 없지 않았겠는가? 이 "압돈"이란 말은 '종'(servant)을 의미하는데, 그러나 그는 분명히 섬기는 종이 아니었다. 그는 일부다처주의자였기 때문이다. 심지어 그는 손자들에게까지 왕권을 세습하려 했다. 이러한 것은 그 이전의 어느 사사에게도 없었던 일이다. 특히, 압돈은 자손의 숫자가 70명에 이르는데, 이는 기드온의 70명의 아들과 어떤 연관을 갖게 한다(삿 8:30). 그것은 '국가주의를 향한 표류'라는 사사기의 중요한 주제에서 다시 원점으로 돌아오게 하는 역할을 하는 것이다.

이제, 사사들의 죽음과 장례를 언급하기 위한 좋은 시점이 되었다. 우리는 기드온으로 시작하여, 아비멜렉 외에 모든 사사들의 매장지에 대해 보게 된다. 왜 성경은 우리에게 그 사사들이 죽고 장사된 것에 대해 말하고 있는가? 이는 아무런 의미가 없는 것인가? 결코 그렇지 않다. 이는 신학적으로 중요한 이유들이 있는 것이다. 이 사사들의 죽음을 기록하면서, 성경의 메시지는 그들에 의해 주어졌던 구원들이 단지 일시적인 것이었다는 것을 가리키는 것이다. 죽음은 여전히 그들도 해결하지 못한 궁극적인 문제이다. 그러므로 인간은 여전히 원죄의 저주로부터 실제로 구원되지 못했다. 이는 사사들이 할 수 있는 것이 아니다. 그들도 역시 죽을 수밖에 없는 죄인이었다. 죽음으로부터 우리를 구원하실 분은 오직 예수 그리스도 밖에 없는 것이다. 사사들의 죽음은 최종적인 구원자에 대한 필요를 말하고 있는 것이다.

그런데 왜 그들의 매장지가 언급되고 있는 것일까? 이는 무덤이란 기념비적인 것이기 때문일 것이다. 그들의 무덤은 사람들이 죄로 인한 저주를 생각하게 하는 기념비이고, 죽음으로부터 우리를 구원하실 유일한 구원자에 대한 소망의 기념비였다. 그러므로 구약성경은 언제나 신앙의 위인들의 매장지에 대해 주목하고 있는 것이다. 그러나 아비멜렉처럼, 성경이 매장지에 대해서 언급하지 않는 것은, 대조적인 방법으로 그에 대해 기억할 만한 아무런 것이 없다는 것을 가리키는 것이다. 우리들은 누군가가 기억할만한 가치 있는 삶을 살기를 바란다.

말씀을 정리하겠다. 소 사사들 가운데는 '돌라' 와 '엘론' 처럼 좋은 사사도 있고, '야일' , '입산' , '압돈' 같은 나쁜 사사도 있었다. 영화 <놈놈놈> 식으로 분류하자면, 돌라와 엘론이 '좋은 놈' 이라면, 야일과 입산과 압돈은 '나쁜 놈' 일 것이다. 그리고 입다는 '이상한 놈' 일 것이다. 우리들은 어떤 사람인가?

2. 하나님의 심판(삿 10:6-18)

앞에서 우리는 '돌라, 야일, 입산, 엘론, 압돈' 이라는 다섯 명의 '소 사사들' 을 살펴보았다. 아마 이들은 자신들의 공동체에서 나름대로 지혜롭고 책임감이 있는 사람으로 잘 알려진 사람들이었을 것이다. 그래서 사사의 자리에 오를 수 있었을 것이다. 아마 처음에는 십부장으로 일하다가, 오십부장, 백부장, 천부장으로 점점 진급하여 마침내는 사사가 되었을 것이다(출 18:21이하). 그런데 몇몇 사사들(야일, 입산, 압돈)은 이스라엘의 사사가 되기 전에 이미 일부다처의 악에 빠졌는데, 이는 이스라엘에서 지도자의 자리가 하나님의 부름을 받아 섬기는 자리에서 특별한 영광과 특권을 누리는 자리로 변질되었음을 알게 하는 것이다.

그들은 율법들, 특히 일부다처를 금하는 율법 위에 군림하는 존재로 자신들을 높였다. 그들은 처음에는 종처럼 행동했지만, 점점 귀족처럼, 급기야 나중에는 왕처럼 행동했다. 지도자의 타락은 곧 모든 백성들의 타락으로 이어졌다. 이제 남는 것은 심판밖에 없는 것이다. 우리는 모두 섬김을 위해 부름을 받은 자들이다. 특히 지도자는 영광과 특권을 누리는 자가 아니라 섬기는 자이다. 섬기는 지도자, 섬기는 성도들이 되기를 바란다.

6-9절. 이스라엘 자손이 다시 여호와의 목전에 악을 행하여, 바알들과 아스다롯과 아람의 신들과 시돈의 신들과 모압의 신들과 암몬 자손의 신들과 블레셋 사람들의 신들을 섬기고, 여호와를 버리고, 그를 섬기지 아니하므로, 여호와께서 이스라엘에게 진노하사, 블레셋 사람들의 손과 암몬 자손의 손에 그들을 파시매, 그 해에 그들이 요단 강 저쪽 길르앗에 있는 아모리 족속의 땅에 있는 모든 이스라엘 자손을 쳤으며, 열여덟 해 동안 억압하였더라. 암몬 자손이 또 요단을 건너서 유다와 베냐민과 에브라임 족속과 싸우므로 이스라엘의 곤고가 심하였더라.

본문은 사사기에서 하나의 전환점을 소개하고 있다. 지도자들은 왕처럼 군림했고, 백성들은 배교하기 직전이었다. 이제, 이스라엘 백성들은 완전한 배교에 빠져든다. 그래서 그들이 섬긴 우상들이 모두 일곱 가지나 되었음을 기록한다. 즉 “바알들, 아스다롯, 아람의 신들, 시돈의 신들, 모압의 신들, 암몬 자손의 신들, 블레셋 사람들의 신들”이다. 이제 그들은 완벽한 7중의 배교로 빠져든 것이다.

사실, 당시 우상의 종류가 꼭 일곱은 아니었을 것이다. 그러나 어떤 신이라도 여호와 하나님보다는 더 나은 대접을 받았을 것이다. 오늘날 하나님은 어떤 대접을 받고 계신가? 우리의 자녀나 부모, 혹은 연인에 밀려 있지는 않는가? 하나님을 하나님으로 섬기자! 하나님을 하나님 되게 하는 것은 우리 시대에도 여전히 중요한 문제인 것이다.

결국 하나님은 이스라엘의 북쪽은 북서쪽에 있는 암몬에게 넘겨주셨고, 남쪽은 블레셋에게 넘겨주셨다. 우리는 “여호와께서 이스라엘에게 진노하사”라는 두려운 구절을 읽을 수 있다. 그래서 암몬 족속들이 이스라엘을 치는 것을 허락하실 정도로 하나님의 진노가 극심했다. 여기 이 '친다' (וירעצ)는 말은 성경에서 딱 두 번 사용된다. 한 번은 애굽에 대한 하나님의 공격을 언급하는 출애굽기 15:6 "여호와여 주의 오른손이 원수를 부수시나이다(תרעץ)" 와 이곳에서만 사용된 것이다. 그만큼 하나님의 진노가 극심했던 것이다.

누가 우리들을 공격해서 어려움을 당한다면 그것은 하나님의 허락 하에 주어진 것이다. 하나님이 우리를 과거 일본의 손에 넘겨주기도 하셨고, IMF의 손에 넘겨주기도 하셨다. 그래서 우리는 엄청난 민족적 고난을 당하였다. 하나님을 하나님으로 섬기지 않는다면 앞으로 더 심각한 문제가 생길 수 있다. 하나님을 경외하며 살기를 바란다.

> 10-14절. 이스라엘 자손이 여호와께 부르짖어 이르되, 우리가 우리 하나님을 버리고 바알들을 섬김으로 주께 범죄하였나이다 하니, 여호와께서 이스라엘 자손에게 이르시되, 내가 애굽 사람과 아모리 사람과 암몬 자손과 블레셋 사람에게서 너희를 구원하지 아니하였느냐? 또 시돈 사람과 아말렉 사람과 마온 사람이 너희를 압제할 때에 너희가 내게 부르짖으므로 내가 너희를 그들의 손에서 구원하였거늘, 너희가 나를 버리고 다른 신들을 섬기니, 그러므로 내가 다시는 너희를 구원하지 아니하리라. 가서 너희가 택한 신들에게 부르짖어 너희의 환난 때에 그들이 너희를 구원하게 하라 하신지라.

이스라엘이 범죄하자, 하나님께서 그들을 심판하셨다. 그러자 이스라엘 백성들은 회개했다. 문제는 이 '회개의 진정성' 이다. 그들은 진심으로 회개한 것이 아니었다. 우리는 여기에서 가식적인 회개, 가벼운 회개를 보게 된다. 이스라엘 자손들은 이제 죄짓기와 회개하기에 달인이 되어 버렸다. 오늘날 어떤 지도자는 소위 '회복 기술' 이란 것을 가르친다.[1] 이는 마치 하나님께서 비인격적인 컴퓨터 같아서, 우리가 '죄에 대한 고백' 을 하면, 자동적으로 '용서' 를 하신다는 것

1) 예를 들어, 예배 지도자인 씨머(R. B. Thieme)의 추종자들은 소위 '회복 기술' 이란 것을 말한다.

이다. 그러나 하나님은 '값싼 구원', '싸구려 믿음'을 거부하신다. 우리는 하나님께서 인격적인 분이심을 알아야 한다. 하나님께서도 기분이 상하실 수 있다는 것을 알아야 한다. 물론 우리가 죄를 회개하면 용서하시지만, 쉽게 용서하는 분이 아니신 것이다. 이 말은 하나님께서 진정한 회개를 원하신다는 것이다.

하나님은 7중의 배교에 빠진 이스라엘을 향해, 하나님께서 과거에 베푸신 일곱 구원들을 기억하도록 하신다. 11절 "여호와께서 이스라엘 자손에게 이르시되, 내가 애굽 사람과 아모리 사람과 암몬 자손과 블레셋 사람에게서 너희를 구원하지 아니하였느냐?" 하나님은 애굽(출 1-14장), 아모리(민 21:21-35), 암몬(삿 3:13), 블레셋(삿 3:31), 시돈(삿 4-5장), 아말렉(삿 6:3, cf. 출 17:8-16; 삿 3:13), 그리고 마온(삿 6:2)으로부터 이스라엘을 구원하셨다.

그 가운데 '시돈과 마온'에게 구원했다는 것이 다소 이상하게 여겨질 것이다. 사사기 18:7과 28에서, 시돈이 야빈의 땅을 지배했고, 그래서 야빈으로부터 구원이 결국은 시돈 사람들로부터 구원이었다. 그리고 "마온 사람"은 잘 알려져 있지 않으나, 학자들은 이는 기드온과 싸운 배교한 미디안 족속의 그룹을 가리키는 것이라고 추측한다.[2)]

그런데 하나님의 백성들에 대한 이 질책에는 하나님의 은혜가 숨겨져 있다. 하나님은 하나님께서 이전에 암몬과 블레셋으로부터 그들을 구원하셨다는 것을 기억시키고 있는 것이다. 그러므로 하나님께서 지금도 다시 그렇게 하실 수 있다는 것을 그들이 깨닫도록 격려하시는 것이다.

그러나 하나님께서 "내가 다시는 너희를 구원하지 아니하리라"고 말씀하신다. 정말 하나님께서 이스라엘을 구원하지 않으실까? 어떻게 하나님의 마음을 돌릴 수 있을까? 우리는 이것이 언약적 언어임을 이해해야만 한다. 하나님께서는 니느웨 사람들에게 40일 안에 그들을 멸망시키겠다고 말씀하셨다. 그러나 그들이 회개했을 때, 요나서가 보여주고 있는 것처럼, 그들을 아끼셨다. 하나님의 진노에 대한 위협과 약속들은 언제나 인간의 죄의 언약적 맥락 가운데 주어진 것이다. 하나님께서 인간들에게 회개와 구원을 허락하실 때, 하나님의 마음은 언

---

2) Daniel I. Block, *The New American Commentary* Vol. 6, Judges, Ruth, p. 347.

제나 바꾸실 수 있는 것이다.

15-16절. 이스라엘 자손이 여호와께 여쭈되, 우리가 범죄하였사오니, 주께서 보시기에 좋은 대로 우리에게 행하시려니와, 오직 주께 구하옵나니, 오늘 우리를 건져내옵소서 하고, 자기 가운데에서 이방 신들을 제하여 버리고, 여호와를 섬기매 여호와께서 이스라엘의 곤고로 말미암아 마음에 근심하시니라.

하나님께서 용서와 구원을 거부하시자, 이스라엘은 보다 진지하게 회개한다. 그러나 아직 충분한 것은 아니었다. 그들은 겉으로는 온전한 회개를 한 것 같지만, 속으로는 아직 국가주의에 대한 열망이 남아있었던 것이다. 보다 중요한 것은 16절이다. "여호와께서 이스라엘의 곤고로 말미암아 마음에 근심하시니라." 여호와께서 이스라엘의 불행으로 인하여 속이 상하셨다는 것이다. 하나님께서 그들을 구원하실 것이지만, 이는 그들의 회개 때문이 아니라, 그들의 죄에도 불구하고 그들을 사랑하셨기 때문이다. 여호와의 오랜 고심은 아직 끝나지 않았던 것이다. 하나님은 그들을 위해 구원자인 입다를 일으키실 것이다. 그러나 동시에 입다를 통해 이스라엘의 문제를 보여주실 것이다.

17-18절. 그 때에 암몬 자손이 모여서 길르앗에 진을 쳤으므로, 이스라엘 자손도 모여서 미스바에 진을 치고, 길르앗 백성과 방백들이 서로 이르되, 누가 먼저 나가서 암몬 자손과 싸움을 시작하랴? 그가 길르앗 모든 주민의 머리가 되리라 하니라.

비록 암몬이 18년 동안 이스라엘을 억압했으나, 어떤 최후의 움직임이 이제 나타난다. 사사기 11:13 "암몬 자손의 왕이 입다의 사자들에게 대답하되, 이스라엘이 애굽에서 올라올 때에 아르논에서부터 얍복과 요단까지 내 땅을 점령했기 때문이니, 이제 그것을 평화롭게 돌려 달라 하니라."에 나타난 것처럼, 암몬은 이스라엘 전체 영토를 요구한다.

이런 민족적 위기 앞에 여호와를 전적으로 의지하는 대신에, "누가 먼저 나가서 암몬 자손과 싸움을 시작하랴?" 라며 길르앗 사람들은 강력한 군사적 지도자를 찾았다. "그가 길르앗 모든 주민의 머리가 되리라." 그들은 그를 왕으로 삼고자 한 것이다. 지금까지, 사사는 여호와에 의해 분명히 세워졌다(삿 3:9, 15; 4:4-6; 6:11-12). 여태까지, 이스라엘 백성들은 자신들이 죄로 죽어야 마땅하고, 여호와를 전적으로 의지해야 함을 고백했다. 그래서 하나님은 그들을 구원하셨다. 그러나 이제 길르앗 사람들은 전적으로 여호와를 의지하지 않았다. 그들은 어떤 군사적인 구원자가 그들을 구원할 것을 기대했다. 만약 그가 그들을 구원한다면, 그들은 그에게 왕관을 씌울 것이라고 말하고 있는 것이다. 그들은 세속적인 왕과 군사적인 힘이 자신들을 지켜줄 것이라고 믿고 있는 것이다. 겉으로는 회개하지만, 속으로는 여전히 다른 꿍꿍이를 갖고 있었던 것이다.

때로는 인간적인 대책을 잘 세우는 것이 우리의 심각한 문제일 수 있다. 하나님에 대한 믿음보다, 내 경험이나 내가 준비한 무엇을 믿고 있다면, 그것은 신앙을 가장한 불신앙일 것이다. 여호와 이레의 축복을 바라보며, 철저하게 주님만 의지하고 살기를 바란다.

3. 입다의 출신(삿 11:1-11)

그리스와 터키를 여행할 때, 숙소를 늘 박물관 옆에 잡아서 틈나는 대로 박물관에 갔었다. 그리스 국립박물관에 가면 그리스가 자랑하는 커다란 황금가면이 있는데, 이것이 '아가멤논 왕의 가면' 이다. 아가멤논은 그리스 신화의 영웅으로 미케네의 왕이었다. 그는 트로이 원정군의 총사령관이 되어 출범에 앞서 자신의 딸 이피게네아스를 희생제물로 바치고 승리하지만, 귀국 후에 처인 클리타임네스트라(Klytaimnestra)와 아이기스토스(Aigistos)에 의해서 살해된다. 이에 그의 딸 엘렉트라(Elektra)와 아들 오레스테스(Orestes)가 원수를 갚는데, 이 사건은 비극시인인 아이스키로스, 소포클레스에 의하여 읊어지고 고대미술에서 거듭 그려졌다.

입다의 이야기는 아가멤논이 자신의 딸을 인신 제물로 받친 것과 비교되면서 입다도 자신의 딸을 인신제사의 제물로 바쳤다고 해석되기도 했다. 그러나 정말 입다가 자신의 딸을 죽여서 번제로 드렸을까? 그렇다면 그가 참으로 믿음의 사람일 수 있는가?

몇몇 주석가들은 입다가 진실한 사람이지만, 매우 무지한 믿음을 가졌다고 생각했다. 그들은 입다가 야만적인 시대에 살았고, 하나님을 섬기는 방법을 알지 못해서 딸을 제물로 드렸다고 한다. 그러나 입다는 히브리서 11:32에서 참된 믿음의 영웅으로 기록되고 있다. 만약 그렇지 않더라도, 사사기는 그가 망령된 맹세를 하기 직전에, "이에 여호와의 영이 입다에게 임하시니"라고, 그가 하나님의 성령으로 기름부음을 받은 것에 대하여 명백하게 기록하고 있다(삿 11:29). 이러한 성령의 기름부음은 최소한 어느 정도의 성령의 은혜들을 포함하고 있는 것이다.

의심할 수 없이 입다는 하나님의 율법을 잘 알았는데, 이는 그가 이후에 아르논의 왕에게 보낸 편지에서 그가 민수기에 기록된 사건들과 두루 친숙함을 보여주고 있기 때문이다. 그는 무지한 사람이 아니었다. 또한 많은 사람들이 잘 이해하고 있는 것처럼 입다의 딸은 죽지 않았고, 완전한 처녀로 헌신했고 회막문에서 섬겼던 것이다. 우리는 다음에 이에 대해서 더 자세하게 논의할 것이다.

입다를 무지한 사사로 비난하거나, 입다가 전혀 잘못한 것이 없다고 두둔하는 양측이 모두 사사기 전체의 신학을 놓치고 있는 것이다. 물론 그는 참된 신앙의 영웅이다. 그의 서원도 하나님께서 허락하신 것이다. 그러나 입다는 연약했고, 그의 약함은 전체로서 이스라엘의 약함을 나타내는 것이기도 하다. 이스라엘은 구원자로서 어떤 인간 왕이 필요하다고 생각했다. 또한 입다도 그렇게 생각했던 것이다. 입다의 잘못은 이스라엘을 위하여 어떤 왕조를 세우겠다는 생각이었다. 그러나 이스라엘에는 오직 여호와만이 왕이어야 했던 것이다.

한 가지만 미리 말한다면, 입다의 맹세는 그렇게 경솔한 것이 아니었다. 그것은 나름대로 신중한 생각의 결과였다. 사실 희생제사를 드리는 것은 집이나 왕조를 세우는 것과 연관된 것이다. 하나님께서 이 서원을 입다가 하도록 하셨는데, 그 이유는 하나님께서 원하신 것은 참된 왕의 집인 하나님의 집을 세우도록 하셨기 때문이다. 그리고 그것은 회막문에서 섬기는 여자의 순결을 희생제물로 드려 세워질 하나님의 집, 즉 회막이었다. 그러므로 여호와는 인간 왕에 대한 욕망을 가진 입다와 이스라엘을 꾸짖으시고, 그들의 왕은 오직 하나님이신 것을 생각하도록 하셨다. 그리고 세워져야하는 집은 입다의 집이 아니라 하나님의 집이었다는 것을 깨닫도록 하신 것이다. 이제 조금씩 본문을 해석해 보겠다.

> 1-3절. 길르앗 사람 입다는 큰 용사였으니 기생이 길르앗에게서 낳은 아들이었고, 길르앗의 아내도 그의 아들들을 낳았더라. 그 아내의 아들들이 자라매 입다를 쫓아내며 그에게 이르되, 너는 다른 여인의 자식이니 우리 아버지의 집에서 기업을 잇지 못하리라 한지라. 이에 입다가 그의 형제들을 피하여 돕 땅에 거주하매 잡류가 그에게로 모여 와서 그와 함께 출입하였더라.

입다가 그의 아버지에 대해서 알았는지는 불분명하다. 1절에서 "길르앗"이 그의 아버지였다면, 그 지역에 사는 누군가가 그의 아버지였을 것이라는 의미이다. 7절에서 우리는 그를 쫓아낸 사람이 길르앗의 모든 남자들임을 보게 된다. 그리고 입다가 죽었을 때(삿 12:7), 그가 단지 "길르앗에 있는 그의 성읍"에 장사되었다고 한다. 우리는 이 입다가 집도 없고, 가문도 없고, 그의 장지를 통해 그의 출생을 알만한 특별한 것이 없음을 알 수 있다. 만약 이 해석이 옳다면, 2절에서 "길르앗의 아내"와 "그 아내의 아들들", 즉 그의 형제들은 단지 그 지역의 합법적인 결혼생활을 하는 아내들과 아들들을 언급하는 것에 불과할 것이다. 물론 하나님의 섭리에 의하여 입다의 아버지가 그 지역 이름과 동일한 "길르앗"이란 이름을 가졌을 수도 있는데, 그렇다면 이것은 하나의 언어유희일 수도 있다.

이스라엘의 딸들은 결코 창녀가 되면 안 되었기 때문에, 이 "기생"으로 불린 입다의 어머니는 아마 이스라엘 사람이 아니었을 것이다. 입다는 아비멜렉처럼 혼혈아였을 것이다. 그러나 그는 개종한 혼혈아였을 것이다. 그의 아버지 길르앗은 그가 누구든지 간에 '이스라엘'을 상징하고 있고, 이방인 기생인 그의 어머니와의 결합은 이스라엘의 '영적인 간음'을 상징하고 있는 것이다. 입다의 출생은 이러한 혼합주의의 결과이다. 그는 그 시대의 혼합주의 종교를 축소판으로 보여주고 있는 것이다. 그러나 아비멜렉과 달리, 그는 단지 기독교적인 용어를 사용하는 이교도의 모습이 아니라, 세상에 강력하고도 선한 영향력을 행사하는 참된 크리스천의 모습으로 나타난다.

성경에서 '서자'는 십 대까지 이스라엘의 완전한 시민이 될 수 없었다. "사생자는 여호와의 총회에 들어오지 못하리니 십 대에 이르기까지도 여호와의 총회에 들어오지 못하리라"(신 23:2). 여기에서 이 '사생자'(מַמְזֵר)는 아버지가 죽은 후에 태어난 자식이 아니다. 그래서 영어성경(CEV)에서 "one born outside of a legal marriage" 즉 합법적인 결혼 밖에 태어난 사람으로 번역하고 있다.[3)] 이 사생자는 서자를 말하는 것이다. 또한 동일한 것이 모압과 암몬 자손에게도 적용되었다. "암몬 사람과 모압 사람은 여호와의 총회에 들어오지 못하리니 그들에게 속한 자는 십 대뿐 아니라 영원히 여호와의 총회에 들어오지 못하리라"(신 23:3). 하나님의 거룩한 유머 가운데 하나님은 이 소외된 사람들인 암몬 자손을 파멸하기 위하여 소외된 인간인 입다를 은밀하게 준비시키신 것이다.

이 율법은 때로 잔인해 보인다. 그러나 그것은 이중적인 목적이 있다. 첫째, 열 세대 동안 완전한 시민권을 얻지 못하고 소외된다는 것을 알면 어떤 사람이 서자를 가지기 전에 심사숙고하게 될 것이다. 둘째, 율법에서 그자를 제외시킨 것은(신 23:1) 그들에게 장래에 기업이 없기 때문이고, 과거에 대한 존경이 없기 때문이다. 그들은 과거로부터 상속된 책임이 없었다. 하나님은 현재지향적인 사람들에 의해 하나님의 나라가 통치되는 것을 원하지 않으신다. 하나님의 나라는 유전을 중시하고 미래에 대해 관심이 있는 자들에 의해 통치되기를 원하시는 것이다.

유다는 이스라엘에서 왕적인 지파였다. 그러나 유다의 자식들인 엘, 오난, 셀라는 일종의 고자였다. 정상적인 성관계를 통한 임신을 거부했던 것이다(창 38장). 그러므로 그들이 이스라엘의 완전한 시민권을 갖기 위해서는 열 세대 동안을 기다려야만 했다. 즉 유다지파인 다윗이 왕이 되기 전에 열 세대를 기다려야 했다. 룻기 4:18-22에서 연대기는 베레스에서 다윗까지 10 세대가 걸렸다는 것을 보여준다. 이 사실은 또한 왜 이스라엘이 사사기 기간 동안에는 왕을 가질

---

3) 이 히브리어 ממזר(mamzeûr)의 BDB 사전의 정의는 bastard, child of incest, illegitimate child이다. 이는 이방인과 유대인 사이의 불법적 결혼에 의한 혼혈아를 의미하는 것이다.

수 없었는지에 대한 중요한 이유 중에 하나를 보여주고 있는 것이기도 하다. 오직 유다에서난 사람만이 왕이 될 수 있었고, 실제로 사사 가운데 유다 지파 출신 사람들은 일시적으로 제외되어 있었던 것이다. 이러한 사실은 비록 입다가 자신을 '왕' 으로 부르지는 않았지만, 왕이 되려고 한 일이 얼마나 어리석었는지를 보여주고 있는 것이다. 고자처럼, 그는 완전한 시민권을 가질 수도 없었고, 왕조를 세울 수도 없었기 때문이다. 물론 중요한 이유는 이 시기는 아직 인간 왕이 존재할 수 없었기 때문이다. 하나님은 자신의 대리인으로 인간 왕을 세우는 것을 허락하기 전에, 하나님께서 참된 왕이심을 이스라엘이 철저하게 깨닫기를 원하셨던 것이다.

아브라함이 그의 다른 아들들을 이삭이 거주하는 지역에서부터 멀리 내보냈으나, 그는 그들에게 선물들을 주어 보냈다(창 25:5-6). 그러나 입다는 빈손으로 비참하게 쫓겨났다. 그러나 하나님께서 그것을 갚아 주셨다. 그들은 입다를 비참하게 했으나, 이제 그들이 입다 앞에서 비참하게 되었던 것이다.

3절을 보면, "잡류"가 입다의 주변에 몰려들었다. 훗날 다윗처럼, 입다는 그 주변에 "잡류"들을 모았다. '돕' (טוב)은 '좋은' 을 의미한다. 비록 하나님께서 자신의 땅을 징계하고 황폐케 하셨으나. 그 분은 다른 장소, 즉 '좋은 곳' 에서 그의 신실한 사람들을 준비하고 돌보셨던 것이다.

다윗이 아둘람 굴에 피해 있을 동안에 여러 사람들이 몰려들었다. 사무엘상 22:1-2 "그러므로 다윗이 그곳을 떠나 아둘람 굴로 도망하매, 그 형제와 아비의 온 집이 듣고는 그리로 내려가서, 그에게 이르렀고, 환난 당한 모든 자와 빚진 자와 마음이 원통한 자가 다 그에게로 모였고, 그는 그 장관이 되었는데, 그와 함께 한 자가 사백명 가량이었더라." 아둘람 동굴로 피신한 다윗에게 환난 당한 자, 빚진 자, 마음이 원통한 자들이 몰려들었다. 다윗은 그들의 우두머리가 되었다. 그리고 그곳에서 그들을 훈련시켰다. 시편 57편을 보라. '다윗이 사울을 피하여 굴에 있었을 때에' 지은 시라고 되어 있다. 비록 다윗은 숨어 살며 잡류들의 우두머리가 되었지만, 시편 57:7-9 "하나님이여 내 마음이 확정되었고 내 마음이 확정되었사오니 내가 노래하고 내가 찬송하리이다. 내 영광아 깰지어다. 비파야 수금아 깰지어다. 내가 새벽을 깨우리로다. 주여 내가 만민 중에서 주께 감사하오며 열방 중에서 주를 찬송하리이다." 하나님을 찬양하고 내일에 대한 비전을 갖고 준비했던 것이다.

입다도 마찬가지였다. 비록 집에서 억울하게 쫓겨나고 돕 땅의 떠돌이들의 우두머리가 되었지만, 그들을 훈련시키고 내일을 위해 힘을 길렀던 것이다. 희망을 버리지 않았던 것이다. 버림받은 서러움과 분노의 감정을 증오심과 복수심으로 폭발하지 않고, 오히려 긍정적이고 생산적으로 승화시킨 것이다. 이것이 입다의 위대함이다.

잠시 정리하겠다. 본문 1-3절은 입다의 이력서를 기록해 놓은 것이다. 입다는 길르앗의 어떤 사람이 기생에게서 낳은 아들인 '서자' 였다. 물론 입다는 배다른 형제들이 있었다. 그런데 어린 입다는 이복형제들에게 미움을 받는다. 결국 집에서 쫓겨난다. 변두리인 돕 땅에 가서 살게 된다. 그곳에서 잡류들의 우두머리가 된다. 이상의 이력서를 보면 입다는 아무데도 취직할 수 없을 것 같다. 출신이 천하고, 가정이나 학교에서 정규교육도 못 받고, 나쁜 친구들과 어울리며 못된 짓을 한 사람으로 분류될 것 같다. 가정적으로 사회적으로 버림받은 사람이었다. 따돌림을 받은 사람이었다. 무시 받은 사람이었다. 소외된 사람이었다. 그러나 하나님께서는 '입다' 를 '큰 용사' 로 평가하셨다. 우리들도 이력서에 기록된 출신과 학력, 경력에 관계없이 하나님 앞에서 큰 용사로 쓰임 받을 수 있음을 믿기 바란다.

4-8절. 얼마 후에 암몬 자손이 이스라엘을 치려하니라. 암몬 자손이 이스라엘을 치려 할 때에 길르앗 장로들이 입다를 데려오려고 돕 땅에 가서, 입다에게 이르되 우리가 암몬 자손과 싸우려 하니 당신은 와서 우리의 장관이 되라 하니, 입다가 길르앗 장로들에게 이르되 너희가 전에 나를 미워하여 내 아버지 집에서 쫓아내지 아니하였느냐? 이제 너희가 환난을 당하였다고 어찌하여 내게 왔느냐? 하니라. 그러므로 길르앗 장로들이 입다에게 이르되, 이제 우리가 당신을 찾아온 것은 우리와 함께 가서 암몬 자손과 싸우게 하려 함이

니, 그리하면 당신이 우리 길르앗 모든 주민의 머리가 되리라 하매,

6절에서 길르앗의 장로들은 누구든지 암몬으로부터 자신들을 구원하는 사람이 자신들의 머리가 될 것이라고 말하고 있다. 이것은 우리가 이미 알고 있는 원리에 따른 것이었다. 즉 구원자가 통치자가 되는 것이다. 십계명 서문은 "나는 너를 애굽 땅, 종 되었던 집에서 인도하여 낸 네 하나님 여호와니라"라고 선언한다(출 20:2). 구원자가 통치자가 되는 것이다. 예수님은 우리의 구원자이시기에 우리의 통치자가 되실 수 있는 것이다.

그러나 이 '성급한 서원'은 길르앗 사람들의 실수이다. 첫째, 입다에게 이러한 타이틀을 제시한 것은 굴욕적인 것이었다. 이 장로들은 그 형제들이 입다를 추방할 때 묵인했었다. 혹은 만약 우리가 "그 형제들"에 의한 것을 길르앗의 모든 사람들에 의한 것으로 이해한다면, 7절이 의미하고 있는 바는 그 자신들이 입다를 추방한 것이다. 그러나 그들은 이제 입다를 왕으로 추대하는 것이다. 둘째, 그들의 맹세는 율법을 어기는 것이다. 입다와 같은 서자는 이스라엘의 통치자가 될 가능성이 없었기 때문이다. 그러나 이제, 길르앗 사람들은 서자에게 자신들을 다스리도록 요구하고 있다. 결국 입다는 예외적으로 사사가 되었다. 이러한 서자가 사사가 된 것은 당시 이스라엘의 영적인 상태를 알 수 있는 하나의 징조였다. 즉 사사가 될 만한 준비된 인물이 없었던 것이다. 오늘날도 하나님께서는 사람을 찾으신다. 준비된 사람, 자격을 갖춘 사람으로 쓰임받기를 바란다.

9-11절. 입다가 길르앗 장로들에게 이르되, 너희가 나를 데리고 고향으로 돌아가서 암몬 자손과 싸우게 할 때에 만일 여호와께서 그들을 내게 넘겨주시면 내가 과연 너희의 머리가 되겠느냐 하니, 길르앗 장로들이 입다에게 이르되, 여호와는 우리 사이의 증인이시니 당신의 말대로 우리가 그렇게 행하리이다 하니라. 이에 입다가 길르앗 장로들과 함께 가니, 백성이 그를 자기들의 머리와 장관을 삼은지라. 입다가 미스바에서 자기의 말을 다 여호와 앞에 아뢰니라.

입다의 믿음은 여호와께서 그들의 구원자가 되실 것이라는 표현에서 잘 나타

난다(9절). 그러나 동시에, 그는 서자가 통치자에서 제외됨의 율법을 무시했고, 일종의 왕이 되려는 욕망을 보이고 있다. 이러한 입다의 모습에는 양면성이 있다. 그것을 어떤 주석가는 너무나도 가혹하게 다루고, 다른 주석가에게는 너무나도 관대하게 다룬다. 이스라엘이 혼합적인 것처럼, 입다도 혼합적이었다. 또한 그의 행동들 역시 혼합적이었다. 입다는 그 시대의 사람들처럼, 혼합주의에 빠진 것이다.

이렇게 너무나도 신앙적이면서 동시에 너무나도 불신앙적인 것이 우리 시대의 심각한 문제이기도 하다. 불같이 뜨거웠다가 얼음처럼 싸늘해지는 극단적인 믿음을 경계해야 할 것이다. 냄비처럼 금방 펄펄 끓다가 금방 식고 마는 신앙이 아니라 돌솥처럼 변함없이 따뜻한 신앙의 사람들이 되기를 바란다.

4. 입다가 암몬에 전한 복음(삿 11:12-28)

얼마 전 출판된 <가끔은 제정신 - 우리는 늘 착각 속에 산다>(허태균 지음. 쌤앤파커스 펴냄, 2012. 2.10.)는 책이 있다. 우리는 가끔 제정신이지만, 대부분 착각 속에 산다는 내용이다. 우리는 자기 자신에 대해서 그러고 다른 사람들에 대해서 많은 착각을 하며 살고 있다.

입다에 대해서도 많은 착각들이 있다. 일부 주석가들은 입다가 집에서 쫓겨나서 잡류들의 우두머리로 살았기 때문에 거칠고 난폭하고 폭력적인 사람으로 묘사한다. 그러나 어떤 사람의 출신이나 환경이 그 사람의 인격을 결정하지는 않는다. 비록 기생의 아들로 태어나 눈칫밥을 먹으며 살다가 집에서 쫓겨났고, 낯선 땅에서 힘들게 살았지만, 입다는 평화의 사람으로 살았다. 힘 있는 대장부로 성장했지만, 동시에 그 힘을 언제 사용해야 할지 아는 지혜로운 사람으로 살았다. "입다가 암몬 자손의 왕에게 사자들을" 보낸 것을 통하여 우리는 그가 '평화의 사람' 인 것을 알 수 있다. 무엇이 입다를 이토록 반듯하게 자라도록 했을까?

12-13절. 입다가 암몬 자손의 왕에게 사자들을 보내 이르되, 네가 나

> 와 무슨 상관이 있기에 내 땅을 치러 내게 왔느냐? 하니, 암몬 자손의 왕이 입다의 사자들에게 대답하되, 이스라엘이 애굽에서 올라올 때에 아르논에서부터 얍복과 요단까지 내 땅을 점령했기 때문이니, 이제 그것을 평화롭게 돌려 달라. 하니라.

입다가 사자들을 통해 하나님의 메시지를 암몬에게 보낸 것은 그가 평화의 사람인 것을 알게 할 뿐 아니라, 그가 그들에게 복음을 전한 것을 의미하는 것이다. 만약 암몬이 이스라엘이 열방의 제사장이란 것을 깨닫고, 이스라엘이 자신들의 제사장으로 일하도록 허락했다면, 틀림없이 암몬은 구원을 받았을 것이다.

앞으로 우리가 살펴볼 것처럼, 삼손이 블레셋 여자에게 청혼한 것도 이방인들에게 일종의 복음을 제시한 것에 대한 상징이다. 그리고 이렇게 이방인에게 복음을 전했다는 것은 입다와 삼손의 이야기를 이어주는 것이기도 하다. 입다는 암몬에게 하나님의 제사장적 나라를 대적한 그들의 행위를 회개하도록 하나님의 말씀을 선포했다. 언제나 회개의 기회는 심판이 떨어지기 직전에 주어지는 것이다. 그 기회를 놓치면 심판을 피할 수 없게 되는 것이다. 결론부터 말하면, 입다를 통해 주어진 하나님의 말씀을 거절한 암몬은 커다란 낭패를 당하게 된다.

암몬의 왕은 "아르논에서부터 얍복과 요단까지" "내 땅"을 돌려달라고 한다. 결국 이스라엘이 자신들의 땅을 훔쳤다는 암몬의 주장 가운데, 입다는 암몬 왕과 토론을 시작한다. 입다는 다음과 같은 4가지 논증들로 암몬 왕의 주장을 반박하고 있다. 이것은 단순히 암몬 왕의 주장을 반박하는 것을 넘어서서 암몬 왕에게 복음을 전하는 것이기도 하다. 한 가지씩 살펴보자.

> 14-18절. 입다가 암몬 자손의 왕에게 다시 사자들을 보내, 그에게 이르되, 입다가 이같이 말하노라. 이스라엘이 모압 땅과 암몬 자손의 땅을 점령하지 아니하였느니라. 이스라엘이 애굽에서 올라올 때에 광야로 행하여 홍해에 이르고 가데스에 이르러서는, 이스라엘이 사자들을 에돔 왕에게 보내어 이르기를, 청하건대 나를 네 땅 가운데로 지나게 하라 하였으나, 에돔 왕이 이를 듣지 아니하였고, 또 그와 같이 사람을 모압 왕에게도 보냈으나, 그도 허락하지 아니하므

> 로, 이스라엘이 가데스에 머물렀더니, 그 후에 광야를 지나 에돔 땅과 모압 땅을 돌아서 모압 땅의 해 뜨는 쪽으로 들어가 아르논 저쪽에 진 쳤고, 아르논은 모압의 경계이므로 모압 지역 안에는 들어가지 아니하였으며,

입다의 첫 번째 논증은 출애굽 시에 이스라엘이 모압 지역에 들어가지 않았다는 것이다. 당시 지도를 살펴보면, 지금의 이집트에서 이스라엘까지 가는 길에는 미디안 족속들이 살았던 역삼각형의 시나이 반도가 있고, 이스라엘의 동쪽인, 즉 요단강 건너편은 아래로부터 에돔, 모압, 암몬 족속들이 살고 있었다.

출애굽 경로를 완전하게 추적할 수는 없지만 성경에 적힌 지경들을 따라 개략적인 추정을 해보면, 차례대로 미디안, 에돔, 모압, 암몬 족속들을 만나게 되어 있다. 그러나 입다의 말대로 이스라엘 백성들은 "모압 땅과 암몬 자손의 땅을 점령하지" 않았다. 에돔 땅에 이르러서는 이스라엘은 정중하게 통행로를 요구했었다(cf. 민 20:14-21). 그러나 그들이 거절하여 "에돔 땅과 모압 땅을 돌아서 모압 땅의 해 뜨는 쪽으로 들어가 아르논 저쪽에" 진을 쳤다. 민수기는 "에돔 왕이 이같이 이스라엘이 그의 영토로 지나감을 용납하지 아니하므로 이스라엘이 그들에게서 돌이키니라" 라고 말한다(민 20:21).

대략 이집트에서 가나안까지의 거리는 최단거리로 약 300Km이다. 노약자와 어린이 부녀자들도 있기 때문에 하루에 20-25Km 정도 걸을 수 있다고 보면, 약 2주 정도면 갈 수 있는 거리이다. 그러나 그들은 여러 가지 이유들로 인하여 두르고 둘러서 약 1,200Km가 되는 거리를 가야 했다. 이것도 약 60일 정도 걸리는 거리이다. 그러나 이스라엘은 40년을 걸려서 가야 했다.

이스라엘은 때로 죄 때문에, 때로 하나님의 훈련과 준비를 위하여, 둘러가는 삶을 살아야 했다. 어쩌면 우리의 삶에도 둘러가는 과정이 필요할 것이다. 직장에서의 진급이나, 학교에서 성적이 잘 오르지 않을 때, 무언가 일이 더디어질 때, 낙심하지 말기 바란다. 필요한 과정이기에 주님께서 허락하신 것이다. 낙심하지 말고 인내하며 기다릴 수 있기를 바란다(약 4:10).

19-22절. 이스라엘이 헤스본 왕 곧 아모리 족속의 왕 시혼에게 사자들을 보내어 그에게 이르되, 청하건대 우리를 당신의 땅으로 지나 우리의 곳에 이르게 하라 하였으나, 시혼이 이스라엘을 믿지 아니하여 그의 지역으로 지나지 못하게 할 뿐 아니라, 그의 모든 백성을 모아 야하스에 진 치고 이스라엘을 치므로, 이스라엘의 하나님 여호와께서 시혼과 그의 모든 백성을 이스라엘의 손에 넘겨주시매, 이스라엘이 그들을 쳐서, 그 땅 주민 아모리 족속의 온 땅을 점령하되, 아르논에서부터 얍복까지와 광야에서부터 요단까지 아모리 족속의 온 지역을 점령하였느니라.

입다의 둘째 논증은 이스라엘이 암몬이 아닌 아모리 족속으로부터 그 땅을 취하였다는 것이다. 게다가 이스라엘은 이 지역을 "아모리 족속의 왕 시혼"이 먼저 공격했기에 부득이하게 싸우고 정복했다는 것이다.

이러한 사실은 민수기 21장에 상세하게 나와 있다. "이스라엘이 아모리 왕 시혼에게 사신을 보내어 이르되, 우리에게 당신의 땅을 지나가게 하소서. 우리가 밭에든지 포도원에든지 들어가지 아니하며, 우물물도 마시지 아니하고, 당신의 지경에서 다 나가기까지 왕의 큰길로만 지나가리이다 하나, 시혼이 이스라엘이 자기 영토로 지나감을 용납하지 아니하고, 그의 백성을 다 모아 이스라엘을 치러 광야로 나와서, 야하스에 이르러, 이스라엘을 치므로, 이스라엘이 칼날로 그들을 쳐서 무찌르고, 그 땅을 아르논에서부터 얍복까지 점령하여 암몬 자손에게까지 미치니, 암몬 자손의 경계는 견고하더라. 이스라엘이 이같이 그 모든 성읍을 빼앗고, 그 아모리인의 모든 성읍 헤스본과 그 모든 촌락에 거주하였으니, 헤스본은 아모리인의 왕 시혼의 도성이라. 시혼이 그 전 모압 왕을 치고 그의 모든 땅을 아르논까지 그의 손에서 빼앗았더라"(민 21:21-26).

이것은 또한 암몬에 대한 경고이기도 하다. 즉 암몬이 이제 이스라엘을 공격한다면, 너희 역시 너희의 땅을 빼앗길 것이라는 경고이다.

23절. 이스라엘의 하나님 여호와께서 이같이 아모리 족속을 자기 백성 이스라엘 앞에서 쫓아내셨거늘, 네가 그 땅을 얻고자 하는 것이 옳으냐?

입다의 셋째 논증은 아모리 족속으로부터 이 땅을 이스라엘에게 주신 분은 바로 여호와시라는 것이다. 이는 암몬의 신인 그모스가 그들에게 땅을 주어 차지하게 했다는 다음의 주장과 연결된 것이기도 하다.

24절. 네 신 그모스가 네게 주어 차지하게 한 것을 네가 차지하지 아니하겠느냐? 우리 하나님 여호와께서 우리 앞에서 어떤 사람이든지 쫓아내시면 그것을 우리가 차지하리라.

입다의 넷째 논증은 암몬이 자들의 신인 "그모스가" 그들에게 준 땅을 차지하여 살고 있다는 것이다. 그러니 여호와께서 이스라엘에게 주신 것을 가진 이스라엘을 그냥 놔두라는 것이다. 그런데 여기에는 중요한 오류가 있어 보인다. 그모스는 모압의 신이었고, 몰렉이 암몬의 신이었기 때문이다. "모압의 가증한 그모스를 위하여 예루살렘 앞, 산에 산당을 지었고, 또 암몬 자손의 가증한 몰록을 위하여 그와 같이 하였으며"(왕상 11:7).

그런데 이같이 '그모스를 암몬의 신' 이라고 입다가 말한 것은 다음과 같은 세 가지 가능성이 있다. 첫째, 입다가 착각했을 가능성이다. 그러나 입다가 이런 중요한 일을 착각하지는 않았을 것이다. 둘째, 입다가 빈정거리며 일부러 모욕을 주기위한 목적으로 그렇게 말했을 가능성이다. 그럴 수도 있다. 셋째, 당시 암몬 사람들과 모압 사람들이 함께 그모스를 섬겼을 가능성도 있다. 이는 가능한 일이다.비록 세 번째가 가장 근접한 것 같아도, 확실한 답은 없다.[4)]

우리는 이 논증을 어떻게 이해할 수 있을까? 여러 가지 질문들이 떠오른다. 입다가 '너희도 그냥 살고, 우리도 그냥 살게 하라' 고 말하는 것인가? 입다가

4) Olson 같은 학자들은 모압의 신인 그모스가 여기에 언급되는 것이 이스라엘과 싸우다가 곤경에 처한 모압 왕이 자신의 장자를 그모스에게 받쳐서 화를 모면한 사건(왕하 3:26-27)을 연상케 하는 것이라면, 그모스에 대한 언급은 입다가 딸을 받칠 것을 예고하는 것으로 보기도 한다. Cf. 송병현, 『엑스포지멘터리 사사기』, p. 287.

암몬을 회개시키는 것에 실패했는가? 입다가 그모스와 여호와를 같은 수준으로 두었는가? 즉 "너는 그모스가 너희에게 준 것을 가지고, 우리는 여호와께서 우리에게 주신 것을 가지겠다." 우리가 민수기 21장으로 돌아가서 전에, 그것은 틀림없이 그렇게 보인다. 그러나 민수기 21장을 자세히 읽어보면 입다의 주장이 무엇을 의미하는지 알게 될 것이다.

민수기 21장에서 우리는 아모리 족속의 왕 시혼이 모압과 암몬의 대부분을 차지하고 있었음을 보게 된다. "모압아 네가 화를 당하였도다. 그모스의 백성아 네가 멸망하였도다. 그가 그의 아들들을 도망하게 하였고, 그의 딸들을 아모리인의 왕 시혼의 포로가 되게 하였도다"(민 21:29). 이스라엘이 시혼을 파멸시켰을 때, 그들은 모압과 암몬에게 자유를 주었고, 그 땅을 그들에게 돌려주었다. 그러므로 암몬 족속의 땅을 차지하기는커녕, 그들에게 그들의 땅을 되찾아준 것이 바로 이스라엘이었던 것이다.

그러나 실제로 입다가 공격하는 목표물은 암몬 왕이 아니었다. 아모리의 왕 시혼을 대적하고 암몬을 보호하기에 무능했던 그모스에게 대한 것이었다. 오히려 암몬을 보호하고 그들에게 그 땅을 주신 분은 바로 여호와셨다. 그러므로 입다의 메시지는 사실 조롱하는 것이었다. 즉 "만약 너희가 너희에게 그 땅을 준 그모스를 신뢰한다면, 너희가 얼마나 가질 수 있을 것인지를 생각하라? 그러나 만약 너희가 역사를 주목한다면, 너희는 여호와께서 오직 참된 신이신 것을 알게 될 것이고, 그가 이스라엘에게 이 땅을 주신 것을 알게 될 것이다. 동일한 원리로, 만약 너희가 회개하고 여호와를 신뢰한다면, 그가 또한 너희에게 땅을 주실 것이다." 그러므로 이것은 암몬에 대한 일종의 복음의 메시지였던 것이다.

이스라엘은 암몬의 침입을 받았다. 길르앗 장로들은 두려워하며 입다라는 인물을 내세워 이 난국을 해결해 보려고 했다. 우리도 어려운 일을 만나면 누군가 어떤 사람이 우리를 도와주어야 할 것이라고 생각하지 않는가? 하나님만이 유일한 도움이심을 믿기 바란다.

또한 믿음 없는 길르앗 장로들은 입다를 잡류들의 우두머리, 즉 깡패두목 정도로만 생각했다. 그러나 입다는 폭력이나 일삼는 그런 인물이 아니었다. 성경을 통해 이스라엘의 역사를 훤히 알고 있는 인물이었다. 하나님에 대한 확고한 믿음을 가진 인물이었다. 침략해온 암몬 족속들을 향해, 무력을 사용하기보다, 하나님의 말씀을 사용할 줄 아는 인물이었다. 오히려 그들에게 하나님께서 인류의 역사를 주관하시고, 과거 300년 전 그들에게 베푸신 구원의 은혜를 기억하도록 가르친 인물이었다.

우리도 우리를 공격하는 자들에 대한 적개심 때문에 그들을 미워하기보다, 입다처럼 그들에게 복음을 전할 기회로 삼아야 할 것이다. 이 세상의 모든 사람들이 복음이 필요하기 때문이다. 우리들을 괴롭히거나 당혹스럽게 만든 사람이 누구인가? 그에게 어떻게 복음을 전할 수 있겠는가? 기도하며 고민해 보기 바란다.

> 25-28절. 이제 네가 모압 왕 십볼의 아들 발락보다 더 나은 것이 있느냐? 그가 이스라엘과 더불어 다툰 일이 있었느냐? 싸운 일이 있었느냐? 이스라엘이 헤스본과 그 마을들과 아로엘과 그 마을들과 아르논 강 가에 있는 모든 성읍에 거주한 지 삼백 년이거늘, 그 동안에 너희가 어찌하여 도로 찾지 아니하였느냐? 내가 네게 죄를 짓지 아니하였거늘, 네가 나를 쳐서 내게 악을 행하고자 하는도다. 원하건대 심판하시는 여호와께서 오늘 이스라엘 자손과 암몬 자손 사이에 판결하시옵소서 하였으나, 암몬 자손의 왕이 입다가 사람을 보내어 말한 것을 듣지 아니하였더라.

입다는 "심판하시는 여호와께서 오늘 이스라엘 자손과 암몬 자손 사이에 판결하시옵소서" 라고 자신이 심판자가 아니라는 것을 확증하므로 논증의 끝을 맺고 있다. 암몬에게 심판을 행할 사람은 입다가 아니라, 바로 이스라엘의 하나님이신 여호와시라고 경고하는 것이다. 또한 "심판하시는 여호와"는 '아도나이' 햐쇼페트'인데 이 단어가 바로 사사를 의미하는 '쇼프팀'이다. 입다의 참된 믿음이 여기에서 잘 나타나는데, 그는 이스라엘의 참 사사가 누구이신지를 충분히 알고 있었던 것이다.

말씀을 정리하겠다. 우리는 입다가 민수기를 정확하게 알고 있었음을 본다. 그는 민수기뿐만 아니라 전체 성경을 잘 알고 있었을 것이다. 그는 무지한 시대를 살았던 무지한 사람이 아니었다. 하나님의 말씀을 읽고 묵상하며 살았던 것이다. 비록 비천한 서자 출신이지만, 집에서 쫓겨나 정규교육을 받기 어려운 상황이었지만, 이스라엘의 하나님을 신뢰하고, 그 말씀을 붙잡고 살았던 것이다. 그것이 입다를 위대한 하나님의 사람으로 살 수 있게 한 것이다.

5. 입다의 서원과 승리(삿 11:29-33)

교회사는 성도들의 헌신으로 이어진 희생의 역사이다. 한국교회도 많은 선배들의 헌신의 결과로 오늘날의 성장과 축복을 누리게 되었다. 때로 헌신은 서원의 결과인 경우가 많았다. 고난 중에 서원기도하고 기적을 체험했다는 간증은 한국교회에서 비일비재하다. 그러나 언젠가부터 서원하는 사람도 기적을 간증하는 사람도 드물어졌다. 물론 기적과 축복은 서원의 결과라기보다 하나님의 주권과 자비하심의 결과이다. 함부로 서원해서 안 되는 것도 맞는 말이다. 그러나 우리가 너무 영악해져서 서원하지 않고, 헌신하지 않고, 그 결과로 하나님의 기적과 축복을 경험하지 못하는 것은 아닌지 묻고 싶다. 본문은 입다의 서원과 승리를 보여주고 있다. 입다는 서원했고, 하나님의 축복을 경험했다.

> 29-30a절. 이에 여호와의 영이 입다에게 임하시니, 입다가 길르앗과 므낫세를 지나서 길르앗의 미스베에 이르고 길르앗의 미스베에서부터 암몬 자손에게로 나아갈 때에, 그가 여호와께 서원하여 이르되,

암몬의 침입으로 이스라엘은 곤경에 빠졌다. 이 위기의 순간에 "여호와의 영이 입다에게 임하시니" 입다는 하나님의 성령으로 기름 부으심을 경험한다. 그리고 전장으로 나아간다. 전쟁터에 나가면서 그는 서원을 한다. 이 서원에 대해서 많은 학자들이 성급한 서원이었다고 부정적으로 평가한다. 그러나 입다의 서원은 성령에 의한 것이다. 또한 이 서원은 성급한 것이 아니라, 치밀하게 계산되어진 것이기도 하다.

먼저, 우리는 서원에 대해 잠시 살펴보겠다. '서원'이란 무엇인가? 이는 우리

가 하나님 앞에 어떤 약속을 하는 것이다. 이러한 서원 자체는 잘못된 것이 아니다. 야곱은 창세기 28:20-22에서 다음과 같이 서원한다. "야곱이 서원하여 이르되, 하나님이 나와 함께 계셔서 내가 가는 이 길에서 나를 지키시고, 먹을 떡과 입을 옷을 주시어, 내가 평안히 아버지 집으로 돌아가게 하시오면, 여호와께서 나의 하나님이 되실 것이요. 내가 기둥으로 세운 이 돌이 하나님의 집이 될 것이요. 하나님께서 내게 주신 모든 것에서 십분의 일을 내가 반드시 하나님께 드리겠나이다 하였더라." 야곱은 하나님께서 가나안으로 다시 인도해 주신다면, 이렇게 하겠노라고 3가지를 약속한다. 첫째, 하나님을 영원히 섬길 것이고, 둘째, 하나님의 전을 세울 것이고, 셋째, 나그네 된 땅에서 얻은 모든 것의 십일조를 하나님께 드릴 것이라고 했다. 이것은 하나님과 거래하는 것이 아니다. 오히려 하나님께서 그 일을 이루실 수 있다는 믿음의 고백이고, 사람이 하나님께 은혜의 빚을 지고 있다는 은혜에 대한 고백이었다. 그러므로 야곱의 서원은 기본적으로 하나님의 은혜에 보답하려는 것이었다.

구약성경은 많은 서원의 예와 서원에 대한 가르침을 주고 있다. 구약성경은 서원한 것을 반드시 지키도록 가르친다. "사람이 여호와께 서원하였거나, 결심하고 서약하였으면, 깨뜨리지 말고, 그가 입으로 말한 대로 다 이행할 것이니라" (민 30:2). "네 하나님 여호와께 서원하거든 갚기를 더디하지 말라. 네 하나님 여호와께서 반드시 그것을 네게 요구하시리니, 더디면 그것이 네게 죄가 될 것이라" (신 23:21).

그래서 성경은 함부로 서원하는 것에 대해서 경고한다. "서원하고 갚지 아니하는 것보다 서원하지 아니하는 것이 더 나으니, 네 입으로 네 육체가 범죄하게 하지 말라. 사자 앞에서 내가 서원한 것이 실수라고 말하지 말라. 어찌 하나님께서 네 목소리로 말미암아 진노하사 네 손으로 한 것을 멸하시게 하랴?" (전 5:5-6)

물론 어릴 적에 서원한 것은 부모가 동의해야 유효하고(민 30:3-5), 결혼 후 남편 몰래 여자가 서원한 것은 남편이 동의해야 유효하다(민 30:6-8). "그의 아버지가 그것을 듣는 날에 허락하지 아니하면, 그의 서원과 결심한 서약을 이루지 못할 것이니, 그의 아버지가 허락하지 아니하였은즉 여호와께서 사하시리라. 또 그의 남편이 그것을 듣는 날에 허락하지 아니하면, 그 서원과 결심하려고 경솔하게 입술로 말한 서약은 무효가 될 것이니, 여호와께서 그 여자를 사하시리라." 그러나 구약성경의 전반적인 가르침은 서원을 반드시 지키도록 하는 것이다.

이에 비하여 신약성경은 서원에 대한 가르침이 상대적으로 적다. 전체 성경에서 '서원' 이란 말이 사용된 71번 중에서 단 2번만이 신약성경에 나타날 정도이다. 그 중 한 번은 바울이 겐그리아에서 머리를 깍은 일이고(행 18:18), 다른 한 번은 율법의 결례를 지키기로 약속을 한 네 사람들이 서원한 것이다(행 21:23).

서원은 구약의 율법 가운데 '시민법' 이나 '의식/제사법' 보다는 '도덕법' 에 가까운 것이다. 서원을 지키지 않았다고 경찰이 출동하지 않는다. 언약백성에서 끊어지는 것도 아니다. 외적인 제재가 없지만, 서원은 하나님과의 관계에서 일어난 일이다. 그러기에 서원은 더욱 성령을 의지해야 하는 일인 것이다.

> 30b-33절. 주께서 과연 암몬 자손을 내 손에 넘겨주시면, 내가 암몬 자손에게서 평안히 돌아올 때에 누구든지 내 집 문에서 나와서 나를 영접하는 그는 여호와께 돌릴 것이니, 내가 그를 번제물로 드리겠나이다. 하니라. 이에 입다가 암몬 자손에게 이르러 그들과 싸우더니, 여호와께서 그들을 그의 손에 넘겨주시매, 아로엘에서부터 민닛에 이르기까지 이십 성읍을 치고, 또 아벨 그라밈까지 매우 크게 무찌르니, 이에 암몬 자손이 이스라엘 자손 앞에 항복하였더라.

입다의 서원은 "누구든지 내 집 문에서 나와서 나를 영접하는 그는 여호와께 돌릴 것이니, 내가 그를 번제물로 드리겠나이다" 라는 것이다. 이는 그의 집 문에서 나오는 '누구든지' 그를 번제로 드리겠다고 하는 것이다. 우리는 이 '누구든지' 를 '무엇이든지' 라고 읽을 수 없는데, 왜냐하면 이 히브리어가 사람을 의미하고 있기 때문이다. 물론 당시에 사람이 아니라 고양이나 개들이 그 집에서 나올 수도 있었을 것이다. 그러나 그것들은 제물로 사용될 수 없는 것들이다.

그렇다고 희생제사로 사용될 수 있는 황소나 양이나 염소가 입다의 집에서 나올 것이라고 생각한 것도 아니었다. 입다는 "내 집 문에서 나와서 나를 영접하는 그는" 이라고 말하는데, 이는 오직 인간에 대한 언급인 것이다. 그러므로 입다는 전투 후에 그를 만나기 위하여 나오는 그의 종 가운데 누군가를 생각했을 것이고, 그를 전적으로 하나님을 섬기는 사람으로 드리려고 했던 것이다.

여기에서 사용된 "번제물"이란 단어는 해석이 난해하고 다양하지만, 입다가 인신제사를 의도한 것이 아니라는 전제에서, 우리는 이 단어가 바울이 로마서 12:1 "그러므로 형제들아 내가 하나님의 모든 자비하심으로 너희를 권하노니, 너희 몸을 하나님이 기뻐하시는 거룩한 산 제물로 드리라. 이는 너희가 드릴 영적 예배니라."에서 언급한 것처럼, 하나님께 전적으로 헌신한, 즉 하나님께 전인격을 드리는 성별을 의미하고 있는 것으로 볼 수 있을 것이다.

우리가 살펴본 것처럼, 입다는 성경을 잘 알고 있었고, 성령으로 충만했었다. 그가 하나님의 성령으로 충만해서 인간을 제물로 바치려고 했다고는 결코 상상할 수 없는 일이다. 이것은 평범한 인간의 양심으로도 생각할 수 없는 일이다. 또한 입다는 죄악된 인간이 결코 하나님께서 받으실 희생제물이 될 수 없다는 것을 잘 알고 있었다. 사실, 이것이 유일하게 죄가 없는 인간이신 예수 그리스도를 제외하고, 성경에서 인간 희생제물이 왜 없었는지에 대한 중요한 이유이다. 원죄를 지닌 인간은 다른 인간을 위한 속제물이 될 수 없었다.

게다가, 여기에서 입다가 희생제물로 누군가를 바치려 한 것은 그가 일상적인 삶을 포기한 채, 특별히 하나님을 섬겨야함을 염두에 두고 있었음이 분명한다. 당시 이미 이러한 특별히 헌신된 삶을 사는 사람들이 있었다. 예를 들어, 출애굽기 38:8과 사무엘하 22:2에서 우리는 회막에서 전적으로 섬기는 여인들을 볼 수 있고, 레위기 27장에서 그러한 섬김은 서원으로 가능하다는 것을 볼 수 있다.

이러한 여인들이 회막에서 하나님을 섬기는 섬김은 신약성경에서도 나타나는 주제이다. 우리는 마태복음 27:55-56과 누가복음 8:2이하에서 성육신한 성막이신 예수님을 섬기는 여인들을 볼 수 있다. 또한 디모데전서에서도 신약교회에서 섬김을 위하여 특별한 역할에 따로 세워둔 여자들을 보게 된다(딤전 5:1-16).

그런데 왜 그 섬기는 사람이 "내 집 문에서" 나오는 첫 번째 사람일까? 이에 대한 특별한 이유가 있는데, 그것은 입다가 염두에 두었던 것들에 대한 실마리를 제공하며, 그 사람이 입다의 무남독녀인 것이 밝혀졌을 때, 그가 그토록 괴로워한 중요한 이유이기도 하다.

성경에서 집의 '문에서 나오는 것'은 '출산'에 대한 상징이다. 이는 아이가 나오는 여자의 몸에 있는 '문'에 상응하는 것이다. 출산과 문에 대한 이러한 연상은 성경에서 자주 등장한다. 예를 들면, 창세기 18:10에서 사라가 아이를 가질 것이라는 것을 들은 것은 그녀가 자신의 '장막 문'에 있을 때였다. 사무엘상 1:9에서, 한나가 아이를 가질 것이라는 것을 들은 것은 '성전의 문 앞'에 있을 때였다. 열왕기하 4:15에서 수넴여인은 아들을 가질 것이라는 말을 들었을 때, 그녀는 '문 앞'에 서 있었다. 반대로, 엘리는 하나님께서 그의 아들들을 죽이실 것이라는 것을 '회막 문'에 서있는 사무엘로부터 들었다(삼상 3:15이하). 그리고 여로보암의 아내는 그녀의 자식이 죽을 것이라는 것을 문으로 들어올 때 들었고(왕상 14:6이하), 또한 문지방에 이르렀을 때, 그녀의 자식이 하나님의 심판 하에 죽었다는 것을 들었다(왕상 14:17).

성경에서 '문'은 새로운 출생이 시작되는 곳이다. 특히 출애굽기에서, 이스라엘은 유월절 어린양의 피가 발려진 문을 통하여 나왔을 때, 새로운 출생을 경험했다. 마찬가지로 예수님은 스스로를 '그 문'이라고 부르시고, 그 문을 통하여 구원과 풍성한 생명을 누릴 것이라고 말씀하신다. "내가 (그) 문이니 누구든지 나로 말미암아 들어가면 구원을 받고 또는 들어가며 나오며 꼴을 얻으리라"(요 10:9).

그러므로 입다의 "집 문에서 나와서 나를 영접하는 그" 첫 번째 사람은 그의 집에서 나온 일종의 초태생이다. 그 초태생을 희생시키는 것은 자신의 집을 세우는 하나의 방법이었다. 어떻게 그것을 알 수 있는가? 그것은 초태생이 전체 집을 위한 하나의 상징이기 때문이다. 하나님께서 출애굽에서 심판을 수행하셨을 때, 하나님은 초태생을 치심으로 애굽과 이스라엘의 집들을 치셨다. 집을 뒤덮고 있는 피는 자녀들을 위하여 발려진 것이었다. 초태생은 그 아비의 우편에 있는 자이고, 그는 두 배의 몫을 받을 수 있는 법적 상속자이고, 그 가족을 위한 대표자이고, 대변인이었다. 그 가족을 위한 대속물로서 초태생의 희생은 그 가족의 나머지 사람들을 위한 구원이 되었던 것이다. 즉 입다의 "집 문에서" 나온 그 첫 번째 사람이 하나님께 드려짐으로 다른 사람들은 새로운 생명을 얻고, 새로운 축복을 누리게 되는 것이다.

잘 생각해 보기 바란다. 사실 인신제사는 성경에서 요구되어진 것이지만, 인간이란 존재는 죄로 오염되어 제물로 드려질 수 없었다. 그러므로 유월절 어린 양이 대신했던 것이다. 동시에, 하나님은 언제나 하나님의 몫으로 이스라엘의 장자를 요구하셨다(출 13:2, 12; 민 8:17). 출애굽 직후, 금송아지를 만듦으로 장자인 아론이 하나님을 섬기는 것에 실패를 했을 때(출 32장), 하나님은 아론을 대신하여 레위인들을 세우셨다(민 8:16). 레위인들이 장자로 '죽은 것' 이다. 그러나 실제로 레위인들은 죽지 않았고, 성막에서 섬겼던 것이다. 이는 정확하게 입다가 "집 문에서" 나온 그 첫 번째 사람을 하나님께 드리려고 한 것과 병행을 이루는 것이다.

초태생의 희생제물은 집의 건축을 위한 기초였다. 사실 이방인들 가운데 문에서 아이를 죽여서, 그들의 무덤 위에 집을 짓는 것은 이러한 원리에 대한 하나의 오용이었다. 자녀를 몰렉에게 바친 일도 이러한 원리의 연속성에서 일어난 일이다. 또한 우리는 열왕기상 16:34에서 이러한 예를 볼 수 있다. "그 시대에 벧엘 사람 히엘이 여리고를 건축하였는데, 그가 그 터를 쌓을 때에 맏아들 아비람을 잃었고, 그 성문을 세울 때에 막내아들 스굽을 잃었으니, 여호와께서 눈의 아들 여호수아를 통하여 하신 말씀과 같이 되었더라." 이는 여리고성 건축을 금지한 여호수아의 저주의 성취인 동시에, 여리고성의 건축을 위해 기초를 놓을 때, 히엘이 그의 장자를 죽였다는 것으로 읽을 수 있다.

고대 근동에서 장자의 죽음은 하나님 혹은 신들의 진노를 달래고 그 도시에 평화를 보장하기 위해 고안된 것으로 보인다. 그러나 그 이상의 의미가 있다. 이것은 구속사에서 중요한 원리를 보여준다. 우리는 하나님의 장자이신 예수 그리스도의 죽음만이 하나님의 도성, 즉 새 예루살렘을 위한 기초로서 적합하다는 것을 알고 있다. 교회는 그리스도의 대속적인 죽음 위에 세워진 것이다.

성경의 엑소더스 모티프를 보면, 승리의 출발과 집을 세움이 긴밀한 연관이 있음을 알 수 있다. 좀 더 풀어서 설명하면 이런 것이다. 먼저 적과 싸운다. 그 적을 패배시킨 이후, 승리한 왕은 돌아와서 집을 세운다. 그 때, 적에게 빼앗은 전리품들이 이 집을 세우는데 사용되지만, 동시에 초태생의 죽음이 요구된다. 예를 들어, 출애굽기 전체는 이러한 개요를 따르고 있다. 애굽은 망했고, 출애굽의 전리품들은 광야에서 성막/하나님의 집을 세우는데 사용되었고, 그 집의 세워짐과 관련되어 무수히 많은 피의 제사들이 있었음을 볼 수 있다. 즉 유월절이 있었고, 그것이 장자의 죽음을 대신했었다.

마찬가지로, 다윗이 완전한 승리를 얻었을 때, 그래서 "여호와께서 주위의 모든 원수를 무찌르사 왕으로 평안하게 살게 하신 때" 그가 성전을 지을 마음이 생겼다(삼하 7:1이하). 물론 이것은 그리스도의 사역을 통하여 궁극적인 성취를 이룬다. 즉 십자가에서 원수 마귀를 무찌르시고 승리하신 그리스도께서 오순절 성령을 전리품으로 받아 그리스도의 새로운 집인 신약교회를 세우시는 것이다. 승리, 전리품, 장자의 죽음, 새로운 집을 세움은 이렇듯 중요한 연관성이 있는 개념들인 것이다.

이것이 틀림없이 본문에서 입다의 숨은 의도일 것이다. 그는 하나님의 도우심으로 승리를 했고, 이제 전투 후에 그의 초태생, 즉 그의 집 문으로부터 나오는 첫 번째 사람을 희생제물로 하나님께 받침으로, 그는 자신의 집/왕조를 세우기를 원했던 것이다.

그 자체는 문제가 아니었다. 다윗이 하나님의 집을 세우기를 원한 사무엘하 7장을 주목해 보라. 그러나 하나님께서 다윗에게 성전을 세우는 것은 솔로몬의 몫이라고 말씀하셨다. 그러나 하나님께서는 다윗의 집, 즉 다윗의 왕조를 세워주실 것을 보장해 주셨던 것이다(삼하 7:12이하).

그렇다면, 왜 하나님께서 입다에게 이렇게 하지 않으셨는가? 무엇보다도 그것은 입다가 하나님의 마음에 합한 자가 아니었기 때문이다. 그리고 입다는 다음의 3가지가 불충분했던 것이다. 첫째, 그는 서자였다. 둘째, 그는 유다 지파가 아니었다. 셋째, 하나님은 그를 왕이 아닌 단지 사사로 선택하셨다.

그러므로 하나님은 입다의 계획을 막으셨다. 그래서 하필 입다의 딸이 그 "집 문에서 나와서 영접하는 그" 첫 번째 사람이 되도록 하신 것이다. 결국 성막을 섬기도록 드려진 그의 집의 초태생은 그의 무남독녀였고, 결국 왕조에 대한 그의 계획은 수포로 돌아갔던 것이다.

우리는 여기에서 입다와 다윗 사이의 많은 유사점을 볼 수 있을 것이다. 둘 다 추방되었다. 둘 다 그 주위에 힘을 잃은 사람들이 몰려들었다. 둘 다 수년간 원수들의 괴롭힘을 받았다. 둘 다 원수를 무찌르고 이스라엘을 구원했다. 둘 다 그들을 위해 여인들이 노래하고 춤을 추었다. 둘 다 집을 세울 영감을 받았으나, 다윗의 동기가 보다 순수했다. 결국 다윗은 아들 솔로몬을 통해 하나님의 집을 짓고, 영원한 왕조를 보장받았다. 그러나 입다는 딸을 잃고 허무하게 꿈을 접어야 했다.

이스라엘의 역사를 통해서 하나님은 실수가 없이 하나님의 집을 세워가고 있었다. 혼돈의 시절, 모든 것이 뒤죽박죽인 것 같아도, 우리는 하나님께서 조그마한 착오도 없이 질서정연하게 세상을 이끌어가고 계셨음을 보게 된다. 때로 엄청난 시련과 고난 앞에 절망하며 흔들릴지라도, 잘 살아보겠노라고 몸부림치며, 때로 온갖 작전과 계획을 세우고, 서원도 해보지만, 하나님께서는 이 모든 것들을 통해 우리 개인의 삶을 이끌어 가시고, 우리를 통하여 하나님의 나라를 세워 가시는 것이다.

6. 입다의 절망 하나님의 희망(삿 11:34-40)

입다의 딸에 관한 사건은 성경의 난제 중에 난제이다.[5] 입다가 그 딸을 제물로 인신제사로 드렸을 것이라는 주장과 하나님께서 그런 인신제사를 허용하지 않았다는 주장이 팽팽한다. 한글성경에는 입다의 딸이 처녀로 죽은 것으로 번역하고 있다. "처녀로 죽음을 인하여"(삿 11:37, 38). 그러나 이 "죽음을"이란 말이 자세히 보면 작은 글씨로 인쇄되어 있다. 번역자들이 원문에 없는 것을 번역하면서 의미를 분명하게 하기 위하여 임의로 추가했음을 알리기 위하여 작은 글씨로 인쇄한 것이다.

입다의 딸이 죽었다는 말인가? 살았다는 말인가? 결론부터 말하자면, 입다의 딸이 죽지는 않았지만, 일반적인 일상적인 삶이란 측면에서는 죽은 사람이다. 하

---

5) 이 입다의 딸이 처녀로 죽음에 대한 문제는 성경난제 중의 하나로 다루어지는데, 많은 사람들이 입다의 딸이 처녀로 헌신한 것으로 이해하고 있다. Cf. 글리슨 아처, 『성경난제 백과사전』, 황영철 역(서울: 생명의 말씀사, 1982), pp. 221-223.

나님의 회막에서 수종드는 여인으로 살아야 했기 때문이다. 그런데 왜 우리가 본문을 읽으면서 이러한 생각이 잘 안 드는 것일까? 그것은 우리가 고대와 중세와 근세 초에는 보편적이었으나, 오늘날에는 전혀 알려지지 않은 어떤 근본적인 사고방식에 익숙하지 않기 때문이다. 우리는 이미 승리-집을 세움 패턴, 문과 출산의 상응, 그리고 도성의 기초로서 장자의 희생에 대한 개념에 대해 살펴보았다. 이제 우리는 산에 올라가서 애곡하는 것과 특히 처녀와 처녀의 희생제물에 대한 몇몇 생소한 개념들을 살펴봐야 할 것이다.

34절. 입다가 미스바에 있는 자기 집에 이를 때에, 보라 그의 딸이 소고를 잡고 춤추며 나와서 영접하니 이는 그의 무남독녀라.

승리 후에 입다의 딸이 춤을 추며 입다에게 나아왔다. 큰 승리 이후에 여인들이 춤을 춘 것은 당시의 풍습이었다. 출애굽 이후 미리암과 모든 여인들이 소고를 잡고 춤을 추었다(출 15:20). 다윗이 골리앗을 죽인 후에도 이스라엘 여인들이 소고와 경쇠를 가지고 노래하며 춤을 추었다(삼상 18:16).

이렇듯 전쟁에서 승리한 후, 여인들이 춤을 추는 것은 원수를 무찌른 구원의 기쁨 외에도, 특별한 이유가 있는데, 이는 특히 예레미야 31:4에 잘 나타나고 있다. “처녀 이스라엘아, 내가 다시 너를 세우리니, 네가 세움을 입을 것이요. 네가 다시 소고를 들고 즐거워하는 자들과 함께 춤추며 나오리라.” 원수에게 패배하면 재산과 영토만 빼앗기는 것이 아니다. 여자들은 겁탈과 온갖 수모를 당해야 했다. 그런데 원수의 패배는 강탈로부터 평화와 안전을 가져오고, 아이들과 함께 집을 지을 수 있게 했던 것이다. 입다처럼, 입다의 딸은 자신의 집을 세울 것을 예상했었을 것이다.

그런데 본문은 “이는 그의 무남독녀”라고, 그녀가 입다의 유일한 딸인 것을 강조하고 있다. 입다는 승리를 한 후, 자신들의 집을 세울 수 있을 것이라 생각했지만, 더 이상 어떤 왕조를 세울 가능성이 전혀 없었던 것이다. 우리는 입다가 길르앗의 머리가 되는 것을 열망했기 때문에, 그가 이미 왕조를 세우는 것에 대해 관심을 갖고 있었던 것을 알고 있다(삿 11:9). 그런데 그를 만나러 온 사람이 하필 "그의 무남독녀" 라는 사실은 그를 절망하도록 한 것이다.

하나님의 영에 감동되어 위대한 헌신과 승리를 한 직후에, 입다는 뜻하지 않는 일로 좌절하게 된다. 우리는 성령충만하면 만사형통이란 생각을 하기 쉽다. 그러나 예수님께서 요단강에서 성령의 충만함을 입으신 가운데 성령에 이끌리어 하신 일이 광야에서 마귀에게 시험을 받으신 것이다(눅 4:1-3). 입다는 좌절을 경험한다. 그러나 그것은 하나님의 희망이기도 하다. 우리들이 겪는 어려움 가운데 우리들은 '하나님의 희망의 사람' 이 되는 것이다.

입다와 비슷한 시대를 살았던 '보아스' 라는 사람이 있었다. 그는 유력한 사람이었지만 나이가 많도록 결혼하지 않고 독신으로 살았다. 여성에 대한 콤플렉스가 있었기 때문일 것이다. 그 이유가 무엇일까? 젊은 날 그의 아버지 살몬은 여리고성으로 정탐하러 갔다가 기생 라합에게 목숨을 빚지고, 훗날 그녀와 결혼하여 낳은 아들이 보아스였다. 이방인이며 기생인 어머니! 어린 시절 보아스는 가장 사랑해야 하는 여자인 어머니를 애증의 눈빛으로 바라보며 자라야 했을 것이다. 절망의 세월이 지나, 보아스는 이방인 모압 출신의 여인 룻을 만나게 된다. 룻은 남편을 의지할 데 없이 홀로된 시어머니를 따라 낯선 타국에 온 또 다른 '절망의 여인' 이었던 것이다. 그러나 그들이 결혼하여 예수님의 조상이 된 다윗의 증조가 되었던 것이다. 어쩌면 지금 우리들이 겪는 절망은 하나님의 희망일 수 있다.

35절. 입다가 이를 보고, 자기 옷을 찢으며, 이르되 어찌할꼬? 내 딸이여! 너는 나를 참담하게 하는 자요. 너는 나를 괴롭게 하는 자 중의 하나로다. 내가 여호와를 향하여 입을 열었으니 능히 돌이키지 못하리로다 하니,

입다의 절망은 가벼운 것이 아니다. 그는 자신의 옷을 찢는다. 이는 성경에서 어떤 특별한 상징적 의미를 지닌 행동이다. 어떤 언약이란 것은 둘 혹은 그 이상의 사람들이 맺는 일종의 결속이다. 두 사람이 찢어지면, 그 언약도 깨어진다. 예를 들어, 결혼 안에서 남자와 여자는 한 육체이고, 한 옷을 입은 것이다. 룻이

보아스에게 청혼할 때도 옷자락으로 덮어달라고 한다(룻 3:9; cf. 겔 16:8). 이는 한 이불이란 의미도 있지만, 겉옷은 언약을 상징하고 있다. 죽음이 두 사람을 갈라놓기 전에는 결혼의 언약은 유효한 것이다. 그러므로 언약이 깨어짐의 증표로서 옷을 찢는 것은 가장 적절한 행동인 것이다(삼상 1:11; 13:31; 스 9:3).

본문에서 "내 딸이여! 너는 나를 참담하게 하는 자요, 너는 나를 괴롭게 하는 자 중의 하나로다"라고 한다. 입다는 자기 딸이 자신을 매우 비참하게 만들었다고 말하고 있다. 이 "참담하게"(הִכְרַעְתִּנִי)라는 히브리어는 실제로 "내가 엎드려 절하게 한다"는 것이다.[6] 비록 이 단어가 경배에 사용되었을지라도, 이는 거의 언제나 굴욕 혹은 죽음 가운데 적에게 엎드려 절하는데 사용되어졌다. 결국 입다는 하나님께 항복하며 무릎을 꿇고 절하게 되었다고 말하는 것이다. 이는 분명히 하나님께 항복을 선언하는 것이다. 하나님께 항복하는 일은 괴로운 일이다. 그러나 하나님께 항복하면 행복해진다. 잠시 괴로움을 당하지만 영원한 기쁨을 맛보게 될 것이다.

36절. 딸이 그에게 이르되, 나의 아버지여 아버지께서 여호와를 향하여 입을 여셨으니, 아버지의 입에서 낸 말씀대로 내게 행하소서. 이는 여호와께서 아버지를 위하여 아버지의 대적 암몬 자손에게 원수를 갚으셨음이니이다. 하니라.

입다의 서원은 딸의 동의를 얻고서 한 것이 아니었다. 또한 사람의 값을 드리기로 한 서원은 돈으로 무를 수도 있었다. 레위기 27:1-8을 보자. "여호와께서 모세에게 말씀하여 이르시되, 이스라엘 자손에게 말하여 이르라. 만일 어떤 사람이 사람의 값을 여호와께 드리기로 분명히 서원하였으면, 너는 그 값을 정할지니, 네가 정한 값은 스무 살로부터 예순 살까지는 남자면 성소의 세겔로 은 오십 세겔로 하고, 여자면 그 값을 삼십 세겔로 하며, 다섯 살로부터 스무 살까지

---

6) 이 동사 כרע(kâra')의 BDB 사전의 정의는 "to bend, kneel, bow, bow down, sink down to one' s knees, kneel down to rest (of animals), kneel in reverence"이다.

는 남자면 그 값을 이십 세겔로 하고, 여자면 열 세겔로 하며, 일 개월로부터 다섯 살까지는 남자면 그 값을 은 다섯 세겔로 하고, 여자면 그 값을 은 삼 세겔로 하며, 예순 살 이상은 남자면 그 값을 십오 세겔로 하고 여자는 열 세겔로 하라. 그러나 서원자가 가난하여 네가 정한 값을 감당하지 못하겠으면, 그를 제사장 앞으로 데리고 갈 것이요, 제사장은 그 값을 정하되, 그 서원자의 형편대로 값을 정할지니라."

왜 입다는 자신의 서원에 대하여 속전을 지불하지 않았을까? 금전적 대속의 방법에 의하면 여자는 은 30세겔이면 속량이 되었다(레 27:4). 그런데 입다는 이것을 행하지 않았다. 왜 그랬는가? 우리는 그 대답을 다른 측면에서 찾아야 할 것이다. 즉 레위기 27:28-29는 "어떤 사람이 자기 소유 중에서 오직 여호와께 온전히 바친 모든 것은 사람이든지 가축이든지 기업의 밭이든지 팔지도 못하고 무르지도 못하나니, 바친 것은 다 여호와께 지극히 거룩함이며, 온전히 바쳐진 그 사람은 다시 무르지 못하나니 반드시 죽일지니라"라고 말하고 있다.

이 구절에서 "바친"이라고 번역된 이 단어(חרם)는 우리가 사사기 1장에서 살핀 '호르마'라는 단어와 동일한 것이다. 우리는 '호르마'가 하나님의 제단의 불로, 전체를 통째로 불태워 파괴하는 일종의 번제로 드려진 어떤 장소였음을 보았다(신 13:16). 그러므로 하나님께 온전히 받쳐진 것은 "지극히 거룩한 것"이고, 이는 속량되어질 수 없는 것이었다. 입다는 자기 집에서 나오는 사람을 번제로 '드리는 것'으로 서원했기 때문에, 속전이 불가능했던 것이다.

일반적으로 번제는 불로 태우는 것이다. 이는 제물의 죽음이 불가피하다. 그러나 번제로 하나님께 드려지는 것의 핵심은 파괴가 아니라 헌신이다. 다른 제물들은 고기를 제사장이나 제물을 바치러 온 사람이 먹는다. 기름이나 내장 등을 태울 뿐이다. 그러나 번제는 전체를 아낌없이 불태우는 것이다. 중요한 것은 제물을 불태우는 것 자체가 아니라, 하나님께 아낌없이 드리는 헌신이 핵심이다.

또한 이렇게 '드려진 것'은 '지극히 거룩한 것'이 된다. 그런데 예수 그리스도 외에는 이 '지극히 거룩한 분'이라고 불릴 수 있는 사람이 결코 없었다(단 9:24; 마 12:6). 이는 레위인들 조차 마찬가지였다. 그러나 크리스천들이 성만찬에서 그리스도의 살과 피를 먹음으로 하나님의 지극히 거룩하신 아들과 한 몸이 되는 것처럼, 지극히 거룩한 희생제물을 먹음으로, 아론적인 제사장은 지극히 거룩한 분과 한 몸이 될 수 있었다.

잠시 정리하면, 입다의 딸은 번제로 드려진, 즉 산채로 하나님께 받쳐진 사람이었다. 그래서 입다의 딸은 속량될 수 없었다. 성소에서 남은 평생을 보내야 했던 것이다. 살았지만 죽은 사람처럼, 일상적인 삶을 누리지 못하고, 하나님의 성막에서 수종드는 여인으로 살아야 했던 것이다.

37-40절. 또 그의 아버지에게 이르되, 이 일만 내게 허락하사, 나를 두 달만 버려두소서. 내가 내 여자 친구들과 산에 가서 나의 처녀로 죽음을 인하여 애곡하겠나이다 하니, 그가 이르되 가라 하고, 두 달을 기한하고 그를 보내니, 그가 그 여자 친구들과 가서 산 위에서 처녀로 죽음을 인하여 애곡하고, 두 달 만에 그의 아버지에게로 돌아온지라. 그는 자기가 서원한 대로 딸에게 행하니, 딸이 남자를 알지 못하였더라. 이것이 이스라엘에 관습이 되어, 이스라엘의 딸들이 해마다 가서 길르앗 사람 입다의 딸을 위하여 나흘씩 애곡하더라.

입다의 딸은 어쩔 수 없이 복종한다. 그리고 그녀의 유일한 요구는 자신이 처녀이기 때문에 산을 돌면서 애통할 두 달간의 기한을 달라는 것이었다. 만약 그녀가 죽어야 한다면, 이것은 결코 별로 의미가 없는 행동이었을 것이다. 그러나 그녀가 종신토록 처녀로 드려지는 것이라면 이것은 엄청난 의미가 있는 일일 수 있다.

성경에서 처녀는 신랑을 기다리는 사람이다. 그러나 입다의 딸은 이제 미래의 어떤 가정이나 남편으로부터 분리된, 즉 죽은 상태였기 때문에 "애곡"을 한다. 그녀의 팔은 텅 비게 될 것이다. 그래서 그녀는 동무들을 붙잡는다. 이들은 그녀의 결혼식에 참여한 다른 처녀들, 즉 들러리들이다(시 45:14). 이제 그들은 슬픔 가운데 그녀와 함께 "산"으로 간다.

입다의 딸이 여자 친구들과 산으로 가서 두 달간의 애곡하는 기간을 보낸 것은 일종의 '결혼식 이미지'로 볼 수 있을 것이다. 먼저 여자 친구들은 들러리로 보인다. 하나님의 동산에서 입다의 딸은 인간 남자가 아닌 하나님의 신부가 되는 것이다. 이는 신약성경에서 회당장 야이로의 열 두 살짜리 딸이 죽었다가 다시 사는 것과 열 두 해 혈류증을 앓던 여인이 치료되는 것이 서로 연관성을 보인다. 먼저, 야이로 딸과 혈루증을 앓던 여인은 12라는 숫자로 묶여진다. 또한 야이로의 딸이 죽은 것과 생명의 근원인 피가 몸 밖에 나오는 부정함은 죽음으로 연결된다. 그러나 두 여자가 예수님을 만남으로 새로운 생명을 얻게 되는데, 혈루증 여인은 청혼의 표식인 옷자락을 잡는 행동으로 예수님과 결혼하고, 야이로의 집은 피리부는 자들을 통하여 잔치 자리가 나타나고 있다.[7)]

신적인 남편인 그리스도와의 결혼식을 통하여 야이로의 딸이 죽음에서 부활을 경험한 것처럼, 입다의 딸도 거룩한 산에서 하나님의 신부로 평생을 섬기며 살아야 했고, 이를 위하여 들러리인 친구들과 시간을 가진 것은 입다의 딸이 죽음에서 오히려 부활로 나아감을 보여준다.[8)]

성경에서 '산'은 영원한 것을 상징한다(창 49:26; 신 33:15). 하늘의 이슬은 먼저 산에 떨어진다. 그리고 인간이 살고 있는 평지로 흘러내린다(신 33:28; 시 133:3; 잠 3:20). 높은 곳인 이 산은 하나님께서 사람을 만나는 장소이고, 하나님의 은혜와 축복이 열방에게 나타나는 곳이다. 이것은 몇 번이나 산에 오르락내리락한 모세에 의해서 가장 드라마틱하게 행해졌었다(출 19, 20, 24, 34장). 성막은 바로 이 하나님의 성산을 축소한 것이다. 이동하는 하나님의 성산이 성막인 것이다. 성막에서 대제사장은 하나님의 이슬 같은 은혜들을 그 보좌로부터 모든 백성들에게 가져오고 있다. 그러나 여인들은 성막 안에 들어 올 수 없었다. 오직 회막 문에서 섬길 수 있을 뿐이었다(출 38:8; 삼상 2:22). 그런데 이 회막문에서 섬기는 여자들은 남다른 일을 할 수 있었는데, 바로 하나님의 메시지를 다른 여자들에게 전달했던 것이다. 입다의 딸은 바로 이러한 일을 남은 생애 동안 한 것이다(삿 11:40). 최소한 고대 사람들의 사고방식에 의하면 이것은 가능한 추측이다. 만약 그렇다면, 입다의 딸은 산에서 하나님의 말씀을 다른 사람들에게 전

7) 이동수, 『신약의 구속사적 읽기』, pp. 72-76.
8) Mary Ann Beavis, "The Resurrection of Jephthah's Daughter: Judges 11:34-40 and Mark 5:21-24, 35-43", *CBQ* Vol. 72(2010), p. 62.

하는 사역을 위하여 자신을 영적으로 준비하는 것에 시간을 사용했을 것이다.

이것은 비록 하나님의 산과 성막은 세세토록 존재하지만, 인간의 왕조들은 끊어질 것이고 영원하지 않을 것이라는, 그 본문의 전체 메시지에 적절한 것으로 보인다. 비록 그의 딸을 통해서라도, 가문을 이어가려는 입다의 열망은 하나님의 영원한 집과 거룩한 산 앞에서 포기되어져야만 했다.

40절에 "입다의 딸을 위하여 나흘씩 애곡하더라"는 말씀은 어렵다. 종종 "애곡하다, 기념하다"라고 번역되어진 그 동사(לְתַנּוֹת)는 실제로 "자세히 이야기하다"를 의미하고 있다.[9] 성경에서 오직 한 곳, 사사기 5:11에 나타나는데, "여호와의 공의로우신 일을 전하라"고 되어 있다. 많은 주석가들은 입다가 자신의 딸을 죽였다고 추측한다. 그래서 그 단어를 "기념하다"로 번역한다. 그러나 사실 그것은 젊은 여자들이 해마다 입다의 딸을 만나러 가서, 그녀와 이야기하는 것을 의미하고 있는 것이다.

그런데 왜 "나흘" 동안일까? 이 '4'라는 숫자는 일반적으로 세상의 네 모퉁이를 가리키는 세상에 대한 숫자이고, 그러므로 보편성을 나타내는 숫자이다. 또한 '7일'로 된 한 주간은 '3일'과 '4일'로 나누어진다. 성경에서, 셋째 날은 첫째 심판의 날이고, 일곱째 날은 마지막 심판의 날이다(민 19:12이하를 보라). 아마 애곡하는 두 달(삿 11:37)과 40절에서 말하는 나흘 동안과는 어떤 연관성이 있어 보인다. 만약 한 주간에 대하여 성경적 상징주의로 생각한다면, 젊은 여자는 이틀 동안 처녀이고, 삼일 째에 결혼을 한다. 그리고 죽기 전에 결혼과 출산의 4일이 남게 된다. 입다의 딸은 두 달 동안 그녀가 처녀인 것 때문에 애곡했고, 그러나 결혼한 상태로 들어가는 것을 대신하여, 셋째 달(날)이 왔을 때, 그녀는 자신의 순결을 희생제물로 바쳤다. 즉 그녀의 결혼이 희생제물이 되는 것이다. 그래서 그녀의 삶에 남아있는 4일 또한 처녀로 살게 된 것이다.

어떤 의미에서, 그녀의 결혼과 결실에 대한 희생은 이스라엘의 다른 여자들의 결혼과 결실을 가능하게 한 것이었다. 이는 예수 그리스도의 사역과 일치한다.

---

9) 이 히브리어 동사 תנה(tânâh)의 BDB 사전의 정의는 "to recount, rehearse, tell again" 이다.

즉 예수께서 결혼을 하거나 자녀를 두지 않으셨기에, 우리의 즐거움이 가능하게 되었던 것이다. 그가 징계를 받음으로 우리가 나음을 입었다. 그러므로 입다의 딸이 종신토록 처녀로, 불임으로 살아야 하는 것은 이스라엘의 저주를 대신 받는 것이었고, 그 결과 다른 사람들에게 생명과 열매를 가질 희망을 주는 것이었다.

그러므로 이스라엘의 여자들이 해마다 나흘 동안 그녀와 무언가를 이야기하기 위하여 온다면, 그들은 불임의 나흘 동안의 "날들"을 입다의 딸에게 고백하고 회개했을 것이다. 그 결과 하나님의 치료와 위로를 받게 되었을 것이다. 사실, 입다의 딸은 모든 인간들이 죄로 인하여 종신토록 불임이고, 애통해야 마땅하다는 것에 대한 하나의 표징이었고, 하나님께서 그들이 받아야 할 저주를 예수님께 두심으로 그들을 번성하게 하셨다는 복음에 대한 하나의 가시적인 증거였다. 그런 점에서 입다의 딸은 그리스도의 모형인 것이다.

그러나 입다의 딸이 행한 사역의 둘째 측면이 있다. 그녀는 여호와께서 오셔서 신방에 들어오시는 것을 기다리는 옛 언약 교회의 모형인 것이다. 여호와의 신부는 죽지 않는 "가장 거룩한 것"이 될 것이고(신 22:13-21), 그것에 대한 한 가지 묘사가 처녀성을 가지는 것이다. 백성들에게 여호와를 대표하는 대제사장은 반드시 처녀와 결혼해야만 했다(레 21:13). 바울은 고린도후서 11:2-3에서 "내가 너희를 정결한 처녀로 한 남편인 그리스도께 드리려고 중매함이로다. 그러나 나는 뱀이 그 간계로 하와를 미혹한 것 같이 너희 마음이 그리스도를 향하는 진실함과 깨끗함에서 떠나 부패할까 두려워하느라"고 한다. 바울은 그리스도의 신부된 교회의 순결을 강조하고 있는 것이다.

이스라엘은 자신들의 참되신 왕이며 남편이신 여호와의 오심을 기다리지 않았다. '바알'이란 말의 문자적인 의미는 '주'와 '남편'을 뜻하는데, 그들은 하나님과 바알 사이를 방황하며 불륜을 저지르고 있었던 것이다. 더 나아가 그들은 인간 왕을 세우기를 원하고 있었던 것이다. 하나님은 그들에게 하나님을 신뢰하고 기다리도록 말씀하셨다. 그러나 이스라엘의 다른 사람들같이 입다는 참을성이 없었다. 입다의 딸이 종신토록 처녀로 살아야 하는 것은 오직 여호와만이 왕이시고 남편이시라는 것과 그가 아직 결혼하기 위하여 오지 않았고 왕국을 세우지 않았다는 것에 대한 입다와 모든 이스라엘에게 하나의 징조였던 것이다.

해마다 회막 문에서 입다의 딸은 이스라엘에게 이러한 사실을 기억하게 했다. 만약 그들이 그녀의 메시지를 옳게 받아들였다면, 입다의 딸의 존재는 이스라엘에게 놀라운 복음이었을 것이다.

한편, 입다의 딸이 처녀로 하나님께 드려진 것에는 중요한 메시지가 있다. 하나님의 백성들의 안전은 군사력이나 인간 왕의 힘에 달려있는 것이 아니라, 영적 도덕적 순결함에 근거한다는 것이다. 이것을 이해하기 위하여, 우리는 고대 히브리 사람들처럼 생각해야 할 것이다. 이는 고대의 세상에서, 동산이나 집이나 도시 혹은 성전은 여자와 같았다. 아담은 동산을 지키도록 되어 있었고, 또한 그의 아내를 지키도록 되어 있었다. 솔로몬의 아가는 몇 번이나 동산과 여자를 비교하고 있다. 모든 언어에서 도시, 동산 등과 같은 단어들은 여성형명사이고, 영어에서도 "그녀(she)"라고 여성으로 말하고 있다.

어떤 도시든지 성벽들과 문들을 가지고 있다. 이 성벽들과 문들의 목적은 원수로부터 보호하는 것이다. 그 목표는 그 도시가 난공불락(impregnable)이 되어야 한다는 것이고, 그 영어 단어(impregnable)은 '수태 가능한' 이라는 의미도 있다. 이는 여자와 도시를 직접적으로 연결하고 있는 것이다. 그러므로 도시는 적의 공격에 대항하여 봉인된 처녀여야 했다. 예루살렘은 성경에서 여러 번 "처녀 딸 시온"으로 언급되고 있다(왕하 19:21; 사 37:22; 렘 14:17; 18:13; 31:21; 암 5:2). 그러므로 예루살렘에 대한 공격은 그 도시를 강탈하는 것이다(애 1:15; 2:13). 또한 다른 난공불락 혹은 봉인된 도시들도 "처녀"라고 불렸다(시돈: 사 23:13; 바벨론: 사 47:1-3). 그래서 어떤 도시가 난공불락일 때, 그 도시는 처녀이다. 그러므로 이스라엘의 그 처녀 딸의 안전과 보호는 전체 땅에 대한 안전과 보호에 대한 하나의 상징이었다. 또한 그들에 대한 불가침은 전체 문화에 대한 불가침에 상응하고 있는 것이다(애 1:4; 2:10).

아마 성경에서 처녀와 도시/성의 가장 확실한 이미지는 계시록 21장일 것이다. "또 내가 보매 거룩한 성 새 예루살렘이 하나님께로부터 하늘에서 내려오니, 그 준비한 것이 신부가 남편을 위하여 단장한 것 같더라"(계 21:2). '거룩한 성'은 신부의 모습이다. 이는 계시록 17장의 음녀인 '바벨론' 과 대조적인 이미지이다. "그의 이마에 이름이 기록되었으니 비밀이라, 큰 바벨론이라, 땅의 음녀들과 가증한 것들의 어미라 하였더라"(계 17:5). 이 '거룩한 성' 은 순결한 새 언약 교회이고(엡 5:22-33), '음녀' 는 간음으로 더렵혀진 옛 언약 교회이다. 계시록은 음녀의 추방과 새로운 신부를 맞이하는 혼인 잔치를 보여주고 있는 것이다.

오늘날 우리는 성벽으로 둘러싼 도시에 살고 있지 않다. 그래서 놓치는 것이 '도시의 봉인된 문들' 은 '처녀의 봉인된 상태' 와 상응하고 있다는 사실이다. 처녀가 결혼식 첫날밤에 그녀의 주인에게 자신을 열어주는 것처럼, 그 도시의 문들은 그 도시의 왕과 주를 받아들이기 위하여 열려질 것이다. 입다의 딸처럼, 회막문에서 수종드는 여자는 하나님의 거룩한 나라의 봉인된 사람에 대한 상징이다. 하나님의 집이 도덕적 불결함으로부터 순수함을 지킬 때, 즉 봉인된 처녀일 때, 이스라엘의 땅은 침략으로부터 보호될 것이다. 그러나 만약 하나님의 집이 더렵혀진다면, 또한 그 민족은 보호받지 못할 것이다.

이러한 것을 염두에 둘 때, 우리는 사무엘상 2:22의 새로운 측면을 보게 된다. "엘리가 매우 늙었더니 그의 아들들이 온 이스라엘에게 행한 모든 일과 회막 문에서 수종 드는 여인들과 동침하였음을 듣고" 이것은 단지 평범한 도덕적 일탈이 아니다. 이스라엘의 제사장적인 수호자가 어떻게 하나님의 거룩한 신부에 대한 순결을 보호하는 것에 실패했는지를 보여주는 것이다. 그들은 하나님의 집에서 일하는 여인을 더럽혔고, 그 결과로 이스라엘은 그 땅을 노략질 당하고, 엘리의 아들들은 죽임을 당하고, 심지어 법궤를 빼앗겼던 것이다(삼상 4장).

그러므로 입다의 딸을 통해 모든 이스라엘에게 보여주시는 하나님의 메시지는 분명하다. 교회의 순결이 나라를 지킨다는 것이다. 만약 이스라엘이 적들의 공격을 두려워한다면, 그들은 자신의 집을 세우려고 할 것이 아니라, 하나님의 집을 세워야 할 것이다. 만약 그들이 거룩함을 지킨다면, 그들은 안전할 것이다. 그러나 만약 그들이 자신들을 구원할 정치적이고 군사적인 힘을 찾는다면, 그들은 파멸될 것이다.

입다는 자신의 집과 왕조를 세우기를 원했다. 이는 이기적인 동기가 아니라 오히려 이스라엘의 다른 모든 사람들처럼, 이스라엘을 보호하기 위해서 강력한 국가, 즉 인간적인 왕권이 필요하다고 보았기 때문이다. 그러나 그가 틀렸다. 이는 그가 서자에 관한 율법과 유다지파에서 왕이 올 것이라는 예언을 무시했기 때문이다. 그러나 하나님께서는 관대하게 그를 꾸짖으셨고, 동시에 모든 이스라엘을 꾸짖으셨다. 일련의 사건들을 통하여 하나님께서는 입다에게 이렇게 말씀하신 것이다. "너의 집이 아니라 나의 집이 세워져야 한다. 나는 너의 장자의 희생을 받겠다. 그러나 그것을 통해 너의 집을 끝낼 것이고, 나의 집을 세울 것이다. 너의 딸은 나의 백성들에게, 그들의 안전은 도덕적이고 영적인 간음에 대하여 그들이 어떻게 자신을 지키는지, 그리고 그들이 어떻게 나의 집을 잘 보호하는지에 달렸다는 것을 생생하게 보여주는 하나의 징표가 될 것이다." 결국 입다는 하나님의 뜻에 복종했고, 그는 사사로서 자신의 지위를 회복했다. 이렇게 해서 입다의 절망은 하나님의 희망이 되었다. 자신의 집을 세우지 못했지만, 하나님의 집을 세우게 되었고, 오고가는 세대 가운데 하나님의 뜻을 전하게 되었던 것이다.

7. 입다의 최후(삿 12:1-7)

입다의 절망은 하나님의 희망이 되었다. 입다는 자신의 집, 자신의 왕조를 세우려 했지만, 결국 하나님의 집을 세우고, 하나님만이 왕이심을 증거했다. 우리는 입다의 위대성을 불우한 환경 가운데에서도 좌절하지 않았다거나, 전쟁에서 이겼다든지 하는 것보다, 서원을 지키는 것이 자신의 열망을 가로막는 괴로운 것일지라도, 그 서원을 지킨 '신실함'에서 찾아야 할 것이다. 입다는 하나님 앞에 신실한 사사였던 것이다.

> 1절. 에브라임 사람들이 모여 북쪽으로 가서 입다에게 이르되, 네가 암몬 자손과 싸우러 건너갈 때에 어찌하여 우리를 불러 너와 함께 가게 하지 아니하였느냐? 우리가 반드시 너와 네 집을 불사르리라 하니,

어떤 사람들은 입다가 에브라임과 싸운 이 사건 때문에 입다를 비난한다. 그러나 그러한 비난은 정당하지 못한 것이다. 여기에서 입다는 '하나님의 칼'(롬 13:4)로 악인들을 징벌하는 것이기 때문이다. 구약성경은 지도자인 제사장이나

재판장을 대적하여 반역하는 자들을 죽이도록 하는 형벌을 구체적으로 말하고 있다. 신명기 17:12 "사람이 만일 무법하게 행하고 네 하나님 여호와 앞에 서서 섬기는 제사장이나 재판장에게 듣지 아니하거든, 그 사람을 죽여 이스라엘 중에서 악을 제하여 버리라." 여기에서 말하고 있는 '재판장'이 바로 '사사'인 것이다. 여호수아 1:18 "누구든지 당신의 명령을 거역하며 당신의 말씀을 순종하지 아니하는 자는 죽임을 당하리니 오직 강하고 담대하소서." 마찬가지로 신약성경도 공권력에 대해 존중할 것을 가르치고 있다. 로마서 13:1 "각 사람은 위에 있는 권세들에게 복종하라. 권세는 하나님으로부터 나지 않음이 없나니 모든 권세는 다 하나님께서 정하신 바라."

전쟁 중에는 두려워서 벌벌 떨다가 전쟁이 끝난 후에 나타나서 '왜 전쟁에 자신들을 부르지 않았느냐?' 고 지도자들에게 도전하는 일은 에브라임과 기드온의 이야기에서 이미 등장한다(삿 8:1-3). 과거 기드온을 공격한 그들은 이제 입다를 공격하는 것이다. 이렇게 지도자를 공격하는 일은 그를 세우신 하나님을 공격하는 일이다. 결국 하나님의 원수가 되는 것이다. 이는 신적인 질서에 대항하는 반역인 것이다.

좋은 지도자를 만나는 것은 복이다. 우리는 지도자들의 잘못된 판단에 의해 어려움을 겪기도 하고, 때로 악한 지도자로 인해 심한 고통을 겪을 수 있다. 그러나 궁극적으로 하나님께서 허락하신 일이다. 하나님을 바라보고 참고 인내하는 것이 필요할 것이다. 선한 다윗은 악한 사울로 인하여 여러 번 죽을 위험을 넘겨야 했다. 그러나 그는 사울을 죽이지 않았다. 이유는 한 가지 뿐이다. "오늘 여호와께서 굴에서 왕을 내 손에 넘기신 것을 왕이 아셨을 것이니이다. 어떤 사람이 나를 권하여 왕을 죽이라 하였으나, 내가 왕을 아껴 말하기를, 나는 내 손을 들어 내 주를 해하지 아니하리니, 그는 여호와의 기름 부음을 받은 자이기 때문이라 하였나이다"(삼상 24:10).

에브라임 사람들은 "우리가 반드시 너와 네 집을 불사르리라"라고 입다의 집을 불태우겠다고 협박한다. 이것은 이미 요담의 비유에서 등장한 것이고(삿 8:15), 그 예언대로 아비멜렉이 세겜 사람들에게 저지른 일이기도 하다. 아비멜렉은 세겜 망대의 사람들을 불태워 죽였던 것이다(삿 9:48-49). 에브라임은 이제 아비멜렉의 뒤를 따라가고 있는 것이다. 그러므로 그 결과는 자명한 것이다.

> 2-4절. 입다가 그들에게 이르되, 나와 내 백성이 암몬 자손과 크게 싸울 때에 내가 너희를 부르되 너희가 나를 그들의 손에서 구원하지 아니한 고로, 나는 너희가 도와주지 아니하는 것을 보고, 내 목숨을 돌보지 아니하고, 건너가서 암몬 자손을 쳤더니, 여호와께서 그들을 내 손에 넘겨주셨거늘, 너희가 어찌하여 오늘 내게 올라와서 나와 더불어 싸우고자 하느냐? 하니라. 입다가 길르앗 사람을 다 모으고 에브라임과 싸웠으며, 길르앗 사람들이 에브라임을 쳐서 무찔렀으니, 이는 에브라임의 말이 너희 길르앗 사람은 본래 에브라임에서 도망한 자로서 에브라임과 므낫세 중에 있다 하였음이라.

입다는 자신이 에브라임 지파를 소집했는데, 그들이 오지 않았다고 말한다. 여기에서 우리는 실제 전쟁에서는 겁쟁이들이, 전쟁이 끝난 후에 용감하게 나서는 것을 볼 수 있다. 그러나 하나님께서는 이스라엘이 싸우는 법을 배우기 원하셨다. "이스라엘 자손의 세대 중에 아직 전쟁을 알지 못하는 자들에게 그것을 가르쳐 알게 하려 하사 남겨 두신 이방 민족들은"(삿 3:2). 우리가 전쟁이 없는 평온한 삶을 사는 것이 하나님의 뜻이 아니라, 영적 전투를 통해서 하나님을 의지하며 싸우고 승리하는 법을 배우는 것이 하나님의 뜻이다. 우리는 '구원 그 이후' 에 바로 천국 가는 것이 아니다. 이 세상에서 피 묻은 전투복을 입고 영적인 전쟁을 하며 성숙한 삶의 훈련을 받는 것이 하나님의 뜻이다.

승리를 위해서는 하나님을 신뢰해야 한다. 그리고 목숨을 건 용기가 필요하다. 그러나 싸우지 않는 자들은 자신들이 싸우지 않을 뿐 아니라, 또한 온갖 말들로 하나님의 백성들의 힘을 빼놓기 일쑤다. 그들은 자신들의 비겁함과 불신앙을 감추고 정당화하기 위하여 더 현란한 말들로 궤변을 늘어놓는다. 예를 들면, 일제강점기에 주기철 목사님이나 한상동 목사님 같은 신앙의 지도자들은 신사참배를 반대하고 혹독한 옥고를 치렀다. 그러나 일제에 빌붙었던 자들이 오히려 옥중 성도들을 '혼자 살겠다고 양떼를 버린 자들' 로 매도했다. 그리고 자신들은 일제하의 어려운 상황에서 교회를 지키기 위하여 온갖 수모를 참고 인내했다고 주장했다. 그러나 그들은 배교자들이었다. 싸우지 않는 자들은 '평화주의자' 가 아니라 실상은 '타협주의자' 일 수 있다. 그들의 거짓과 위선이 현혹되어선 안 될 것이다.

입다는 "여호와께서 그들을 내 손에 넘겨주셨거늘" 이라고, 에브라임 사람들에게 그 승리가 입다 자신의 것이 아니라 여호와의 승리임을 밝히고 있다. 입다는 암몬으로부터 자신들을 구원하신 분은 바로 여호와라고 말하고 있는 것이다. 이는 그들에게 훈계를 하는 것이고, 복음을 전하는, 즉 회개의 기회를 주는 것이다. 또한 이 승리에 대해 불평하고 있는 것은 바로 여호와께 불평하고 있는 것이라고 경고하고 있는 것이다. 오히려 그들은 구원에 대해 감사해야만 했던 것이다.

그러나 에브라임은 회개하지 않았다. 오히려 그들은 여호와의 기름부음을 받은 입다와 그의 군대를 모욕하기 위하여, 입다의 군대와 모든 길르앗 사람들이 에브라임에서 "도망한 자들" 이라고 불렀던 것이다. 그들을 범죄자들이라고 하는 것이다. 그들이 단지 범죄자들이기에, 에브라임이 지금 그 길르앗을 공격하는 것이 정당하다고 말하고 있는 것이다. 사실, 에브라임이 먼저 공격을 했는데, 이는 그들이 입다를 공격하기 위하여 요단을 건너왔기 때문이다. 그리고 5절과 6절에서 우리는 그들이 돌아가려고 하는 것을 보게 될 것이다.

때로 적들 앞에서는 비겁한 자들이 아군들 앞에서는 용감하다. 문제는 불행하게도 이러한 현상들을 오늘날의 교회에서도 쉽게 볼 수 있다는 것이다. 많은 경우에 교회는 진짜 적과의 전쟁은 놔두고 사소한 것에 목숨을 건다. 그리고 승리 이후, 의인들은 교회 안에서 불평과 반란에 부딪힌다. 주로 비난하는 자들은 진짜 전투에 참여하지 않았던 사람들이다. 진짜 전투에 빠진 사람들은 자신들의 비겁함을 정당화해야 했고, 교회의 지도자들을 비난해야 했던 것이다. 그래서 입다는 그들과 기꺼이 싸운 것이다. 사실 어떤 의미에서 그들은 적들보다 더 나쁜 자들이다.

5-6절. 길르앗 사람이 에브라임 사람보다 앞서 요단 강 나루턱을 장악하고, 에브라임 사람의 도망하는 자가 말하기를, 청하건대 나를 건너

> 가게 하라 하면, 길르앗 사람이 그에게 묻기를, 네가 에브라임 사람이냐? 하여 그가 만일 아니라 하면, 그에게 이르기를 쉽볼렛이라 발음하라 하여, 에브라임 사람이 그렇게 바로 말하지 못하고, 십볼렛이라 발음하면, 길르앗 사람이 곧 그를 잡아서 요단 강 나루턱에서 죽였더라. 그 때에 에브라임 사람의 죽은 자가 사만 이천 명이었더라.

하나님의 거룩한 유머는 여기에서도 다시 나타난다. 입다의 사람들은 에브라임 사람들이 집으로 건너가려고 하는 곳인 요단강의 나루턱을 점령했다. 이것은 과거에 에브라임이 미디안 사람들에게 했던 바로 그 작전이었다(삿 7:24). 그런데 이제 그것이 에브라임을 잡는데 사용되었다. 그 이유는 지금 그들이 하나님의 백성들을 공격하는 영적 미디안 족속이 되었기 때문이다. 마찬가지로, 아말렉은 미디안과 동맹을 맺었다(삿 6:3). 그러나 이제 에브라임은 두 번째 아말렉이 되었고(삿 5:14; 12:15), 그들은 결국 아말렉이 받은 심판을 받게 되는 것이다. 게다가 다른 익살스런 비틀기가 있는데, 4절에서 "도망한 자"라고 비난했던 그들이 이제 5절에서 "도망하는 자"가 되어 버린 것이다.

민수기 26:37은 300년 전에 가나안으로 들어온 에브라임 지파의 숫자가 32,500명이라고 한다. 그 숫자가 300년 동안 많이 늘었을지라도, 에브라임 지파의 전사들 가운데 정예부대인 42,000명이 이 나루터에서 죽었다. 그 결과 이후 몇 세대 동안 에브라임의 정치적 세력은 거의 끝장이 났다. 아마 '42'라는 숫자는 상징적인 것으로 보인다. 정확하게 숫자를 계수하기도 어려웠을 것이다. 게다가 42는 일곱 번씩 일곱 번이 아닌 여섯 번으로, '부족함'을 나타내는 숫자이다. 42명의 소년들이 열왕기하 2:23이하에서 엘리사에게 엘리야의 승천을 조롱했었고, 계시록에서 42달은 압제의 기간이었다(계 11:2; 13:51). 마태복음 1장의 족보는 42대로 그리스도의 나심까지 부족함의 때를 계수하고 있다. 그리스도가 오심으로 완전한 때가 이르게 된 것이다.[10)]

---

10) 이 족보를 새 창조의 6일 구조로 볼 수도 있다. 즉 족보는 14대씩 3 구분을 의도적으로 맞추고 있는데, 이는 7 x 6 구분으로 볼 수 있다. 예수께서 오심으로 영원한 안식의 때가 도래하게 된 것이다. 그리스도가 오시기 전에는 참된 안식이 없는 시간들이었던 것이다. Cf. 이동수, 『신약의 구속사적 읽기』, pp. 37-38.

사사시대의 중요한 하나님의 목적 중 하나는 이스라엘에게 '믿음으로 싸우는 법'을 가르치는 것이다. 길르앗 사람들은 하나님이 아니라, 인간 영웅을 찾는 것으로 전쟁하려고 했었다(삿 10:18). 입다는 하나님의 집이 아니라 강력한 왕적인 집이 필요하다고 믿었다. 에브라임은 여호와의 영광이 아닌 자신들의 영광을 위하여 전쟁하기를 원했다(삿 12:3). 이러한 세 가지 부정적 예들을 통하여, 하나님은 이스라엘이 전쟁을 할 줄 모른다는 것을 보이고 계신 것이다. 그리고 우리가 어떻게 전쟁을 해야 하는 지를 가르치고 계신 것이다. 우리는 인간을 의지하지 않고 하나님을 의지해야 한다. 우리는 내 집이 아닌 하나님의 집을 세우는 싸움을 해야 한다. 우리는 내 영광이 아닌 하나님의 영광을 위해 싸워야 한다.

6절에 "에브라임 사람의 죽은 자가 사만 이천 명이었더라"라고 한다. 에브라임의 파멸은 교만과 시기의 끝을 보여주고 있다. 또한 이것은 구속사적인 중요한 의미를 지닌 것이기도 하다. 유다 지파의 반대자이며 경쟁자인 에브라임 지파의 제거는 두 세대를 지난 후에 다윗 아래에, 왕적인 지파인 유다 지파의 출현을 가능하게 하였다. 심지어, 다윗이 왕이 되었을 때, 에브라임과 길르앗은 그를 반대하여 연합했지만(삼하 2:9), 그들은 성공할 수 없었다. 그 후에, 여로보암 치하에서, 솔로몬을 대적하여 반란을 일으켰으나(왕상 11:26), 하나님께서 앞서 막으셨다. 하나님의 뜻은 유다지파인 다윗을 통하여 영원한 왕이시며 참된 구원자이신 예수 그리스도를 이 땅에 보내시는 것이었기 때문이다.

한편, 하나님은 징계하시면서도 회개를 기다리시는 하나님이시다. 여러 차례 에브라임 지파와 여로보암의 반역에도 불구하고 오랫동안 참으신 것은 그들에게 회개하고 하나님을 섬길 기회를 주셨던 것이다. 만약 그들이 여호와를 섬긴다면, 그들은 이스라엘의 북쪽을 차지했을 것이다(왕상 11:29이하). 그러나 여로보암과 에브라임은 자기 방식대로 나라를 세우기를 원했고, 북 이스라엘의 역사는 어떤 부흥도 변화도 없는 철저한 배교의 역사로 점철되었던 것이다.

에브라임은 자신들이 전체 이스라엘의 지도자가 될 수 있다고 생각한 것 같다. 그러나 그들은 그 땅의 다른 사람들과 같은 말씨조차 사용하지 못했다. 그들은 교제권 밖에 존재했고, 지도적 위치에 있지 않았다. 그들은 '쉬'(sh) 소리를 내지 못했고, 학자들이 확신하지 못하나, '곡식의 눈' 혹은 '흐르는 시냇물'을 의미하는 "쉽볼렛"을 발음하라고 했을 때, 그들은 단지 "십볼렛"이라고 할 뿐이었다.

요단강에서 미디안 족속을 죽였던 기드온의 때와 같이(삿 7:24), 다시 한 번 심판이 요단강에서 일어났다. 이는 그 땅의 국경으로 심판의 장소로는 아주 적당한 곳이었다. 요단강은 심판의 장소이고, 광야에서 에덴으로 옮겨짐의 장소였다. 몇몇 부족들이 길르앗에서 요단을 건너가 살도록 선택되었기에, 성소의 제단이 이스라엘의 연합의 징표로 세워졌었다(수 22장). 에브라임은 제단을 멸시하며, 방해하기 위하여 바로 그 제단을 세우는 죄를 지음으로, 그러한 연합을 거부했던 것이다. "르우벤 자손과 갓 자손이 그 제단을 엣이라 불렀으니, 우리 사이에 이 제단은 여호와께서 하나님이 되시는 증거라 함이었더라"(수 22:34). 그러한 증거에도 불구하고, 에브라임은 여호와를 멸시했다. 그러므로 하나님의 공동체를 파괴하려는 자들은 언제나 그리고 반드시 심각한 응징을 당하게 된다. 그러한 사람들에게, 그들의 (요단강에서) 세례는 (에브라임에게 일어난 것처럼) 파멸이 될 것이다. 연합의 징조(세례)는 멸망의 징조가 될 것이다. 우리가 교회에 다니고 세례를 받은 것으로 끝이 아니다. 그리스도인답게 사는 삶이 요구되는 것이다.

7절. 입다가 이스라엘의 사사가 된 지 육 년이라. 길르앗 사람 입다가 죽으매 길르앗에 있는 그의 성읍에 장사되었더라.

아마도 입다가 단지 6년 동안만 사사로 다스렸다는 사실은 인간의 통치가 결코 참된 안식에 이를 수 없고, 참된 사사이시고 왕이신 그리스도께서 영원토록 안식하는 나라를 가져와야 함을 한 번 더 보여주는 것이다. 또한 우리는 여기에서 그 이상의 무엇을 볼 수 있다. 다른 사사들은 그들의 열조나 그들의 성읍에 묻혔다고 한다. 그러나 입다의 아버지는 누군지 알려지지 않았을 것이고, 또한 우리는 그의 장지가 알려지지 않았음을 본다. 그는 길르앗에서 나왔고, 길르앗으로 돌아갔던 것이다. 그는 성씨(family name)가 없는 사람으로 태어났고, 성씨를 남기지 않았던 것이다. 그는 이스라엘을 이끌 왕적인 가문을 세우려고 했다. 그러나 평범한 가문조차 세우지 못했다. 그러므로 그는 이스라엘에게 궁극적으로 그들이 의지할 분은 여호와 한 분뿐이라는 것을 온 몸으로 보여준 것이다.

말씀을 맺겠다. 우리가 알고 있듯이, 서자와 고자는 옛 언약에서 지상적인 왕국의 완전한 시민권을 가질 수 없었다. 그러나 그들은 결코 쫓겨나지 않고 영원히 거할 곳인 하늘의 집을 가지고 있었다. 입다에게 서자와 고자는 동일한 의미일 것이다. 그는 서자였으며, 동시에 고자처럼 아무런 자식을 남기지 못했다. 비록 그들이 옛 언약에서 지상적인 왕국의 완전한 시민권을 가질 수 없었지만, 결코 쫓겨나지 않고 영원히 거할 곳인 하늘의 집을 가지고 있었던 것이다. 비록 입다는 아무 것도 남기지 못했지만, 성경은 그를 위대한 믿음의 영웅으로 기록하고 있는 것이다. "내가 무슨 말을 더 하리요. 기드온, 바락, 삼손, 입다, 다윗 및 사무엘과 선지자들의 일을 말하려면 내게 시간이 부족하리로다"(히 11:32). 입다는 기드온, 바락, 삼손과 더불어 다윗과 사무엘과 구약의 다른 선지자들과 나란히 어깨를 겨루는 위대한 믿음의 영웅이었던 것이다.

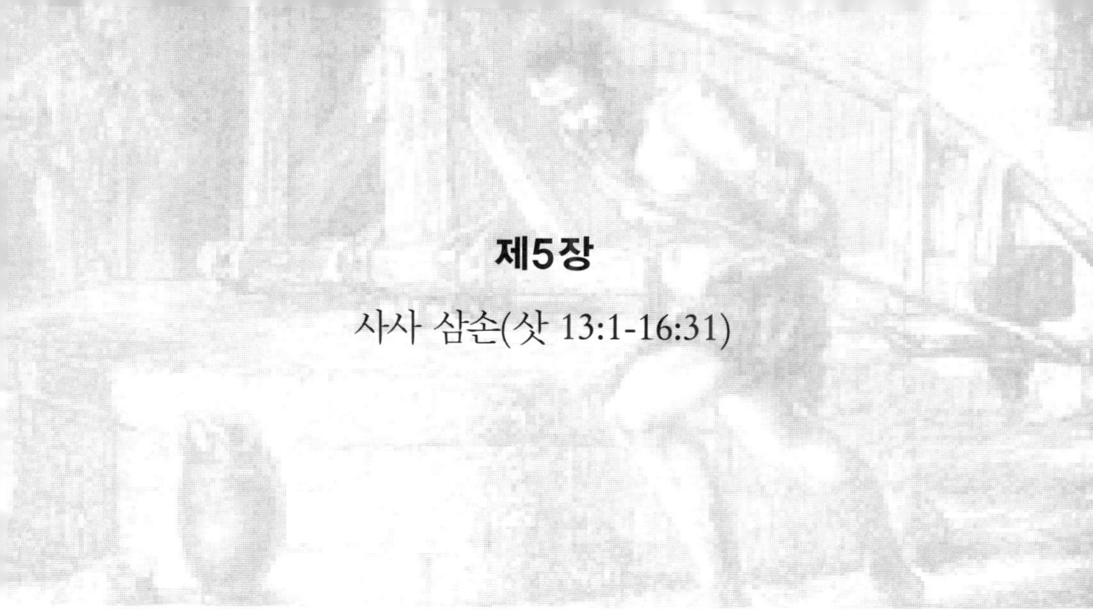

제5장

사사 삼손(삿 13:1-16:31)

1. 나실인 삼손(삿 13:1-5, 민 6:2-8)

나실인 사사인 삼손 이야기를 생각하기에 앞서, 우리는 어느 정도 나실인에 대한 배경을 알아야 한다. 삼손은 성경에서 가장 탁월한 나실인이었다. 그의 삶과 사역을 제대로 이해하기 위하여, 우리는 나실인 서원에 대한 여호와의 가르침을 볼 수 있는 민수기 6장으로 돌아가야 한다. 그런 후에 우리는 삼손이 어떻게 나실인에 대한 명령에 반응했는지, 그리고 그에 대한 하나님의 평가를 제대로 알 수 있는 것이다.

먼저 '나실인' 이란 무엇인가? 이 단어는 다른 여러 개념들과 연결되어 있을지라도, 우선적으로는 '구분되어진' 을 의미하고 있다. 기본적으로, 나실인은 특별한 서원을 하고 특별하게 일시적으로 제사장같이 이스라엘의 수호자가 된 사람이다. 제사장은 신부/땅의 수호자였기 때문에, 우리가 사사기 5:1의 바락의 경우에서 보듯이, 보통 나실인은 전시에 서원을 한다. 하나님의 전쟁 진영은 하나님의 성소, 즉 성막과 같은 것이다. 그래서 그 안에 있는 인간은 제사장처럼 거룩해야 한다. '성전' (聖戰)은 나실인 서원의 중심적인 개념이다. 이제 민수기 6

장을 살펴보겠다.

민수기 6:2-3a절. 남자나 여자가 특별한 서원 곧 나실인의 서원을 하고 자기 몸을 구별하여 여호와께 드리려고 하면, 포도주와 독주를 멀리하며 포도주로 된 초나 독주로 된 초를 마시지 말며

나실인에게 요구된 첫째 금기는 포도주와 독주를 마시지 말라는 것이다. 또한 레위기 10:9 "너와 네 자손들이 회막에 들어갈 때에는 포도주나 독주를 마시지 말라. 그리하여 너희 죽음을 면하라. 이는 너희 대대로 지킬 영영한 규례라."는 말씀은 제사장이 성막에 갈 때 술을 마시는 것을 금하고 있다. 그 이유는 그렇게 함으로 거룩함과 세속, 깨끗한 것과 부정한 것을 구분하기 위해서이다. 우리는 술은 세속적이고 부정한 것을 의미하고 있다고 생각하기 쉽다. 그러나 사실은 그 반대이다. 하나님의 임재 앞에 인간이 술을 마실 수 없는 것은 인간의 존재 자체가 부정하기 때문이다. 신약에서, 사람들은 주님의 성만찬의 성례에서 하나님과 가장 거룩한 때인 예배시간에 포도주를 마시도록 명령받았다. 술이 부정한 것이 아니라, 구속사적 진전 가운데 술을 마실 때가 안 된 것이다.

이것을 이해하기 위하여, 우리는 먼저 술에 대한 편견을 버려야 한다. 하나님이 만드신 모든 것이 다 선한 것이다(딤전 4:4). 인간이 범죄하고 타락하여 만물이 탄식하는 자리에 이르게 된 것이다(롬 8:22). 성경에서 포도주는 기쁨을 위한 것이다(삿 9:13; 시 104:15). 그것은 땅에 대한 저주를 극복하고 포도나무가 무성할 때인 미래의 축복에 대한 하나의 상징이다. 그러므로 포도나무는 인간의 일이 끝나고 하나님의 임재 안에서 편안히 쉴 수 있는 때인 안식의 시간과 밀접한 연관이 있다.

우리는 노아를 통해서 그러한 예를 보게 된다. 사람들은 노아가 술에 취해 벌거벗고 잔 것으로 오해한다. 노아에 대한 이런 생각은 잘못된 것이다. 라멕은 노아가 태어났을 때, "여호와께서 땅을 저주하시므로 수고롭게 일하는 우리를" 그가 안식을 주고 위로하리라고 예언했다(창 5:29). 홍수 후, 안식할 때, 노아는 포도를 심었고, 포도주를 마셨다. 그가 포도주를 마신 것은 이제 그가 수고를 끝내고 편히 쉴 시간이 되었다는 것이다. 노아는 자신의 장막의 개인적인 침소에서 고단한 일과 무거운 의무의 겉옷을 벗어놓고 누워서 편히 쉬었던 것이다. 이는

안식의 편안함을 위한 시간이었던 것이다. 함은 아버지 노아의 개인적인 장소에 침범한 죄를 지은 것이다. 그래서 벌을 받은 것은 노아가 아니라, 함이었고, 그의 아들들이었던 것이다.[1] 포도주는 '타락의 도구'가 아니라 '안식의 도구'였던 것이다. 심판은 포도주 때문이 아닌, 함의 죄 때문에 나타난 것이다.

포도주는 자신의 일을 마치고 쉼을 위해 주어진 안식과 축복의 상징이었다. 노아 이후, 자신의 일을 완수한 징조로, 아브라함은 멜기세덱에게 포도주를 받았다(창 14:18). 마찬가지로, 해마다 일곱째 달에 있는 잔치인 장막절에, 이스라엘이 하나님의 임재 안에서 포도주와 독주를 마시도록 장려했다. "네 마음에 원하는 모든 것을 그 돈으로 사되, 소나 양이나 포도주나 독주 등 네 마음에 원하는 모든 것을 구하고, 거기 네 하나님 여호와 앞에서 너와 네 권속이 함께 먹고 즐거워할 것이며"(신 14:26).

그런데 왜 제사장들은 하나님의 임재 안에서 안식일에 포도주를 즐기는 것이 금지되었을까? 이는 아론적인 제사장 직분이 미성숙한 것이고, 아직 참된 안식이 오지 않았음을 보여주는 것이다. 제사장의 가장 중요한 임무 가운데 하나는 죄의 오염으로부터 하나님의 성소를 보호하는 것이다. 제사장들은 에덴의 문을 지키고 있는 스랍들과 같은 자들이다. 그래서 스랍들은 성막의 모든 문에 새겨져 있었다. 술을 금한 것은 이스라엘이 아직 최종적 의미의 안식에 들어가지 못했다는 표시였다. 그리고 주님의 성만찬에 술이 포함된 것은 이제 새 언약 교회가 그리스도 안에서 영원하고 참된 안식에 이르렀다는 표시이다. 이는 그리스도께서 인간의 모든 일을 완성하셨기 때문이다. 구약에서, 제사장의 일은 결코 끝날 수 없었다. 그래서 그는 아직 쉴 수 없었던 것이다. "제사장마다 매일 서서 섬기며 자주 같은 제사를 드리되, 이 제사는 언제나 죄를 없게 하지 못하거니와"(히 10:11). 그러나 우리의 대제사장이신 예수 그리스도는 대속의 제사를 완성하시고 영원토록 안식하셨던 것이다.

---

1) 자세한 것은 James B. Jordan, "Rebellion, Tyranny, and Dominion in the Book of Genesis," in Gary North, ed., *Tactics of Christian Resistance* (Tyler, TX: Geneva Ministries, 1983)을 보라.

대제사장이신 예수께서는 끝없는 노고의 저주를 스스로 짊어지셨다. 그래서 하나님의 백성들은 이제 안식할 수 있게 된 것이다. 예수께서 마지막 만찬에서 하신 것처럼, 제사장은 성막에서 쉴 수 없었고 포도주를 마실 수 없었기 때문에, 이스라엘은 유월절에 쉴 수 있었고, 포도주를 마실 수 있었고, 장막절에 마실 수 있었던 것이다. 그러나 임시적인 제사장인 나실인들은 아직 수행할 거룩한 임무가 남아있었다. 그래서 그것을 끝내기 전에는, 나실인들은 쉴 수 없었고, 술에 대한 안식일의 축복을 즐길 수 없었던 것이다.

3b-4절. 포도즙도 마시지 말며 생포도나 건포도도 먹지 말지니, 자기 몸을 구별하는 모든 날 동안에는 포도나무 소산은 씨나 껍질이라도 먹지 말지며,

나실인의 둘째 금기 사항은 포도를 먹지 못하게 한 것이다. 아직 임무를 끝내지 못한 나실인들은 안식의 술을 즐길 수 없었다. 마찬가지 이유에서 포도도 금지되었다. 이것을 충분히 이해하기 위해서 레위기 25장을 보자. 안식년 동안, 그리고 희년 동안, 이스라엘은 파종하거나 추수를 해서는 안 되었다. 하나님께서는 안식년 전에 세 배로 추수할 것을 약속해주셨다. 그래서 그들은 저장할 음식이 있었다. 그러나 그들은 어떤 야생 포도도 먹는 것이 허용되지 않았다. "가꾸지 아니한 포도나무가 맺은 열매를 거두지 말라"(레 25:5). 그리고 "가꾸지 아니한 포도를 거두지 말라"(레 25:11). 흥미로운 것은 이 "가꾸지 아니한"(נזריה)이란 이 단어가 바로 '나실인' (Nazirite)이라고 할 때의 그 '나실' (nazir)이란 단어라는 사실이다.[2) 안식년 동안에 자란 포도나무는 나실인의 머리에 있는 머리카락과도 같았던 것이다. 이 둘 다는 모두 다듬어지는 것으로부터 '구분된 것' 이었다.

포도는 땅의 비옥함과 풍요로움에 대한 상징이다. 앞에서 살펴본 것처럼, 이는 가시나무의 저주가 포도나무의 축복으로 바뀐 것에 대한 하나의 상징이었다.

---

2) 이 단어 נזיר(nâzîyr / nâzir)에 대한 BDB 사전의 정의는 "consecrated or devoted one, Nazarite, untrimmed(vine)"이다.

이스라엘이 가나안에 들어갔을 때, 그들은 거기에서 발견한 포도나무의 풍성함에 의하여 즉각적으로 감명을 받았었다(민 13:20, 23). 다시 한 번 포도는 안식일의 축복이 도래함에 대한 징조였고, 저주가 끝난 것에 대한 표시였다. 그러나 안식년이 되었을 때, 이스라엘은 포도를 먹는 것이 허용되지 않았다. 이것은 그 안식이 실제로는 아직 오지 않았다는 것에 대한 표시였고, 그들에게 여전히 참된 안식은 아직 미래에 있다는 것에 대한 표시였다. 그들은 아직 영원한 안식의 특권에 들어갈 준비가 되지 않은 것이다. 그러나 새 언약에서, 주님의 날의 절정은 포도에서 난 음료를 마시며, 하나님과 함께 식사하는 것이다. 우리의 참된 안식은 그리스도 안에서 온 것이다.

예수님은 이미 자신의 일을 끝내셨고, 여호와께 그것을 드리셨다. 나실인은 일을 끝낸 후에 포도주를 마실 수 있었던 것이다. 마찬가지로, 예수께서 자신의 일을 끝내셨을 때, 그는 아버지의 우편에 앉으시고, 이제 그의 나라에서 우리와 함께 새 포도주를 마실 수 있게 된 것이다. "그러나 너희에게 이르노니 내가 포도나무에서 난 것을 이제부터 내 아버지의 나라에서 새 것으로 너희와 함께 마시는 날까지 마시지 아니하리라 하시니라"(마 26:29). 성찬이 진행되는 것은 이미 그 나라가 이르렀다는 것을 보여주는 일이다.

5절. 그 서원을 하고 구별하는 모든 날 동안은 삭도를 절대로 그의 머리에 대지 말 것이라. 자기 몸을 구별하여 여호와께 드리는 날이 차기까지 그는 거룩한즉 그의 머리털을 길게 자라게 할 것이며,

나실인에 대한 셋째 금기 사항은 서원하는 동안에 삭도를 사용하지 않는 것이다. 만약 그가 부정하게 된다면, 그는 반드시 자신의 머리를 밀고, 그의 머리가 다시 자란 후에 다시 시작할 수 있었을 것이다(민 6:9, 11). 그리고 그의 서원의 끝에 이렇게 해야 했다. "자기의 몸을 구별한 나실인은 회막 문에서 자기의 머리털을 밀고, 그것을 화목제물 밑에 있는 불에 둘지며, 자기의 몸을 구별한 나실인이 그의 머리털을 민 후에 제사장이 삶은 숫양의 어깨와 광주리 가운데 무교병 하나와 무교전병 하나를 취하여 나실인의 두 손에 두고"(민 6:18-19).

여기에 우선적인 세 가지 일들을 주목할 수 있다. 첫째, 머리카락은 나실인과 관련이 있다(19절). 이는 레위기 25장의 가꾸지 않은 포도나무와 나실인이 관계가 있기 때문이다. 둘째, 여기에서 드려진 것이 '머리'이고, 잘라진 것이 '머리'이다. 우리는 사탄의 머리가 박살이 나야하는 것을 기억한다. 셋째, 서원의 끝에, 그 머리는 잘라지고, 그 모든 것은 하나님께 태워서 드려진다. 그것은 화목제로 불 가운데 던져지고, 우리는 이 머리카락이 하나님을 위한 음식인 것을 깨닫게 된다.

우리는 이것을 어떻게 이해해야 하는가? 먼저, 풍성한 포도나무는 하나님의 땅의 비옥함과 축복에 대한 상징임을 기억하라. 마찬가지로, 머리 위의 머리카락은 생명과 능력과 영광의 상징이다. 그러므로 포도열매를 맺는 것은 신성한 땅이고, 이 머리카락을 잘 자라게 하는 것은 신성한 머리이다. 땅의 축복은 인간이 먹기 위하여 기다리는 이 모든 것들이지만, 그러나 인간은 자신의 일이 끝나고, 하나님께서 받으시기 전에는 안식일에 그것을 먹을 수가 없었다. 나실인의 직무에 대한 표시는 그의 머리카락이다. 나실인이 일을 끝내고 하나님께서 그것을 받으셨을 때, 비로소 그 나실인은 안식에 들어가서 포도주를 먹을 수 있었던 것이다.

이것은 아담 안에서 더렵혀졌지만 그리스도에 의해 성취된 인류의 사역에 대한 하나의 묘사이다. 하나님의 백성은 그의 포도나무이다(사 5:1-7). 하나님은 이 포도나무를 먹을 권리가 있으시다. 이는 하나님께서 인간의 일을 맛보심과 그것을 승인하심과 하나님과의 보다 영광스러운 교제 안으로 인간을 이끄심을 의미하는 것이다. 교회의 사역을 그리스도께서 맛보심에 대한 언어로 계시록 3:16에서 "네가 이같이 미지근하여 뜨겁지도 아니하고 차지도 아니하니 내 입에서 너를 토하여 버리리라"고 표현한 것을 보라. 따라서 하나님을 위한 음식으로 불태워지는 모든 희생제물은 하나님께서 마시도록 포도주의 전제를 수반했다(민 15:1-10).

하나님께서 자신의 포도나무에 오셨을 때, 포도가 나쁜 것을 보셨다(사 5:1-7). 인간의 일은 부정하고 역겨웠다. 그러므로 인간은 하나님의 안식에 들어갈 수 없었다. 그러나 예수님은 참 포도나무이시고(요 15:1-6), 그와의 연합 안에서, 우리들의 일들은 하나님께 좋은 맛을 내게 된다. 그러므로 우리는 그리스도와 함께 안식 속으로 들어가게 될 것이고, 주님의 만찬에서 그분과 함께 포도주를 마실 수 있게 된 것이다.

사람들은 자신의 나실-머리카락을 하나님께서 받으시기 전에, 땅의 나실-포도나무들을 먹지 못할 것이다. 하나님께서 기뻐하실 때, 인간은 안식 안으로 들어갈 수 있다. 그러므로 나실인의 긴 머리카락은 성령의 능력으로 수행하는 인류의 선한 일에 대한 하나의 상징이다. 나실인은 느동 끝에 하나님께 받은 힘을 돌려드리면서, 하나님께서 그의 일을 맛보시도록 자신의 머리를 하나님께 드렸다. 나실인의 일에 대한 하나님의 승인은 하나님께서 그에게 포도주를 마시도록 하는 것으로 나타난다. 이는 가장 위대한 나실인이신 그리스도에게도 마찬가지이다.

생명과 능력의 상징인 긴 머리카락이 자라는 것이 성령의 능력이라는 증거로, 나실인은 그의 머리카락을 일곱 가닥으로 땋았다(삿 16:13). 일곱은 완전수이고, 성령의 숫자이다(계 1:4; 3:1 등). 이 긴 머리카락은 일종의 면류관이다. '나실' 이란 단어는 이스라엘의 대제사장과 왕이 면류관을 쓴다는 것에 사용된다. 이 면류관은 그들의 특별한 임무, 즉 그리스도에 의해 성취된 일을 보여주기 위하여 그들의 의복으로 제정된 것이다.

나실인이 자신의 일이 끝났음에 대한 표시로 자신의 머리카락을 잘라서 하나님께 드린 것처럼, 성도들은 자신의 면류관을 벗어서 하나님의 보좌 발치 앞에 그것들을 던질 것이다(계 4:10). 대제사장과 왕들은 물리적인 면류관 뿐 아니라 기름부음에 의해서 면류관을 쓴다. 이 면류관들은 생명이 있는 동안에 계속 쓰고 있는 것이고, 죽기 전에는 하나님 앞에서 벗어지지 않는 것이었다. 그러나 나실인의 면류관은 그의 서원이 끝나면 드려질 수 있는 일시적인 것이었다. 그러므로 나실인의 머리카락은 일시적인 면류관으로 적절한 것이었다.

하나님께 특별하게 드려진 무언가에 대한 표시가 아니라면, 남자에게 긴 머리카락은 합당하지 않았다. 반역한 왕자 압살롬은 영광과 능력의 표시로 긴 머리카락을 지니고 있었다(삼하 14:26). 그가 그것을 여호와께 드리지 않았기 때문에, 하나님께서 그의 사탄적인 머리가 죽도록 나무에 걸리게 하셨던 것이다(삼하

18:9).

고린도전서 11:1-10은 긴 머리카락은 여자의 능력과 영광의 표시이지, 남자에 대한 것이 아니라고 말하고 있다. 긴 머리카락은 여자의 권위에 대한 면류관이다. 남자의 머리카락은 짧아야만 했다. 그런데 왜 나실인 남자는 긴 머리카락을 가졌을까? 이는 아마 제사장/나실인은 성막 혹은 전쟁의 진영에서 백성들에게 하나님을 대표할 때에, 그는 신부 앞에 있는 신랑인 셈이다. 그러므로 오직 남자만이 제사장이 될 수 있고, 드보라가 바락을 찾은 것처럼 남자만이 전쟁을 이끌 수 있었다. 그러나 제사장/나실인이 하나님 앞에 설 때에, 그는 신부의 대표자로 나타난다. 그러므로 여자와 동등하게 면류관/긴 머리카락으로 나타나는 것이다. 한편 대제사장의 머리카락은 면류관이나 긴 머리카락 대신에 다른 방법으로 나타난다. 바로 관유의 기름으로 기름부음에 의해 거룩해지는 것이다(레 21:10-12). '나실'은 12절에서 대개 '거룩한'으로 번역되었다. 예를 들어, 우리는 솔로몬의 아가에서 신랑의 기름이 대제사장의 기름부음의 기름과 동일한 용어로 묘사되고 있는 것을 볼 수 있다(출 30:22-25; 아 4:1, 14).

어떤 의미에서, 인간의 모든 일은 신랑을 기쁘게 하려는 신부의 일과 같다. 인간이 그의 일을 하나님께 승인받으려고 가져올 때, 인간은 여호와 앞에 신부의 모습이다. 남자는 일반적으로 짧은 머리카락을 가지고 있는데, 이는 신적인 남편이신 하나님의 근본적인 '형상'을 나타내기 때문이다. 반면 여자는 긴 머리카락을 가지고 있다. 이는 여자가 신부이기 때문이다. 남자가 예외적으로 제사장/나실인처럼 하나님의 면전에서 신부의 역할을 해야 할 때, 그는 머리를 길게 기르거나 혹은 기름부음을 통하여 여자와 동일시되는 것이다. 그러나 나실인의 경우에, 그러한 역할은 단지 일시적인 것이고, 그가 그것을 마칠 때에는 한 인간으로 돌아와야 했다.

삼손과 사무엘과 세례 요한과 같은 영원한 나실인들은 그들의 전 생애동안을 나실인으로 살아야 했고, 그러므로 그들은 하와와 아담이 실패한 신부의 일을 성취하신 그리스도에 대한 상징이었다.

6-8절. 자기의 몸을 구별하여 여호와께 드리는 모든 날 동안은 시체를

> 가까이 하지 말 것이요. 그의 부모 형제 자매가 죽은 때에라도 그로 말미암아 몸을 더럽히지 말 것이니, 이는 자기의 몸을 구별하여 하나님께 드리는 표가 그의 머리에 있음이라. 자기의 몸을 구별하는 모든 날 동안 그는 여호와께 거룩한 자니라.

나실인의 네 번째 금기사항은 시체를 만지지 않는 것이다. 죽음은 인간에게 주어진 저주이다. 인간은 흙으로 만들어졌기 때문에, 그 저주는 그가 흙으로 돌아가는 것이다(창 3:19). 땅은 인간의 죽음과 함께 저주를 받았다. 그러므로 그것에 의해 더러움을 입는 어떤 것이든지 그것에 대한 죽음의 저주를 가진 것으로 볼 수 있다. 따라서 '더럽혀짐' 혹은 '오염'은 상징적으로 '죽음'을 의미한다. 예를 들어, 옛 언약에서 사람들은 언제나 신발이나 샌들을 신었는데, 이는 저주받은 흙과의 접촉을 피하기 위한 것이다. 다만 뱀은 저주받아서 흙을 배 혹은 몸으로 접촉해서 다닌다. 성경에서 정한 동물들은 신발(발굽)을 신고 있는 것들이다. 인간은 오직 "거룩한 땅"에서 자신의 신발을 벗을 뿐이다(출 3:5; 수 5:15). 사람들은 어떤 사람의 집으로 들어갈 때, 오염을 그 집 안으로 옮기는 것을 피하기 위하여 발을 씻어야 했다(창 18:4; 19:2; 43:24; 유 19:21; 눅 7:44). 그리스도의 죽음과 부활을 통하여 저주는 흙에서 제거되었다. 또한 이러한 추론은 다른 방식으로 작용한다. 더럽혀짐은 죽음이 온 것을 의미하는 것이다. 또한 어떤 형태로든 죽음에 접촉하는 것은 더럽힘을 입는 것 혹은 부정해 지는 것이다. 그러므로 성경에서 죽음과 닮아 있는 어떤 것이든지 '더러움, 티끌, 불결'이라고 불렀던 것이다.

이제 성결한 머리를 지닌 나실인은 '뛰어나게 머리를 부수는 자'가 되기 위하여 거룩한 전사로 구분된다. 그는 전쟁 중에 지속적으로 죽음과 접촉해야 할 것이고, 전쟁에서 진영의 율법에 따라서, 스스로를 정결하게 해야 할 것이다(민 31:19; 민 19:11이하). 그러나 일반적으로, 성전(聖戰)은 보통 며칠 동안이나 지속된다. 그래서 전투 후에, 시체를 만진 오염 때문에 머리를 미는 것은 민수기 6:9-21에서처럼 서원의 끝에 그것을 미는 것과 동일한 것이다.

그러면 영원한 나실인에 대한 것은 무엇인가? 민수기 6장은 그에 대한 어떤 언급도 없다. 아마 삼손은 그의 머리를 깎고, 매번 전투 후에 새롭게 머리를 기르기 시작했을 수도 있다. 혹은 그는 평생 전투를 했기에 전투가 결코 실제로 끝나지 않아서 그는 계속해서 머리를 깎지 않았을 것이다. 정확한 것에 대해서 우리는 모른다. 성경은 그 점에 대해서 침묵하고 있다.

아마 영원한 나실인은 전체로서 인류의 행동에 대한 상징일 것이다. 그러므로 나실인 삼손은 전체 이스라엘이 무엇을 해야 했는지를 보여주는 것이다. 이스라엘은 이미 여호와께 드려진 자들이고, 그러므로 블레셋 사람들을 다룰 능력을 가지고 있었다. 각 사람들은 이미 삼손과 같은 힘을 가지고 있었던 것이다(레 26:8; 신 32:30; 수 23:10). 그러나 그들은 죄를 지었고 타협했다. 그래서 그들은 눈이 멀고 힘이 약해졌다. 삼손의 생애는 이런 양면성을 보여주는 것이다. 즉 삼손이나 이스라엘은 모두 여호와 안에서 강하지만, 타협 가운데 약한 존재들이다. 우리도 마찬가지이다.

2. 천사의 방문(삿 13:1-14)

앞에서 우리는 나실인이 어떤 사람인지 나실인에 대한 일반적인 내용들을 살펴보았다. 나실인은 서원을 한 기간 동안에 술과 포도열매와 머리에 삭도를 대는 것과 사체를 만지는 것이 금지된 구별된 삶을 살아야 하는 자였다. 대부분은 일정기간 동안만 나실인으로 살아야 했는데, 삼손은 평생을 나실인으로 살아야 했다. 여호와의 사자가 나타나서 이러한 사실을 삼손의 어머니에게 알려준다. 왜 여호와의 사자가 불임의 여인인 삼손의 어머니에게 나타났는가? 왜 삼손의 아버지가 아닌 어머니에게 나타났는가? 삼손의 출생에 대한 구속사적인 의미는 무엇인가?

1절. 이스라엘 자손이 다시 여호와의 목전에 악을 행하였으므로, 여호와께서 그들을 사십 년 동안 블레셋 사람의 손에 넘겨주시니라.

여기에서 주목할 구절은 "다시" 이다. 이스라엘의 타락은 이미 예고된 것이다.

"여호와의 목전에 악을 행하였으므로"라는 구절은 사사기에서 모두 일곱 번 등장한다(삿 2:11; 3:7, 12; 4:1; 6:1; 10:6; 13:1). 사사기는 이스라엘의 '타락'과 하나님의 '심판', 그리고 이스라엘의 '회개'와 하나님의 '구원'이란 패턴이 일곱 번이나 반복한다. 7은 '완전수'이다. 그러므로 이스라엘은 완전히 타락했던 것이다.

그런데 본문에서 우리는 이스라엘의 '회개' 혹은 울부짖음에 대한 것을 전혀 볼 수 없다. 이스라엘은 이제 죄에 대해 둔감해져서 회개하는 것조차 잊어버린 것 같다. 회개도 하나님의 은혜가 있어야 한다. 본문에서 강조하고 있는 것은 인간은 회개조차 스스로 할 수 없다는 것이다. 구원은 전적으로 하나님의 은혜로 말미암은 것이다. 회개도 하나님의 은혜이다. 하나님의 가장 잔혹한 형벌은 회개조차 허락하지 않는 것이다. 죄 가운데 버려두는 것이다. 이를 신학적으로 '유기'라고 한다. "그러므로 하나님께서 그들을 마음의 정욕대로 더러움에 내버려 두사, 그들의 몸을 서로 욕되게 하게 하셨으니"(롬 1:24; cf. 롬 1:26, 28).

이제 하나님께 범죄하고 버림받은 이스라엘은 "사십 년 동안" 블레셋의 압제하에 살아야 했다. 40은 '시험'의 숫자이다. 모세는 40에 살인자가 되어 광야로 들어갔고, 40년이 지난 후에 애굽으로 돌아갔다. 40년 동안 광야에서 이스라엘을 인도했다. 이스라엘은 40년을 광야에서 방랑했다. 예수님도 40일을 시험받으셨다. 40은 시험의 숫자이다. 이스라엘은 40년을 블레셋의 압제 하에 있었다.

2a절. 소라 땅에 단 지파의 가족 중에 마노아라 이름하는 자가 있더라.

당시 대부분의 단 지파 사람들은 여호와께 신실하지 못했다. 원래 그들은 베냐민 지파 옆의 남쪽 땅을 할당받았는데, 그것을 정복하지 못하고, 손쉬운 북쪽을 쳐서 거기로 이주해 가서 살았다. 그렇게 정복한 '레셈'을 조상 단의 이름을 따서 '단'이라고 하였다(수 19:47). 그런데 이곳은 훗날 우상숭배의 중심지로 전락한다. 여로보암은 금송아지 두 개를 만들어, 하나는 벧엘에 두고 하나는 이 단에 두었던 것이다(왕상 12:28-29).

사실, 단 지파는 다른 지파에 비해 내세울 것이 없는 그런 지파이다. 단 지파는 배교와 불순종의 지파였던 것이다. 그래서 훗날 계시록에서 구원받은 자의 무리인 144,000 중에는 그 이름조차 사라진 것으로 나타난다(계 7:5-8). 언제부터인가 이스라엘의 12지파 명단에서 단의 이름이 사라져 버린 것이다. 혹자는 사라진 이 단 지파를 우리 한민족의 조상이라는 주장을 하기도 한다. 그러나 분명한 것은 마노아와 그의 아내는 아직 단 지파의 땅에 남아있는 신실한 자들이었다. 하나님은 그 남은 자들을 통해 하나님 나라의 역사를 이루어 가시는 것이다(cf. 사 10:21).

2b절. 그의 아내가 임신하지 못하므로 출산하지 못하더니,

전체 이스라엘이 여호와의 목전에 악을 행하였고, 단 지파는 새로운 땅을 찾아 방황할 때, 마노아의 가정은 불임으로 고통을 받았다. 이런 어디에서도 소망을 발견할 수 없는 총체적 난국의 시대에 "여호와의 사자가 그 여인에게" 나타난다. 그런데 왜 하나님께서 마노아가 아닌 그의 아내에게 나타나셨을까? 마노아가 악한 자였기 때문에, 하나님께서 그를 무시하셨을까? 전혀 그렇지 않다. 이는 여인의 후손(the Seed)에 대한 구속사적 주제 때문일 것이다.

하나님께서는 여인의 그 후손을 어떻게 세울지를 교훈하기 위하여 마노아의 아내에게 나타나신 것이다. 하나님께서는 에서가 아닌 야곱의 우선권에 대한 교훈을 주기 위하여, 이삭이 아닌 여자인 리브가에게 나타나셨다(창 25:22이하).

본문은 "그의 아내가 임신하지 못하므로"라고 한다. 마노아의 아내는 불임이었다는 것에 주목할 필요가 있다. 세상의 구원자는 '여인의 그 후손' (the Seed)으로 온다. 그러나 죄 때문에, 여인은 불임이다. 그러니 어떻게 그 후손이 올 수 있는가? 그것은 오직 하나님의 기적에 의해서만 가능한 것이다. 이런 사실을 보여주기 위해서 창세기의 족장들의 아내들은 모두 불임의 여인들이었다. 하나님께서 기적을 통하여 사라와 리브가와 라헬의 태를 열어주셨던 것이다.

또한 성경에서 영원한 나실인들인 삼손과 사무엘과 세례 요한의 세 어머니들도 모두 불임의 여인들이었다. 본문에서 삼손의 어머니가 불임이다. 사무엘의 어머니도 불임이었고, 기적이 필요했다(삼상 1:6, 11). 세례 요한의 어머니도 불임이며, 게다가 이미 나이가 많은 폐경기의 여인이었다(눅 1:7, 15). 각각의 경우에,

그들의 아들들은 모두 특별한 사역을 위하여 따로 구분되었고, 긴 머리카락으로 상징되는 성령의 특별한 능력이 주어진 나실인이었다. 평생을 나실인으로 살았던 삼손과 사무엘과 세례 요한은 모두 불임의 어머니들에게 태어났다.

왜 아브라함과 이삭과 야곱의 아내들이 불임이었는가? 왜 삼손과 사무엘과 세례 요한의 어머니들이 불임이었는가? 이는 그들이 모두 영원한 나실인이신 예수 그리스도의 모친인 마리아의 모형이기 때문이다. 이 주제에 대한 성취는 궁극적인 그 후손(the Seed)이며 영원한 나실인이신 예수 그리스도께서 불임의 상태, 즉 동정녀의 몸에서 태어나심으로 성취되었다. 마태복음 1:1-17의 족보는 아담의 자연적인 계열의 불임성을 가리키고 있다. 족보에는 예수 그리스도의 실제 아버지가 아닌 요셉이 기록되어 있다.[3] 이 족보는 세상의 구원자가 오시기 위해서는 하나님의 전적인 개입과 기적으로만 가능하다는 것을 보여주는 것이다.

3-5절. 여호와의 사자가 그 여인에게 나타나서, 그에게 이르시되, 보라 네가 본래 임신하지 못하므로 출산하지 못하였으나, 이제 임신하여 아들을 낳으리니, 그러므로 너는 삼가 포도주와 독주를 마시지 말며, 어떤 부정한 것도 먹지 말지니라. 보라, 네가 임신하여 아들을 낳으리니, 그의 머리 위에 삭도를 대지 말라. 이 아이는 태에서 나옴으로부터 하나님께 바쳐진 나실인이 됨이라. 그가 블레셋 사람의 손에서 이스라엘을 구원하기 시작하리라 하시니,

여호와의 사자는 불임인 마노아의 아내가 아들을 낳을 것이라고 예언한다. 그리고 "너는 삼가 포도주와 독주를 마시지 말며, 어떤 부정한 것도 먹지 말지니라"라고 명령한다. 이는 한 마디로 그 아이가 나실인이 되어야 한다는 것이다. 여기 금지된 술과 부정한 음식은 나실인의 상징이다.

나실인은 부정한 것을 먹지 못하도록 금지되었다. 부정하게 만드는 어떤 음식들은 사실 저주받은 땅/흙을 발로 접촉하는 뱀을 닮아서 배로 기어 다니거나 흙

3) 이 족보는 또한 예수님께서 이삭과 솔로몬의 공식적인 신분, 즉 요셉으로부터 그 후손/희생제물과 아들/왕임을 상속했다는 것을 보여주는 것이기도 하다.

이나 거름이나 사체 등을 먹는 부정한 동물들이다. 이 더럽고 사탄적인 부정한 음식을 피하는 것은 이스라엘이 사탄적인 주변 이방나라들과 먹고, 동맹을 맺는 것을 피할 것에 대한 상징으로 보인다(cf. 레 11장; 20:22-26). 뒤에 살펴보겠지만, 세 명의 블레셋 여자들과 삼손의 관계는 일종의 '부정한 음식을 먹는 것' 이다. 즉 악인들과 동맹을 맺는 것이다. 그러나 젊은 시절의 삼손이 블레셋 여자와의 결혼을 요청한 것은 다른 의미를 가지는 것이다. 암튼 삼손은 나실인으로 살아야 했다.

여기에서 우리는 삼손의 어머니가 임신 중이었을 지라도, 술을 마시지 않고, 포도를 먹지 않는 것에 대해서 주목해야 할 것이다. 성경은 삼손이 이미 모태에 있었고, 그 때부터 이미 구분되었다고 전제하는 것이다. 이것은 임신의 순간부터 모태 안에는 새로운 생명이 있고, 그러므로 낙태는 살인이라는 것을 보여주는 증거이기도 하다.

또한 우리는 이 본문을 태아가 모태에서 성만찬의 성례전적인 떡에 참여하는 것에 대한 근거로 말할 수 있을 것이다. 만약 삼손의 어머니가 포도를 먹으면, 그것은 또한 뱃속의 아들에게 전달되었다. 마찬가지로 신자의 어머니가 그리스도의 살을 먹고 피를 마실 때, 이는 또한 그녀의 아이에게 전달되는 것이다.

그래서 베자(Beza)는 언약의 자손들의 구원에 대해서 이렇게 말한다. "신자의 부모에게서 태어난 자녀들은 특별한 자들이다. 그들은 어른들과 동일한 질의 믿음을 가질 수 없다. 그러나 탄생에 의하여 거룩하여지고, 불신자의 자녀와는 구별되어진 자들은 믿음의 씨앗과 싹을 지니고 있지 않다고 말할 수 없다. 부모의 믿음에 의해 받아진 약속은 또한 수천 세대를 통한 그들의 자녀를 포함시킨다. 일반적으로 그 약속 때문에 성도의 부모에게 태어나거나 혹은 한쪽이 성도에게 태어난 모두는 거룩하여진다" (*Confessio Christianae Fidei*, IV, 48).[4] 그런 점에서 우리는 태중에서 죽은 언약 백성들의 아이들의 구원에 대한 가능성을 조심스럽게 생각할 수 있다.

4) 게할더스 보스, 『구속사와 성경해석』, 이길호, 원광연 역(서울: 크리스챤다이제스트, 1998), p. 339.

그러나 아이가 태어났을 때, 그는 모태의 영적인 보호로부터 분리, 즉 출교가 되는 셈이다. 그러므로 그가 다시 성만찬에 참여하기 위해서는 반드시 그리스도 안에서 세례를 받아야 하는 것이다. 마터(Martyr)는 구원이 육체적 출생 자체보다 하나님의 자비로운 선택에 근거하기에, 선택한 후손에게만 적용된다고 했고, 게할더스 보스도 믿음의 자녀들이 반드시 세례를 받아야 한다고 가르친다.[5)]

6-7절. 이에 그 여인이 가서 그의 남편에게 말하여 이르되, 하나님의 사람이 내게 오셨는데, 그의 모습이 하나님의 사자의 용모 같아서 심히 두려우므로, 어디서부터 왔는지를 내가 묻지 못하였고, 그도 자기 이름을 내게 이르지 아니하였으며, 그가 내게 이르기를, 보라, 네가 임신하여 아들을 낳으리니, 이제 포도주와 독주를 마시지 말며, 어떤 부정한 것도 먹지 말라. 이 아이는 태에서부터 그가 죽는 날까지 하나님께 바쳐진 나실인이 됨이라 하더이다 하니라.

이 문단에서 주목해야할 것이 있다. 여자가 비록 그 천사의 이름을 정확히 몰랐지만, 그가 누구인지는 알고 있었다(6절). 그러나 뒤에 보면, 마노아는 자신과 이야기를 하는 그 분이 누구인지 알지 못했다. "이는 그가 여호와의 사자인 줄을 마노아가 알지 못함이었더라"(삿 13:16b). 만약 우리가 이 본문을 단순하게 도덕적으로 해석한다면, 우리는 마노아를 매우 영적이지 못한 사람이라고 말할 수 있을 것이다. 그러나 우리는 신학적으로 설명해야 한다. 마노아는 아담 안에서 아버지이고, 그의 아내는 하와 안에서 어머니이다. 그녀는 '약속의 그 후손'(the Seed)의 어머니이다. 마노아의 영적인 눈이 먼 것은 죄로 인해 아담이 눈이 먼 것에 상응하는 것이다. 첫째 아담은 실패했고, 둘째 아담, 즉 인자(人子)로 대신 되어야 했다. 마노아는 개인적으로 악한 남자가 아니다. 그러나 그의 영적인 우둔함은 죄로 인한 첫째 아담의 불완전함에 대한 하나의 상징이고, 옛 이스라엘의 실패에 대한 하나의 상징이었다.

---

5) 게할더스 보스, 『구속사와 성경해석』, p. 340.

8-14절. 마노아가 여호와께 기도하여 이르되, 주여 구하옵나니, 주께서 보내셨던 하나님의 사람을 우리에게 다시 오게 하사, 우리가 그 낳을 아이에게 어떻게 행할지를 우리에게 가르치게 하소서 하니, 하나님이 마노아의 목소리를 들으시니라. 여인이 밭에 앉았을 때에 하나님의 사자가 다시 그에게 임하였으나, 그의 남편 마노아는 함께 있지 아니한지라. 여인이 급히 달려가서, 그의 남편에게 알리어 이르되, 보소서 전일에 내게 오셨던 그 사람이 내게 나타났나이다 하매, 마노아가 일어나 아내를 따라가서, 그 사람에게 이르러 그에게 묻되, 당신이 이 여인에게 말씀하신 그 사람이니이까? 하니, 이르되 내가 그로다 하니라. 마노아가 이르되, 이제 당신의 말씀대로 되기를 원하나이다. 이 아이를 어떻게 기르며, 우리가 그에게 어떻게 행하리이까? 여호와의 사자가 마노아에게 이르되, 내가 여인에게 말한 것들을 그가 다 삼가서, 포도나무의 소산을 먹지 말며 포도주와 독주를 마시지 말며, 어떤 부정한 것도 먹지 말고, 내가 그에게 명령한 것은 다 지킬 것이니라 하니라.

사실 이후의 부분들은 마노아가 여호와의 사자에게 한 다섯 가지의 질문들, 혹은 요청들로 이루어져 있다. 그런데 그가 받은 대답은 네 가지 책망들이다. 마노아의 아내는 무언가를 질문할 만큼 영적으로 민감하거나 담대하지 못했다. 그러나 여호와의 말씀을 단순하게 받아들였다. 반면 마노아가 이 사건을 주도하는 것처럼 보인다. 그러나 실제로 하나님께서 찾으신 이는 마노아의 아내였다.

"마노아가 여호와께 기도하여" 하나님께서 그 하나님의 사람을 다시 보내달라고 한다. 그래도 그 여호와의 사자는 마노아가 아닌, 그의 아내에게 나타났다. 그래도 그는 마노아가 오도록 기다려 주었고, 기꺼이 그와 이야기 했다. 그러나 태어날 아들을 '어떻게 길러야 하는지' 에 대한 마노아의 질문에, 여호와의 사자는 마노아를 무시하고, 마노아의 아내가 지킬 의무들을 말하고 있다.

여호와의 사자의 명령은 이것이다. "내가 여인에게 말한 것들을 그가 다 삼가서, 포도나무의 소산을 먹지 말며 포도주와 독주를 마시지 말며, 어떤 부정한 것도 먹지 말고, 내가 그에게 명령한 것은 다 지킬 것이니라." 한글성경에서 "그가 다 삼가서", "내가 그에게 명령한 것"이라고 번역된 것을 보면, 우리는 이것이 삼손이 삼가고, 삼손에게 명령한 것으로 보인다. 그러나 정확한 번역은 '그' 가 아니라 '그녀' 이다. 히브리어 원문에는 "그가 다 삼가서 다 지킬 것이니라(תִּשְׁמֹר)", "마시지 말며(אַל־תֵּשְׁתְּ) 먹지 말며(אַל־תֹּאכַל)"라고 3인칭 여성 단수 미완료형으로 되어 있다. 그래서 영어성경은 "I told her." "She must not eat or drink"라고 번역한다.

거기에는 삼손의 아버지가 할 일이 전혀 없는 것처럼 보인다. 마노아는 아무런 상관이 없는 것으로 보인다. 왜 그랬을까? 이는 중요한 구속사적 메시지를 담고 있는 것이다. 구속사적으로, 마노아는 이 새로운 출생과 새로운 시작에 대해 아무것도 할 일이 없었던 것이다. 천사가 여자에게 나타났을 때, 그녀는 밭에 혼자 있었고, 마노아는 그녀와 함께 있지 않았다. 실제 삼손의 육신의 아버지는 마노아였을지라도, '여자의 그 후손' 은 하나님의 주권적인 섭리와 은혜에 의해 태어난 것이고, 첫째 아담의 자손에 의한 출생이 아니었다. 물론 모든 사람은 남자와 여자를 통해 태어난다. 그러나 '여자의 후손' 은 남자 없이 태어난 아들이다. 그래서 여자의 후손인 것이다. 물론 동정녀 탄생은 오직 예수 그리스도 뿐이다. 그러나 본문은 삼손의 출현에 마노아의 역할은 전혀 배제된, 전적으로 하나님의 은혜의 결과임을 강조하고 있는 것이다.

타락한 첫 아담의 자손들은 전적인 불임의 상태에 있다. 사실, 할례는 이러한 불임 상태에 대한 상징적인 사건이다. 성기에 칼을 대고 생명의 근원된 피가 흐르는 순간 옛 인간은 죽은 것이다. 옛 창조의 7일이 지나고, 8일째에 하나님의 백성들은 할례를 통하여 새로운 생명으로 창조되는 것이다. 세례도 옛 사람이 죽고 새 사람이 사는 것에 대한 상징이다. 옛 사람의 모습은 언제나 죽은 모습이었다(엡 2:1). 예수님의 십자가를 통한 구원과 새 생명은 전적으로 하나님의 은혜이다. 내가 한 일은 아무 것도 없는 것이다. 전적으로 하나님께 감사해야할 뿐이다.

3. 삼손의 출생(삿 13:15-25)

하나님의 말씀을 전하는 것뿐 아니라 일반적인 연설이나 연극의 대사 등 어떤 언어로 전달하는 것들은 무엇을 말하는가에 대한 내용과 함께 누가 한 말이냐가 중요하다. 그런 점에서 사사기 13장은 메시지(13:2-14)와 메신저(13:15-23)로 요약할 수 있다. 여호와의 사자가 전한 메시지는 삼손이 나실인으로 금해야 할 것들에 대한 내용들이었다. 그리고 그 말씀을 전한 분은 바로 여호와의 사자였다. 이 여호와의 사자는 누구인가? 마노아는 자신과 이야기하는 분이 누구인지 몰랐다. 사실 신앙이란 하나님이 어떤 분인지를 알아가는 과정이라고 할 수 있을 것이다. 그것도 머리가 아닌 몸으로 알아가는 과정이 신앙의 여정일 것이다.

> 15-16절. 마노아가 여호와의 사자에게 말하되, 구하옵나니, 당신은 우리에게 머물러서 우리가 당신을 위하여 염소 새끼 하나를 준비하게 하소서 하니, 여호와의 사자가 마노아에게 이르되, 네가 비록 나를 머물게 하나, 내가 네 음식을 먹지 아니하리라. 번제를 준비하려거든 마땅히 여호와께 드릴지니라 하니, 이는 그가 여호와의 사자인 줄을 마노아가 알지 못함이었더라.

아마도 사사기 저자는 이 본문과 사사기 6장을 대조하기를 원하고 있는 것 같다. 기드온이 "염소 새끼"를 재물로 드린 것처럼(삿 6:19), 마노아도 "염소 새끼"를 제물로 드렸다. 이는 어떤 젊은 것을 상징하는 동물이었다. 제사가 끝난 뒤에 기드온이 두려워한 것처럼(삿 6:22), 마노아도 제사가 끝난 뒤에 여호와의 사자를 보는 것을 두려워한다. 그런데 두려워하는 기드온에게 하나님께서 평화를 선언하신다. "여호와께서 그에게 이르시되, 너는 안심하라. 두려워하지 말라. 죽지 아니하리라 하시니라"(삿 6:23). 그래서 기드온도 이 제사를 "여호와 살롬"이라 했다(삿 6:24). 기드온의 제사는 살롬의 제사, 즉 화목제였다.

그러나 본문에서 하나님은 마노아의 제사를 "내가 네 음식을 먹지 아니하리라"라고 거부하신다. 왜냐하면 하나님은 지금 죄에 빠진 이스라엘과 전쟁 중이었고, 평화의 관계가 아니었기 때문이다. 비록 번제와 화목제가 하나의 쌍으로 드려지는 것이라도, 지금 이스라엘에게 필요한 것은 '화목제'가 아니라 '번제'였다. 즉 죄와 심판에 대한 고백이었다. 교제는 오직 성별(번제)과 사역(소제) 뒤에 오는 것이다. 기드온의 하나님은 제물을 받으시고 사라지셨다. 그러나 삼손의 경우에서는 보다 놀라운 사건이 일어났다.

> 17-20절. 마노아가 또 여호와의 사자에게 말하되, 당신의 이름이 무엇이니이까? 당신의 말씀이 이루어질 때에 우리가 당신을 존귀히 여기리이다 하니, 여호와의 사자가 그에게 이르되, 어찌하여 내 이름을 묻느냐? 내 이름은 기묘자라 하니라. 이에 마노아가 염소 새끼와 소제물을 가져다가 바위 위에서 여호와께 드리매 이적이 일어난지라. 마노아와 그의 아내가 본즉, 불꽃이 제단에서부터 하늘로 올라가는 동시에 여호와의 사자가 제단 불꽃에 휩싸여 올라간지라. 마노아와 그의 아내가 그것을 보고 그들의 얼굴을 땅에 대고 엎드리니라.

무슨 일이 일어났는가? 비록 어린 염소 새끼가 불에 태워졌으나, 그 여호와의 사자가 제단에 올라갔고, 불꽃 가운데 승천했던 것이다. 이는 예수 그리스도의 대속의 죽음에 대한 묘사로 보인다. "율법은 장차 올 좋은 일의 그림자일 뿐이요, 참 형상이 아니므로 해마다 늘 드리는 같은 제사로는 나아오는 자들을 언제나 온전하게 할 수 없느니라"(히 10:1). 사실, 구약의 모든 제사가 그리스도의 죽음에 대한 그림자이다. "이것들은 장래 일의 그림자이나 몸은 그리스도의 것이니라"(골 2:17). 실체는 그리스도이다.

그리스도의 오심이 역사의 전환을 이룬다. 이는 단지 BC와 AD의 시간중심의 역사적인 전환이 아니라, 옛 언약의 끝과 새 언약의 시작이 되는 구속사적 전환의 획기적 사건이다. 독일어로 '역사' 라는 달에는 Historie와 Geschichte가 있는데, 모두 역사로 번역된다. 그러나 Historie는 역사에서 일어난 단순한 과거 사건을 말하지만, Geschichte는 의미있는 과거 사건을 말한다. 그리스도의 오심은 분명한 Historie이지만, 단순한 Historie가 아니라 Geschichte인 것이다. 그리스도는 시간의 중심이면서 구속사의 중심이다. 그래서 누구든지 시간이 흐르면 새로운 피조물이 되는 것이 아니다. 즉 21세기 이후에 태어난 사람이 새로운 피조물이 아니다. 그리스도 안에 있어야 새로운 피조물이 되는 것이다(고후

5:17).

그리스도의 오심과 죽으심이 역사의 전환을 이룬 것처럼, 본문의 사건은 당시 이스라엘 역사에서 위대한 전환점이 된다. 왜냐하면 하나님께서 그의 아들/천사를 대속물로 보내셨고, 그래서 역사가 바뀌어 이스라엘이 블레셋으로부터 구원을 받을 수 있었기 때문이다. 또한 그리스도가 죽으셨기 때문에, 삼손은 살 수 있었던 것이다. 하나님의 거룩한 아이(여호와의 사자)가 마노아와 그의 아이(삼손)를 대신했던 것이다. 그러므로 사자가 불꽃 가운데 올라간 것은 하나의 제사였던 것이다. 즉 하나님 자신이 인간을 대신하여 징계를 받으신 것에 대한 묘사인 것이다.

게다가 마노아는 여호와의 사자에게 그 이름을 묻는다. "당신의 이름이 무엇이니이까?" 그가 알려준 유일한 이름은 "기묘자"이다. 우리는 이사야서에서 예언된 그리스도의 이름이 기묘자인 것을 알고 있다. "이는 한 아기가 우리에게 났고 한 아들을 우리에게 주신 바 되었는데, 그의 어깨에는 정사를 메었고, 그의 이름은 기묘자라, 모사라, 전능하신 하나님이라, 영존하시는 아버지라, 평강의 왕이라 할 것임이라"(사 9:6).

그러나 여호와의 사자가 그 이름을 "기묘자"라고 한 것은 어떤 의미에서 자신의 이름을 알려주지 않은 것이다. 즉 기묘자라고 한 것은 그 이름이라고 보다는 다음 구절에 있는 "이적이 일어난지라"에 대한 설명이기 때문이다. '기묘'란 '기적', 즉 하나님께서 인간의 역사 속에 악인과 의인의 기대를 반전시키기 위하여 오신 기대하지 못한 놀라운 일을 의미한다. 하나님은 애굽에서 기이한 일들을 행하셨다(시 78:12). 하나님은 다시 여기에서 기이한 일들을 행하고 계신 것이다. 이제 새로운 속박으로부터 새로운 출애굽이 있을 것이다.

이름이란 정체성이다. 하나님은 기묘하신 하나님이기 때문에, 우리는 하나님을 어떤 이름이나 틀에 가두어 둘 수 없다. 우리는 그분에 대해서 이렇다고 단언할 어떤 이름도 붙일 수 없는 것이다. 하나님은 언제나 내 생각을 뛰어넘는 놀라우신 하나님이시다. 우리는 그저 날마다 어린아이 같이 하나님의 새로우심과 놀라우심에 감격하며 감사해야 할 것이다. 삼손은 기묘하신 하나님을 닮아 기묘하고 놀라운 일들을 이스라엘에게 보일 것이다. 예수 그리스도처럼, 삼손도

기묘자가 될 것이다(사 9:6).[6)]

어떤 학자들은 하나님의 기묘자 되심을 인간이 하나님을 이해할 수 없다는 것을 의미하는 것이라고 말한다. 소위 '불가지론'이다. 그러나 하나님은 놀라운 일을 행하셨으나, 마노아와 그의 아내는 그것을 보았다. 우리는 하나님의 놀라움을 볼 수 있고, 알 수 있다. 그러나 우리는 결코 그 분을 어떤 틀에 넣을 수는 없는 것이다. 하나님은 연구의 대상이 아니다. 섬김의 대상이다. 하나님을 하나님으로 섬길 수 있기를 바란다.

21-23절. 여호와의 사자가 마노아와 그의 아내에게 다시 나타나지 아니하니, 마노아가 그제야 그가 여호와의 사자인 줄 알고, 그의 아내에게 이르되, 우리가 하나님을 보았으니 반드시 죽으리로다 하니, 그의 아내가 그에게 이르되, 여호와께서 우리를 죽이려 하셨더라면 우리 손에서 번제와 소제를 받지 아니하셨을 것이요. 이 모든 일을 보이지 아니하셨을 것이며, 이제 이런 말씀도 우리에게 이르지 아니하셨으리이다. 하였더라.

하나님은 기묘자이신데, 이는 기묘한 일을 행하시는 분이기 때문이다. 하나님은 마노아에게 불꽃을 따라 하늘로 올라가는 놀라운 모습을 보여주셨다. 하나님이 친히 제물이 되어 하늘로 올라간 것이다. 마노아가 이것을 보았을 때, 그는 드디어 자신과 이야기하고 있는 분이 누구인지 깨달았다. 우리는 하나님이 어떤 분인지 하나님께서 알려주셔야 알 수 있을 뿐이다.

인간의 불완전한 이성으로 하나님을 완전히 알 수 없다. 혹자는 알 수 있다면

---

6) 이것이 사사기에 이사야 9:1-7이 뒤에 놓여 있다는 것을 지적할 가장 좋은 지점이다. 드보라와 기드온의 이야기는 9:1이 놓여있다(스불론과 납달리). 바락(위대한 번개)은 9:2과 연관이 있다. 미디안의 전리품에 대한 기드온의 분배는 9:3-4과 연관이 있다. 입다의 이야기에서 두드러진 사람들의 어깨에 기초한 통치에 대한 주제는 9:6과 관련이 있고, 입다와 대조적인 통치의 완전성은 9:7과 관련이 있다. 9:6의 '기묘자'와 '전능자'라는 이름은 삼손을 떠올리는 것이다. 사실 우리는 에브라임의 거만함을 9:8-10에 이어지는 것을 지적할 수 있고, 이어지는 9:11-12에 사사기 10장으로부터 두 개의 적들에 대한 개념을 볼 수 있다.

하나님이 아닐 것이라고 했다. 그러나 우리는 하나님이 알려주신 만큼 알 수 있다. 하나님께서 자신을 알려 주시는 이것을 '계시'라고 한다. 계시를 통하여 하나님을 알 수 있다. 이것을 '계시의존사색'이라고 한다. 그래서 우리는 계시의 영을 달라고 기도해야 할 것이다. 바울은 에베소 교인들을 위해 이렇게 기도했다. "우리 주 예수 그리스도의 하나님, 영광의 아버지께서 지혜와 계시의 영을 너희에게 주사 하나님을 알게 하시고, 너희 마음의 눈을 밝히사 그의 부르심의 소망이 무엇이며, 성도 안에서 그 기업의 영광의 풍성함이 무엇이며, 그의 힘의 위력으로 역사하심을 따라 믿는 우리에게 베푸신 능력의 지극히 크심이 어떠한 것을 너희로 알게 하시기를 구하노라"(엡 1:17-19).

여태까지 마노아는 영적 소경이었고, 그래서 하나님과 교제가 불가능했다. 그러나 이제 그의 눈이 열리고, 자신이 심판을 받지 않은 것에 대해서 놀라게 된다. 사실 진짜 기적은 여호와의 사자가 하늘로 올라간 것이 아니라, 마노아의 영안이 열린 것일 것이다. 죄 가운데 있는 인간이 하나님을 만나고도 죽지 않은 것일 것이다. 이 세상에 가장 큰 기적은 예수님의 십자가 사건이 아니라, 그 사건이 믿어지는 것이다. 그 사건이 믿어져서 내가 구원 받은 것이다.

마노아의 희생제사 때문에, 마노아의 영안이 열린 것을 본다. 하나님과의 평화가 회복된 것을 본다. 뿐만 아니라 마노아가 살아야 할 삶의 이유들을 발견하게 된 것을 본다. 영적으로 더욱 깨어있었던 그의 아내는 "여호와께서 우리를 죽이려 하셨더라면 우리 손에서 번제와 소제를 받지 아니하셨을 것이요. 이 모든 일을 보이지 아니하셨을 것이며, 이제 이런 말씀도 우리에게 이르지 아니하셨으리이다."라고 말한다. 한 마디로 하나님께서 자신들을 살려두신 뜻이 있다는 것이다. 자신들을 향한 어떤 계획이 있다는 것을 깨달은 것이다. 자신들의 사명을 깨달은 것이다. 그렇다. 하나님께서 우리들을 향해서도 놀라운 계획이 있다. 그 하나님의 뜻을 분별하고, 이뤄드릴 수 있기를 바란다.

24-25절. 그 여인이 아들을 낳으매, 그의 이름을 삼손이라 하니라. 그 아이가 자라매 여호와께서 그에게 복을 주시더니, 소라와 에스다올 사이 마하네단에서 여호와의 영이 그를 움직이기 시작하셨더라.

마노아 부부를 향한 하나님의 계획은 '삼손의 출생' 이었다. "그 여인이 아들을 낳으매, 그의 이름을 삼손이라 하니라." 삼손은 '소라' 출신인데, 이는 '태양' 을 의미한다. 그러므로 삼손은 하나님의 자녀들이 해가 힘 있는 것 같게 해달라는 드보라의 기도에 대한 하나의 성취인 셈이다(삿 5:31). 또한 시편 19:5 "해는 그의 신방에서 나오는 신랑과 같고, 그의 길을 달리기 기뻐하는 장사 같아서" 라는 말씀은 삼손의 생애에 대해 간단한 그림을 보여주고 있는 듯하다. 강한 자, 삼손은 또한 힘 있는 신랑처럼 될 것이다.

우리는 하나님께서 삼손이 자라매 "그에게 복을" 주셨다는 것을 말씀을 듣는다. 그리고 우리는 성령께서 그의 위대한 사역을 자극하셨다는 것을 본다. 우리는 이것을 염두에 두고 사사기의 다음의 두 장들을 살필 필요가 있다. 왜냐하면 얼핏 보면 그의 몇몇 행동들은 도덕적으로 잘못된 것으로 보이기 때문이다. 그러나 우리가 살펴볼 것처럼, 삼손은 성령의 인도 하에 그 모든 일들을 행했던 것이다.

말씀을 정리하겠다. 여호와의 사자가 마노아에게 나타났는데, 그 여호와의 사자의 이름은 "기묘자" 였다. 이는 구약에 나타난 그리스도로 믿어진다. 하필 왜 하나님의 많은 이름과 속성 가운데, 삼손의 부모가 만난 하나님은 기묘자였을까? 그것은 삼손이 기묘자로 살아야 했기 때문이다. 마찬가지로 우리들은 어떤 하나님을 만났는가? 우리들이 만난 하나님이 바로 우리들이 살아내야 할 삶의 몫들인 것이다.

모든 것을 준비하시는 여호와 이레(Yahweh Yireh, 창 22:8-14)의 하나님을 만났는가? 하나님 나라를 위해 준비하는 삶을 살기를 바란다. 여호와 닛시(Yahweh Nissi, 출 17:15), 승리의 하나님을 만났는가? 하나님의 승리의 깃발을 펄럭이는 삶을 살기를 바란다. 여호와 샬롬(Yahweh Shalom, 삿 6:24), 평강의 하나님을 만났는가? 하나님의 평강을 누리며, 전하며 살기를 바란다. 여호와 마카데쉠(Yahweh Maccaddeshem, 출 31:13), 너희를 거룩케 하시는 하나님을 만났는가? 거룩한 삶을 살기를 바란다. 여호와 라아(Yahweh Raah, 시 23:1), 나의 목자되시는 하나님을 만났는가? 하나님의 인도를 따르며 살기를 바란다. 여호와 치드케

누(Yahweh Tsidkenu, 렘 23:6, 33:16), 여호와 우리의 의(義)이신 하나님을 만났는가? 하나님의 공의를 나타내며 살기를 바란다. 여호와 엘 게몰라(Yahweh El Gemola, 렘 51:56), 보복의 하나님이심을 만났는가? 그 하나님께서 심판하심을 믿고, 하나님께 원수 갚는 것을 맡기며 살기를 바란다. 여호와 라파(Yahweh Rapha, 출 15:26), 치료하시는 여호와를 만났는가? 그 하나님의 치료의 도구로 쓰임 받으며 살기를 바란다.

신학은 학문이 아니다. 신학이나 신앙이나 모두 하나님을 알아가는 것이다. 하나님을 머리가 아닌, 지정의 인격적으로 만나고, 몸으로 하나님을 알아가는 것이 신앙생활이다. 하나님이 어떤 분인지 알고, 그 하나님을 누리며 전하며 사는 것이 신앙생활인 것이다.

4. 블레셋 아내(삿 14:1-4)

삼손의 생애는 다음의 네 가지 사건으로 나누어 생각할 수 있다. 즉 블레셋 여자들, 나실인 서원, 이스라엘을 격동시킨 일, 이스라엘에 대한 사역이다. 이것들을 조금 더 풀어서 설명하면 이렇다.

첫째, 삼손에 대한 세 가지 이야기들은 모두 블레셋 여자들과 연관이 있다. 심지어 들릴라가 정확하게 블레셋 여자가 아니라 할지라도, 그녀는 블레셋과 깊은 연관이 있고, 그래서 블레셋 사람으로 여겨질 수 있는 것이다. 특히 본문에서 삼손의 생애 초기에, 삼손은 블레셋 소녀와 결혼과 구원을 요청한다. 이것은 이스라엘이 어떻게 이방 민족들과 관계를 가져야 하는가를 보여주는 하나의 바람직한 그림이다. 이스라엘은 제사장 민족이기 때문이다. 이스라엘은 이방 민족들에게 하나님의 말씀을 선포하고, 그들에게 제사장으로, 즉 신적인 남편으로 역할을 해야 했다. 그러나 이스라엘은 그렇게 하지 않았다. 대신에 이방 민족들에게 스스로를 순응하고 있는 중이었다. 삼손의 초기 사역은 비록 블레셋이 거절하여 무서운 결과가 나타났지만, 이는 복음에 대한 긍정적인 그림이라고 믿어진다.

한편, 삼손의 생애 말기에, 우리는 블레셋 연인과 간음하는 삼손에 대한 두 가지 이야기를 보게 된다. 이는 이스라엘이 어떻게 이방 민족들과 관계를 가져서는 안 되는지를 보여주는 부정적인 그림이다. 블레셋 문화는 간음 이후의 삼손이 경험한 것처럼, 무능과 소경됨과 죽음으로 이끄는 것이었다. 이 안에서, 삼손은 이스라엘에게 그렇게 하면 안 되는 부정적 예시의 교훈을 주고 있는 것이다.

둘째, 나실인으로 삼손은 이스라엘에게 만약 그들이 하나님께 신실하게 산다면 놀라운 힘을 지닐 것을 보여주고 있다. 만약 이스라엘이 부정한 것에서 떠나 거룩함에 이른다면, 그들은 모두 삼손들이 될 수 있을 것이다. 그리고 블레셋은 하루아침에 사라질 것이다. 그러나 만약 그들이 제사장적인 직분을 타협한다면, 그들은 삼손이 그렇게 된 것처럼 비참하게 될 것이다.

셋째, 당시 이스라엘은 블레셋의 호의적인 통치 하에서 나름대로 편안한 삶을 살았기 때문에, 누군가 그들을 휘저어놓을 사람이 필요했다. 하나님께서 시작하셨고, 삼손은 이스라엘과 블레셋 사람들이 싸우도록 자극하였다. 이는 이스라엘 사람들을 당황스럽고 두렵게 만들었다. 심지어 어떤 때에는 블레셋 사람들에게 삼손을 넘겨주기 위하여 이스라엘 사람들이 삼손을 포박하기도 했다. 그러나 결과적으로, 삼손은 이스라엘이 블레셋과 더 이상 타협점이 없도록 대립의 각을 날카롭게 하였고, 결국 이스라엘은 더 이상 타협하지 않았다. 삼손은 이스라엘을 격동시킨 것이다.

넷째, 이스라엘에 대한 삼손의 사역은 그의 거칠고 놀라운 행동들을 통하여 일차적으로 성취된다. 삼손은 블레셋에 대한 하나님의 커다란 장난이었다. 삼손은 강해 보이지 않으나 강했다. 유머는 예상 밖의 반전을 갖고 있는 법이다. 우리가 전혀 기대하지 못한 결과가 나타난다. 그런 점에서 복음은 하나님의 유머의 위대한 표본이다. 사탄은 단지 그가 이겼다고 생각했었으나, 실상은 그가 졌기 때문이다. 삼손은 블레셋에 대해 전세를 역전시키는 흥미로운 일을 하게 된다.

1-3절. 삼손이 딤나에 내려가서, 거기서 블레셋 사람의 딸들 중에서 한 여자를 보고, 올라와서, 자기 부모에게 말하여 이르되, 내가 딤나에서 블레셋 사람의 딸들 중에서 한 여자를 보았사오니, 이제 그를

> 맞이하여 내 아내로 삼게 하소서 하매, 그의 부모가 그에게 이르되, 네 형제들의 딸들 중에나 내 백성 중에 어찌 여자가 없어서 네가 할례 받지 아니한 블레셋 사람에게 가서 아내를 맞으려 하느냐 하니, 삼손이 그의 아버지에게 이르되, 내가 그 여자를 좋아하오니, 나를 위하여 그 여자를 데려오소서 하니라.

삼손은 딤나로 내려갔고, 그의 부모에게로 올라갔다. 당시 이스라엘은 산에 살았고, 블레셋은 평지를 지배했기 때문이다. 좀 더 정확하게 말하면, 농사짓기에 유리한 평지에서 쫓겨나 산지에 살았던 것이다. "딤나"는 '태양신의 집'을 의미하는 벳세메스에서 서쪽으로 2마일 지점에 있었다. '삼손'은 '태양'을 의미한다. 가나안 사람들이 섬긴 가짜 태양신 예배를 바꾸기 위한 하나님의 참된 태양이었던 것이다.

블레셋 여자와 결혼하겠다는 삼손의 말을 들은 삼손의 부모들은 '신자들이 불신자들과 결혼하지 말아야한다'는 성경의 기본적인 원리를 말하고 있다. 이것은 신약에서도 가르치는 중요한 원리이다. "너희는 믿지 않는 자와 멍에를 함께 메지 말라. 의와 불법이 어찌 함께 하며, 빛과 어둠이 어찌 사귀며, 그리스도와 벨리알이 어찌 조화되며, 믿는 자와 믿지 않는 자가 어찌 상관하며, 하나님의 성전과 우상이 어찌 일치가 되리요"(고후 6:14-16).

삼손의 부모가 옳아 보인다. 그러나 4절에서 "이 일이 여호와께로부터 나온 것" 즉 삼손이 블레셋 여인과 결혼하려는 것이 하나님의 인도라고 한다. 사실, 하나님의 섭리에 의하여 삼손은 블레셋 여자와 결혼하려고 한 것이다. 삼손에 대한 하나님의 계획은 단순한 것이 아니다. 그러나 그를 인도하시는 분은 이스라엘의 언약의 하나님 여호와이시다. 우리는 이미 사사기 13:24-25로부터 이때에 성령께서 삼손을 인도하셨다는 것을 알고 있다. 삼손은 14:3절에서 "내가 그 여자를 좋아하오니"(כִּי־הִיא יָשְׁרָה בְעֵינָי)라고 말하는데, 원문을 직역하면 '이는 내 눈에는 그 여자가 옳아 보이기 때문이다'로 번역할 수 있다. 즉 옳은 행동이라고 그가 판단하고 있다고 한다. 그래서 영역은 she is right in my eyes로 번역한다.

하나님은 가나안 족속들과 통혼을 엄격히 금지하셨다. "네 하나님 여호와께서 너를 인도하사, 네가 가서 차지할 땅으로 들어가시고 네 앞에서 여러 민족 헷 족속과 기르가스 족속과 아모리 족속과 가나안 족속과 브리스 족속과 히위 족속과 여부스 족속 곧 너보다 많고 힘이 센 일곱 족속을 쫓아내실 때에, 네 하나님 여호와께서 그들을 네게 넘겨 네게 치게 하시리니, 그 때에 너는 그들을 진멸할 것이라. 그들과 어떤 언약도 하지 말 것이요, 그들을 불쌍히 여기지도 말 것이며, 또 그들과 혼인하지도 말지니, 네 딸을 그들의 아들에게 주지 말 것이요, 그들의 딸도 네 며느리로 삼지 말 것은, 그가 네 아들을 유혹하여, 그가 여호와를 떠나고 다른 신들을 섬기게 하므로 여호와께서 너희에게 진노하사 갑자기 너희를 멸하실 것임이니라"(신 7:1-4; cf. 출 34:11-17).

그러나 블레셋은 본래 가나안 족속이 아니었다. 그들은 애굽인들의 사촌이었고, 애굽인들과 통혼을 금지한 것은 분명히 없었다. 오히려 애굽인들은 에돔 사람들처럼, 여호와의 총회에 들어올 수 있었다. "너는 에돔 사람을 미워하지 말라. 그는 네 형제임이니라. 애굽 사람을 미워하지 말라. 네가 그의 땅에서 객이 되었음이니라. 그들의 삼 대 후 자손은 여호와의 총회에 들어올 수 있느니라"(신 23:7-8).

일반적으로 하나님의 백성들은 틀림없이 불신자들과 결혼해서는 안 되었다. 그러나 모세는 이방인과 결혼하였었고, 아론과 미리암이 그것을 불평하기도 했었다(민 12장). 사실, 우리는 성경 다른 곳에서도 이방인들과 통혼하는 것들을 보게 된다. 예를 들면, 헷 사람 우리야는 밧세바와 결혼을 했다. 만약 밧세바가 이스라엘 사람이라면, 우리야가 개종한 것을 제외한다면, 이방인과 통혼한 것이다. 만약 밧세바가 헷 족속이라면, 또한 그녀와의 다윗의 결혼은 역시 그녀가 개종한 것을 제외한다면, 이방인과 통혼한 것이다. 사실, 헷 족속이 가나안 족속의 한 지파인 것을 생각해 본다면, 통혼에 대한 하나님의 금지는 언약적 의미 가운데 주어진 것임을 알 수 있다. 만약 가나안 족속이라도 그가 개종한다면, 이스라엘과 결혼할 수 있었던 것이다.

삼손의 부모가 깨닫지 못한 것은 삼손이 블레셋 여자와 결혼하려고 한 이것이 선교적인 차원의 일이라는 것이다. 이스라엘 밖의 여자와 결혼을 요구한 것은 일반적으로는 옳지 못한 일일 것이다. 그러나 그것을 요구한 이가 메시야적 인 인물일 때, 그것은 복음전도의 행위인 셈이다. 하나님은 블레셋 사람들이 하나님의 신부로 들어오기를 원하셨고, 그것에 대한 증거가 이 여자와 삼손이 결혼을 요구한 것이다.

이는 우리가 앞으로 더 살펴볼수록 분명해질 것이다. 왜냐하면 이 블레셋 소녀 앞에 놓인 시험은 그녀가 여호와의 메시야인 삼손을 의지할 것인지, 혹은 블레셋의 권력을 의지할 것인지를 시험하는 것이기 때문이다. 삼손을 신뢰하는 것에 대한 그녀의 실패는 그녀에게 파멸이란 결과를 가져왔고, 마찬가지로 회개에 실패한 블레셋은 그들의 파멸이란 결과를 가져왔지만, 그들은 복음을 듣고 선택의 기회를 가지게 된 것이다.

이것을 그리스도인의 결혼 문제로 잠시 적용해보겠다. 신자끼리 결혼해야 한다. 이것은 기본적인 원리이다. 그러나 믿는 자들이 불신자를 전도할 목적으로 결혼하는 것에 대해 성경은 침묵한다. 또한 믿지 않는 배우자가 있는 경우에 상대방에게 이혼을 당할 수는 있지만, 본인이 먼저 이혼하지는 말고 그냥 살도록 가르친다. "만일 어떤 형제에게 믿지 아니하는 아내가 있어 남편과 함께 살기를 좋아하거든 그를 버리지 말며, 어떤 여자에게 믿지 아니하는 남편이 있어 아내와 함께 살기를 좋아하거든 그 남편을 버리지 말라. 믿지 아니하는 남편이 아내로 말미암아 거룩하게 되고, 믿지 아니하는 아내가 남편으로 말미암아 거룩하게 되나니, 그렇지 아니하면 너희 자녀도 깨끗하지 못하니라. 그러나 이제 거룩하니라"(고전 7:12-14). 바울은 결혼 자체가 고통스러운 일임을 각오하라고 가르치고 있다. "그러나 장가가도 죄 짓는 것이 아니요. 처녀가 시집가도 죄 짓는 것이 아니로되, 이런 이들은 육신에 고난이 있으리니 나는 너희를 아끼노라"(고전 7:28).

4절. 그 때에 블레셋 사람이 이스라엘을 다스린 까닭에 삼손이 틈을 타서 블레셋 사람을 치려함이었으나, 그의 부모는 이 일이 여호와께로부터 나온 것인 줄은 알지 못하였더라.

4절은 조금 난해한 구절이다. 여기에서 블레셋을 대적할 기회를 찾는 이가 하나님이신가? 아니면 삼손인가? 사실, 이 "틈을 타서 치려함이었으나"라는 히브리어는 지속적으로 찾는 것을 가리킨다. 삼손이 정욕에 눈이 멀었다고 생각하는 주석가들은 대개 기회를 찾는 분을 하나님으로 이해했다. 그러나 기회를 찾는 자는 삼손이라고 생각한다.

그러면 왜 삼손이 기회를 엿보았을까? 왜 삼손이 블레셋 사람들을 바로 죽이지 않았을까? 거기에는 두 가지 이유가 있다고 생각한다. 첫째, 위에서 살펴본 것처럼, 삼손이 블레셋 여자와 결혼하겠다는 것은 블레셋 사람들에게 개종과 구원을 위한 기회를 주기 위한 것이다. 만약 그들이 삼손의 청혼, 즉 복음을 받아들였다면, 전쟁은 없었을 것이다.

그러나 둘째, 삼손은 블레셋 사람들의 죄성을 폭로하고, 이스라엘을 격동했다. 당시 이스라엘은 팔레스타인 땅에서 영적인 잠에 빠져 있었다. 그들에게는 블레셋 사람들이 그렇게 나쁘지 않게 보였다. 이스라엘은 그들과 기쁘게 통혼했었다. 그러나 삼손에게 일어난 사건은 블레셋 사람들이 신실하지 않다는 것을 폭로하는 계기가 된 것이다. 그들은 압제자들이다. 배신자들이다. 그들은 이스라엘 백성들을 동등하게 여기지 않았다. 삼손은 이스라엘이 블레셋의 실체를 직면할 수 있게 한 것이다.

그러나 삼손의 이야기에는 더 중요한 구속사적인 측면이 있다. 블레셋 사람들은 애굽 사람들의 후손이다. "미스라임은 루딤과 아나밈과 르하빔과 납두힘과 바드루심과 가슬루힘과 갑도림을 낳았더라. 가슬루힘에게서 블레셋이 나왔더라" (창 10:13-14). '미스라임'은 애굽 사람들을 말하고, 블레셋은 그 후손이다. 그러므로 블레셋에 포로로 잡혀가는 것은 신학적으로 애굽에 포로로 잡혀가는 것과 동일한 것이다. 이는 사무엘상 5장에 법궤의 빼앗김과 출애굽을 이해하는데 매우 중요한 것이다. 그리고 삼손이 블레셋 사람을 치려고 한 것을 이해하는데 중요한 것이다.

애굽의 수호자는 사자같은 '스핑크스'이고, 삼손이 블레셋으로 내려가는데 삼손을 공격한 것은 바로 '사자'였다. 그런데 스핑크스는 수수께끼의 대가였다. 옛날, 스핑크스는 통행인들에게 "아침에는 네 발로 다니고, 점심에는 두 발로 다니다가, 저녁이 되면 세 발로 다니는 동물이 무엇이냐?"라는 수수께끼를 내고,

맞히면 통과시키고, 못 맞히면 죽였다는 이야기가 있다. 그런데 삼손이 블레셋 사람들을 수수께끼로 패배시킴으로, 삼손은 스핑크스를 패배시켰던 것이다. 애굽의 스핑크스는 태양신을 나타내고, 그래서 스핑크스의 얼굴은 또한 태양을 나타내는 바로와 같았다. 참된 태양인 삼손은 사자/스핑크스의 거짓 태양을 패배시킨 것이다. 이것들은 그 이야기 속에 있는 중요한 모티프들이고, 그 시대의 사람들은 그것을 모두 이해했을 것이다. 삼손의 사건은 죄로 인하여, 하나님의 백성들이 애굽으로 되돌려졌으나, 하나님은 다시 한 번 더 애굽을 패배시키고 있는 것이다.[7]

말씀을 정리하겠다. 우리는 삼손이 정욕에 빠져 이방여자인 블레셋 여자와 결혼하려고 한 것으로 생각하기 쉽다. 그러나 삼손은 이미 하나님의 성령으로 인도를 받는 가운데, 이 모든 일들이 일어난 것이다. 삼손은 블레셋 여자와 결혼을 통하여 블레셋 사람들에게 개종(改宗)의 기회를 주려고 했다. 그러나 그들은 복음을 거부한다. 그래서 심판을 당하게 되는 것이다. 이러한 과정을 통하여 삼손은 당시 블레셋 사람들의 유화정책에 눈이 멀어있는 이스라엘 사람들의 눈을 뜨게 했다. 그들의 실체를 보게 한 것이다. 또한 영적으로 애굽의 종노릇하는 것을 구출한 것이다. 이스라엘은 일종의 출애굽을 경험하게 된 것이다.

5. 복음을 담은 수수께끼(삿 14:5-14)

고대신화에서 영웅들의 이야기에서 '수수께끼를 푸는 영웅' 의 모습이 자주 등장한다. 특히 희랍신화에서 '신탁' 은 애매한 수수께끼의 형태로 주어진다. 그 비밀을 깨닫는 자가 진정한 영웅으로 등극한다. 예를 들면, '고르디아의 매듭'

---

7) 이집트의 스핑크스에 대한 원래의 개념은 사막에 살고 있는 인간의 머리를 가진 네 발 짐승의 이미지에 대한 것이었고, 태양신 라(Ra)가 그의 친구들을 보호하기 위하여 성육신한 것으로 여겨졌다. 이러한 개념으로부터 성전, 신성, 그리고 무덤의 수호자로서 스핑크스에 대한 개념이 발전한 것이다. Cf. James Baikie, "Sphinx," in James Hastings, ed., *Encyclopedia of Religion and Ethics* (Edinburgh: T. &T. Clark, 1920).

이란 것이 있다. 고르도스는 프리지아의 왕이 되기 전 평범한 농부에 불과했는데, '마차를 타고 광장으로 들어 온 자가 왕이 된다'는 신탁에 따라 왕이 된다. 그리고 자신의 마차를 그 신전에 매어둔다. 그리고 그 매듭을 푸는 자가 아시아의 주인이 될 것이라는 예언을 남긴다. 많은 사람들이 그 매듭을 풀려했으나 번번이 실패했다. 유명한 알렉산더도 그 매듭을 푸는데 실패했다. 그러나 그는 칼로 그 매듭을 잘라내고, 아시아 정벌에 성공하여 아시아의 주인이 된다. 머리를 쓰는 자가 아니라 용기 있는 자가 아시아의 주인이 될 수 있었던 것이다. 이처럼 영웅들에게는 남다른 점이 있다. 우리는 삼손을 힘만 강한 것으로 생각하기 쉬운데, 삼손은 수수께끼를 만들고 즐길 줄 아는 지혜로운 사람이었다.

5-6절. 삼손이 그의 부모와 함께 딤나에 내려가 딤나의 포도원에 이른즉 젊은 사자가 그를 보고 소리 지르는지라. 여호와의 영이 삼손에게 강하게 임하니, 그가 손에 아무것도 없이 그 사자를 염소 새끼를 찢는 것 같이 찢었으나, 그는 자기가 행한 일을 부모에게 알리지 아니하였더라.

삼손이 블레셋의 딤나로 내려간다. 그 때 사자가 나타나서 "그를 보고 소리 지르는지라." 삼손을 공격한 것이다. 이 사자의 공격은 이스라엘에 대한 블레셋/애굽의 공격을 묘사하는 것이다. 이는 삼손 개인에 대한 공격인 동시에, 이스라엘에 대한 블레셋의 공격에 대한 묘사인 것이다. 사사기를 기록한 저자가 문학적인 병행의 방법으로 이러한 사실을 분명하게 나타내고 있음을 알 수 있다.

사사기 14:5이하와 15:14 사이의 병행을 살펴보겠다. 사사기 14:5이하를 보자. "젊은 사자가 그를 보고 소리 지르는지라. 여호와의 영이 삼손에게 강하게 임하니, 그가 손에 아무것도 없이, 그 사자를 염소 새끼를 찢는 것 같이 찢었으나." 이젠, 사사기 15:14를 보자. "블레셋 사람들이 그에게로 마주 나가며 소리 지를 때, 여호와의 영이 삼손에게 갑자기 임하시매, 그의 팔 위의 밧줄이 불탄 삼과 같이 그의 결박되었던 손에서 떨어진지라."

두 경우에 모두, 사자나 블레셋 사람들이나 삼손을 만나자, 그들은 소리를 질렀고, 성령께서 삼손을 강권하셨고, 삼손은 무언가를 찢어버렸다. 분명히 사자의 울부짖음은 블레셋 사람들의 환호와 상응하는 것이다.

덧붙이면, 앞에서 말한 것처럼, 블레셋 땅으로 들어가는 입구를 지키는 사자는 애굽의 수호자인 스핑크스와 상응하는 것이다. 그러므로 사자를 파괴한 것은 블레셋/애굽의 수호자를 파괴한 것이고, 하나님의 백성들이 블레셋/애굽을 공격할 길을 열어놓은 것이다.

사자는 무엇인가? "사자"는 백수의 왕으로, 힘을 상징하고, 종종 이스라엘을 공격하는 강력한 세력을 나타내고 있다. 다윗이 할례 받지 못한 블레셋의 골리앗을 죽이기 전에 사자를 죽인 것처럼, 삼손도 블레셋과 싸우기 이전에 먼저 사자와 싸워야 했던 것이다(삼상 17:33-37).

그러나 신명기 33:22은 '단 지파'에 대해서 이렇게 말하고 있다. "단은 바산에서 뛰어나오는 사자의 새끼로다." 삼손이 태양의 집인 '벳세메스'에서 섬긴 가짜 태양을 대신하는 참된 태양인 것처럼, 삼손은 블레셋의 거짓 사자를 패배시키는 참된 사자이다. 이 점에서 그는 가장 완벽한 단 지파이신, 바로 하나님의 사자인 예수 그리스도에 대한 모형으로 볼 수 있을 것이다.

신약성경도 참 사자와 거짓 사자에 대해 가르치고 있다. 마귀는 우는 사자의 모습을 하고 있다. "근신하라. 깨어라. 너희 대적 마귀가 우는 사자 같이 두루 다니며 삼킬 자를 찾나니"(벧전 5:8). 무저갱에서 올라온 귀신들인 황충의 모습도 "그 이빨은 사자의 이빨 같으며"라고 묘사한다(계 9:8). 이 사자는 참 사자의 모조품인 가짜 사자의 모습이다. 참 사자는 예수 그리스도이시다. "장로 중의 한 사람이 내게 말하되 울지 말라. 유대 지파의 사자(Lion from the Tribe of Judah) 다윗의 뿌리가 이겼으니, 그 두루마리와 그 일곱 인을 떼시리라 하더라"(계 5:5; cf. 계 10:3 "사자가 부르짖는 것 같이 큰 소리로 외치니").

마귀는 하나님을 모방한다. 유다 지파의 참된 사자이신 그리스도를 모방하며, 마귀는 우는 사자처럼 우리를 공격한다. 존 번연의 <천로역정>에서 기독교도는 사자가 으르릉거리는 것을 보고 두려웠으나, 사자가 쇠줄에 묶인 것을 보고 안심했다. 그리스도 안에서 우리는 안전하다. 담대하기 바란다.

7-9절. 그가 내려가서 그 여자와 말하니, 그 여자가 삼손의 눈에 들었더라. 얼마 후에 삼손이 그 여자를 맞이하려고 다시 가다가 돌이켜, 그 사자의 주검을 본즉 사자의 몸에 벌 떼와 꿀이 있는지라. 손으로 그 꿀을 떠서 걸어가며 먹고, 그의 부모에게 이르러, 그들에게 그것을 드려서 먹게 하였으나, 그 꿀을 사자의 몸에서 떠왔다고는 알리지 아니하였더라.

삼손은 블레셋 지역의 사자를 죽인다. 그런데 "그 사자의 주검을 본즉 사자의 몸에 벌 떼와 꿀이 있는지라." 아마 사자가 죽고 건조한 기후 때문에 시체가 썩기 전에 말라서, 벌들이 집을 짓고 살아서, 거기에 꿀이 생긴 것 같다. 그런데 사자가 죽자마자, 그 땅은 다시 젖과 꿀이 흐르는 땅이 된 것은 중요한 메시지를 담은 사건으로 볼 수 있을 것이다.

가나안 땅은 원래 젖과 꿀이 흐르는 땅이었다. 그러나 이스라엘은 극도로 궁핍한 생활을 하고 있었다. 이스라엘은 산지 비탈에서 생활을 하고, 농사에 유리한 평지 땅은 블레셋이 차지한 것이다. 그래서 이스라엘은 고통스런 삶을 살 수밖에 없었다. 모든 가난과 궁핍이 불신앙 때문은 아니다. 그러나 당시 이스라엘은 불신앙 때문에 궁핍한 삶을 살아야 했고, 블레셋의 압제를 상징하는 블레셋의 사자의 죽음과 죽은 사자에게서 꿀이 생긴 것은 이스라엘이 다시 젖과 꿀이 흐르는 땅을 차지할 수 있음을 보여주는 것이다.

삼손은 "손으로 그 꿀을 떠서 걸어가며 먹고, 그의 부모에게 이르러, 그들에게 그것을 드려서 먹게" 하였다. 만약 삼손이 그의 손으로 꿀을 긁어모았다면, 이는 그가 사체를 만지지 말아야 한다는 나실인의 서약을 깨고, 스스로 부정하게 된 것이다. 그러나 본문은 이것에 대해 정확하게 말하지 않다. 아마 삼손은 그 꿀을 채집하기 위하여 어떤 도구를 사용했을 것이다. 손으로 찍어서 조금 먹는 정도가 아니라, 그 부모에게도 주어서 먹게 했을 만큼 많은 양의 꿀을 채집했던 것이다.

그런데 "그 꿀을 사자의 몸에서 떠왔다고는 알리지 아니하였더라." 왜 삼손은 그 부모에게 말하지 않았을까? 나실인 서원을 깬 것이 부끄러웠기 때문일까?

그러나 우리는 삼손이 나실인의 서원을 깨뜨렸다고 생각할 근거가 없다. 삼손이 그 꿀이 사자의 몸에서 난 것임을 부모에게 알리지 않은 것에는 중요한 다른 이유가 있다. 성령의 인도 아래에서, 삼손은 사자가 자신을 공격하고 자신이 사자를 죽인 것에 대한 의미를 깨달았던 것이다. 그래서 블레셋을 대적하는데 그것을 사용할 계획을 했던 것이다. 특히 자신의 블레셋 아내에게 시험할 때, 그 수수께끼를 사용할 계획을 한 것이다. 그래서 부모는 물론 아무에게도 말하지 않은 것이다. 만약 블레셋 아내에게만 말했는데, 다른 사람이 그 비밀을 안다면, 그녀가 그를 배반한 것이다. 그래서 삼손은 아무에게도 알리지 않은 것이다.

사실, 경건의 비밀을 간직하는 일은 신자들에게 중요한 일이다. 훗날, 삼손은 경건의 비밀을 지키지 못해서, 들릴라의 무릎 위에서 비밀을 털어놓고 머리카락이 밀린 채 힘을 잃고, 두 눈이 뽑히고, 조롱을 당하는 고통을 당했다. 좋은 지도자는 "깨끗한 양심에 믿음의 비밀을 가진 자라야 할지니"(딤전 3:9). 경건의 비밀, 믿음의 비밀을 지키기를 바란다.

10-11절. 삼손의 아버지가 여자에게로 내려가매, 삼손이 거기서 잔치를 베풀었으니 청년들은 이렇게 행하는 풍속이 있음이더라. 무리가 삼손을 보고 삼십 명을 데려와서 친구를 삼아 그와 함께 하게 한지라.

가나의 혼인잔치에서처럼(요 2:1-11), 혼인잔치에는 언제나 포도주가 아낌없이 주어졌다. 그러면 삼손이 포도주를 마셨을까? 삼손이 나실인의 서원을 어겼을까? 우리는 그렇다고 말할 수 없고, 그렇게 생각할 이유도 없다. 아마 그의 머리카락이 길었기 때문에, 모든 사람들이 그가 어쨌든 '이상한 사람' 인 것을 알았을 것이다. 특히 당시 이방인들도 유사한 서원이 있었기 때문에, 그들은 그가 어떤 서원을 하는 중에 있는 사람인 것을 알았을 것이다. 그래서 술을 권하지 않았을 것이고, 설령 술을 권했다고 해도 삼손은 지혜롭게 술을 거절했을 것이다.

이스라엘은 블레셋의 압제 하에서 가난한 생활을 했었다. 부유한 블레셋 사람이 아닌, 삼손은 혼인잔치에서 제공해야하는 그런 풍성한 음식을 하객들에게 제공할 수 없었을 것이다. 그래서 블레셋 장인이 음식을 준비했을 것이다. 그런데 신랑의 들러리 친구들로 "삼십 명"의 사람들이 준비되었다. 이렇게 숫자 '3'과 그것의 배수들이 이 본문에서 여러 차례 나타난다. 사실 숫자 '7' (삿 14:12, 15, 17)과 '1,000' (삿 15:15이하) 외에, 다른 숫자는 나타나지 않는다.

먼저, 숫자 3이 나타나는 부분들이다. 사사기 14:6, 9; 15:14에 "여호와의 영이 그에게 강하게 임하니"가 세 번 등장한다. 그리고 14:11 "삼십 명의 친구들", 14:12, 13 "베옷 삼십 벌과 겉옷 삼십 벌", 14:14 "삼일", 14:19 "30명의 죽임 당한 블레셋인들", 15:4 "300마리 여우들", 15:11 "유다의 3,000명의 남자들"이 등장한다.

왜 3이란 숫자를 사용했을까? 그 의미는 무엇일까? 아마 숫자 3의 사용에 대한 실마리는 사사기 14:14 "그들이 사흘이 되도록 수수께끼를 풀지 못하였더라."라는 말일 것이다. 우리가 이미 살펴본 것처럼, 3일은 일차적인 심판의 날이다. 즉 사람들이 자신을 반성하며 선행을 할 가능성도 있고, 아니면 일곱째 날의 최종적인 심판을 받을 가능성도 있는 날이다. 삼손이 이스라엘을 구원하기 시작한 이후로(삿 13:5), 블레셋에 가져온 것은 정확하게 그러한 일차적인 심판이었다. 또한 이는 일곱째 날의 최종적인 심판을 앞두고 회개할 기회이기도 했다. 그러므로 블레셋에 대한 삼손의 심판은 그들이 최종적인 심판에 들지 않도록 하는 것이기 때문에 언제나 은혜를 포함하고 있었다. 이것이 그 상황에 대한 본질임을 강조하기 위하여, 하나님은 '3'이란 숫자가 반복적으로 나타나도록 배열한 것이다.

12-14절. 삼손이 그들에게 이르되, 이제 내가 너희에게 수수께끼를 내리니 잔치하는 이레 동안에 너희가 그것을 풀어 내게 말하면 내가 베옷 삼십 벌과 겉옷 삼십 벌을 너희에게 주리라. 그러나 그것을 능히 내게 말하지 못하면, 너희가 내게 베옷 삼십 벌과 겉옷 삼십 벌을 줄지니라 하니, 그들이 이르되 네가 수수께끼를 내면 우리가 그것을 들으리라 하매, 삼손이 그들에게 이르되 먹는 자에게서 먹는 것이 나오고 강한 자에게서 단 것이 나왔느니라 하니라. 그들이 사흘이 되도록 수수께끼를 풀지 못하였더라.

삼손은 수수께끼를 낸다. 진정한 사나이는 육체적으로 강할 뿐 아니라 또한 지혜로워야 했다. 그래서 고대사회에서 수수께끼의 대결은 힘의 대결만큼이나 중요했다. 그러나 본문의 수수께끼에 대한 진짜 의미는 복음의 비밀이 담긴 것이다. 삼손은 수수께끼를 통한 말씀으로 블레셋을 개종시키려고 한 것이다. 만약 그들이 수수께끼 속에 숨겨진 의미를 알았다면, 그들은 회개했을 것이기 때문이다.

그러면 "먹는 자에게서 먹는 것이 나오고 강한 자에게서 단 것이 나왔느니라"라는 수수께끼의 진정한 의미란 무엇인가? 표면적인 답은 사자에게 나온 꿀이다. 그러나 그것이 전부일까? 그 너머에 이는 블레셋 사자의 패배가 이스라엘에게 달콤함을 가져올 것이고, 이스라엘이 자신들을 먹으려고 하는 자들을 먹어버릴 것이라는 것이다. 그러니 블레셋은 회개하고 하나님께 돌아오라는 메시지를 담은 것으로 볼 수도 있을 것이다. 삼손은 그들에게 "잔치하는 이레 동안" 축제의 일곱째 날을 주었다. 그러나 그 마지막 일곱째 날은 결국 심판의 날이었던 것이다.

수수께끼는 열쇠들이다. 스핑크스는 수수께끼로 자신의 영토를 수호했었다. 만약 어떤 사람이 수수께끼를 말하지 못한다면, 스핑크스는 그를 죽였었다. 이것에 대한 고전적인 예가 테베의 스핑크스에 대한 이야기일 것이다. 그 스핑크스는 "아침에는 네 발, 점심에는 두 발, 저녁에는 세 발로 걷는 것이 무엇인가?"라고 수수께끼를 낸다. 오디푸스가 그 수수께끼를 풀기 전까지, 스핑크스는 그 대답을 알지 못하는 여행자들을 죽였다.

아마 이 수수께끼는 인생이 어떤 것인지 모르는 자는 죽어 마땅하다는 의미로 보이기도 한다. 그러나 과연 인간이란 어떤 존재인가? 어릴 때 기어 다니다, 젊어서는 걸어 다니다가, 늙고 병들면 지팡이를 짚고 다니다가 결국은 죽을 수밖에 없는 존재일 뿐인가? 눈에 보이는 인간의 모습은 그럴 것이다. 그러나 인생은 하나님께로부터 와서, 하나님의 뜻 안에서 살다가, 하나님께로 가는 존재인 것이다. "이는 만물이 주에게서 나오고, 주로 말미암고, 주에게로 돌아감이라. 그에게 영광이 세세에 있을지어다. 아멘"(롬 11:36).

눈에 보이는 것이 전부가 아니다. 영원한 세상이 있는 것이다. 그리고 스핑크스보다 더 위대한 존재가 있는 것이다. 삼손은 이미 그 사자/수호자를 죽였기 때문에 스핑크스보다 더 위대한 사람이다. 그러나 삼손보다 더 위대한 분은 바로 하나님이시다. 만약 블레셋 사람들이 그 수수께끼를 풀 수 있었다면, 그들은 삼손의 비밀에 대한 열쇠를 가질 수 있었을 것이다. 그들은 삼손처럼 하나님을 섬기며 살게 되었을 것이다. 그러나 그들은 수수께끼의 답은 알았지만, 그 진정한 비밀은 알지 못했다. 결국 그들은 심판을 받게 되었던 것이다.

수수께끼의 상은 "베옷 삼십 벌과 겉옷 삼십 벌"이다. 성경에서 '겉옷'은 위엄과 직분에 대한 상징으로 사용된다. 예를 들어, 요셉은 세 번이나 옷을 바꿔 입은 사람이다. 어린 시절은 사랑받는 아들로서 '채색 옷'을 입었다(창 37:3). 그러나 형들에 의해 벗겨지고 노예로 팔려가서, '노예의 옷'을 입었다. 그러나 그 옷은 여주인에 의해 벗겨지고(창 39:12), 요셉은 애굽의 '총리의 옷'을 입게 된다(창 41:42).

그러므로 겉옷을 위한 시합은 일종의 명예를 위한 시합이다. 만약 삼손이 이긴다면, 그들은 '겉옷'이란 선물과 함께 삼손에게 합당한 영예를 돌렸을 것이다. 그리고 이것은 그들에게 구원을 위한 증거가 되었을 것이다. 이는 그들이 이스라엘의 젊은 사사의 지혜에 굴복할 필요가 있다는 것을 깨달았다는 것이기 때문이다. 반대로, 만약 그들이 이겼다면, 삼손은 이스라엘에 대한 그들의 통치를 인정하는 증거로 그들에게 옷을 주었을 것이다. 그러나 블레셋 사람들은 복음을 복음으로 받을 기회를 저버린다. 수수께끼의 참된 비밀을 풀지 못하고 마는 것이다.

말씀을 정리하겠다. 삼손의 수수께끼는 복음의 수단이었다. "먹는 자에게서 먹는 것이 나오고 강한 자에게서 단 것이 나왔느니라." 먹으려는 블레셋은 이스라엘에게 먹히는 존재가 될 것이다. 강한 사자도 꿀단지가 될 뿐이다. 우리는 가짜 스핑크스, 거짓 수호자를 의지하지 말고, 참된 사자이신 그리스도를 의지해야 한다. 그리스도만이 유일한 수호자인 것이다.

6. 수수께끼 가운데 수수께끼(삿 14:15-20)

말을 하는 사람이나 글을 쓰는 사람은 나름대로 의도가 있다. 그 의도를 파악하는 것을 '이해' 라고 한다. 그런데 그 의도의 이면을 읽어내는 것을 '지혜' 라고 한다. '무슨 말인지' 를 아는 것과 '왜 저 말을 하는지' 를 아는 것은 차이가 있는 것이다. 우리는 삼손의 수수께끼 가운데 숨어 있는 수수께끼를 찾아야 한다. "먹는 자에게서 먹는 것이 나오고 강한 자에게서 단 것이 나왔다." 는 수수께끼는 무엇이었는가? 이것은 먹으려는 블레셋이 이스라엘에게 먹히는 존재가 될 것이란 말이다. 하나님 앞에서는 사자같이 강한 자도 꿀단지가 될 뿐이란 말이다. 그러니 블레셋이 회개하고 하나님께 돌아오라는 복음의 메시지이다. 그러나 그것이 전부이겠는가? 우리에게 주는 다른 메시지는 없겠는가?

15절. 일곱째 날에 이르러 그들이 삼손의 아내에게 이르되, 너는 네 남편을 꾀어 그 수수께끼를 우리에게 알려 달라 하라. 그렇지 아니하면 너와 네 아버지의 집을 불사르리라. 너희가 우리의 소유를 빼앗고자 하여 우리를 청한 것이 아니냐? 그렇지 아니하냐? 하니,

본문 15-20절은 연대기적 순서로 기록된 것이 아니다. 순서를 소개하면 이렇다. 분명히 30명의 삼손의 들러리로 서게 된 블레셋 남자들이 첫날부터 신부에게 와서 그녀를 위협했었다. 그래서 그녀는 잔치하는 칠 일 모두 동안에 계속 울었다(17절 "칠 일 동안 그들이 잔치할 때, 그의 아내가 그 앞에서 울며"). 그러나 그들은 다시 마지막 날인 일곱째 날에 그녀를 강하게 협박했다(15절 "일곱째 날에 이르러 그들이 삼손의 아내에게 이르되"). 그래서 그녀는 그 날에 삼손을 힘들게 압박했던 것이다(17절 "그의 아내가 그 앞에서 울며, 그에게 강요함으로").

그래서 14절은 그들이 "사흘이 되도록" 즉 셋째 날까지 수수께끼를 말하지 않았다는 사실에 주목하고 있는 것이다. 그 이유는 우리가 위에서 살펴본 것처럼, 셋째 날은 최종적인 심판의 날이 아니라, 중간 심판의 날이기 때문이다. 아직까지는 회개하여 심판을 피할 기회가 있는 날이다. 그러나 일곱째 날은 최종

적인 심판의 날인 것이다. 그래서 본문은 연대기적 순서를 무시하면서조차 "일곱째 날"을 앞에 두고, 그 일곱째 날을 강조하고 있는 것이다.

성경에서 처음으로 일곱 날이 나타난 것은 첫 창조 때이다. 하나님께서 천지만물을 지으시며 "보시기에 좋았더라"고 평가하셨다(창 1:4, 10, 12, 18, 21, 25). 여섯 째 날에 인간을 만드신 후, 이 모든 것을 보시고는 "보시기에 심히 좋았더라"고 평가하셨다(창 1:31). '보고 말하는 것'은 평가와 판단과 심판의 행위이다. '좋았다'라고 칭찬하지 않으셨다면 '좋지 않았다'라고 심판하셨을 것이다.

하나님께서는 엿새 동안의 창조가 끝나고 일곱째 날에 쉬셨다. 과연 하나님께서 그 날에 아무 것도 하지 않았을까? 성경은 이렇게 기록하고 있다. "하나님이 그가 하시던 일을 일곱째 날에 마치시니, 그가 하시던 모든 일을 그치고 일곱째 날에 안식하시니라. 하나님이 그 일곱째 날을 복되게 하사 거룩하게 하셨으니, 이는 하나님이 그 창조하시며 만드시던 모든 일을 마치시고 그 날에 안식하셨음이니라"(창 2:2-3). 그 날을 복되게 하시어 거룩하게 하셨다. 그 날을 구분하신 것이다. 다른 날과 다르게 분리하신 것이다. 기준을 달리 하신 것이다. 즉 심판의 기준을 달리 하신 것이다. 최종적으로 심판하신 것이다.

새 창조에서도 하나님의 일곱째 날의 최종적인 심판이 나타난다. 그래서 옛언약 백성들을 심판하는 계시록은 인과 나팔과 대접의 심판이 각각 일곱 번씩 나타나는 것이다. 그러나 이것은 세 가지 심판이 반복되는 것이 아니다. 일곱 번째 인은 일곱 나팔을 포함하고 있는 것이고, 일곱 번째 나팔은 일곱 대접을 포함하고 있는 것이다. 그러므로 세 쌍의 심판이 평행형으로 나타나는 것이 아니라, 하나의 심판이 나선형으로 나타나는 것이다.[8)]

---

8) 역사적으로 새 언약이 시작되는 것을 상징하는 '인'이 떼어지는 것은 AD 30년에 하나님의 나라가 시작되는 것을 알리는 것이다. 그리고 복음의 나팔이 불려지는 것인 '나팔들'은 오순절부터 AD 70년 직전에 있었던 교회가 발전하는 것에 관한 것이다. 그리고 진노가 쏟아지는 것을 상징하는 진노의 '대접들'은 AD 70년 예루살렘 멸망에 관한 것이다. 물론 이 모든 것들이 동일한 특징들을 가졌기 때문에 인들과 나팔들과 대접들 사이에 많은 병행들이 보인다. 그러나 반복은 아니다. 이것들은 발전적인 것이지(progressive) 반복적인 것(cyclical)은 아니다. Cf. 이동수, 『계시록의 구속사적 읽기』(서울: 그리심출판사, 2011), pp. 38-50.

분명한 것은 옛 언약 백성들은 심판을 받고 새 언약에 속한 자들은 심판을 받지 않고 구원받는다는 사실이다. "그러므로 이제 그리스도 예수 안에 있는 자에게는 결코 정죄함이 없나니"(롬 8:1). 왜 그런가? 그리스도께서 우리의 모든 죄를 대속해 주셨기 때문이다. "그런즉 누구든지 그리스도 안에 있으면 새로운 피조물이라. 이전 것은 지나갔으니 보라 새 것이 되었도다"(고후 5:17).

16-17절. 삼손의 아내가 그의 앞에서 울며 이르되, 당신이 나를 미워할 뿐이요, 사랑하지 아니하는도다. 우리 민족에게 수수께끼를 말하고 그 뜻을 내게 알려 주지 아니하도다 하는지라. 삼손이 그에게 이르되, 보라 내가 그것을 나의 부모에게도 알려 주지 아니하였거든 어찌 그대에게 알게 하리요? 하였으나, 칠 일 동안 그들이 잔치할 때, 그의 아내가 그 앞에서 울며, 그에게 강요함으로, 일곱째 날에는 그가 그의 아내에게 수수께끼를 알려 주매, 그의 아내가 그것을 자기 백성들에게 알려 주었더라.

혹자는 삼손이 그 아내에게 못 이겨 수수께끼의 비밀을 털어놓은 것으로 말한다. 그러나 삼손이 아내에게 말하지 않은 것도 말한 것도 모두 어떤 의도를 가지고 있었던 것으로 보인다. 삼손은 그의 아내를 시험하는 중이었던 것이다. 그래서 수수께끼의 답을 말하지 않았었고, 또한 말했던 것이다.

삼손이 수수께끼의 답을 말하지 않은 이유는 분명하다. 그는 그의 부모에게도 수수께끼에 대해 말하지 않았다. 그런데 삼손은 아내에게만 답을 알려주었다. 그러므로 만약 30명의 블레셋 사람 중에 누구라도 그 답을 안다면, 그것은 정확하게 누가 그들에게 그 답을 말해주었는지를 알 수 있었던 것이다. 삼손은 그의 아내가 삼손 자신과 블레셋 사람 중에 누구를 더 믿고 의지하는지를 알기 원했던 것이다. 누구를 더 두려워하는지를 알기를 원했던 것이다.

삼손의 아내는 어느 쪽이 더 강한 자인지를 결정해야만 했고, 만약 어느 한 쪽을 선택한다면 다른 쪽은 버려야만 했던 것이다. 이것은 우리들도 마찬가지이다. 믿고 의지한다는 것은 다른 것을 포기하게 한다. 세상과 하나님을 겸하여 섬길 수 없는 것이기 때문이다. 신앙은 선택이면서 동시에 포기인 것이다. 우리들은 무엇을 포기했는가? 아무 것도 포기한 것이 없다면 아무 것도 선택한 것이 없는 것이다. 엘리야는 이스라엘 사람들에게 이렇게 외쳤다. "엘리야가 모든 백성에게 가까이 나아가 이르되, 너희가 어느 때까지 둘 사이에서 머뭇머뭇 하려느냐? 여호와가 만일 하나님이면 그를 따르고, 바알이 만일 하나님이면 그를 따를지니라. 하니, 백성이 말 한마디도 대답하지 아니하는지라"(왕상 18:21).

믿음의 위인들은 슈퍼맨이 아니었다. 만능이 아니라 오히려 못하는 것이 많은 사람들이었다. 그들은 못하는 것을 받아들이고, 나아가서 못하는 것을 적극적으로 선택한 사람들이었다. "또 어떤 이들은 더 좋은 부활을 얻고자 하여 심한 고문을 받되 구차히 풀려나기를 원하지 아니하였으며, 또 어떤 이들은 조롱과 채찍질뿐 아니라 결박과 옥에 갇히는 시련도 받았으며, 돌로 치는 것과 톱으로 켜는 것과 시험과 칼로 죽임을 당하고 양과 염소의 가죽을 입고 유리하여 궁핍과 환난과 학대를 받았으니, 이런 사람은 세상이 감당하지 못하느니라. 그들이 광야와 산과 동굴과 토굴에 유리하였느니라"(히 11:35-38).

18절. 일곱째 날 해 지기 전에 성읍 사람들이 삼손에게 이르되, 무엇이 꿀보다 달겠으며? 무엇이 사자보다 강하겠느냐? 한지라. 삼손이 그들에게 이르되, 너희가 내 암송아지로 밭 갈지 아니하였더라면, 내 수수께끼를 능히 풀지 못하였으리라 하니라.

"일곱째 날 해 지기 전에" 드디어 일곱째 날이 되었다. 그 날 해가 지기 전에 사람들은 답을 찾았다. 여기에서 '해'(הַחַרְסָה, haharsah)라는 말은 성경에서 딱 한번 사용된 단어로 삼손의 이름에 쓰인 '태양'(שֶׁמֶשׁ, shemesh)과 동일한 것이 아니다. 사사기 기자는 일부러 다른 단어를 사용함으로 그 공중의 '해'는 져가고 있지만, 삼손의 '태양'은 지고 있지 않았음을 보여주는 것이다. 오히려 삼손의 태양은 해가 힘 있게 떠오르는 것처럼 영광의 자리를 향해 나아가고 있는 것이다.

"무엇이 꿀보다 달겠으며? 무엇이 사자보다 강하겠느냐?" 라며 30명의 사람들이 답을 가지고 온다. 이제 그들은 그 답을 말하지 않고 여유를 부린다. 그래서 오히려 "무엇이 꿀보다 달겠으며? 무엇이 사자보다 강하겠느냐?" 라고 삼손에게 묻는 것이다. 그들의 답은 "먹는 자에게서 먹는 것이 나오고 강한 자에게서 단 것이 나왔다."는 삼손의 수수께끼의 정답이다. 강한 자는 사자이고, 단 것은 꿀이었다.

그러나 정말로 강한 자는 사자이고, 단 것은 꿀인가? 하나씩 묻겠다. "무엇이 사자보다 강하겠느냐?" 세상에서 가장 강한 자가 사자일까? 블레셋 사람들은 그 수수께끼의 표면적 답을 찾는 것에 급급해서 그 수수께끼의 진짜 답을 놓친 것이다. 그들은 사자보다 강한 자가 누구인지를 알아야만 했던 것이다. 우리는 이미 삼손이 사자를 죽인 것을 알고 있다. 삼손은 사자보다 강한 자였다. 그러나 삼손보다 강한 분은 바로 여호와 하나님이신 것이다. 우리들에게 가장 강한 존재는 누구인가?

이 시점에서 또 다른 질문을 해야 한다. "무엇이 꿀보다 달겠으며?" 즉 진짜 단 것이 무엇인가? 우리들에게 꿀보다 더 단 것은 무엇인가? 우리들을 만족시켜 주는 것은 무엇인가? 아브라함 매슬로우라는 심리학자는 인간의 욕구에 대한 5단계를 말했다. 가장 낮은 단계는 먹고 생활하는 생물학적(Physiological) 욕구이고, 그 위로 위험과 사고로부터 안전에 대한(Safety) 욕구, 그 다음은 남 사람들과 좋은 관계로 지내기 원하는 사회적(Social) 욕구, 그리고 남에게 무시당하지 않으려는 자긍심에 대한(Esteem) 욕구, 그리고 마지막으로 자기가 진정으로 원하는 것을 이루는 자아실현(Self-Actualization)의 욕구이다.

우리들이 달게 여기는 것은 무엇인가? 오늘날 많은 사람들은 자아실현을 최고의 가치로 이야기한다. 그러나 남을 짓밟고 남들 위에 뛰어나려는 것은 진정한 자아실현이 아니다. 사탄은 하와에게 선악과를 먹는 날에는 눈이 밝아져서 '하나님같이 된다'는 말로 속였다(창 3:5). 속지 말기 바란다. 하나님의 뜻을 깨닫고 순종하는 것이 우리의 행복이다. "내가 오늘 네 행복을 위하여 네게 명하는 여호와의 명령과 규례를 지킬 것이 아니냐?"(신 10:13) 그러므로 성경은 꿀보다 단 것을 '여호와의 법'이라고 대답하고 있다. 여호와의 법이 "금 곧 많은 순금보다 더 사모할 것이며 꿀과 송이꿀보다 더 달도다"라고 고백하고 있다(시 19:10).

이제 우리는 이 수수께끼에 숨겨진 수수께끼의 진짜 의미를 알 수 있다. 겉으로 보기에 이 수수께끼는 사자의 몸에서 나온 꿀을 말하고 있는 것 같지만, 블레셋이 회개하고 하나님께 돌아올 것을 말하고 있는 것이다. 동시에 우리를 포함한 모든 사람들이 하나님을 가장 강한 분으로 인정하고, 하나님의 말씀을 꿀보다 단 것으로 맛보며 누리며 살도록 도전하는 것이다. 메시야적 인물인 삼손은 이스라엘과 블레셋 사람들에게 '무엇이 단 것인지?' 를 묻고 있는, 즉 하나님의 말씀에 대해 묻고 있는 강한 자인 것이다. 삼손은 어떤 것(꿀 – 하나님의 말씀)을 먹을 것인지를 묻고 있는, (꿀 – 하나님의 말씀을) 먹는 자이다. 블레셋 사람들은 안타깝게도 이 점을 놓쳤다. 우리들은 어떠한가?

삼손은 "내 암송아지로 밭 갈지 아니하였더라면" 라고 말하는데, 이는 삼손이 그의 아내의 배신을 간음으로 보고 있는 것이다. 여기에서 '암송아지로 밭을 간다' 는 것은 성적인 의미는 아니다. 그러나 성경은 하와가 사탄의 말을 따른 것을 간음으로 묘사하고 있다. "내가 하나님의 열심으로 너희를 위하여 열심을 내노니, 내가 너희를 정결한 처녀로 한 남편인 그리스도께 드리려고 중매함이로다. 그러나 나는 뱀이 그 간계로 하와를 미혹한 것 같이 너희 마음이 그리스도를 향하는 진실함과 깨끗함에서 떠나 부패할까 두려워하노라" (고후 11:2-3). 아내는 자기 남편의 말을 청종하고 순복해야 한다. 그렇게 하지 않는 것은 간음인 것이다. 삼손이 여기에서 가르치고 있는 것은 신실하지 못함에 대한 것이다.

다시 한 번 스핑크스 이야기로 돌아가 보자. 만약 누군가 수수께끼를 푼다면, 그 스핑크스는 그를 통과시켜야 했다. 그래서 수수께끼는 일종의 열쇠이다. 삼손은 사실상 그 시합에서 이겼다. 그들은 수수께끼를 풀지 못했다. 그러므로 그들은 삼손과 그의 아내를 건드릴 수 없었다. 그러나 블레셋 사람들은 그 수수께끼의 답을 말하라고 삼손의 아내를 위협했다. 반칙을 한 것이다. 특히 이것은 성폭행과 비슷한 것이다. 왜냐하면 남의 아내에게 그 남편을 배신하도록 강요한 것이기 때문이다.

이런 사건을 통해 성경은 우리에게 블레셋 사람들이 어떤 자들인지 고발한다. 그들은 속이는 자들이고, 원칙도 규칙도 없이 살아가고 있는 자들이었다. 인간의 기본적인 신의마저 저버린 자들이었다. 이제 그들에게 남은 것은 심판 밖에 없는 것이다.

19-20절. 여호와의 영이 삼손에게 갑자기 임하시매, 삼손이 아스글론에 내려가서 그 곳 사람 삼십 명을 쳐죽이고 노략하여 수수께끼 푼 자들에게 옷을 주고, 심히 노하여 그의 아버지의 집으로 올라갔고, 삼손의 아내는 삼손의 친구였던 그의 친구에게 준 바 되었더라.

삼손은 아스글론으로 가서 그들에게 줄 옷들을 강탈했다. 혹자는 이것을 비도덕적인 일로 보기도 한다. 그러나 삼손은 사사기 15:11에 "그들이 내게 행한 대로 나도 그들에게 행하였노라"라고 말하고 있다. 사사로서 그는 "눈에는 눈, 이에는 이"라는 엄격한 율법을 실천하며 살고 있는 것이다. 사사기 14:19에서 삼손이 30명을 죽인 것은 그에게 행한 것에 대한 직접적인 복수이다. 어떻게 이런 일을 했을까? 그 30명의 사람들은 스스로 수수께끼를 알아낸 사람들이 아니지만, 그러나 어디서든 그 답을 취하였다. 그래서 삼손은 그들에게 자기 스스로 옷을 주지 않고, 그것을 어디서 구해서 준 것이다. 삼손이 아스글론의 30명을 죽인 것은 동해보복법에 의한 것이다. 또한 우리는 당시가 전시(戰時)임을 기억할 필요가 있다.

말씀을 정리하겠다. 삼손은 성령으로 충만했다. 사자의 죽음을 통해 수수께끼를 만든 것도 성령의 인도하심이었고, 그 수수께끼의 답을 감춘 것도 알린 것도 모두 성령의 인도하심이었다. 삼손은 수수께끼를 통해 블레셋 사람들에게 하나님의 품으로 돌아오도록 도전했던 것이다. 또한 우리에게 가장 강한 자는 하나님이시며, 가장 단 것은 하나님의 말씀임을 도전하고 있는 것이다. 하나님이 가장 강한 분이심을 믿고, 하나님의 말씀을 달게 먹고 실천하는 삶을 살기를 바란다.

7. 동해보복법(삿 15:1-13)

하나님의 뜻은 '복수'가 아니라 '용서'이다(고후 2:10; 엡 4:32; 골 3:13 등). 그러나 인간의 죄성 때문에 복수나 반목은 끊임없는 연쇄성을 가지고 있다. 그래서 옛 언약 백성들에게 하나님께서 피해를 입은 만큼만 복수하게 하심으로 복수의 무한연쇄를 규제하셨다. 이를 '동해보복법', 소위 '탈리오의 법칙'이라고 한다. 그러나 새 언약 백성들에게 예수님은 '용서의 법'을 가르치셨다(마 6:14-15; 18:21-22, 25; 막 11:25; 눅 6:37; 11:4; 17:3-4). 그리고 우리의 죄를 용서해 주시기 위하여 친히 십자가를 지셨다. 우리는 용서할 힘이 없지만, 용서받은 구원의 감격과 성령의 도우심으로 용서할 수 있게 된 것이다. 삼손은 사사로서 철저하게 '동해보복법'을 시행하고 있다.

> 1-2절. 얼마 후 밀 거둘 때에, 삼손이 염소 새끼를 가지고 그의 아내에게로 찾아 가서 이르되, 내가 방에 들어가 내 아내를 보고자 하노라 하니, 장인이 들어오지 못하게 하고 이르되, 네가 그를 심히 미워하는 줄 알고, 그를 네 친구에게 주었노라. 그의 동생이 그보다 더 아름답지 아니하냐? 청하노니, 너는 그를 대신하여 동생을 아내로 맞이하라 하니,

삼손의 결혼은 이상한 것이었다. 그의 아내는 자신의 아버지에게 머물렀고, 가끔씩 남편이 방문했다. 아마도 남편이 결혼지참금을 지불하지 않았기 때문일 것이다. '결혼지참금'은 신랑이 신부에게 그녀의 미래에 대한 브증으로 주는 돈이었다. 갑작스럽게 남편이 죽거나, 어떤 일로 여자가 쫓겨나면 비상금으로 쓰일 돈이었다. 흔히 그 값은 큰 오빠나 아버지에 의해 협상된다(cf. 창 24:50-60; 34:12; 출 22:16이하; 삼상 18:25-27). 삼손은 결혼지참금이 없었을 것이다. 그래서 그의 어린 아내는 아버지 집에 머물렀던 것이다. 여기에서 우리는 다시 한 번 블레셋의 통치 하에서 이스라엘의 빈곤과 가난을 보게 된다.

만약 삼손의 어린 아내가 메시야 삼손의 힘을 신뢰했다면, 그녀는 그녀의 아버지의 집과 그 운명을 구원할 수 있었을 것이다. 그러나 그녀는 아버지의 집에 남아 있기로 결정했고, 결국 다른 사람에게 시집을 가게 된다. 결혼지참금이 신부의 미래를 책임지는 것이 아니다. 인간의 장래는 하나님께 달려 있는 것이다.

3-5절. 삼손이 그들에게 이르되, 이번은 내가 블레셋 사람들을 해할지라도 그들에게 대하여 내게 허물이 없을 것이니라 하고, 삼손이 가서 여우 삼백 마리를 붙들어서, 그 꼬리와 꼬리를 매고 홰를 가지고 그 두 꼬리 사이에 한 홰를 달고, 홰에 불을 붙이고, 그것을 블레셋 사람들의 곡식 밭으로 몰아 들여서, 곡식 단과 아직 베지 아니한 곡식과 포도원과 감람나무들을 사른지라.

삼손은 그의 장인이 블레셋 사람들의 협박으로 그렇게 한 것을 알았기에 그를 공격하지 않았다. 대신에 블레셋 사람들에게 복수를 한다. 그 원리는 '눈에는 눈, 이에는 이', 즉 동해보복법이다. 그러면 삼손이 그들의 "곡식 밭"을 태운 것이 어떻게 동해보복법일 수 있는가? 그들의 곡식밭을 태운 것은 어떤 의미가 있는 것인가? 그 대답에는 두 가지 의미심장한 요소들을 포함하고 있다. '곡식의 추수'와 '300마리의 여우들을 짝짓기'이다.

흔히 '여자는 봄을 타고, 남자는 가을을 탄다'는 말이 있다. 고대 사회에서도 마찬가지였던 것 같다. 추수 때는 남자들의 환상이 사랑에 쏠리는 때이다. 이는 아마도 토지의 비옥함이 아내의 출산력과 아이들에 대해 욕망을 갖게 하기 때문일 것이다. 예를 들어, 룻이 보아스에게 접근한 것이 추수 때에 타작마당에서였다(룻 3장). 어쨌든 삼손은 본문에서 자녀에 대한 욕망을 표현하고 있는 중이다. 그가 들고 간 "염소 새끼"는 자녀에 대한 일반적인 상징이고, 그 새끼를 가져오는 것을 통하여, 삼손은 자신의 의도를 알리려 한 것이다.

장인은 삼손이 참으로 그 아내를 원하지 않았다고 믿었고, 그래서 다른 사람에게 그녀를 주었다고 말한다. 그리고 그 여동생을 주겠다고 한다. 그러나 삼손은 그러한 제안에 관심을 갖지 않는다. 그 블레셋 사람들은 삼손의 결혼을 깨뜨림으로, 삼손이 합법적으로 자손을 가질 즐거움을 방해한 것이다. 이에 반응하여, 삼손은 그들의 다 자란 곡식의 추수를 방해한 것이다. 그들은 삼손의 자식 추수를 방해했고, 그래서 삼손은 그들의 곡식 추수를 방해하고 있는 것이다. 그래서 본문에서 동해보복법의 원리가 나타나는 것이다.

게다가 본문에서 나타난 숫자는 "여우 삼백 마리"이다. 이 여우들을 짝으로 묶음으로 삼손은 150쌍의 여우를 만들었다. 이 '150'이란 숫자는 '5'가 '30'

번 있는 것이다. 우리는 출애굽기 22:1에서 만약 어떤 사람이 황소를 빼앗고 죽이면 '다섯 배'의 보상이 요구되고 있음을 볼 수 있다.

사실 성경은 4배의 보상과 5배의 보상에 대해 말하고 있다. 4배의 보상은 힘 있는 남자가 약한 형제를 압제하고 그의 재산을 파괴했을 때 요구되는 것이다. 그리고 5배의 보상은 약한 자가 지도자의 재산을 공격하고 파괴했을 때 요구되는 것이다.[9] 이스라엘이 약자라면, 4배의 복수가 있을 것이다. 그러나 여기에서 5배의 복수가 나타난다. 삼손은 약자가 아니기 때문이다. 그는 힘이 강한 자이고, 그 땅의 진정한 사사이고 통치자였던 것이다. 그래서 삼손을 대적한 블레셋 사람들은 지도자를 공격한 셈이다. 그들은 5배의 복수를 당해야 했던 것이다.

블레셋 사람들은 삼손에게 그의 아내의 값인 30벌의 겉옷을 불법적으로 빼앗았다. 또한 그의 아내를 다른 사람에게 줌으로, 그들은 30의 가치가 있는 것을 삼손에게 강탈한 것이다. 그러므로 여우 150쌍을 포함하여 5배의 복수라는 율법을 엄격하게 따른 것이다. 물론 숫자 300은 이 심판이 최종적인 것은 아님을 가리키는 것이기도 하지만, 여우들을 짝짓고 그 결과로 생긴 150이란 숫자는 그것이 '눈에는 눈, 이에는 이'의 동해보복법을 엄격하게 따른 것임을 보여주는 것이다.

6-8절. 블레셋 사람들이 이르되, 누가 이 일을 행하였느냐 하니, 사람들이 대답하되, 딤나 사람의 사위 삼손이니 장인이 삼손의 아내를 빼앗아 그의 친구에게 준 까닭이라 하였더라. 블레셋 사람들이 올라가서 그 여인과 그의 아버지를 불사르니라. 삼손이 그들에게 이르되, 너희가 이같이 행하였은즉, 내가 너희에게 원수를 갚고야 말리라 하고, 블레셋 사람들의 정강이와 넓적다리를 크게 쳐서 죽이고, 내려가서 에담 바위 틈에 머물렀더라.

삼손의 아내는 이스라엘의 하나님 여호와를 대신하는 그녀의 주인이요 남편

---

9) James. B. Jordan, *The Law of the Covenant: A Commentary on Exodus 21-23* (Tyler, TX: Institute for Christian Economics, 1984), Appendix G: "Four and Five-fold Restitution."을 보라.

인 삼손의 힘을 믿기보다 블레셋 사람들의 불을 두려워했었다. 그녀는 그 불을 피하기 위하여 하나님을 대적하는 편에 섰다. 그러나 "블레셋 사람들이 올라가서 그 여인과 그의 아버지를 불사르니라." 그녀는 그녀가 피하려고 한 바로 그 불로 심판을 받은 것이다. 하나님께 피하기 바란다. 때로 하나님은 우리가 의지하는 그것으로 고통을 당하게 하신다. 오직 하나님만 의지하기를 원하시기 때문이다.

본문에는 두 종류의 불이 등장한다. 즉 불에 대한 뚜렷한 대조가 나타난다. 블레셋 사람들은 삼손의 아내를 대적하여 불로 위협했고, 실제로 그녀를 불태웠다. 그래서 삼손의 분노가 불탔고, 그는 블레셋의 밀밭에다가 불을 붙였다. 사사기 1:8과 17에서 볼 수 있듯이, 불은 인간의 것이든 하나님의 것이든 심판의 징조이다. 블레셋 사람들과 삼손의 불 가운데 누구의 불이 더 강할까? 누구의 불이 이겼는가?

삼손은 복수를 불태운다. 본문에서 "블레셋 사람들의 정강이와 넓적다리를 크게 쳐서 죽이고"라는 것은 팔다리가 떨어져 나가고 어깨와 정강이가 쌓인 시체의 무더기를 말하는 강력한 메시지를 담은 이미지이다. 삼손은 이 때 많은 사람들을 죽였다.

여기에서 동해보복법은 어떻게 나타나는가? 이 "정강이와 넓적다리를 크게 쳐서 죽이고"(שׁוֹק עַל־יָרֵךְ מַכָּה גְדוֹלָה)라는 표현에서 사용된 전치사(עַל)는 '향하여' 의 의미도 있지만 '위에' 라는 의미도 있으므로 "정강이 위에 어깨를 얹어"로 번역할 수 있다. 그렇다면 이는 제사장들에게 주어진 희생제물의 어깨 부분과 쉽게 연관이 된다(레 7:32이하; 8:25이하 등). 동물들은 네 다리를 가졌고, 사람은 두 어깨와 두 정강이를 가졌다. 여기에서 이러한 표현을 사용한 것은 삼손이 이 사람들을 여호와께 희생제물로 드림에 대한 이미지인 것이다. 그들의 죽음은 일종의 희생제사였던 것이다.

그들은 삼손의 아내와 그 아버지를 불태웠다. 이 또한 희생제사의 언어이다. 여기에서 우리는 동해보복법을 본다. 즉 눈에는 눈이고, 희생제사에는 희생제사이다. 블레셋 사람들은 그들의 신들과 문화들과 자신들을 보존하고 복수하기 위하여 삼손의 처가를 희생제사로 드렸다. 이에 반해, 삼손은 많은 블레셋 사람들의 시체를 "정강이 위에 어깨를 얹어" 여호와께 희생제사로 드린 것이다. 그 전쟁은 종교전쟁이고, 신들의 전쟁인 것이다. 사실, 우리의 모든 싸움은 영적인 싸움이다. 바울은 이러한 사실을 정확하게 간파하고 있다. "우리의 씨름은 혈과 육을 상대하는 것이 아니요. 통치자들과 권세들과 이 어둠의 세상 주관자들과 하늘에 있는 악의 영들을 상대함이라"(엡 6:12).

> 9-13절. 이에 블레셋 사람들이 올라와 유다에 진을 치고 레히에 가득한지라. 유다 사람들이 이르되, 너희가 어찌하여 올라와서 우리를 치느냐? 그들이 대답하되, 우리가 올라온 것은 삼손을 결박하여 그가 우리에게 행한 대로 그에게 행하려 함이로라 하는지라. 유다 사람 삼천 명이 에담 바위 틈에 내려가서 삼손에게 이르되, 너는 블레셋 사람이 우리를 다스리는 줄을 알지 못하느냐? 네가 어찌하여 우리에게 이같이 행하였느냐? 하니, 삼손이 그들에게 이르되, 그들이 내게 행한 대로 나도 그들에게 행하였노라 하니라. 그들이 삼손에게 이르되 우리가 너를 결박하여 블레셋 사람의 손에 넘겨 주려고 내려왔노라. 하니, 삼손이 그들에게 이르되, 너희가 나를 치지 아니하겠다고 내게 맹세하라 하매, 그들이 삼손에게 말하여 이르되, 아니라 우리가 다만 너를 단단히 결박하여 그들의 손에 넘겨 줄 뿐이요, 우리가 결단코 너를 죽이지 아니하리라 하고, 새 밧줄 둘로 결박하고 바위 틈에서 그를 끌어 내니라.

삼손의 아내처럼, 유다 사람들은 하나님이 아닌 블레셋 사람들을 두려워하였다. 그들은 블레셋이 여호와의 기름부음 받은 삼손보다 강하다고 생각했다. 그러나 삼손은 그들에게 인내한다. 그는 그들에게 자신을 공격하지 않을 것을 맹세하도록 했다. "너희가 나를 치지 아니하겠다고 내게 맹세하라." 이는 삼손이 이스라엘 사람들을 두려워해서가 아니다. 오히려 자신이 그들에게 어떤 해를 끼치지 않도록 하기 위해서이다.

그런데 우리가 주목할 것은 여호와보다 블레셋 사람들을 두려워하고, 삼손을 대적한 그들은 다른 사람이 아닌 왕적인 지파인 '유다 사람들'이라는 사실이다.

우리가 15절에서 보는 것처럼, 이 겁쟁이 유다 사람 3,000명이 단지 블레셋 사람 1,000명의 손에 삼손을 넘겨주기 위하여 출동했다. 아직 유다는 역사 가운데, 이스라엘의 참된 왕을 내기에 부적절했던 것이다. 우리는 그 시대가 블레셋 사람들에게 법궤를 빼앗긴 시대인 것을 염두에 두어야 한다. 그들의 미신적인 신앙 가운데, 유다 사람들은 아마 법궤 없이는 구원이란 있을 수 없다고 생각했을 것이다.

역사 가운데 인간들의 무지와 미신과 불신앙은 반복된다. 옛 이스라엘은 성막과 법궤를 신성시했고, 눈에 보이는 성전을 절대시했다. 우상숭배의 죄로 인하여 이스라엘은 포로로 잡혀 갔었고, 포로 귀환이후, 그들은 우상숭배는 하지 않았으나, 더 악한 귀신 일곱인 조상들의 유전을 절대시했다(마 12:38-45; 막 8:11-12; 눅 11:24-26, 29-32). 중세시대에는 소위 성인들의 유물과 성물이라는 것들에 대한 숭배가 자행되었다. 십자가가 우상처럼 사용되기도 했다. 성소피아 사원의 벽화는 이슬람군이 아닌 십자군에 의해서 거의 뜯겨져 있는데, 그 조각을 지니면 적의 공격으로부터 자신을 보호한다는 십자군들의 빗나간 믿음 때문이었다. 종교개혁자들이 외친 것처럼, *Sola Scriptura!* 우리는 오직 하나님의 말씀으로 돌아가야 하는 것이다.

8. 20년의 통치(삿 15:14-20)

모세는 애굽의 왕자로서 40년 세월을 보낸 후, 동족 이스라엘 사람을 돕다가 살인자가 되었다. 그런데 바로 그 이스라엘 사람이 자신을 고발하여 도망자 신세가 된다. 아무도 모세를 지도자로 받아주지 않았다. 그 결과, 모세는 도망해야 했던 것이다(출 2:11-15). 블레셋도 애굽과 같은 민족이므로 가나안 땅의 다른 애굽인 블레셋 사람들의 땅에서, 새로운 모세인 삼손 역시 지도자로 인정을 받지 못한다. 결국, 동족의 손에 묶이어 레히로 팔려간다.

14-17절. 삼손이 레히에 이르매, 블레셋 사람들이 그에게로 마주 나가며 소리 지를 때, 여호와의 영이 삼손에게 갑자기 임하시매, 그

> 의 팔 위의 밧줄이 불탄 삼과 같이 그의 결박되었던 손에서 떨어진지라. 삼손이 나귀의 새 턱뼈를 보고 손을 내밀어 집어들고, 그것으로 천 명을 죽이고, 이르되, 나귀의 턱뼈로 한 더미, 두 더미를 쌓았음이여, 나귀의 턱뼈로 내가 천 명을 죽였도다 하니라. 그가 말을 마치고 턱뼈를 자기 손에서 내던지고, 그 곳을 라맛 레히(턱뼈의 산)라 이름하였더라.

삼손은 힘이 없어서 유다 사람들에 포박된 것이 아니다. 동족들을 해칠 수 없어서 참았던 것이다. 그러나 블레셋 사람들의 진영인 레히에 이르렀을 때, "여호와의 영이 삼손에게 갑자기 임하시매" 삼손을 묶은 새 밧줄은 "불탄 삼과 같이" 뚝하고 끊겼다. 성령께서 삼손을 자유롭게 하셨고, 삼손은 "나귀의 새 턱뼈"를 잡고 다시 블레셋 사람들을 패배시켰다. 아마 이 "나귀의 새 턱뼈"는 고기가 붙어있지는 않았을 것이지만, 아직 마르거나 부서지지 않은 튼튼한 것일 것이다.

나실인은 시체를 만질 수 없는 존재이다. 그러나 전투에서, 나실인은 불가피하게 시체와 접촉하게 된다. 그러므로 삼손이 무기로서 동물의 사체인 "나귀의 새 턱뼈"를 사용한 것은 전혀 문제가 되지 않는다. 물론 삼손은 일상생활 가운데 그것을 결코 만지지 않았을 것이다. 그러나 이 것은 전투상황이다. 그러므로 전투 후에, 삼손은 즉시 부정한 것으로부터 자신을 분리하기 위하여, 그 턱뼈를 집어 던졌던 것이다. 그는 여호와의 전쟁에서 탁월한 나실인 용사였던 것이다.

왜 삼손이 나귀 턱뼈를 무기로 삼았을까? 역사적 배경을 이해하는 것이 도움이 될 것이다. 당시 블레셋인들은 이스라엘에서 철기를 독점했다.[10] "그 때에

---

10) 중동지방에 철기문명이 시작된 것은 약 1200년경이다. 새롭게 철을 제련하고 무기나 기구를 만드는 기술이 발견되자 이전의 청동기 문화는 끝이 났다. 철에 대한 히브리어(*barzel*)는 히타이트(Hittite, 헷) 족속으로부터 온 것이고, 철은 헷 제국의 동쪽인 Kizzuwatna 지역에서 소개된 것으로 보인다. 헷과 헷으로부터 일찍이 철기문화를 받아들인 블레셋의 독점물이었던 철은 곧 12세기에 중동에 널리 퍼지게 되었다. CF. William Sanford LaSor, David Allan Hubbard, Federic Wm. Bush, *Old Testament Survey: The Message, Form, and Background of the Old Testament*(Grand Rapids: Eerdmans, 1996), p. 157.

이스라엘 온 땅에 철공이 없었으니, 이는 블레셋 사람들이 말하기를, 히브리 사람이 칼이나 창을 만들까 두렵다 하였음이라. 온 이스라엘 사람들이 각기 보습이나 삽이나 도끼나 괭이를 벼리려면 블레셋 사람들에게로 내려갔었는데, 곧 그들이 괭이나 삽이나 쇠스랑이나 도끼나 쇠채찍이 무딜 때에 그리하였으므로, 싸우는 날에 사울과 요나단과 함께 한 백성의 손에는 칼이나 창이 없고, 오직 사울과 그의 아들 요나단에게만 있었더라"(삼상 13:19-22). 블레셋은 강력한 철기문명을 가졌지만, 이스라엘 사람들은 삼갈의 '소모는 막대기' 나 삼손의 '나귀턱뼈' 같은 무기 외에는 다른 것들을 사용할 수 없었던 것이다.

삼손은 "나귀의 턱뼈"로 "천 명"을 죽였다. 물론 이 '천' 이라 숫자는 '많음' 을 나타내는 상징적인 수일 것이다.[11] 그는 무수히 많은 적들을 죽인 후, 노래를 부른다. "나귀의 턱뼈로 한 더미, 두 더미를 쌓았음이여, 나귀의 턱뼈로 내가 천 명을 죽였도다!" 그런데 '더미' (חֲמֹרָתָיִם)란 히브리어는 '나귀' (חֲמוֹר)에 해당하는 히브리어의 철자와 소리가 동일한 것이다. 그러므로 이는 이렇게 번역할 수 있다. "나귀의 턱뼈로 한 나귀, 두 나귀 쌓았음이여, 나귀의 턱뼈로 내가 천 명을 죽였다네!" 이는 블레셋 사람들을 나귀와 비교하는 매우 재미있는 말장난인 셈이다.

히브리서 시의 평행법에 의하면, 2행(한 더미/나귀, 두 더미/나귀)과 4행(천명)은 동일한 것이다. 즉 '천명의 죽은 블레셋 사람들' 은 한 마리, 두 마리, 세 마리로 셈을 해서 천 마리까지, '죽은 천 마리의 나귀' 였던 것이다. 나귀는 부정한 동물이고, 블레셋 사람들을 나귀로 비유한 것은 완벽한 상징인 것이다.

하나님을 떠난 인간들의 실상은 동물 같은 존재이다. "네가 사람에게서 쫓겨나서 들짐승과 함께 살면서 소처럼 풀을 먹을 것이요. 이와 같이 일곱 때를 지내서 지극히 높으신 이가 사람의 나라를 다스리시며 자기의 뜻대로 그것을 누구에게든지 주시는 줄을 알기까지 이르리라 하더라. 바로 그 때에 이 일이 나 느

---

11) 한편 이 אִישׁ אלף를 '1000명' 이 아니라 '지도자' 를 의미하는 것으로 보는 해석도 있는데, 히브리어 모음을 다르게 읽으면 ish alluph은 aileph ish로 읽을 수 있기 때문이다. 이러한 해석에 의하면 삼손은 지도자를 죽인 것이고, 이는 하루에 1,000명을 죽이기 힘들었을 수 있다는 사실과 함께 자주 언급되기도 한다(Clarke).

부갓네살에게 응하므로, 내가 사람에게 쫓겨나서 소처럼 풀을 먹으며 몸이 하늘 이슬에 젖고 머리털이 독수리 털과 같이 자랐고 손톱은 새 발톱과 같이 되었더라"(단 4:32-33). 다니엘서에서 느부갓네살의 꿈과 그 해석은 하나님께서 우주의 통치자이심을 깨닫지 못한 자는 비록 왕이지만 짐승같은 존재라는 것이다. 인간은 영적인 존재이다. 영적으로 살아있지 못한 인간은 동물같이 살 뿐이다. 우리들의 모습은 어떠한가?

한편, 성경에서 바다 괴물은 하나님이 박살내실 자들을 움켜잡는 하나님의 턱뼈(לְחִי)이다(겔 29:4; 38:4). 여기에서 하나님의 턱뼈는 블레셋 나귀의 턱뼈이다. 하나님의 기름부음 받은 자인 삼손은 그것으로 블레셋을 깨뜨린 것이다.

18-20절. 삼손이 심히 목이 말라 여호와께 부르짖어 이르되, 주께서 종의 손을 통하여 이 큰 구원을 베푸셨사오나, 내가 이제 목말라 죽어서 할례 받지 못한 자들의 손에 떨어지겠나이다 하니, 하나님이 레히에서 한 우묵한 곳을 터뜨리시니 거기서 물이 솟아나오는지라. 삼손이 그것을 마시고, 정신이 회복되어, 소생하니, 그러므로 그 샘 이름을 엔학고레(부르짖은 자의 샘)라 불렀으며, 그 샘이 오늘까지 레히에 있더라. 블레셋 사람의 때에 삼손이 이스라엘의 사사로 이십 년 동안 지냈더라.

삼손의 힘은 전적으로 여호와께로부터 왔다. 그 영적인 힘은 성경에서 자주 "물"로 묘사된다. 삼손의 힘이 소진되자, 삼손은 더 큰 힘을 위하여 기도했고, 그 결과 그는 블레셋 사람들의 손에 떨어지지 않았다. "여호와께 부르짖어 이르되, 주께서 종의 손을 통하여 이 큰 구원을 베푸셨사오나, 내가 이제 목말라 죽어서 할례 받지 못한 자들의 손에 떨어지겠나이다." 하나님은 우리의 기도를 응답하시는 하나님이시다.

광야의 모세처럼, 하나님께서 반석을 갈라서 삼손에게 물을 주셨다. 사무엘상 1-7장에서 나타나는 것처럼, 블레셋으로부터의 구원은 '새로운 출애굽' 이다. 여기에서 그 '출애굽 모티프' 는 숨겨져 있지만, 그러나 '반석에서의 물' 은 '광야에서 이스라엘' 을 이스라엘 사람들이 분명하게 기억하도록 했을 것이다. 블레셋 사람들의 압제는 광야에서 방황하던 것과 동일한 40년을 지속했다. 만약 이스라엘이 그들의 새로운 사사의 지도에 따랐다면, 모세와 같은 삼손은 그들에게 물을 주었을 것이고, 약속의 땅의 회복으로 그들을 이끌었을 것이다.

삼손은 혼자 천명을 죽이는 위대한 승리를 한다. 그러나 "삼손이 심히 목이 말라"서 위험에 처하게 된다. 그러나 위대한 승리 이후에 즉시 우리를 겸손하게 하시는 것이 하나님의 방법이다. 우리는 우리의 힘을 자랑하고 신뢰하지 않고 오직 하나님만 의지해야 하는 것이다. 그러므로 승리 이후 삼손이 약해진 것은 하나님의 은혜이다. 삼손은 "심히 목이 말라" 죽을 뻔 했으나, 그를 향한 하나님의 은혜 때문에 죽지 않았던 것이다.

이후 성경은 "삼손이 이스라엘의 사사로 이십 년 동안 지냈더라."고 기록한다. 초기에 삼손은 이토록 지혜롭고 겸손한 지도자였다. 그래서 그는 연속해서 영광스러운 승리를 일궈내며 사사로서 일을 시작하였다. 이런 초기의 삼손에게 비난할 만한 것이 전혀 없다고 생각된다. 이스라엘 사람들도 20년 동안에 삼손을 잘 따랐다. 그러나 그 20년의 세월이 지난 후에, 삼손은 죄에 빠졌고, 그 죄는 동시에 당시 이스라엘의 죄를 대표하는 것이었다. 끝까지 좋은 지도자의 모습으로 살아갈 수 있기를 바란다.

우리가 잘 알다시피 생애 말기에 삼손은 들릴라의 유혹에 넘어간다. 그러나 이는 삼손의 개인적인 문제만이 아니었다. 전체 이스라엘의 모습인 것이다. 삼손이 블레셋의 음녀를 따라 행음한 것은 이스라엘이 블레셋 문화를 따라 음행하는 죄를 보여주는 것이다.

때로 우리는 사회의 지도자들의 모습에 실망을 느낄 때가 있다. 그러나 그들의 죄는 우리 사회 전체의 죄이고, 동시에 교회의 죄인 것이다. 남의 죄를 정죄하고 비난하기 이전에 내가 회개할 자인 것처럼 회개해야 할 것이다. "형제들아, 사람이 만일 무슨 범죄한 일이 드러나거든, 신령한 너희는 온유한 심령으로 그러한 자를 바로잡고 너 자신을 살펴보아 너도 시험을 받을까 두려워하라"(갈 6:1).

우리는 삼손이 처음부터 블레셋 여자와 결혼하려 했고, 성적인 유혹에 약한 것으로 생각하기 쉽다. 그러나 성경은 초기의 삼손이 죄에 빠졌다거나 혹은 그가 어리석었다고 말하지 않는다. 오히려 여호와께서 축복하셨고, 성령께서 그를 감동하셨고, 블레셋 소녀와 결혼하려는 그의 소망도 여호와께로부터 왔다고 한다(삿 13:24, 25; 14:4). 삼손은 자신이 무슨 일을 하고 있는지 잘 알고 있었던 것이다. 그러나 말기의 삼손은 영적인 능력을 상실한 것이다.

삼손의 생애 초기와 말기에는 커다란 변화가 있었다. 예를 들어, 결혼에 대한 계획도 첫째 이야기에서, 삼손은 이방인들에게 복음을 전하기 위해서 청혼했다. 그러나 둘째 이야기에서, 삼손은 이방인들에게 유혹되었고 복음에도 소경이 되어버렸다. 또한 첫째 이야기에서, 블레셋 여자가 삼손이 비밀을 말하도록 몰아붙였으나, 삼손은 그 상황을 완전히 통제했고, 그 결과 그는 블레셋 사람들을 정복했다. 그러나 둘째 이야기에서, 들릴라도 삼손이 비밀을 말하도록 몰아붙였으나, 삼손은 그녀의 통제 아래 떨어졌고, 그 결과 블레셋 사람들이 그를 정복했다.

결국 첫째 이야기에서는 성령께서 삼손을 강력하게 인도하셨지만, 둘째 이야기에서 삼손은 무기력하게 남겨졌고 성령께서 그를 떠나신 것을 보게 된다. 만약 삼손이 첫 번째 이야기에서 죄에 빠졌다면, 성령께서 또한 그 때 그를 떠나셨을 것이다. 우리도 마찬가지이다. 인간은 성령의 인도하심이 없으면 삼손처럼 타락하고 범죄할 수밖에 없는 연약한 존재들인 것이다. 철저하게 성령님의 인도를 받으며 살 수 있기를 바란다.

삼손의 생애가 주는 구속사적 의의는 무엇인가? 삼손은 '수수께끼로 가득한 삶' 을 살았다. 삼손의 생애는 우리에게 소위 '메시야의 비밀' 에 대해 생각하게 한다. 복음서에 친숙한 사람이라면 예수님께서 사람들에게 그들이 보는 바 주님께서 행하신 것을 말하지 말라고 여러 번 말씀하신 것을 기억할 것이다. 또한 예수님께서는 예수님께서 말씀하신 비유가 오직 택한 자들을 위한 비밀이라고 말씀하셨다(막 4:11-12). 유대인들이 예수님께 말씀하신 것에 대해 물었으나, 예수님은 은밀히 말씀하셨다. '요나의 표적', 즉 '예수님께서 무덤에서 살아나실 것' 외에는 다른 어떤 표적도 주지 않으셨다. 부활만이 예수님이 어떤 분이신지를 알려주는 유일한 표적이었던 것이다. 그래서 초대교회에서 제자들이 전한 메시지의 핵심이 바로 '예수님께서 부활하셨다' 는 것이었다.

삼손의 이야기는 우리에게 예수님의 '메시야 비밀' 에 대한 한 가지 관점을 보여준다. 예수님은 예수님의 부활이란 표적 외에 다른 표적을 주지 않으셨다. 그러나 삼손의 아내가 삼손의 수수께끼에 감동받지 않은 것처럼, 유대인들은 그리스도의 부활에 감동을 받지 않았다. 삼손의 아내와 블레셋 사람들은 단지 삼손의 비밀을 알기를 원했고, 그래서 삼손을 배반했다. 마찬가지로, 모든 유대인들과 바리새인들도 예수님으로부터 예수님의 비밀을 알기를 원했다. 그러나 예수님을 섬기지는 않았다. 결국 예루살렘은 심판을 받고 AD 70년에 파괴되었다.

신학은 학문이 아니다. 하나님은 연구의 대상이 아니다. 천국의 비밀인 복음은 머리로 배우는 것이 아니라, 온 몸으로 알아가는 것이다. 우리는 머리로 예수님을 알아가는 것에 주의해야 할 것이다. 신앙이란 지적인 동의가 아니기 때문이다. 머리로 아는 것으로 하나님에 대한 믿음이 있다고 착각하기 쉽기 때문이다. 우리는 내 몸이 얼마나 주님을 알고 있는지 물어야 할 것이다. 전인격적으로 주님을 알아가야 하는 것이다.

40년 블레셋의 통치에 비해서 20년 삼손의 통치는 절반의 승리였다. 그러나 20년이라도 삼손은 사사로서 자신의 몫을 감당했다. 우리는 우리의 달려갈 길을 온전히 달려갈 수 있기를 바란다.

9. 삼손의 점진적인 타락(삿 16:1-14)

C.S. 루이스는 '지옥으로 가는 길은 가파른 내리막길이 아닌 비스듬한 길이어서 걷기에 편하고 기분 좋은 길' 이라고 했다. 삼손도 처음부터 엄청난 죄를 짓고 한꺼번에 타락한 것이 아니다. 조금씩 타협했고, 결국 돌이키기 어려운 상태가 되어 버린 것이다.

1절. 삼손이 가사에 가서 거기서 한 기생을 보고, 그에게로 들어갔더니,

이 첫 구절은 성경에서 이스라엘의 타락의 시작을 알리는 관용구이다. 성경의 여러 곳에서 동일한 형식인 "이제 이스라엘이 다른 신들을 따라가 음행하며" 라는 표현이 나타난다(삿 2:17; 8:27, 33 등).

사사기는 '타락-회개-구원' 의 수레바퀴를 일곱 번 반복한다. 각각의 구원의 끝에, 우리들은 그 사사가 이스라엘을 몇 년 동안 다스리고, 그 후에 그가 죽고, 그러자 이스라엘은 다른 신들을 따라가며 음행하였다는 것을 보게 된다. 동일한 것이 여기에서도 나타나는 것이다. 삼손은 이스라엘을 구원한다. 그런 후에 그가 20년 동안 사사로 다스렸다. 그 다음이 "삼손이 가사에 가서 거기서 한 기생을 보고, 그에게로 들어갔더니"[12] 이는 삼손이 블레셋 창녀와 음행을 하였다는 것이다.

기름부음 받은 사사로서 삼손은 전체로서 이스라엘의 모습을 보여주는 것이다. 삼손의 실패는 곧 이스라엘의 실패인 것이다. 삼손이 블레셋 창녀와 성적인 관계를 맺고, 이스라엘 사람들이 당시 블레셋 문화에 동화되어 살았던 것처럼, 우리들은 이 세상문화에 동화되지 않고, 거룩한 '문화의 변혁자' 가 되어서 성경으로 세상문화를 변혁하며 거룩한 하나님 나라의 문화를 이 땅에 세워나가야 할 것이다.

> 2절. 가사 사람들에게 삼손이 왔다고 알려지매, 그들이 곧 그를 에워싸고 밤새도록 성문에 매복하고 밤새도록 조용히 하며 이르기를, 새벽이 되거든 그를 죽이리라 하였더라.

가사의 사람들은 삼손을 '독 안에 든 쥐' 라고 생각했다. 삼손이 밤에 문을 통과할 수 있을 것이라고 생각하지 못했다. 그것들이 잠겨있었기 때문이다. 그래서 그들은 아침에 삼손을 죽이려 했다. 인간의 힘으로 아침에 뜨는 태양을 막을 수 없듯이, 아침에 '태양' 이라는 이름을 가진 삼손을 죽일 수 있다고 생각한 것은 그들의 어리석음이었다.

---

12) 이 구절과 14장의 첫 구절 사이에는 어떤 역설을 보여주기 위하여 고안된 문학적 병행이 있다.

14:1 삼손이 딤나에 내려가서 거기서... 한 여자를 보고,

16:1 삼손이 가사에 가서 거기서 한 기생을 보고...

이야기에서 삼손은 순수한 동기를 가지고 정직하게 행동했다. 그러나 여기에서 장면은 삼손의 불순한 동기의 최고조이다.

3절. 삼손이 밤중까지 누워 있다가 그 밤중에 일어나, 성 문짝들과 두 문설주와 문빗장을 빼어 가지고 그것을 모두 어깨에 메고 헤브론 앞 산 꼭대기로 가니라.

그러나 그 성문은 삼손을 잡아 둘 수가 없었다. 삼손은 "성 문짝들과 두 문설주와 문빗장"을 먼 거리에 있는 "헤브론 앞산 꼭대기"로 옮겼다. 삼손은 힘을 과시하며 장난치듯 성문을 옮겼다. 이제 가사는 성문이 열린 채 남겨지게 된다. 가사는 봉인된 처녀가 아니라 봉인이 풀린 창녀처럼 되어 버린 것이다.

이 점에서 우리는 본문과 여호수아 2장의 병행을 볼 수 있다. 정탐꾼들이 여리고로 들어갔고, 여호수아 2:1에 의하면, "그들이 가서 라합이라 하는 기생의 집에 들어가 거기서 유숙하더니"라고 한다. 또한 여호수아 2장에서, 여리고 사람들은 그들의 성문에 관심을 가졌다. 그들은 정탐꾼들이 들어가는 것을 막기 위하여 문을 닫았다(수 2:7). 이 두 이야기 사이의 '성문, 기생 등'의 병행은 삼손이 가사에 정탐꾼으로 들어갔고, 돌아가서 그것을 정복할 수도 있었다는 것을 가리키고 있다. 그러나 그는 그렇게 하지 않았다. 삼손은 단지 그 여자에게 관심을 보일 뿐이었다.

안타깝게도 삼손은 가사를 파괴하는 것에는 관심이 없었고, 단지 자신의 힘을 즐길 뿐이었다. 하나님은 그에게 힘을 주셨고, 그 힘으로 원수의 성은 열려진 채 남겨졌으나, 삼손은 그 성을 정복하는 것에는 관심이 없었다. 바로 이것이 오늘날 교회의 중요한 문제이기도 하다. 교회가 정복할 수 있도록 사탄의 나라를 열려 있게 되었다. 예수님께서 음부의 문을 파괴하셨기 때문이다(마 16:18). 예수님께서 베드로로 대표되는 교회에게 주신 '천국의 열쇠'는 말씀을 전하고 가르치는 열쇠이다. 교회는 천국의 욜쇠를 사용하여 모든 매인 것들을 풀어주어야 했다. 그러나 오늘날 교회는 이 열쇠를 거의 사용하지 않는다.

모든 힘에는 책임이 따른다. 영화 <스파이더 맨>에 보면 우연히 엄청난 힘을 얻게 된 주인공이 그 힘을 여자 친구에게 잘 보이려고 스포츠카를 사기 위하여 사용한다. 그 때, 사고로 악당들에게 죽어가는 삼촌이 "모든 힘에는 책임이 따른다. 너의 힘을 선한 일에 사용해 달라"고 유언한다. 이것이 그 영화의 중심

주제이다. 뿐만 아니라 우리에게도 의미 있는 메시지이다.

우리는 부활하신 예수님으로부터 하늘과 땅의 모든 권세를 받았다. "그러므로 너희는 가서 모든 민족을 제자로 삼아 아버지와 아들과 성령의 이름으로 세례를 베풀고, 내가 너희에게 분부한 모든 것을 가르쳐 지키게 하라"(마 28:19-20). 이 권세는 복음을 전하는데 사용해야 할 권세인 것이다.

"그 밤중에 일어나" 이 일은 한 밤 중에 일어났다. 성경에서 '밤'은 종종 악인들에게 대항하는 결정적인 공격이 나타나는 때이다. 예를 들어, 죽음의 천사가 애굽의 장자들을 친 때가 바로 한 밤 중이었다(출 11:4; 12:29; 마 25:6과 비교하라). 해가 뜰 때, 강력한 태양인 삼손은 그 도시에서 습격을 받을 뻔했다. 그러나 그는 멀리 가버린다.

4-5절. 이 후에 삼손이 소렉 골짜기의 들릴라라 이름하는 여인을 사랑하매, 블레셋 사람의 방백들이 그 여인에게로 올라가서 그에게 이르되, 삼손을 꾀어서 무엇으로 말미암아 그 큰 힘이 생기는지, 그리고 우리가 어떻게 하면 능히 그를 결박하여 굴복하게 할 수 있을는지 알아보라. 그리하면 우리가 각각 은 천백 개씩을 네게 주리라 하니.

삼손과 들릴라 이야기는 가사의 기생의 이야기와 연결이 된다. 이는 본문에서 "이 후에"라는 표현으로 알 수 있다. 삼손은 한 가지 길, 즉 타락으로 가는 내리막길로 계속 가고 있는 것이다.

일반적으로 들릴라를 블레셋 여자라고 생각한다. 그러나 들릴라가 블레셋 여자라고 명백하게 말할 수 없다. 오히려 이스라엘 사람이란 주장도 있다. 토마스 킥(Thomas Kirk)은 다음과 같은 이유로 들릴라가 이스라엘 사람이라고 주장한다. 첫째, 소렉 골짜기는 유다지파가 정복한 유다의 지역이다. 둘째, 삼손이 그녀를 전혀 의심하지 않았다.[13] 셋째, 그리고 우리가 살펴본 것처럼, 들릴라가 행한 것과 사사기 15장에서 유다가 삼손을 배신한 것 사이에는 어떤 병행이 있다. 삼

13) Thomas Kirk, *Samson: His Life and Work*(Edinburgh: Andrew Elliot, 1891 [reprint, Minneapolis: Klock & Klock, 1983]), p. 163.

손이 유다 지파에게 배신당했듯이, 다시 삼손은 유다 여자인 들릴라에게 배신당한 것으로 보인다. 사실, 예수님도 유다에게 배신을 당했고, 가룟 유다처럼, 배신자는 언제나 내부에 있는 법이다.

블레셋의 다섯 방백들은 "은 천백 개씩" 모두 은 5,500조각을 그녀에게 줌으로 들릴라가 삼손의 사랑을 배신하도록 종용한다. 우리는 여기에서 사용된 숫자 1,100의 의미에 대해서 이미 사사기 2:13-16에서 살펴보았다. '12' 는 완전수인데, '11' 은 '12' 에서 하나가 모자라는 숫자로, '불완전수' 이다. 또한 '12' 는 언약의 수이다(12지파, 12사도 등). 그런데 '11' 은 언약 파괴의 숫자로 쓰이는 것이다. 그러므로 여기에서 '11' 은 배신의 숫자인 것이다. 이것은 사사기에서 아비멜렉이 경박한 자들을 돈으로 매수한 것에 이어서 돈을 위한 두 번째 배신이었다(삿 9:4).

> 6-14절. 들릴라가 삼손에게 말하되, 청하건대 당신의 큰 힘이 무엇으로 말미암아 생기며 어떻게 하면 능히 당신을 결박하여 굴복하게 할 수 있을는지 내게 말하라 하니, 삼손이 그에게 이르되, 만일 마르지 아니한 새 활줄 일곱으로 나를 결박하면 내가 약해져서 다른 사람과 같으리라. 블레셋 사람의 방백들이 마르지 아니한 새 활줄 일곱을 여인에게로 가져오매, 그가 그것으로 삼손을 결박하고, 이미 사람을 방 안에 매복시켰으므로, 삼손에게 말하되, 삼손이여 블레셋 사람들이 당신에게 들이닥쳤느니라 하니, 삼손이 그 줄들을 끊기를 불탄 삼실을 끊음 같이 하였고, 그의 힘의 근원은 알아내지 못하니라. 들릴라가 삼손에게 이르되, 보라 당신이 나를 희롱하여 내게 거짓말을 하였도다. 청하건대 무엇으로 당신을 결박할 수 있을는지 이제는 내게 말하라 하니, 삼손이 그에게 이르되 만일 쓰지 아니한 새 밧줄들로 나를 결박하면 내가 약해져서 다른 사람과 같으리라 하니라. 들릴라가 새 밧줄들을 가져다가 그것들로 그를 결박하고, 그에게 이르되, 삼손이여 블레셋 사람이 당신에게 들이닥쳤느니라 하니, 삼손이 팔 위의 줄 끊기를 실을 끊음 같이 하였고, 그 때에도 사람이 방 안에 매복하였더라. 들릴라가 삼손에게 이르되, 당신이 이 때까지 나를 희롱하여

> 내게 거짓말을 하였도다. 내가 무엇으로 당신을 결박할 수 있을는지 내게 말하라 하니, 삼손이 그에게 이르되, 그대가 만일 나의 머리털 일곱 가닥을 베틀의 날실에 섞어 짜면 되리라 하는지라. 들릴라가 바디로 그 머리털을 단단히 짜고 그에게 이르되, 삼손이여 블레셋 사람들이 당신에게 들이닥쳤느니라 하니, 삼손이 잠을 깨어 베틀의 바디와 날실을 다 빼내니라.

들릴라는 세 번이나 삼손의 비밀을 알려고 했그 번번이 실패했다. 매 번 들릴라는 다른 방에 사람들을 매복시켰으나, 그들은 결정적인 순간이 될 때까지 나타나지 않았다. 들릴라는 말하기를 "블레셋 사람들이 당신에게 들이닥쳤느니라"라고 했으나, 그들은 숨어있었던 것이다. 만약 삼손이 그들을 보았다면, 그는 그녀가 자신을 배반하고 있었음을 알았을 것이다.

이전에 블레셋 사람들은 삼손에 대해서 방심했었다. 그러나 이제 블레셋 사람들도 삼손에 대해 주의하고 있는 것을 볼 수 있다. 악인들도 지혜를 다하고 있다. 최선을 다하고 있다. 하나님의 선한 일을 하면서 대충대충 하지 않기를 바란다. 최선을 다하기 바란다.

한편, 당시 블레셋 사람들은 법궤 사건에서 보여주듯 어떤 마술적인 힘을 믿었던 듯하다. 그들은 삼손이 마술적인 힘을 지녔다고 믿었다. 삼손은 마술에 대한 이러한 믿음을 조롱하며 즐겼던 것이다. 그는 마르지 않은 새 활줄과 사용하지 않은 밧줄과 그의 머리카락을 베틀에 섞어 짤 것을 말했다. 매 번 그녀는 이것들을 시도했지만, 삼손은 그것을 풀었다. 삼손에게 들릴라와 묶고 푸는 것은 하나의 게임이었다.

그러나 삼손은 이미 영적으로 눈이 어두워진 것이다. 우리는 삼손이 조금씩 나실인 서원의 비밀에 접근하는 것을 본다. 첫 번째 묶임에서, 사용된 것은 "마르지 아니한 새 활줄 일곱"이다. 이것은 그가 의지하는 7중의 성령에 대한 암시이다. 세 번째 묶임에서, 그는 "나의 머리털 일곱 가닥"을 사용해서 실을 짜라고 한다. 점점 더 나실인 서원의 비밀에 근접하고 였음을 볼 수 있다. 우리는 삼손이 조금씩 타협을 통하여 타락하고 있음을 보게 된다.

이 시점에서 우리에게 주시는 하나님의 메시지는 무엇인가? 세상에 마술이란 존재하지 않다. 우리는 그것을 두려워할 필요가 없다. 그러나 우리는 죄와 타협하는 것을 두려워해야 한다. 삼손처럼, 악인들과 교제하는 것은 언제나 위험한 일이다. 서서히 그러나 분명하게 악의 물이 들 것이기 때문이다.

신앙생활을 잘했던 고등학교 3학년 학생이 수능시험을 친 후, 친구들과 어울려 놀았다. 그러나 '딱 한 번만' 으로 시작한 술집에서의 아르바이트가 '이번이 마지막' 이라면서 한 번, 또 한 번 하다가 결국 학교를 내팽개치고 술집 알바의 길로 들어서게 되었다. 지금 신앙으로 결단하고 악한 길에서 돌아설 수 있기를 바란다. 더 이상 돌이킬 수 없는 상황이 될 수도 있다.

10. 타락의 결과(삿 16:15-21)

기독교는 직선적 역사관을 가지고 있다. 공간처럼 시간도 하나님의 피조물이며, 인간의 역사란 창조, 타락, 구속의 일직선상에서 일어나는 일들로 보고 있다. 역사는 순환하지 않는다. 그러나 역사에는 순환론적인 측면이 있는데, 그 이유는 인간사가 대부분 비슷한 패턴으로 반복되기 때문일 것이다. 그래서 많은 사람들이 '인간은 반복되는 역사를 통해서 교훈을 받아야 한다' 고 한다. 그러나 누군가 '인간이 역사를 통해 받은 유일한 교훈이란 역사를 통해 아무 것도 배우지 않는다' 는 것이라고 일갈했다. 역사를 통해서 교훈을 받는 것이 그만큼 어렵다는 말일 것이다. 삼손을 보면 정말 그렇다는 생각이 든다.

15-16절. 들릴라가 삼손에게 이르되, 당신의 마음이 내게 있지 아니하면서 당신이 어찌 나를 사랑한다 하느냐? 당신이 이로써 세 번이나 나를 희롱하고 당신의 큰 힘이 무엇으로 말미암아 생기는지를 내게 말하지 아니하였도다 하며, 날마다 그 말로 그를 재촉하여 조르매, 삼손의 마음이 번뇌하여 죽을 지경이라.

이전에 삼손의 아내는 수수께끼의 비밀을 삼손이 말하기 전에는 삼손을 풀어주지 않았었다. 이제는 들릴라가 삼손의 힘의 원천에 대한 비밀을 말하지 않으면 삼손을 풀어주지 않으려 하고 있다. 삼손은 이전의 사건들, 즉 이런 괴롭힘이 배신의 징조였다는 것을 기억해야만 했었다. 이전에는 그것을 잘 분별했으나, 지금은 정욕에 눈이 멀어서 그 위험 신호를 무시하고 있다.

이러한 들릴라의 시험은 "세 번이나" 반복되었다. 우리는 숫자 '3'이 갖는 의미를 알고 있다. 이는 회개의 기회이면서, 최종적인 위기의 순간이 왔음에 대한 경고의 숫자이다. 그러나 삼손은 분별력을 완전하게 상실하였다. 이제 남은 것은 심판뿐인 것이다.

우리는 우리의 영적인 현실을 직시할 수 있어야 한다. 하나님께선 우리에게 깨어 있으라는 명령을 신약성경에서만 무려 23회나 하고 계신다(cf. 마 26:41; 고전 15:34; 16:13; 엡 6:18; 골 4:2; 살전 5:6; 벧전 5:8; 계 16:15 등). 그런데 마가복음 13:37에선 "깨어 있으라. 내가 너희에게 하는 이 말은 모든 사람에게 하는 말이니라 하시니라."라고 말씀하신다. 이 "깨어 있으라"는 말씀은 제자들 뿐 만 아니라 모든 사람들에게 하시는 말씀이라고 하시는 것이다.

들릴라는 삼손을 "죽을 지경이 되도록" 괴롭혔다. 이는 단순한 과장법이 아닐 것이다. 잠언 2:16이하는 음녀가 그의 말로 즐겁게 유혹하지만, 그러나 "그의 집은 사망으로, 그의 길은 스올로 기울어졌다"고 한다. 실제로 삼손은 죽을 지경이 된 것이다. 블레셋 사람과 연루된 것은 오직 죽음으로 갈 수 있을 뿐이다.

17절. 삼손이 진심을 드러내어 그에게 이르되, 내 머리 위에는 삭도를 대지 아니하였나니, 이는 내가 모태에서부터 하나님의 나실인이 되었음이라. 만일 내 머리가 밀리면 내 힘이 내게서 떠나고 나는 약해져서 다른 사람과 같으리라 하니라.

결국 삼손은 자신의 힘의 원천에 대해서 털어놓고 있다. "내 머리가 밀리면 내 힘이 내게서 떠나고 나는 약해져서 다른 사람과 같으리라." 삼손이 여기에서 "내 힘이 내게서 떠나고"라고 말할 때(17절), 그는 '성령'에 관해 말하고 있는 것이다. 그의 머리가 밀린 후에, 우리는 20절에서 "여호와께서 자기를 떠나셨다"라는 것을 읽는다. 삼손은 그의 힘이 어디에서 왔는지를 알고 있었다. 그것은 어떤 마술이 아니었다. 하나님께서 성령을 통해 주신 개인적인 은사였다.

삼손의 간음죄에도 불구하고, 하나님께서는 은혜롭게도 아직 그것을 완전히 거두지 않으셨다. 사실 삼손의 머리카락 자체가 힘의 원천은 아니었다. 삼손의 힘과 머리카락은 마술적인 연결이 아니라, 하나님께서 헌신한 자들에게 주신 힘과 영적으로 연결된 것이었다. 삼손의 경우에, 그의 하나님께 드려진 머리는 그가 하나님 앞에 구분된 사람이라는 증거였을 뿐이다. 사실 삼손은 이미 죄 가운데 있었고, 하나님은 그에게서 하나님의 힘을 제거하려고 하셨으나, 하나님은 삼손의 머리가 밀리는 동시에 그렇게 하시는 것을 선택하신 것이다. 그래서 외적인 증거와 내적인 실체가 상응하게 된 것이다.

18-20절. 들릴라가 삼손이 진심을 다 알려 주므로, 사람을 보내어 블레셋 사람들의 방백들을 불러 이르되, 삼손이 내게 진심을 알려 주었으니 이제 한 번만 올라오라 하니, 블레셋 방백들이 손에 은을 가지고 그 여인에게로 올라오니라. 들릴라가 삼손에게 자기 무릎을 베고 자게하고, 사람을 불러 그의 머리털 일곱 가닥을 밀고 괴롭게 하여 본즉, 그의 힘이 없어졌더라. 들릴라가 이르되, 삼손이여 블레셋 사람이 당신에게 들이닥쳤느니라 하니, 삼손이 잠을 깨며 이르기를 내가 전과 같이 나가서 몸을 떨치리라 하였으나, 여호와께서 이미 자기를 떠나신 줄을 깨닫지 못하였더라.

당시 블레셋의 다섯 방백들은 삼손을 패배시키는 것에 대한 희망을 거의 포기했었다. 그러나 돈에 대한 욕심 때문에 들릴라는 그들을 한 번 더 오도록 요청했다. 다시 한 번 삼손은 그의 영적인 상태를 표시하듯 깊은 잠에 빠져들고, 그녀는 머리를 밀었고, 그를 괴롭게 하였다. 그러므로 그녀는 블레셋 사람들의 참된 본성을 나타내고 있는 것이다. 사탄은 하나님의 백성들을 무너뜨리려고 하는 것이다.

들릴라의 "무릎" 위에서 삼손이 잠든 것에 대한 언급은, 욥기 31:10에서 "내 아내가 타인의 맷돌을 돌린다는 은유"에 대한 사용에서 볼 수 있듯이, 그녀와의 죄악된 성적인 관계에 대한 암시이다. 여기에서 무릎과 다리 사이의 연결은 명백하고, 그러므로 우리는 "그의 발은 사지로 내려가며" 라는 창녀에 대한 잠언의 말씀을 연결할 수 있다(잠 5:5).

여기에서 이스라엘에 대한 블레셋의 통치의 비밀이 나타난다. 블레셋이 이스라엘보다 더 강했기 때문이 아니다. 왜냐하면 실제로 그들이 강하지 않았기 때문이다. 블레셋이 이스라엘을 통치한 것은 이스라엘의 죄 때문이고, 하나님께서 이스라엘을 넘겨주셨기 때문이다. 본문에서 우리는 블레셋 사람들, 즉 그들의 용사들과 그들의 마술은 전혀 힘이 없었음을 알 수 있다. 그들이 하나님의 백성들을 다스리도록 높아진 유일한 이유는 하나님의 백성들의 신실하지 못함 때문이었다.

그래서 삼손은 블레셋 사람들에게 눈이 뽑혔고, 만약 그의 힘이 즉시 되돌려졌다고 하여도, 그는 여전히 싸울 수 없었을 것이다. 또한 그의 소경됨은 그의 영적인 상태에 대한 외적인 표시로 나타나고 있는 것이다. 이스라엘처럼 삼손은, 그 이전의 엘리와 같이, 죄로 인하여 소경이 되어버린 것이다. 물론 모든 장애와 질병이 죄로 인한 것은 아니지만, 원리적으로 영적인 소경은 육적인 소경이 되어버린다. 영적인 병자는 육적인 병자가 되는 것이다.

사실, 블레셋이 40년 동안 이스라엘을 지배했을 때, 그들은 무력을 거의 사용하지 않았다. 오히려 블레셋의 철기문명을 앞세워 이스라엘을 개화시키려했다. 통혼을 장려했다. 그래서 이스라엘 백성들이 의식하지 못하는 사이에 그 땅이 블레셋 세상이 되도록 했다. 그러나 이것이 무력보다 더 무서운 문화적인 핍박인 것을 알아야 했다.

우리도 일제강점기에 일본의 소위 '문화정책' 이란 것을 당했다. 말도 글도 이름까지 일본식으로 바꾸려 했다. 우리 민족에겐 엄청난 위협이었다. 실제로 블레셋의 문화정책은 어느 정도 성공했다. 이스라엘 유적을 발굴하면서 사사시대 말기, 즉 삼손이 활약한 무렵의 유물들을 보면 대부분이 술병과 술잔 등이라고 한다. 얼마나 퇴폐적인 블레셋 문화가 이스라엘에 넓게 퍼졌는지를 알게 해준다. 이 때문에 블레셋의 지배하에 있으면서도 이스라엘이 회개하며 하나님께 부르짖을 줄 몰랐던 것이다. 오늘날 이스라엘 지역을 '팔레스타인' 이라고 부른다. 이는 문자적으로 '블레셋 사람들의 땅' 이란 말이다. 이스라엘을 무력으로 공격한

다른 종족들은 역사상에 완전히 사라졌어도, 블레셋이란 이름만큼은 오늘날까지 남아 있는 것이다. 그래서 그 시대에 나실인이 필요했던 것이다. 블레셋과 싸워 이기려면 블레셋 문화에 동화되지 않고 하나님께 성별된 사람이 필요했던 것이다. 그러나 삼손은 거룩함을 잃어버렸다. 그러므로 삼손은 그 힘의 원천되신 여호와께 버림을 받게 된 것이다.

21절. 블레셋 사람들이 그를 붙잡아 그의 눈을 빼고 끌고 가사에 내려가 놋 줄로 매고 그에게 옥에서 맷돌을 돌리게 하였더라.

삼손은 방앗간에서 맷돌을 가는 일을 하게 되었다. 이는 블레셋의 곡식의 신인 다곤의 승리에 대한 상징이었다. 블레셋 사람들은 그들의 문화의 풍성함이 곡식과 풍요의 신인 다곤으로부터 왔다고 생각했다. 그러나 본문은 그 이상을 말하고 있다. 욥기 31:9-10 "만일 내 마음이 여인에게 유혹되어 이웃의 문을 엿보아 문에서 숨어 기다렸다면, 내 아내가 타인의 맷돌을 돌리며 타인과 더불어 동침하기를 바라노라"에서 '맷돌을 돌리는 것'은 '동침하는 것'과 병행이 되고 있다. 왜냐하면 농업의 풍요로움과 성적인 타락 사이에는 깊은 관계가 있기 때문이다(사 47:2; 렘 25:10을 비교하라).

눈에는 눈, 이에는 이가 하나님의 정의이다. 우리가 살펴본 것처럼, 하나님의 원리는 '만약 너희들이 이방의 신들을 좋아하면, 그러면 너희들은 그 민족의 문화에 의해 통치를 받는 것을 좋아하게 될 것이다.'라는 것이다. 동일한 것이 여기에서 나타난다. 삼손(이스라엘)은 들릴라(블레셋)와 맷돌을 돌리는 것을 즐거워하지 않았는가? 그러므로 삼손은 블레셋의 맷돌을 돌리는 일을 하게 된 것이다.

그리스도 안에서 결혼도 마찬가지이다. 물론 남녀가 사랑해서 결혼한다. 그러나 결혼은 사랑 그 이상이어야 한다. 하나님의 나라를 세우고, 하나님의 영광을 나타내고자하는 사명감을 가지고 결혼해야 할 것이다. 결혼을 통해 하나님의 영광을 나타내지 못할 때, 많은 경우에 여자는 남자를 기쁘게 하고, 남자는 여자를 기쁘게 하는 서로에게 종노릇하는 것으로 끝나기 십상이다(고전 7:33-34). 그래서 바울은 "장가가도 죄 짓는 것이 아니요. 처녀가 시집가도 죄 짓는 것이 아니로되, 이런 이들은 육신에 고난이 있으리니 나는 너희를 아끼노라"라고 말하고 있다(고전 7:28).

또한 여기에서 우리가 한 가지를 주목해야 할 것이 있다. 삼손이 블레셋을 위해 맷돌을 돌리고 있을 때, 그들의 풍요와 번영이 이스라엘의 노예적인 노동력에 근거하고 있음을 본다. 삼손이 맷돌을 돌리는 것은 이스라엘의 상태에 대한 묘사이고, 이는 또한 우상숭배에 대한 징계인 것이다. 블레셋 사람들에게 풍요를 주시는 분은 다곤이 아니라 여호와이시고, 여호와 하나님께서 블레셋 사람들에게 번영을 주시는 유일한 이유는 블레셋의 노예로 만드시는 것으로 하나님의 백성들의 불신앙을 징계하시는 것이다.

물질문명 사회를 살아가면서, 우리는 인간의 지혜와 지식의 근원되신 하나님을 잊어버리고, 겉으로 드러난 문명에 함몰되어 살기 쉽다. 우리는 드러난 열매나 가지를 보지 말고, 뿌리 되신 하나님을 볼 수 있어야 할 것이다. 또한 역사는 반복되는 것이 아니라 하나님의 손에 의해 만들어져 가는 것이다. 누군가 잘 말했듯이 역사(history)는 그 분이 만드시는 그 분의 이야기(His Story)인 것이다.

11. 회개와 복수(삿 16:22-31)

노암 촘스키의 『세상의 물음에 답하다』라는 책에는 '삼손 콤플렉스'라는 말이 등장한다. 이는 이스라엘이 핵무기를 갖고 있지만, 그 핵무기를 함부로 쓸 수 없는 상황에 대해서 말하는 것이다. 핵무기를 사용하면 주변의 아랍 강대국들뿐 아니라 이스라엘도 죽기 때문이다.[14] 그러나 삼손은 목숨을 건 복수를 한다. 이는 삼손의 목숨보다 중요한 것이 있었기 때문이다. 우리는 삼손의 복수를 개인적인 사건으로 보면 안 된다. 삼손의 복수는 중요한 의미가 있는 것이다. 어떤 구속사적 의미가 있는 것일까?

22절. 그의 머리털이 밀린 후에 다시 자라기 시작하니라.

---

14) 노암 촘스키, 이종인 역, 『세상의 물음에 답하다』(서울: 시대의 창, 2005), p. 101.

성경은 삼손의 머리카락이 다시 자라난 것을 말하고 있다. 왜 성령께서 여기에 이것을 기록하셨을까? 왜 성경은 삼손의 머리가 밀린 이후 다시 머리카락이 자라나고 있다고 말하고 있는가? 그 핵심은 삼손의 겸손, 즉 삼손이 여호와께 회개하고 돌아왔다는 것이다. 동시에 하나님은 삼손에게 다시 기적적인 힘을 되돌려 주셨고, 그 증거가 그의 머리카락이 다시 자라는 것이었다. 또한 이것은 이스라엘의 상태에 대한 묘사이기도 하다. 만약 이스라엘이 블레셋의 맷돌을 가는 압제 하에서 회개하고 스스로 겸손해진다면, 하나님은 점진적으로 그들을 강한 자의 위치로 다시 되돌려 세우실 것이다.

23-24절. 블레셋 사람의 방백들이 이르되, 우리의 신이 우리 원수 삼손을 우리 손에 넘겨주었다 하고, 다 모여 그들의 신 다곤에게 큰 제사를 드리고 즐거워하고, 백성들도 삼손을 보았으므로 이르되, 우리의 땅을 망쳐 놓고 우리의 많은 사람을 죽인 원수를 우리의 신이 우리 손에 넘겨주었다 하고, 자기들의 신을 찬양하며,

블레셋 사람들은 이제 여호와를 진노하시게 한다. 그들은 큰 실수를 하는데, 이는 그들이 "우리의 신이 삼손을 우리 손에 넘겨주었다"라고 말하는 것이다. 여호와는 이제 당신의 명예를 복수하기 위해 행하신다. 이제 우리는 신들의 전쟁을 보게 될 것이고, 이제 우리는 누가 참 신이신지를 보게 될 것이다(여기와 삼상 5:2이하의 다곤의 굴복 사이를 비교하라.).

이스라엘이 블레셋 사람들의 관점을 빌려왔는가? 이스라엘은 그들이 비참한 이유가 다곤이 강하기 때문이라고 생각했는가? 오늘날 크리스천들은 우리가 압제 받는 것이 인본주의가 더 강하기 때문이라고 생각하는가? 그렇지 않다. 만약 교회가 오늘날 우리 사회에서 압제를 받고 있다면, 그것은 교회가 신실하지 못하기 때문이다. 우리가 싸워야 할 자들은 다곤이나, 블레셋 사람이나 인본주의자들이나 국가주의자들이 아니다. 우리가 반드시 씨름해야 할 분은 여호와 하나님이신 것이다. 우리가 그 분을 기쁘시게 할 때, 그 폭군들은 파멸될 것이다. 우리가 가진 어떤 문제들도 정치적이지 않고, 정치적으로 해결되지도 않을 것이다.

우리는 블레셋 사람들이 삼손을 비난하고 있는 것으로부터 삼손에게 칭찬할 만한 무언가가 있었음을 보게 된다. 그들은 그가 "우리의 땅을 망쳐 놓고 우리의 많은 사람을 죽인 원수"라고 비난하는 것이다. 이 얼마나 놀라운 증언인가! 원수의 비난은 곧 하나님의 칭찬이다. 우리는 그가 20년 사사기간 동안에 이런 놀라운 일을 했다는 것을 그들의 입으로부터 들을 수 있는 것이다. 비난 자체가 문제가 아니라 누구의 비난인지가 중요하다. 우리는 모든 사람에게 칭찬 받으려 하는 유혹에 빠지기 쉽다. 하지만 때로 원수의 비난은 하나님의 칭찬인 것이다.

25절. 그들의 마음이 즐거울 때에 이르되, 삼손을 불러다가 우리를 위하여 재주를 부리게 하자 하고, 옥에서 삼손을 불러내매, 삼손이 그들을 위하여 재주를 부리니라. 그들이 삼손을 두 기둥 사이에 세웠더니,

그들은 삼손을 불러내서 앞을 못 보는 가운데 둘러서서 그를 괴롭혔다. 우리는 즉시 은을 위하여 다른 들릴라(유다)에게 배반의 키스 가운데 팔린 더 위대하신 삼손이 어떻게 다뤄졌는지를 기억할 수 있다. "그의 눈을 가리고 물어 이르되, 선지자 노릇 하라. 너를 친 자가 누구냐? 하고"(눅 22:64).

삼손은 두 기둥 사이에 놓였다. 고대 사회에서 신전은 일반적으로 세상에 대한 상징적인 모델이었고, 그들의 기둥은 세상을 떠받치는 그들의 신들의 힘을 상징하는 것이었다. 이러한 점은 사실 옛 언약의 성막과 성전에서도 마찬가지였다. 고대인들은 세상이 둥글고, 실제로 기둥이 이것을 떠받쳐지고 있다고 생각하지는 않았다. 그러나 그들은 관용적으로 그렇게 말하곤 했다(예를 들어, 욥 38:6을 보라). 종종 고대의 신전에는 그 신전의 꼭대기에 기둥에 의해 떠받쳐지고 있는 정원이 있었다.

예를 들면, 고대 7대 불가사의 중의 하나로 알려진 바빌론의 세미라미스 공중정원(空中庭園)이라는 것이 있다. 이는 BC 500년경 신(新)바빌로니아의 느브갓네살 2세가 왕비 아미티스를 위하여 수도인 바빌론에 건설한 정원이다. 시원한 고원지대 출신이라서 더위에 약한 왕비를 위해 그는 두꺼운 벽돌 벽으로 직사각

형 모양의 궁전을 짓고 아치형의 지붕을 올렸다. 그리고 궁전 옥상에 흙을 쌓아 갖가지 꽃과 나무를 심고 땅에서 물을 끌어 올려 분수대를 설치했다. 풀 한포기 나지 않는 사막 한가운데서 옥상으로 물을 끌어올려 생명이 넘치는 정원을 건설했으니, 그야말로 '하늘에 걸려 있는 정원' 이었다. 물론 공중정원이란 실제로 공중에 떠있는 것이 아니라 높이 솟아있다는 뜻이다.

다곤의 신전에, 중앙 기둥들은 블레셋 세상을 떠받치고 있는 다곤의 팔들과 같은 것이었다. 블레셋 사람들은 다곤의 힘에 대해 확신했었다. 그들은 다곤이 그들의 시민공원을 떠받들고 있다는 확신으로 그 지붕에 모였었다. 이것이 그 다음에 무엇이 일어났는지에 대한 의미를 보다 잘 이해하기 위하여 염두에 둘 필요가 있는 그림이다.

> 26-30절. 삼손이 자기 손을 붙든 소년에게 이르되, 나에게 이 집을 버틴 기둥을 찾아 그것을 의지하게 하라 하니라. 그 집에는 남녀가 가득하니 블레셋 모든 방백들도 거기에 있고 지붕에 있는 남녀도 삼천 명 가량이라. 다 삼손이 재주 부리는 것을 보더라. 삼손이 여호와께 부르짖어 이르되, 주 여호와여 구하옵나니 나를 생각하옵소서. 하나님이여 구하옵나니 이번만 나를 강하게 하사, 나의 두 눈을 뺀 블레셋 사람에게 원수를 단번에 갚게 하옵소서 하고, 삼손이 집을 버틴 두 기둥 가운데 하나는 왼손으로 하나는 오른손으로 껴 의지하고, 삼손이 이르되, 블레셋 사람과 함께 죽기를 원하노라 하고 힘을 다하여 몸을 굽히매, 그 집이 곧 무너져 그 안에 있는 모든 방백들과 온 백성에게 덮이니, 삼손이 죽을 때에 죽인 자가 살았을 때에 죽인 자보다 더욱 많았더라.

삼손은 두 기둥 사이에 자신을 두었다. 그가 그것들을 넘어뜨릴 때, 그는 상징적으로 다곤에 기초한 사회 전체를 넘어뜨린 것이다. 그 문화의 모든 다섯 우두머리들을 파괴함으로 블레셋의 모든 다섯 방백들을 죽이는 것이다. 실제로 그들의 다섯 우두머리들은 엄청난 돌들 아래 박살이 났다. 게다가 다곤의 대제사장들이 그곳에 있었고, 그들의 머리들도 박살이 났었을 것임이 틀림없다. 다시

한 번 숫자 '3' 이 보이는데, 이는 삼손의 구원이 완전한 '7' 중의 끝이 아니라 '시작' 이라는 사실을 가리키는 것이다. 거기에는 3,000명 이상의 사람들이 있었는데, 이는 그 집은 지붕에 있는 3,000명 외에도 집 안에 가득하게 있었기 때문이다. 지붕 위에 그렇게 많은 사람을 수용할 수 있을 정도로 그것이 매우 거대한 신전이었음이 틀림없다.

한편, 원수를 갚게 해달라는 삼손의 기도가 이기적인가? 전혀 그렇지 않다. 우리는 이것이 이스라엘의 메시야의 기도임을 알아야 할 것이다. 우리가 시편 69:20이하에서 볼 수 있듯이, 메시야 예수님께서도 십자가에서 당신의 원수들에게 멸망이 임할 것을 기도하셨다. 삼손은 그의 두 눈에 대한 복수를 기도하고 있다. 그러나 우리가 살펴보았듯이, 예수께서도 바로 이 시점에서 눈이 가려져 있었고, 시편의 메시야의 기도도, "그들의 눈이 어두워 보지 못하게 하시며, 그들의 허리가 항상 떨리게 하소서"라고 기도하셨던 것이다(시 69:23). 이 기도는 '눈에는 눈' 이란 하나님의 정의에 대한 기준을 완전하게 충족하는 것이었다. 그들이 눈을 못 보게 한 것은 바로 이스라엘의 메시야적 존재였고, 삼손은 하나님의 기름 부음을 받은 자를 공격한 자들이 지불해야할 대가가 있음을 알았던 것이다.

30절에 대한 조심스러운 번역은 삼손의 영적인 힘이 되돌려졌음을 알려주고, 삼손이 이 힘의 전부를 그 신전을 무너뜨리는데 사용했음을 알려준다. 메시야가 그의 원수들의 파멸을 효과적으로 수행하기 위하여 스스로 죽어야 함을 보여주면서, 그는 블레셋 사람들과 죽기를 구하고 있다.

또한 우리는 그가 이 때 죽인 사람들이 생전에 죽인 사람들보다 많았음을 보게 된다. 20년 동안의 전체 숫자가 그의 마지막 행동으로 죽인 숫자보다 많다는 것은 의심스러우나, 그러나 이것은 어떤 특별한 경우와 연관 지을 수 있는 사실이었다. 예수 그리스도처럼, 삼손의 가장 위대하고 결정적인 승리는 그의 죽음과 함께 온 것이다. 이러한 점에서 삼손은 다가올 메시야이신 예수 그리스도의 모형인 것이다.

그런데 만약, 모든 백성들이 죽임을 당했다면, 누가 이 이야기를 사사기 저자에게 전해주었겠는가? 아마도 삼손을 기둥으로 이끌어준 그 소년일 것이다. 아마도 그는 노예로 잡혀온 히브리인이었을 것이고, 삼손이 그에게 경고해서 생명을 보존할 수 있었을 것이다. 물론 우리는 단지 추측할 수 있을 뿐이다.

한 가지 다른 의문이 있는데, 이 삼손의 죽음이 자살인가? 아닌가? 넓은 의미에서는 자살이다. 그러나 "영혼이 떠나시다"라고 한 마태복음 27:50을 비교하라. 우리는 전쟁터에서 자살 특공대처럼, 죽을 수밖에 없는 위험한 임무를 위해 자원하는 것을 비도덕적인 자살이 아닌 자기희생의 행동으로 여길 수 있다. 이것이 우리가 삼손의 죽음을 이해해야 하는 바른 방식인 것이다. 삼손은 목숨을 건 희생으로 하나님의 원수를 갚은 것이다.

31절. 그의 형제와 아버지의 온 집이 다 내려가서 그의 시체를 가지고 올라가서 소라와 에스다올 사이 그의 아버지 마노아의 장지에 장사하니라. 삼손이 이스라엘의 사사로 이십 년 동안 지냈더라.

결론적으로, 우리는 단 지파의 대표로써 삼손을 볼 수 있다. 창세기 49:16-18은 단은 그의 백성들을 다스릴 것이라고 말한다. 단은 경고 없이 공격하는 방식에서 뱀과 같았다. 이것은 틀림없이 삼손에게 있어서 사실이었다. 그리고 신명기 33:22은 단이 먹이를 향해 바산에서 뛰어나오는 사자와 같다고 한다. 삼손은 사자를 죽인 사자이고, 그는 사자를 죽임으로 그의 일을 시작하였다.

삼손의 타락에 대한 이야기는 이스라엘에게 3가지 기본적인 교훈을 준다. 첫째, 아무리 강한 사람이라도 이방문화를 따라서 음행하면 타락한다. 둘째, 이방문화와 연루되면 영적인 눈이 멀고 삶과 소명을 상실하게 된다. 셋째, 만약 이스라엘이 죄와 속박으로부터 완전하고 결정적인 구원을 받아야 한다면, 보다 완벽한 메시야가 필요한데, 이는 도덕적으로 순결하고 전지전능하신 구원자이어야 한다.

제 6 장

종교적 실패

1. 거짓 성소와 제사장을 세움(삿 17:1-13)

사사기는 긴 '서론'으로 시작하여(1:1-3:6), 사사들의 이야기가 '본론'으로 나열되고 있다(3:7-16:31). 그리고 끝으로 '결론'을 대신하여, '부록' 같은 인상을 주는 몇몇 이야기들을 소개하고 있다(17-21장). 사실 미가사건이나 레위사람의 첩의 죽음에 대한 사건이나, 베냐민 지파를 멸망시킨 사건들은 사사시대의 타락상을 가장 극명하게 보여주는 사사시대의 결론인 동시에 사사시대의 모든 타락의 원인을 규명하는 것이다. 이 이야기들은 서로 다른 이야기처럼 보이지만, 사실은 한 가지로 집약될 수 있는데, 바로 바른 교회를 세움에 대한 것이다.

바른 교회를 세우는 문제는 오늘날 한국교회의 가장 중요한 문제 중 하나일 것이다. 한국교회의 양적 성장의 전성기인 1970년대에 한국교회 지도자들에게 큰 영향을 준 것은 미국 풀러신학교 교수인 도널드 맥가브란의 '교회성장 이론'이었다. 그러나 풀러의 교수인 김세윤 박사는 '질적 성숙 없이 양적 성장에만 치우친 문제에 관해 풀러신학교에서 여러 번 토론을 거쳐서 결국 사과해야하는 문제로 정리했다'고 한다.[1] 한국교회는 성숙이 아닌 성장에 치우쳤었다. 교회를 크게 세우는 것보다 어떤 교회를 세우는가가 중요할 것이다.

> 1-3절. 에브라임 산지에 미가라 이름하는 사람이 있더니, 그의 어머니에게 이르되, 어머니께서 은 천백을 잃어버리셨으므로 저주하시고 내 귀에도 말씀하셨더니, 보소서, 그 은이 내게 있나이다. 내가 그것을 가졌나이다. 하니, 그의 어머니가 이르되, 내 아들이 여호와께 복 받기를 원하노라. 하니라. 미가가 은 천백을 그의 어머니에게 도로 주매, 그의 어머니가 이르되, 내가 내 아들을 위하여 한 신상을 새기며, 한 신상을 부어 만들기 위해 내 손에서 이 은을 여호와께 거룩히 드리노라. 그러므로 내가 이제 이 은을 네게 도로 주리라.

삼손이 은 1,100 조각에 배반당한 것처럼, 여기에서 여호와께서도 그렇게 배반을 당하신다. 이는 사사기에서 돈으로 인한 세 번째 배반이다(cf. 삿 9:4). 그리고 우리 시대에는 흔히 볼 수 있는 사건이기도 하다.

도둑은 집안에 있었다. 미가가 그의 어머니로부터 그 은을 훔쳤을 때, 그녀는 그 도둑이 들으라는 듯이 그 도둑을 저주했다. 아마 그녀는 누가 그것을 훔쳤는지 이미 알고 있었던 것 같다. 그래서 그 저주를 미가가 듣도록 한 것이다(cf. 레 5:1). 저주를 들은 미가는 두려움 가운데 그것을 돌려주었고, 미가의 어머니는 2절 끝에 "내 아들이 여호와께 복 받기를 원하노라"라며 축복의 공식을 사용하며 그 저주를 취소했다.

종교적인 사람인 미가는 틀림없이 레위기 6:1-7에서 법적으로 요구된 배상에 대해 알고 있었을 것이다. 율법은 훔친 것에 20%를 더하여 배상하고 또한 속건제를 드리도록 요구한다. 배상은 도둑맞은 사람을 만족시키기 위한 것이었고, 제사는 하나님을 만족시키기 위한 것이었다. 그러나 미가는 도둑맞은 어머니를 만족시켰을지라도, 하나님에 대해 무시했다.

비록 그 어머니의 이름은 나오지 않지만, 우리는 이 구절에서 그 어머니의 됨

---

1) 이는 기독청년아카데미에서 행한 이만열 교수의 해방 후 한국교회사 다섯 번째 강의(2012. 2. 12) 중에 밝힌 것이다. Cf. http://lordyear.tistory.com/142

됨이를 볼 수 있다. 그 어머니는 자신의 아들을 우상숭배자로 만들었고, 아마도 사사기 저자가 이 구절에서 여섯 번이나 '어머니' 라는 단어를 사용한 것은 어떤 의도를 지닌 것으로 보인다. 이 숫자 '6' 은 부족함의 숫자이다. 그녀는 사사기 2장의 이스라엘의 참 어머니인 드보라와 대조적인 어머니의 자리에 있다. 드보라와 달리, 그녀는 자신의 자녀들에게 여호와에 대해 가르치는 것에 실패했는데, 이는 이스라엘을 죄 가운데 빠지게 한 당시 이스라엘의 부모들의 대표적인 모습이기도 하다.

> 4-6절. 미가가 그 은을 그의 어머니에게 도로 주었으므로, 어머니가 그 은 이백을 가져다 은장색에게 주어 한 신상을 새기고 한 신상을 부어 만들었더니, 그 신상이 미가의 집에 있더라. 그 사람 미가에게 신당이 있으므로 그가 에봇과 드라빔을 만들고 한 아들을 세워 그의 제사장으로 삼았더라. 그 때에는 이스라엘에 왕이 없었으므로 사람마다 자기 소견에 옳은 대로 행하였더라.

미가의 어머니는 미가에게 은 1,100개 모두를 주겠다고 말했었으나, 그녀는 오직 200개만 주었을 뿐이다. 이것으로 우리는 미가의 탐욕스러움은 그의 어머니의 무릎에서 배운 것임을 알 수 있다. 때로 부모는 자식을 말로 가르치려 하지만, 자식들은 말이 아닌 부모의 삶을 통하여 배운다. 부모는 삶으로 가르친다는 사실을 기억해야 할 것이다. 부모의 삶이 자식에게 카피되고 있음을 알아야 한다.

이스라엘 사람들은 애굽의 금으로 된 전리품들로부터 금송아지를 만들었다. 전리품들은 이스라엘의 남자가 아닌 여자들에게 주어졌다(출 3:22). 지금도 이스라엘 남자들은 금으로 치장하지 않는다. 여기에서도 다른 여자(미가의 어머니)는 다른 금송아지(어떤 신상)를 만들도록 은을 주고 있다. 그러나 그타락을 강조하는 것으로, 그 본문은 단지 금이 아닌 은에 관하여 말하고 있다. 또한 '은' 이란 단어도 이 문단에서 6번 나타나고 있다. 다니엘서 2장에 묘사된 네 가지 세상나라들은 금으로부터 은과 동과 철로 내려가고 있다. 그 은의 나라는 특별히 다니엘서 2:39에서 금의 나라 보다 열등한 것으로 불린다.

생각할 수 있는 모든 종류의 우상숭배가 여기에서 언급되는데, 그래서 우리는 그 요점을 놓치기 쉽다. '새겨진 형상' 은 거대한 은으론 된 판으로 덥힌 거대한 상(像)이다. 은을 녹여 '부어서 만든 형상' 은 작고 들고 다닐 수 있는 속이 비지 않은 은 조각이다(삿 18:20). 우리가 이미 알고 있는 것처럼, '에봇' 은 궁금한 문제에 대한 하나님의 뜻을 알기 위한, 즉 답을 얻기 위한 장치이다. 하나님의 보좌 주변에 천사들과 인간들의 죽은 영혼들을 변형시킨 '드라빔' 은 그 하나님의 보좌 주변의 하늘의 천사들을 나타내는 작은 조각들이다.

미가는 자신의 집이 이러한 신들을 위한 집이 되도록 자신의 집을 일종의 성막으로 만들었다. 가짜 성막, 거짓 성막을 만든 것이다. 하나님의 성막은 그 분의 지상 궁전/성전이었다. 미가의 것은 그것을 변질시킨 모사품이었던 것이다. 이제 미가에게 필요한 것은 제사장이었고, 그는 자신의 아들들 가운데 하나를 제사장으로 만들어 버렸다.

만약 율법이 이스라엘에서 제대로 기능을 했었다면, 미가는 당장 죽었을 것이다(신 13장; 17:2-7). 그러나 이스라엘에는 왕이 없었다. 즉 여호와께서 왕으로 존경을 받지 못했다. 그래서 미가는 감히 이런 짓을 할 수 있었던 것이다.

이 사건은 출애굽 직후에 일어난 일임을 알아야 한다. 출애굽 후, 이스라엘이 한 가장 큰 일은 성소를 세운 것이다. 가나안에 들어가서, 미가는 참 성소를 세움에 대한 모조품으로 거짓 성소를 세운 것이다. 그리고 자신의 아들로 무자격 제사장도 세운 것이다.

오늘날 교회가 많이 세워져 있다. 교회는 여러 가지 이유들로 세워진다. 우리는 개척의 현장에서 피눈물 흘리는 고결한 개척자들의 수고를 잊지 말아야 할 것이다. 동시에 무분별하게 교회를 세우는 어리석음도 범하지 말아야 할 것이다. 풀러의 피터 와그너가 한국교회에 끼친 가장 치명적인 잘못은 분열을 정당화했다는 것이다. 교회의 미덕은 경건이어야지 경쟁이어선 안 된다. 경쟁적으로 교회를 세우고 키우는 가운데 교회 숫자는 많아졌지만, 성숙하지 못한 모습들을 많이 보였던 것도 사실이다.

7-9절. 유다 가족에 속한 유다 베들레헴에 한 청년이 있었으니, 그는 레위인으로서 거기서 거류하였더라. 그 사람이 거주할 곳을 찾고자 하여, 그 성읍 유다 베들레헴을 떠나 가다가, 에브라임 산지로 가서 미가의 집에 이르매, 미가가 그에게 묻되, 너는 어디서부터 오느냐? 하니, 그가 이르되, 나는 유다 베들레헴의 레위인으로서 거류할 곳을 찾으러 가노라. 하는지라.

유다 베들레헴 출신의 한 레위인이 등장한다. 이 레위인은 본문에서 몇 번이나 "한 청년"으로 불리고 있다. 그는 제사장이 되기 위해서 더 기다려야하는 나이였다.[2] 제사장은 30세에 공적 사역을 시작한다. 그 청년은 아직 30세 이전의 젊은이였던 것이다. 기드온에 대한 우리의 연구에서, 우리는 성경에서 '청년에 대한 주제'를 잠시 다뤘다. 함과 같이, 이 청년은 이스라엘의 아버지의 장막을 존경하지 않았고, 자신의 힘을 기초해서 무언가를 세우려고 했다. 그는 아직 더 준비할 것이 많은 무자격자였던 것이다.

또한 레위인은 오직 레위인들의 성읍에서 살아야 했다. 그들은 다른 지파들처럼, 자신들의 몫의 영토를 가지지 못한 채, 오늘날 지역 교회의 목회자들처럼 이스라엘의 각 도시들을 섬기도록 이스라엘 여러 성읍들에 뿔뿔이 흩어져 살았다(레 23:3; 신 14:27, 29). 그들은 이스라엘 각 지역에서 이스라엘의 영적 아버지의 역할을 해야 했고, 동시에 신부된 이스라엘에게 신적인 남편이신 하나님의 대리인으로 살아야 했다. 이전에 금송아지 사건에서 볼 수 있듯이, 아론이 이스라엘을 인도하는 것에 실패했을 때, 레위인들은 하나님의 편에 서서 이스라엘의 장자들의 대리인으로 여호와를 섬기도록 성별되었다(출 32:26, 29; 민 8:16).

만약 누군가 유다 베들레헴의 제사장이 있었다면, 이 레위인이 바로 그 사람이었을 것이다. 그러나 그는 자신의 사명의 땅을 떠나고 있다. 그 이유는 불분명하지만, 우리는 그 다음에 이어지는 그의 행동을 통하여 그 이유를 짐작할 수

---

2) 사실 '청년' 이란 번역(개정개역)보다 17세 정도의 소년을 의미하는 '청소년' 혹은 '소년' 이라고 번역(개역)하는 것이 더 적절할 것이다. 왜냐하면 이 단어 נער(na'ar)의 BDB 사전적 정의는 "a boy, lad, servant, youth, retainer"이기 때문이다.

있게 될 것이다. 그는 "거주할 곳을 찾아서" 가던 중이었다.

참 목자도 양의 젖과 고기를 먹고 삯꾼도 양의 젖과 고기를 먹는다. 그러나 목자는 사명을 위해 먹고 삯꾼은 생명을 위해 먹는다. 사명을 생명보다 귀하게 여기는 자가 참 목자이다. 그러나 우리는 이 레위인이 생명 때문에 사명을 버리고 떠나는 모습을 보게 된다.

결국 이 레위인은 미가의 아들을 대신하여 제사장이 된다. 미가의 아들의 대리인이 되는 것이다. 여호와께 다른 불을 드린 나답과 아비후처럼, 그는 하나님이 주신 사명이 아닌 단지 먹고 살기 위한 직장을 잡은 것이다(레 10:1-2). 이는 단순한 생존의 문제가 아니다. 그는 이미 권력과 부에 대한 욕망에 사로잡혀서 사는 자임을 알아야 한다.

> 10-13절. 미가가 그에게 이르되, 네가 나와 함께 거주하며 나를 위하여 아버지와 제사장이 되라. 내가 해마다 은 열과 의복 한 벌과 먹을 것을 주리라. 하므로, 그 레위인이 들어갔더라. 그 레위인이 그 사람과 함께 거주하기를 만족하게 생각했으니, 이는 그 청년이 미가의 아들 중 하나 같이 됨이라. 미가가 그 레위인을 거룩하게 구별하매, 그 청년이 미가의 제사장이 되어 그 집에 있었더라. 이에 미가가 이르되, 레위인이 내 제사장이 되었으니, 이제 여호와께서 내게 복 주실 줄을 아노라. 하니라.

이 레위인은 미가에게 "해마다 은 열과 의복 한 벌과 먹을 것"에 고용된다. 이 "의복 한 벌"은 아마 영광과 아름다움의 아론의 겉옷을 모방한 것으로 보인다. 한편 아론의 겉옷은 영광스러운 성령의 나타나심에 대한 모습이다.[3] 그 레위인은 하나님께 속하기보다는 유력자로 보이는 인간 미가에게 속해서, 하나님의 먹여주심보다는 인간이 주는 먹을 것을 의지했고, 성령의 나타나심보다 인간의 옷의 외형적인 영광과 권위를 자랑스러워했다.

여기에서 우리는 본문이 '베들레헴 주제'로 시작하고 있음을 잊지 말아야 할

---

3) Meredith G. Kline, *Images of the Spirit*(Eugene: Wipf and Stock, 1999), pp. 42-46.

것이다. 베들레헴, 즉 '베이트-레헴' (בית לחם)은 문자적으로 '떡집' 을 의미한다. 베들레헴은 유다와 이스라엘에게 참된 생명의 떡을 주는 곳이어야 했다. 그러나 대신에, 베들레헴으로부터 오는 모든 것들은 오염되어졌다. 본문의 레위인이 그렇고, 또한 사사기 19장의 거짓 레위인이 베들레헴 출신이고, 룻기 1장에서 배반자 엘리멜렉도 베들레헴에서 모압으로 출발한다.

구속사적인 진전에서 아직 미숙한 베들레헴은 오직 다윗의 출생과 더불어 '구속되고', 오직 더 위대한 다윗이신 예수 그리스도 안에서 베들레헴은 진정한 떡의 집이 되었다. 즉 예수 그리스도는 베들레헴 그 떡 집의 말구유에서 나셨고, 성만찬을 통해 '생명의 떡' 이 되신 당신의 몸을 우리에게 먹도록 하신 것이다(요 6:48-58; 눅 22:19; 고전 11:24-25).

삼손에 의해서 블레셋이 놀림꺼리가 된 것처럼, 미가는 일종의 마술을 믿었다. 당시 바알주의자들처럼, 미가는 종교란 것이 하나님에게 복종하는 것이 아니라 하나님을 조정하는 것이라고 믿었다. 이제 그는 자신의 통제 하에 신들을 두었고, 그래서 미가는 여호와께서 자신을 축복하실 것을 확신했다.

우리가 신앙생활을 하면 복을 받는다. 복 받기 위해서 신앙생활을 한다는 말은 어떤 의미에서 맞는 말이다. 그러나 우리가 받는 복이 현세에 대한 것뿐이라고 생각하면 그것이 바로 '기복신앙' 이다. "만일 그리스도 안에서 우리가 바라는 것이 다만 이 세상의 삶뿐이면, 모든 사람 가운데 우리가 더욱 불쌍한 자이리라"(고전 15:19). 우리는 이미 영생의 복을 누리고 있다(시 133:3). 그리고 세상을 이기는 복을 누리고 있다(요일 5:4). 무엇보다도 하나님의 자녀가 된 복을 누리고 있는 것이다. 우리의 복의 근거는 종교적인 형식을 갖춘 것이 아니다. 복의 근원된 그리스도에 근거한 것이다.

출애굽한 이스라엘은 성막을 세우고, 제사장을 세웠다. 미가는 개인적으로 거짓 성소와 거짓 제사장을 세웠다. 외형적으로 유사한 모습이었으나, 실제로는 전혀 다른 것을 세운 것이다. 때로 본질을 위협하는 것은 비본질적인 것이 아니라 유사본질이다. 다이아몬드의 가치를 떨어뜨리는 것은 금이나 은이 아니라 가짜 다이아몬드일 것이다. 신앙의 본질을 회복해야 할 것이다.

2. 다섯 정탐꾼의 보고(삿 18:1-10)

모방은 계속되고 있다. 출애굽 후에, 하나님은 하나님의 집을 세우셨고(출 25-40장), 제사장들을 임명하셨다(레위기). 그리고 사람들은 가나안 땅을 정탐하기 위하여 정탐꾼들을 파송했다(민수기). 그 후 첫 번째 성인 여리고를 '호르마'로 불태우면서 정복했다(여호수아). 이제 사사기에서 이와 유사한 것들이 잘못된 방식으로 일어나고 있다. 미가에 의해 거짓 성소와 거짓 제사장이 세워졌고, 단 지파는 새로운 땅을 찾아 정탐꾼들을 파송하고 있는 것이다.

> 1-2절. 그 때에 이스라엘에 왕이 없었다. 단 지파는 그 때에 거주할 기업의 땅을 구하는 중이었으니, 이는 그들이 이스라엘 지파 중에서 그 때까지 기업을 분배 받지 못하였음이라. 단 자손이 소라와 에스다올에서부터 그들의 가족 가운데 용맹스런 다섯 사람을 보내어 땅을 정탐하고 살피게 하며, 그들에게 이르되, 너희는 가서 땅을 살펴보라 하매, 그들이 에브라임 산지에 가서 미가의 집에 이르러 거기서 유숙하니라.

가나안 땅은 정복전쟁을 완전히 끝낸 후에 분배한 것이 아니다. 여호수아는 가나안 입성 이전에 그 땅을 믿음으로 분배했고, 각 지파는 자신들에게 할당된 땅을 믿음으로 싸우고 차지하도록 되어 있었다. 그러나 아직 분배받지 못한 지파가 일곱이었다(수 18:2). 그 중 가장 나중에 땅을 분배받은 지파가 바로 단 지파였다. "일곱째로 단 자손의 지파를 위하여 그들의 가족대로 제비를 뽑았으니, 그들의 기업의 지역은 소라와 에스다올과 이르세메스와 사알랍빈과 아얄론과 이들라와 엘론과 딤나와 에그론과 엘드게와 깁브돈과 바알랏과 여훗과 브네브락과 가드 림몬과 메얄곤과 락곤과 욥바 맞은편 경계까지라"(수 19:40-47).

신실하지 못한 단 지파는 하나님께서 그들에게 주신 땅을 정복하지 못했다. 그래서 그들은 무언가 쉬운 것, 즉 그들 자신의 약한 힘으로 쉽게 정복할 수 있는 것을 원했다. 그래서 그들은 수호자가 없는 도시를 빼앗기 위하여 찾아다니는 겁쟁이 무리에 불과했는데, 사사기의 저자는 그들을 "용맹스런 사람들"이라고 부름으로 그 단 지파를 조롱하고 있는 것이다. 이 용맹한 사람들은 소라와 에스다올에서 왔는데, 훗날 삼손은 바로 그 장소 출신이다(삿 13:2, 25; 16:31). 삼손은 참된 힘이 어디에서 오는지를 우리에게 잘 보여주었다. 그는 단 지파의 배교하지 않은 신실한 남은 자의 자손이었던 것이다

여기에서 단 지파는 "다섯 사람"을 보내는데, 다섯은 손, 즉 '힘의 숫자' 인데, 그러므로 그 숫자는 군사적인 형태 속에 사용되어지곤 했다.[4] 우리는 여기에서 모든 비열함과 연약함 가운데 있는 인간의 힘을 보게 된다.

또한 사사기 저자가 여기에 사용하고 있는 모든 언어들은 모세가 가나안을 정탐하도록 사람들을 보낸 것을 우리가 떠올리도록 고안된 것이다(민 12:16-14:45; 신 1:19-46). 모세의 정탐꾼들은 그 땅이 좋지만, 강한 적들에 의해 통치되고 있다고 보고했었다. 그러나 이 정탐꾼들은 정복하기 쉬운 무언가를 찾고 있었다. 이 모든 것들이 단 지파를 조롱하기 위하여 고안된 것이다.

하나님은 당신의 백성들에게 어떻게 싸울 것인지를 가르치고 계신다. 하나님께서는 전쟁이 여호와께 속한 것임을 믿고 용감하게 나가도록 가르치신다. 그러나 본문의 이야기는 부정적인 예를 보여주기 위해 고안된 것이다. 단 지파는 전적으로 신실하지 못함 가운데 전쟁했고, 그들은 어리석은 겁쟁이들이었다.

3-6절. 그들이 미가의 집에 있을 때에, 그 레위 청년의 음성을 알아듣고 그리로 돌아가서 그에게 이르되, 누가 너를 이리로 인도하였으며, 네가 여기서 무엇을 하며 여기서 무엇을 얻었느냐 하니, 그가 그들에게 이르되, 미가가 이러이러하게 나를 대접하고, 나를 고용하여 나를 자기의 제사장으로 삼았느니라 하니라. 그들이 그에게 이르되, 청하건대 우리를 위하여 하나님께 물어 보아서 우리가 가는 길이 형통할는지 우리에게 알게 하라 하니, 그 제사장이 그들에게 이르되, 평안히 가라. 너희가 가는 길은 여호와 앞에 있느니라 하니라.

---

4) 이동수, 『계시록의 구속사적 읽기』, pp. 187, 349.

단의 배교자들의 본색은 여기에서 분명하게 나타난다. 그들은 먼저 하나님께 물어야 한다는 사실을 알고 있었다. 그러나 그들은 참되신 여호와의 성막이 있는 곳으로 가기보다는 이 거짓 제사장과 그의 거짓 에봇에게 하나님의 뜻을 구했다. 그들이 이 거짓 제사장에게 묻는다면, 그가 긍정적인 대답을 하리라는 것을 잘 알고 있었다. 모든 시대의 배교자들처럼, 그들은 자신들이 듣기를 원하는 바로 그것을 말해주는 자를 찾고 있었던 것이다. 사실, 그들이 참된 하나님을 찾았는지에 대해서조차 의문의 여지가 있는데, 그 이유는 5절의 "하나님"(אֱלֹהִים)이라는 단어는 단지 "신들"로 번역될 수도 있는 것이기 때문이다. 이것은 일종의 언어유희, 즉 사사기 저자가 다시 한 번 단 지파의 배교를 폭로하는 것이다.

오랫동안 우상을 섬겼던 사람이 하나님께 돌아왔다. 그는 하나님을 섬기는 것과 귀신을 섬기는 것의 차이점을 이렇게 말했다. 귀신은 섬길수록 쉽고, 하나님은 섬길수록 어렵다. 그 이유는 귀신을 섬기는 일은 내가 귀신을 조정하는 일이기에 갈수록 쉽지만, 하나님을 섬기는 것은 하나님이 나를 움직이시도록 내 뜻을 굴복해야 하기 때문에 갈수록 더 힘들다고 했던 것이다. 미가 집의 젊은 레위인은 약삭빠르게 그들이 원하는 답을 말했고, 단의 배교자들은 그들이 듣기 원하는 것을 들었던 것이다.

여기에서 우리가 신앙생활에서 주의할 점이 보인다. 자기 교회 목사님을 존경하는 것은 축복일 것이다. 때로 자기 교회 목사님이 아닌 좋아하는 설교자가 있을 수 있다. 그러나 그것이 '영적 편식'은 아닌지 자문해 보아야 할 것이다. 때로 듣고 싶은 설교가 있다면, 그런 설교를 하는 설교자를 청종한다면 우리는 신앙의 내리막길을 걷고 있는 것일 수 있다. 상담을 하는 경우도 마찬가지이다. 자신의 가려운 곳을 긁어줄 상담자를 찾아다니고 있지는 않는가? 영적 지도자들은 내가 듣고 싶은 말이 아닌 하나님의 말씀을 가감 없이 전하는 사람이어야 할 것이다.

7-10절. 이에 다섯 사람이 떠나 라이스에 이르러 거기 있는 백성을 본즉, 염려 없이 거주하며, 시돈 사람들이 사는 것처럼 평온하며 안전

> 하니, 그 땅에는 부족한 것이 없으며, 부를 누리며 시돈 사람들과 거리가 멀고 어떤 사람과도 상종하지 아니함이라. 그들이 소라와 에스다올에 돌아가서 그들의 형제들에게 이르매, 형제들이 그들에게 묻되 너희가 보기에 어떠하더냐 하니, 이르되 일어나 그들을 치러 올라가자. 우리가 그 땅을 본즉 매우 좋더라. 너희는 가만히 있느냐 나아가서 그 땅 얻기를 게을리 하지 말라. 너희가 가면 평화로운 백성을 만날 것이요. 그 땅은 넓고 그 곳에는 세상에 있는 것이 하나도 부족함이 없느니라. 하나님이 그 땅을 너희 손에 넘겨 주셨느니라 하는지라.

그 정탐꾼들은 돌아왔다. 그들의 보고는 그들이 단 지파를 이동하도록 격려하고 있다는 것을 제외하고는 모세의 정탐꾼들의 보고와 같았다. 이 단 지파의 비겁함을 지적하기 위하여 본문이 강조하고 있는 것은 라이스 사람들은 아무런 방어가 없었다는 것이다. 사실 라이스는 정복하도록 제안된 이스라엘 땅의 일부였으나(수 13:1-7), 단 지파가 제비 뽑은 땅은 아니었다. 그들은 여호와께 신실하고 또한 거룩한 전쟁이 포함된 언약의 조건들은 뒷전으로 하고 언약의 축복들만 원했던 것이다.

언약의 축복은 순종이라는 과정의 결과이다. 이러한 과정이 없이는 축복된 결과를 누릴 수 없는 것이다. 혹시 순종의 과정 없이 축복된 결과가 나타났다면, 이는 축복이 아닐 수 있다. 더욱 경계해야 할 일종의 유혹하는 미끼일 수 있다. 단 지파는 다른 지파들과 마찬가지로 치열한 가나안 정복전쟁에 승리한 후, 비로소 안식할 땅을 얻도록 되어 있었던 것이다.

여호수아서는 단 지파에게 할당된 지역을 언급하면서 단의 경계가 더욱 확장된 것을 기록하고 있다. "그런데 단 자손의 경계는 더욱 확장되었으니, 이는 단 자손이 올라가서 레셈과 싸워 그것을 점령하여 칼날로 치고 그것을 차지하여 거기 거주하였음이라. 그들의 조상 단의 이름을 따라서 레셈을 단이라 하였더라. 단 자손의 지파가 그에 딸린 가족대로 받은 기업은 이 성읍들과 그들의 마을들이었더라"(수 19:47-48). 이 '고요한 곳'을 의미하는 '레셈'이 '라이스'의 다른 이름이었던 것이다. 그들은 쉽게 얻을 수 있는 고요한 땅을 차지하였다. 그러나 그 결과 그들은 하나님에 대한 믿음을 상실하게 되었다.

하나님이 우리에게 이 땅에서 주신 최고의 축복은 하나님을 의지하며 살도록 훈련하시는 것이다. 그런 이유 때문에 출애굽 이후에 이스라엘은 광야 40년의 세월을 보내야 했고, 가나안을 차지하는 과정에서도 혹독한 전쟁을 하도록 했던 것이다. 교리적인 용어로 말하자면, 구원 이후에 오랜 '성화' 의 과정을 거치도록 한 것이다. 사실, 성경 전체의 구속사적 내러티브는 이러한 과정을 보여주는 것이기도 하다. 창세기에서 타락한 인간은 계시록에서 회복되기까지 구속사의 과정을 통하여 하나님 앞에 더 온전한 모습으로 다듬어지는 것이다. 이것이 베드로가 말한 "신성한 성품에 참여하는 자가" 되는 것이다(벧후 1:4).

3. 배교한 성소의 완전한 세움(삿 18:11-31)

출애굽 이후 이스라엘은 난공불락의 여리고를 만난다. 그러나 여리고는 하나님의 능력으로 무너졌다. 단순한 함락 이상의 '호르마' 로 하나님의 불로 불태워졌다. 단 지파는 난공불락의 적들을 피해서 쉽게 싸울 상대를 찾았다. 그리고 힘없는 그들을 호르마로 불태우고 있다. 그러나 이 불은 다른 불이다. 순종의 불이 아니라 불순종의 불이 타오른 것이다.

11-13절. 단 지파의 가족 중 육백 명이 무기를 지니고 소라와 에스다올에서 출발하여, 올라가서 유다에 있는 기럇여아림에 진 치니, 그러므로 그 곳 이름이 오늘까지 마하네 단이며, 그곳은 기럇여아림 뒤에 있더라. 무리가 거기서 떠나 에브라임 산지 미가의 집에 이르니라.

민수기에 의하면 가나안 입성 직전의 단 지파의 병력은 "육만 사천사백 명" 이었다(민 2:43). 그 중 "육백 명이" 무장하고 나온 것이다. 우리는 숫자 '6' 이 주는 상징성을 잘 알고 있다. 이는 사람이 창조된 날의 숫자이고, 성경에서 계속해서 사용된 타락한 인간의 모습을 나타내는 사람의 숫자이다(삼상 13:15; 17:7;

왕상 10:14, 16; 10:29; 대하 9:13, 15; 단 3:1). 결정적으로 계시록은 '6'이 사람의 수라고 한다. "지혜가 여기 있으니 총명한 자는 그 짐승의 수를 세어 보라. 그것은 사람의 수니 그의 수는 육백육십육이니라"(계 13:18).[5] 단 지파는 하나님에 대한 믿음 없이 인간적인 힘만 가지고 전쟁하기를 원했다. 그들은 전체 병력의 약 1%만으로 가벼운 싸움을 선택한 것이다.

14-21절. 전에 라이스 땅을 정탐하러 갔던 다섯 사람이 그 형제들에게 말하여 이르되, 이 집에 에봇과 드라빔과 새긴 신상과 부어 만든 신상이 있는 줄을 너희가 아느냐? 그런즉 이제 너희는 마땅히 행할 것을 생각하라 하고, 다섯 사람이 그 쪽으로 향하여 그 청년 레위사람의 집 곧 미가의 집에 이르러, 그에게 문안하고, 단 자손 육백 명은 무기를 지니고 문 입구에 서니라. 그 땅을 정탐하러 갔던 다섯 사람이 그리로 들어가서, 새긴 신상과 에봇과 드라빔과 부어 만든 신상을 가져갈 때에, 그 제사장은 무기를 지닌 육백 명과 함께 문 입구에 섰더니, 그 다섯 사람이 미가의 집에 들어가서 그 새긴 신상과 에봇과 드라빔과 부

5) 여기에서 우리는 짐승과 사람 둘 다 '6'이라는 숫자로 연결된 것을 알 수 있다. 왜냐하면 그들은 모두 창조의 여섯 번째 날에 창조되었기 때문이다(창 1:24-31). 또한 엿새 동안이 일하도록 명령을 받았다(출 20:8-11). 히브리 노예들은 7년에 그가 해방되기 전에 6년 동안 속박되었다(출 21:2). 6개의 도피성이 사고로 살인한 사람들을 위하여 정해졌었다(민 35:9-15). 그러므로 6은 사람과 관련된 "사람의 수"이다. 뿐만 아니라 "사람의 수"는 곧 "짐승의 수"이다. 그리스도를 통한 구속이 없을 때, 인간은 짐승같은 존재인 것이다. '6'이 짐승의 숫자로 쓰인 것을 보면, 하나님의 백성들의 원수인 골리앗은 "여섯 규빗 한 뼘"이었는데(삼상 17:4), 이는 6에다가 손 하나를 더 한 것이다. 그의 창은 철 600 세겔의 무게였다. 몇 가지 점에서 골리앗은 하나의 짐승이었다. 용의 후손으로 그는 비늘갑옷을 입었다(삼상 17:5). 그러나 여인의 후손은 그의 머리를 박살내는 것으로 그를 파멸시켰다(삼상 17:49-51). 또한 느부갓네살 왕이 자신의 상을 60규빗 높이와 6규빗 넓이의 크기로 세운 것이다(단 3:1). 솔로몬이 금지된 금을 세금으로 받았을 때의 금의 무게가 666 달란트였다(왕상 10:14). 솔로몬의 금 방패를 만들 때 든 금이 600 세겔이었다(왕상 10:16). 솔로몬이 애굽에서 들여온 병거는 한 대의 값이 은 600 세겔이었다(왕상 10:29). 이같이 6, 혹은 60, 혹은 600은 하나님의 계명을 어긴 타락한 짐승같은 인간의 모습을 나타내었던 것이다. 특히 6이 세 번 666으로 나타나는 것은 성부 성자 성령의 삼위일체의 마귀적인 모방인 것이다. Cf. 이동수, 『계시록의 구속사적 읽기』, pp. 251-252.

어 만든 신상을 가지고 나오매, 그 제사장이 그들에게 묻되, 너희가 무엇을 하느냐 하니, 그들이 그에게 이르되 잠잠하라. 네 손을 입에 대라. 우리와 함께 가서 우리의 아버지와 제사장이 되라. 네가 한 사람의 집의 제사장이 되는 것과 이스라엘의 한 지파 한 족속의 제사장이 되는 것 중에서 어느 것이 낫겠느냐? 하는지라. 그 제사장이 마음에 기뻐하여 에봇과 드라빔과 새긴 우상을 받아 가지고 그 백성 가운데로 들어가니라. 그들이 돌이켜서 어린 아이들과 가축과 값진 물건들을 앞세우고 길을 떠나더니,

다섯 명의 정탐꾼들은 600명의 단 지파의 선발대에게 "이 집에 에봇과 드라빔과 새긴 신상과 부어 만든 신상이 있는 줄을 너희가 아느냐? 그런즉 이제 너희는 마땅히 행할 것을 생각하라"고 제안한다. 좋은 제안이다. 과연 그들이 어떻게 해야 했을까? 그들은 미가와 그의 우상들을 불태워야만 했었다(신 17:1-7, 13 이하). 그러나 그들은 그렇게 행하지 않았다.

본문은 우리에게 "에봇과 드라빔과 새긴 신상과 부어 만든 신상"이란 표현을 4번이나 거듭해서 말하고 있다. 이는 하나님께서 금하신 우상숭배에 대한 금지를 분명하게 하는 것이다.

단 지파의 600명의 선발대는 그 우상들을 강탈한다. 뿐만 아니라 거짓 제사장을 위협하는 한편, 그에게 더 좋은 조건으로 회유한다. "네가 한 사람의 집의 제사장이 되는 것과 이스라엘의 한 지파 한 족속의 제사장이 되는 것 중에서 어느 것이 낫겠느냐?" 요즘 식으로 말하면, 그는 작은 시골 교회에서 도시의 대교회로 이동할 기회를 제안하는 것이다. 그 레위인은 이러한 새로운 기회를 내심 즐거워하고 있었다. 우리는 그 레위인에게 신앙은 고사하고 인간적인 정이나 도리조차 찾아볼 수 없는 것이다.

미가가 그들을 추격할 것을 깨달으며, 단 지파 군대는 정렬을 가다듬고 머물러 있었다. 그러나 사사기 저자는 여기에서 좀 더 그들을 조소하고 있는데, 왜냐하면 여자와 아이들을 앞에 둠으로 그들을 겁쟁이처럼 보이도록 만들었기 때문이다.

22-26절. 그들이 미가의 집을 멀리 떠난 때에 미가의 이웃집 사람들

이 모여서 단 자손을 따라 붙어서, 단 자손을 부르는지라. 그들이 얼굴을 돌려 미가에게 이르되, 네가 무슨 일로 이같이 모아 가지고 왔느냐 하니, 미가가 이르되, 내가 만든 신들과 제사장을 빼앗아 갔으니, 이제 내게 오히려 남은 것이 무엇이냐? 너희가 어찌하여 나더러 무슨 일이냐고 하느냐? 하는지라. 단 자손이 그에게 이르되, 네 목소리를 우리에게 들리게 하지 말라. 노한 자들이 너희를 쳐서 네 생명과 네 가족의 생명을 잃게 할까 하노라 하고, 단 자손이 자기 길을 간지라. 미가가 단 자손이 자기보다 강한 것을 보고 돌이켜 집으로 돌아갔더라.

아마 "미가의 이웃집 사람들"이란 미가의 개인적인 사당 둘레에 형성된 적은 무리의 배교자들의 공동체였을 것이다. 그들은 미가와 연합하여 단 지파를 추격했다. 그들은 자신들의 신들을 빼앗기기를 원하지 않았다.

여기에는 많은 유머와 역설이 있다. 도둑인 미가가 도둑을 맞은 것이다. 심지어 미가 자신이 말한 것은 어리석기조차하다. "너는 내가 만든 신들을 빼앗아 갔다." 인간이 만든 신들은 그들의 창조자에게 매우 충실하지 못한 것으로 보인다. 여기에서 우리는 다시 바알주의의 핵심, 즉 인간의 통제를 받는 신을 볼 수 있다.

미가를 맞은 단 지파의 행동은 마치 오늘날 오토바이 갱단을 떠올리게 한다. 그들은 말한다. "헤이, 조용히 하시지, 우리 뒤에 진짜 거친 친구들이 있는데, 만약 그들이 너희가 한 소리를 들었다면, 우리도 그들을 막을 수 없을 걸, 그러니 조용히 꺼지시지." 미가가 들은 소리는 바로 그런 것이었다.

27-28절. 단 자손이 미가가 만든 것과 그 제사장을 취하여 라이스에 이르러, 한가하고 걱정 없이 사는 백성을 만나 칼날로 그들을 치며 그 성읍을 불사르되, 그들을 구원할 자가 없었으니, 그 성읍이 베드르홉 가까운 골짜기에 있어서, 시돈과 거리가 멀고 상종하는 사람도 없음이었더라. 단 자손이 성읍을 세우고 거기 거주하면서,

'베드르홉' (לְבֵית־רְחוֹב)이란 '방들의 집' 혹은 '방과 같은 장소'를 의미한

다. 단 지파는 넓고 탁 트인 장소를 찾았다. 그들은 그곳에 있는 원래의 도시를 불로 태웠다. 이것은 여호수아서와 사사기의 다른 곳에 있는 '호르마'의 불에 대한 모조품이다. 이 때 불은 여호와의 제단으로부터 온 것이 아니었고, 다른 불이었다.

거듭해서 본문은 이 가나안 사람들의 평화로움이 대해 강조하고 있는데, 물론 그들이 쫓겨나지 말아야 한다는 것이 아니다. 왜냐하면 모든 가나안 사람들을 쫓아내고 멸절시키라는 하나님의 명령 안에 그들도 포함되어 있기 때문이다. 그러나 여기에서 강조하는 것은 단 지파의 흉악한 패거리들이 참으로 비겁했다는 것이다. 그들은 무방비 상태의 도시를 공격한 것이다. 그래서 훗날 에스겔은 곡과 마곡의 침략을 "한가하고 걱정 없이 사는 도시"를 침략한 이 단 지파와 비교하고 있다(겔 38:11, 14).

29절. 이스라엘에게서 태어난 그들의 조상 단의 이름을 따라 그 성읍을 단이라 하니라. 그 성읍의 본 이름은 라이스였더라.

우리는 이미 단이 이스라엘, 즉 야곱에게서 태어난 그들의 조상인 것을 알고 있다. 그런데 왜 여기에서 그것을 다시 언급할까? 그렇게 하는 것에 의하여 저자는 단과 그의 후손들 사이의 미묘한 대조를 알릴 수 있기 때문이다. 그는 이스라엘에서 태어났다. 하나님의 계획 가운데 그들은 그 민족에 남아 있었다. 그러나 그들이 하나님을 버리고, 결국 하나님께서 그들을 떠나심으로 그들은 버림받은 나라가 된 것이다.

30-31절. 단 자손이 자기들을 위하여 그 새긴 신상을 세웠고, 모세의 손자요 게르솜의 아들인 요나단과 그의 자손은 단 지파의 제사장이 되어 그 땅 백성이 사로잡히는 날까지 이르렀더라. 하나님의 집이 실로에 있을 동안에 미가가 만든 바 새긴 신상이 단 자손에게 있었더라.

여기에서 말하고 있는 "그 땅 백성이 사로잡히는 날"은 사무엘상 4장과 7:3,

4에 언급되어진 블레셋 사람들에게 사로잡힘일 것이다. 이것은 사무엘이 아마도 사사기를 기록했을 것이라는 것에 대한 하나의 실마리이기도 하다. 사사기는 사무엘이 이스라엘을 다스렸을 때의 기록임이 분명하다.

우리는 "모세의 손자요 게르솜의 아들인 요나단과 그의 자손은 단 지파의 제사장이 되어"라는 구절에서 적지 않은 당혹감을 감출 수 없다. 모세의 후손의 지도력 하에서 그 단의 도시가 우상숭배의 중심지가 된 것이다. 훗날, 북 이스라엘(에브라임)의 여로보암 1세는 거기에 금송아지 하나를 두었다. 여로보암의 계획은 다음과 같았다. 그는 다윗의 나라를 나누어 준다는 여호와의 약속을 신뢰하기보다(왕상 11:38), 만약 그 백성들이 예루살렘에서 여호와를 경배한다면, 그들이 그들의 왕으로 자신을 거부하고 죽일 것을 두려워했다(왕상 12:27). 그래서 그는 분리되어진 종교를 창안했다. 그는 두 개의 금송아지를 만들어서, 하나는 유다와의 국경선 근처인 벧엘에 두었고, 다른 하나는 단에 두었던 것이다(왕상 12:29). 그는 원래의 금송아지 사건에 근거하여 새로운 신학을 세웠다. 그는 금송아지를 섬기는 종교가 참된 종교이고, 예루살렘에서의 예배는 거짓 예배라고 주장했다. 애굽에서 이스라엘이 데리고 나온 것은 바로 송아지였다(왕상 12:28). 여로보암은 역사를 다시 썼고, 나답과 아비후가 의로운 자라고 주장하면서, 그들이 모세와 아론에 의해 억울하게 살해당했다고 주장했다. 그래서 여로보암은 그의 자손의 이름을 나답과 아비얌이라고 했던 것이다(왕상 14:1, 20; 아비얌은 아비후와 같다).

이는 마치, 몰몬교도나 여호와의 증인들이 참된 기독교 신앙을 반대하고, 반삼위일체주의(anti-trinitarian)를 주장하는 같다. 그들은 니케아 회의는 거짓말쟁이들, 즉 삼위일체 신앙을 가진 자들의 승리였다고 한다. 그래서 삼위일체 신앙이 잘못되었다고 한다. 그러나 그들은 '참된' 신앙을 버리고, 이단적인 반 삼위일체주의, 즉 금송아지 종교로 돌아가기를 원하고 있는 것이다.

결론적으로 미가와 단 지파 사건의 핵심은 이스라엘의 출애굽 역사를 모방하는 것이다. 이 이야기는 거짓 출애굽, 즉 어떤 레위사람이 더 나은 장소를 찾아 자신의 마을을 떠나는 것으로 시작한다. 이것은 거짓 성소와 거짓 제사장을 세우는 것으로 이어진다. 그런 후에 그 땅에는 거짓 정탐꾼들이 오고, 거짓 정복전쟁이 일어난다. 마르틴 루터가 사탄은 하나님의 흉내쟁이라고 말한 것에 의하면, 우상숭배자들은 참된 하나님의 교회를 흉내 내고 있는 것이다.

레위사람들의 사명은 참된 믿음을 가르침으로 이스라엘의 영적 순결을 지키는 것이었다. 그들은 이스라엘의 참된 신랑이신 하나님을 대리해서 이스라엘을 보호해야 했다. 그들이 실패하자, 그 결과는 배교와 우상숭배와 타락이 봇물처럼 터졌다. 마치, (고전 14:29의 문맥 가운데, 고전 14:34은 여자가 교회에서 다스리지 못하도록 하는 이유인) 신부에게 신랑을 소개하는 것은 목사들의 일이다. 우리는 교회가 비난을 받는 시대를 살고 있다. 우선적인 책임은 목사들에게 있는 것이다. 심판은 하나님의 집에서 시작하고, 개혁은 반드시 레위사람으로부터 시작해야 하는 것이다(벧전 4:17).

4. 레위인의 첩과 장인(삿 19:1-13)

사사기의 둘째 부록은 세 부분으로 되어 있다. 첫째 부분(삿 19장)는 매우 섬세하고 드라마틱하게 쓰인 참으로 끔찍한 이야기인데, 이는 베냐민지파의 마을에 사는 흉악한 무리들에 의해 저질러진 한 이스라엘 여자에 대한 강간과 살인을 그리는 것이다. 둘째 부분(삿 20장)은 이스라엘이 이 무리들을 징계하기 보다는 그들이 속해 있었던 베냐민지파 전체를 돌로 쳤고, 그 결과 모든 이스라엘이 베냐민을 향해 전쟁을 했다는 사실을 계시하고 있다. 셋째 부분(삿 21장)은 베냐민 지파가 사실상 사라졌고, 그리고 이스라엘은 그 지파를 다시 세우는 문제에 관심을 가지게 되었다. 이 일련의 사건들의 구속사적 의미는 무엇인가?

1-3절. 이스라엘에 왕이 없을 그 때에 에브라임 산지 구석에 거류하는 어떤 레위사람이 유다 베들레헴에서 첩을 맞이하였더니, 그 첩이 행음하고 남편을 떠나 유다 베들레헴 그의 아버지의 집에 돌아가서 거기서 넉 달 동안을 지내매, 그의 남편이 그 여자에게 다정하게 말하고 그를 데려오고자 하여 하인 한 사람과 나귀 두 마리를 데리고 그에게로 가매, 여자가 그를 인도하여 아버지의 집에 들어가니

그 여자의 아버지가 그를 보고 기뻐하니라.

"어떤 레위사람이... 첩을 맞이하였더니"라고 하는데, 레위인에게 첩이 있다는 사실로 시작한다. 본문은 이 이야기의 자세한 배경에 대해 침묵한다. 그러나 우리가 고대 이스라엘의 최초의 독자라면, 다음과 같은 추측이 가능할 것이다. 가난한 가정의 한 소녀가 멀리서 사역하는 어떤 레위인의 아내가 되기 위하여 팔려갔다. 결혼지참금은 그녀에게 주어지는 대신에 그녀의 아버지에게 주어졌고, 그래서 그녀는 결혼지참금이 없는 부인 혹은 첩이 되었다.[6] 아마 그 레위인은 경제적인 여유도 있고 사회적인 영향력도 있는 사람이었을 듯하다. 그가 레위인의 일에 바빴는지 아니면 다른 문제가 생겼는지 정확하게 알 수 없지만, 그 첩은 그 남편에게 마음을 주지 못하고 다른 남자와 바람을 피웠다.

"그 첩이 행음하고" 잡혔을 때, 그녀는 부끄러움 가운데 자신의 아버지 집으로 도망쳤다. 그러나 그 레위사람 남편은 그녀를 찾아왔다. 훗날 마리아의 의로운 남편 요셉[7]이 마리아에게 한 것처럼, 그는 그녀를 돌로 쳐서 죽이지 않았다(레 20:10; 신 22:22-27; 마 1:19). 이러한 이유들로 인하여 그 레위사람이 그녀의 아버지 집에 이르자, 모든 사람들이 그를 반갑게 맞이했을 것이다. 그는 그녀에게 따뜻하게 말하고, 그는 집으로 돌아가자고 설득하는데 성공한다.

사실 이것은 구속사에서 이스라엘과 여호와에 대한 묘사이다. 이스라엘은 결혼지참금을 가지지 못한 아내, 즉 그녀 자신의 소유가 전혀 없는 빈곤하고 불쌍한 여자이다. 그녀는 창녀같이 놀아났었으나, 여호와께서 거듭해서 그녀를 찾으신다. 여호와께서는 당신의 종들인 레위사람들을 택하셔서 당신의 백성들을 돌보고 섬기도록 하신 것이다.

이 이야기에서 바로 이 점은 그 레위인이 여호와의 백성들에 대한 여호와의 모습을 정확하게 잘 대변하고 있는 것이다. 그러나 우리는 그가 자신의 역할을 적절하게 잘 수행하고 있는지를 끝까지 계속해서 살펴보아야 할 것이다.

---

6) James B. Jordan, *The Law of the Covenant*, pp. 84ff.

7) 마리아의 의로운 남편에 관한 주제는 다음을 참고하라. Cf. 이동수, 『신약의 구속사적 연구』(서울: 로고스, 2002), pp. 6-10.

4-9절. 그의 장인 곧 그 여자의 아버지가 그를 머물게 하매, 그가 삼 일 동안 그와 함께 머물며 먹고 마시며 거기서 유숙하다가, 넷째 날 아침에 일찍이 일어나 떠나고자 하매, 그 여자의 아버지가 그의 사위에게 이르되, 떡을 조금 먹고 그대의 기력을 돋운 후에 그대의 길을 가라. 하니라. 두 사람이 앉아서 함께 먹고 마시매, 그 여자의 아버지가 그 사람에게 이르되, 청하노니 이 밤을 여기서 유숙하여 그대의 마음을 즐겁게 하라. 하니, 그 사람이 일어나서 가고자 하되, 그의 장인의 간청으로 거기서 다시 유숙하더니, 다섯째 날 아침에 일찍이 일어나 떠나고자 하매, 그 여자의 아버지가 이르되 청하노니 그대의 기력을 돋우고 해가 기울도록 머물라 하므로 두 사람이 함께 먹고, 그 사람이 첩과 하인과 더불어 일어나 떠나고자 하매, 그의 장인 곧 그 여자의 아버지가 그에게 이르되, 보라 이제 날이 저물어 가니 청하건대 이 밤도 유숙하라. 보라 해가 기울었느니라. 그대는 여기서 유숙하여 그대의 마음을 즐겁게 하고 내일 일찍이 그대의 길을 가서 그대의 집으로 돌아가라 하니.

그 첩의 장인은 그 레위인에 대해 여러 가지 빚진 것이 있었다. 특히 행음한 자기 딸을 용서하고 다시 집으로 맞아들이려는 그 레위인 사위가 고마웠을 것이다. 그래서 그는 그 레위인을 최대한 융숭하게 대접하고 있다. 이야기는 여기에서 수렁에 빠지게 된다. 왜 장인의 집에서 질질 끄는 것에 대해 강조하고 있는가?

우리가 여기에서 한 가지 패턴을 볼 수 있다. 소녀들이 그녀의 아버지의 집에 돌아갔을 때, 이것은 마치 이스라엘이 애굽이나 우르로 돌아가는 것과 같은 것이다. 이스라엘이 창기와 놀아났을 때, 그녀는 남편으로 여호와를 거부했었고, 전에 우르와 애굽에서 섬겼던 신들을 따랐었다(수 24:2, 14). 이스라엘이 그녀의 아버지 집으로 돌아가는 것(우상숭배)과 그 소녀가 행음하고 그녀의 아버지 집으로 돌아간 것 사이에는 형식적인 병행이 있다. 그것이 그녀의 아버지 자체가 신실하지 못한 사람이라는 것을 말하는 것이 아니라, 단지 형식적인 병행이 존재하고 있다는 것이다.

우리는 사사기 저자가 어떻게 그 장인이 레위사람을 붙잡아 두려고 했는지를 강조하고 있음을 볼 수 있다. 우리가 거듭해서 읽어도 그 장인은 그를 조금만 더 머물도록 설득했었다. 여기에서 우리는 '머무름의 주제'에 주목해야 할 것이다. 생각해보자. 그 레위사람은 하나님의 일을 위해 부름을 받은 자였다. 요즘식으로 말하면, 그는 에브라임에서 멀리 떨어진 시골 교회의 목사였을 것이다. 너무나도 멀리 왔기에 그는 자신의 직무에 대한 부담을 가졌을 것이다. 그러므로 삼일 후에, 그는 떠나고자 했다. 그러나 그 소녀의 아버지는 그를 붙잡았다.

이제 우리는 라반이 어떻게 야곱을 붙잡으려 했는지, 그리고 바로가 어떻게 이스라엘을 붙잡으려 했는지를 기억해야 된다.[8] 다시 이 장인과 라반 혹은 바로 사이에 도덕적인 병행에 관한 지침은 없지만, 그러나 형식적인 병행은 있었다. "삼일" 후는 사실 일정한 휴식을 위한 적절한 기간이었다. 그러나 장인은 그를 더 머물도록 설득하고 있는 것이다. 결국 그의 장인은 그 레위사람을 다섯 번이나 붙잡으려고 시도한 것이다(4, 5, 6-7, 8, 9절).

이러한 행동으로, 저자는 우리에게 모종의 긴박감을 연출하고 있다. 즐겁게 머문 것은 결국 사소한 다툼으로 변하기조차 한다. 그 레위사람이 곧장 자기 사역지로 돌아가기를 강력히 원하고 있었다. 그 장인은 자기 집에 그토록 오랫동안 그를 머물게 할 어떤 정당한 권리가 없었다(창 2:24과 비교하라). 만약 여기에서 이스라엘을 위한 어떤 메시지가 있다면, 그들이 그들의 장인의 집과 너무 친숙하게 되는 것으로 타락하게 되었다는 것이다. 즉 그들이 구원받았던 것으로부터 그 이교주의의 집과 너무 친숙하게 되었다는 것을 말하는 것이다. 강조되고 있는 것은 그 장인과 함께 "먹고 마셨다"는 것이다(4, 5, 6, 8절). 물론 이러한 행위 자체가 도덕적인 잘못은 아니다. 그러나 그것은 불미스러운 과거와 너무 친숙하게 되지 말라는 경고를 포함하고 있는 모형론적 용어이다.

우리는 이미 유다의 베들레헴이 사사기와 룻기 1장에서 불신앙의 온상이었음을 살펴보았다. 본문에서도 베들레헴의 빵은 이 레위사람이 자신이 맡은 일로 돌아가는 것을 유혹하고 가로막고 있음을 보여준다. 그러므로 저자는 능숙하게

---

8) James, B. Jordan, *Law of the Covenant,* pp. 32ff.

긴장감을 우리에게 연출하고 있는 것이다. 그 레위사람은 이제 진짜 가려고 하고 있다. 그는 그가 속한 고향으로 속히 가야할 필요가 있었다. 그는 자신의 거룩한 사역들을 너무나 오랫동안 미루고 있었던 것이다.

이 부분에서 주목해야 할 다른 문제가 있는데, 이는 수신학(numerology)과 관련된 것이다. 그 여자는 그녀의 아버지 집에 4개월을 머물렀고(2절), 그런 후에 그들은 다섯 째 날에 떠났다(8절 이하). '4' 에 '5' 를 덧붙인 것이 우리에게는 아무 것도 아니지만, 고대의 독자들에게는 그렇지 않았을 것이다. 우리는 '9' 라는 숫자에 대해서 무심하기 쉽지만, 고대의 독자들은 그렇지 않았을 것이다. 물론 어떤 본문에서 9라는 숫자는 전혀 의미가 없는 것일 수 있다. 그러나 여기서는 그렇지 않아 보인다. 그 여자는 음행을 저질렀다. 정확하게 '9' 기간들 후에, 그녀는 죽도록 폭행을 당하고 죽었다. 이것은 일어났어야 할 어떤 좋은 일에 대한 끔찍한 역전이다. 그녀가 그녀의 남편에게 충실했다면, '9' 달이 지난 후에 그에게 아들을 낳아 주었을 것이기 때문이다. 이것은 죄의 결과에 대한 이스라엘에 대한 하나의 묘사이다. 신실함의 열매는 생명이나, 신실하지 못함의 열매는 죽음이었다.

> 10-13절. 그 사람이 다시 밤을 지내고자 하지 아니하여, 일어나서 떠나, 여부스 맞은편에 이르렀으니, 여부스는 곧 예루살렘이라. 안장 지운 나귀 두 마리와 첩이 그와 함께 하였더라. 그들이 여부스에 가까이 갔을 때에 해가 지려 하는지라. 종이 주인에게 이르되, 청하건대 우리가 돌이켜 여부스 사람의 이 성읍에 들어가서 유숙하십시다 하니, 주인이 그에게 이르되, 우리가 돌이켜 이스라엘 자손에게 속하지 아니한 이방 사람의 성읍으로 들어갈 것이 아니니, 기브아로 나아가리라 하고, 또 그 종에게 이르되, 우리가 기브아나 라마 중 한 곳에 가서 거기서 유숙하자 하고.

레위인은 결국 장인의 집을 떠나 에브라임 산지 자신의 집으로 향했다. 그래서 이스라엘이 정복하지 못한 채 이방인들이 살고 있는 땅인 여부스를 지나게 된다. 여기에 두 가지 일들이 일어나고 있다. 첫째, 그 레위사람은 그 이방인들과 밤을 보내기를 원하지 않고 있었다. 오히려 그는 하나님의 제사장으로 자신의 지위를 존경해줄 동료 이스라엘 사람들에게 자신을 의탁하고자 했다. 이것에 주목하도록 하는 것에 의해, 해설자는 그가 기브아에 이르렀을 때 일어날 일들에 대해서 우리가 이상스럽게 생각하도록 한다. 사건의 결말을 아는 우리는 그들이 여부스에서 만났을 어떤 일들보다 더 나쁜 일들이 기브아에서 일어났음을 깨달을 것이다.

둘째, 우리가 사사기 1:21에서 볼 수 있듯이, 이스라엘은 예루살렘을 정복하는 일에 실패했다. 예루살렘을 정복했다면, 그 레위사람은 거기에서 밤을 보냈을 것이다. 해설자는 우리가 이미 알고 있는 여부스가 예루살렘이라는 사실을 우리에게 주지시킴으로, 10절에서 이것에 대해 명확하게 우리가 주목하도록 요청하고 있다. 멜기세덱의 도시였던(창 14:18) 그 거룩한 성은 더 이상 성소로서 쓸모없게 되었다. 당시 이스라엘의 타협과 무능은 비난받아 마땅한 것이었다.

한편 "라마"에 대한 언급은 여기에서 중요한 관점을 제공하고 있다. 사사기 4:5의 주해에서 우리가 이미 살펴본 것처럼, 라마는 라헬이 베냐민을 낳다가 죽은 장소이다. 이것은 이 이야기에서 '상징적이고 비유적인 함축성'을 분명하게 하고 한층 더 강화하는데 도움을 주고 있다. 라헬과 야곱은 라반의 집에서 오랫동안 머물러 살았고, 가나안으로 돌아오는 것이 연기되어졌었다. 그들은 그들의 종들과 가족들과 함께 떠나려고 했었다. 그러던 중에 벧엘과 다소 거리가 먼 라마에서, 라헬은 베냐민을 낳는 산고 끝에 죽었다.

본문은 야곱과 라헬 이야기를 밑바탕에 깔고 있는 것이다. 여기에서 다시 여자는 그녀의 아버지 집에서 오랫동안 붙잡혀 있다가 그녀의 남편과 떠나고, 그녀는 라마 근처에서 죽는다. 그녀는 아홉 때 후에 죽는다. 그러나 거기에는 베냐민을 위한 출산 같은 것은 없었다. 오히려 그녀의 죽음에 대한 결과로 전체 베냐민 지파가 죽게 된다. 사실, 해설자가 베냐민의 출생이란 변즉을 울리고 있는 것은 바로 이것이다. "여호와의 신부를 나타내는 이 불쌍한 여자의 죽음에서, 너희들은 너희들의 어머니를 폭행하고 살해했다." 또한 해설자는 그 레위사람을 가리키면서 이렇게 말할 수 있다. "너는 야곱이 라헬을 사랑하는 식으로, 그리고 여호와께서 이스라엘을 사랑하는 식으로 너의 아내를 사랑하지 않고 있다."

정리해보면, 본문은 다소 산만하게 한 레위인의 불행한 이야기, 즉 축첩과 그 첩의 간음과 첩장인의 지나친 환대로 돌아오는 길이 지연됨과 여부스를 거쳐 에브라임으로 돌아오는 이야기를 하고 있다. 그러나 이것은 야곱과 라헬의 여정을 복선으로 깔고 신실했던 야곱과 그렇지 못한 레위인을 통해 베냐민의 출생과 파멸의 배경을 제시하고 있는 것이다. 이후에 있을 끔찍한 토막시체 사건의 배후에, 간음과 강간과 살인이 있었고, 그 이전에 레위인의 축첩이 있었음을 보게 된다. 조금 잘못된 시작이 엄청난 결과를 만들게 된다.

5. 이스라엘 가운데 있는 소돔(삿 19:14-31)

뉴스에 연일 성폭력이나 성폭력 후 살인 등 강력범죄가 줄을 잇고 있다. 이러한 사건들의 특징 중 하나가 면식범의 소행이라는 것이다. 평소에 잘 알고 지내던 평범한 사람이 어느 순간에 끔찍한 살인마로 돌변하는 것이다. 사실, 모든 사람이 죄성을 가지고 있다. 그 죄성은 특정한 위기상황에서 쉽게 돌출된다. 그래서 위기의 순간에 그 사람의 진정한 사람됨을 알 수 있는 것이다. 여부스를 거쳐 기브아로 간 레위사람의 일행은 기브아에서 위기를 만나게 된다.

14-15절. 모두 앞으로 나아가더니, 베냐민에 속한 기브아에 가까이 이르러, 해가 진지라. 기브아에 가서 유숙하려고 그리로 돌아 들어가서, 성읍 넓은 거리에 앉아 있으나, 그를 집으로 영접하여 유숙하게 하는 자가 없었더라.

해가 지자 그들은 기브아로 발걸음을 재촉했다. 먼저 그들은 "성읍 넓은 거리" 즉 그 도시의 광장에 진을 쳤다. 그러나 아무도 그들을 영접하지 않았다. 냉랭한 그 도시의 분위기 때문에 더욱 불길한 느낌을 가졌을 것이다. 마지막 날 심판대 앞에서 우리는 "주릴 때에 너희가 먹을 것을 주었고 목마를 때에 마시게 하였고 나그네 되었을 때에 영접하였는지"에 대해 심판받을 것이다(마 25:35, 42-43).

그러나 본문에는 단순히 나그네를 잘 대접하지 않았다는 것 외에 다른 문제가 도사리고 있다. 바로 이 사람이 레위인이었다는 것이다. 만약 이 도시가 여호와께 사랑받았더라면, 사람들은 이 레위사람이 밤을 지내도록 모셔가려고 서로 경쟁하였을 것이다. 기브아는 여호와와 그의 레위사람에 대하여 별로 관심이 없었던 것이다.

16-20절. 저녁 때에 한 노인이 밭에서 일하다가 돌아오니, 그 사람은 본래 에브라임 산지 사람으로서 기브아에 거류하는 자오. 그 곳 사람들은 베냐민 자손이더라. 노인이 눈을 들어 성읍 넓은 거리에 나그네가 있는 것을 본지라. 노인이 묻되, 그대는 어디로 가며 어디서 왔느냐? 하니, 그가 그에게 이르되, 우리는 유다 베들레헴에서 에브라임 산지 구석으로 가나이다. 나는 그 곳 사람으로서 유다 베들레헴에 갔다가, 이제 여호와의 집으로 가는 중인데, 나를 자기 집으로 영접하는 사람이 없나이다. 우리에게는 나귀들에게 먹일 짚과 여물이 있고, 나와 당신의 여종과 당신의 종인 우리들과 함께 한 청년에게 먹을 양식과 포도주가 있어 무엇이든지 부족함이 없나이다. 하는지라. 그 노인이 이르되, 그대는 안심하라. 그대의 쓸 것은 모두 내가 담당할 것이니, 거리에서는 유숙하지 말라. 하고,

그 레위사람의 자존심은 기브아 사람들의 불친절로 심하게 상처를 받았다. 그래서 한 노인이 친절을 베풀려하자 그는 "우리에게는... 무엇이든지 부족함이 없나이다" 라고 말한다(19절). 그가 아무에게도 짐이 되지 않겠다고 하는 것은 그의 자존심이 상한 증거일 것이다. 게다가 18절에서 "이제 여호와의 집(אֶת־בֵּית יְהוָה)으로 가는 중인데" 라고 그는 자신이 여호와의 집으로 가는 레위사람임을 강조한다. 대부분 영어 번역들과 일부 한글성경들은 "여호와의 집" 을 그냥 "집으로" 라고 번역하고 있다.[9] "이제 여호와의 집으로 가는 중인데 나를 자기 집으로 영접

9) 한글성경들도 개역성경과 개역개정성경은 "여호와의 집으로 가는 중인데" 를 번역하고 있으나, 표준새번역, 공동번역 등에는 "여호와의 집" 이 빠져있고 "집으로" 라고 번역되어 있다.

하는 사람이 없나이다." 라고 번역하는 것이 그 히브리어에 대한 더 좋은 번역이다.

그 레위사람이 여부스에 머무르지 않고 기브아까지 온 것은 동족들의 대접을 받기 위함이었다. 특히 자신이 레위사람이었으므로 레위인으로서 자신의 특권을 누리기를 기대했음이 틀림없다. 그러나 아무도 자신을 알아주지 않았다. 자존심이 상했다. 그래서 자신을 알아주는 노인을 만나자, 자신이 여호와의 집으로 가는 레위사람임에도 불구하고 아무도 자신을 영접하는 사람이 없었다고 볼멘소리를 하는 것이다. 성직자의 신분을 불리하면 감추고, 유리하면 드러내는 것이다. 경건을 이익의 방도로 삼는 것이다(딤전 6:5).

한편, 여기에서 노인은 익명의 인물이다. 우리는 단지 "노인"(אִישׁ זָקֵן)이라고 되어 있음을 본다. 젊은 세대는 총체적으로 부패했으나, 이 노인은 여전히 손님을 잘 대접하는 조상들의 전통과 가르침을 따르고 있었다. 그러나 우리는 그가 영적인 영향력을 상실하고, 겨우 자기 스스로만 신앙을 유지하고 있음을 보게 될 것이다. 결국 우리에게 다시 아버지들의 죄가 자녀들에게 전가되는 것을 보여주는 것이다.

또한 우리는 그 노인이 에브라임에서 왔다는 것을 듣게 된다. 분명하게 의로운 기브아 토박이는 아무도 없었다. 이것이 독자들에게 소돔의 일들을 떠올리게 한다. 왜냐하면 동일한 일이 소돔에서도 그랬기 때문이다. 그 지역에는 의인은 아무도 없었다. 유일한 의인은 그 도시에 사는 나그네 롯뿐이었다. 또한 그는 그곳에서 유일하게 친절한 사람이었다.

이렇듯 그 노인과 롯 사이의 병행이 만들어지는 것으로, 해설자는 그 레위사람과 여호와의 사자 사이에 병행을 이루고 있다. 그 사자들은 순결함 가운데 롯의 딸들을 보호했었다. 그들은 영적 지도자와 보호자로 합당하게 행동했었다. 그러므로 영적 지도자인 그 레위사람은 어떻게 행동해야 했을까?

21-24절. 그를 데리고 자기 집에 들어가서, 나귀에게 먹이니, 그들이 발을 씻고 먹고 마시니라. 그들이 마음을 즐겁게 할 때에 그 성읍의 불량배들이 그 집을 에워싸고 문을 두들기며 집 주인 노인에게 말하여 이르되, 네 집에 들어온 사람을 끌어내라. 우리가 그와 관

> 계하리라 하니, 집 주인 그 사람이 그들에게로 나와서 이르되, 아니라 내 형제들아 청하노니, 이 같은 악행을 저지르지 말라. 이 사람이 내 집에 들어왔으니, 이런 망령된 일을 행하지 말라. 보라 여기 내 처녀 딸과 이 사람의 첩이 있은즉 내가 그들을 끌어내리니 너희가 그들을 욕보이든지 너희 눈에 좋은 대로 행하되, 오직 이 사람에게는 이런 망령된 일을 행하지 말라 하나.

21절은 '환대' 라는 것이 고대 이스라엘에서 무엇을 의미하는지를 잘 압축해서 보여주고 있다. 첫째, 그 노인은 그들을 그 자신의 집으로 데려왔다. 둘째, 그는 그 자신의 음식을 짐을 진 그들의 짐승들에게 주었다. 셋째, 그는 그들의 발을 씻어 주었다. 넷째, 그는 그들에게 음식과 마실 것을 주었다.

그러한 것들은 독자들에게 또한 하나님께서 우리에게 당신의 친절을 어떻게 베푸시는가를 보여줄 것이다. 즉 그 분은 우리를 당신의 집인 교회로 초청하시고, 우리의 삶의 세부적인 것들을 제공하시고, 우리들의 발을 씻기시고, 떡과 포도주를 먹이신다. 우리가 잘 이해하지 못할 한 가지 하나님의 친절은 발 씻김일 것이다. 그리스도께서 오시기 이전의 옛 언약 하에서 땅은 저주를 받았기 때문에, 땅에 접촉하는 것은 더렵혀짐과 저주와 접촉하는 것에 대한 상징이었다. 일상적으로, 사람들은 땅과의 접촉으로부터 자신들을 보호하기 위하여 신발을 신었다. 그러므로 발에서 먼지를 씻어내는 것은 더러움을 씻어냄과 그것에 의해 '죽음' 을 제거하고 생명을 부여받는 하나의 종교적이고 혹은 상징적인 행동이었던 것이다. (이에 대한 더 자세한 것들은 삿 13장 주석의 각주를 참고하라.)

롯과 같이, 이 노인은 그의 주변 환경에 영향을 받고 있었던 것으로 보인다. 그는 도덕적으로 오랫동안 타협하며 산 것으로 보이는데, 이는 그의 처녀 딸들을 그 남색자들(the Sodomites)에게 서슴없이 내어주고 있기 때문이다. 또한 그는 그 레위사람의 허락도 없이, 그의 아내를 내어주기도 했다.

지금까지의 이야기에서 우리는 그 레위사람에 대하여 사실 어떤 심각한 문제점들을 발견할 수 없을 것이다. 그는 그의 가출한 아내를 찾아오는 좋은 남편의 모습을 보이는 여호와의 적절한 이미지이다. 그는 가능한 빨리 그의 사역으로 돌아가려고 한 성실한 사람으로 보인다. 물론 그는 약간의 대접을 받기를 기대했을 것이지만, 이방인 가운데 거하기를 꺼려했으며, 의로운 자들 가운데 교제하기를 원하는 신실한 사람으로 보인다. 그러나 충격적인 반전이 그 다음에 일어난다.

> 25-28절. 무리가 듣지 아니하므로, 그 사람이 자기 첩을 붙잡아 그들에게 밖으로 끌어내매, 그들이 그 여자와 관계하였고, 밤새도록 그 여자를 능욕하다가 새벽 미명에 놓은지라. 동틀 때에 여인이 자기의 주인이 있는 그 사람의 집 문에 이르러 엎드러져, 밝기까지 거기 엎드러져 있더라. 그의 주인이 일찍이 일어나 집 문을 열고 떠나고자 하더니, 그 여인이 집 문에 엎드러져 있고, 그의 두 손이 문지방에 있는 것을 보고, 그에게 이르되, 일어나라. 우리가 떠나가자. 하나, 아무 대답이 없는지라. 이에 그의 시체를 나귀에 싣고 행하여 자기 곳에 돌아가서,

여기에서 주목할 몇 가지 일들이 있다. 첫째, 우리는 이 레위사람의 잔혹성을 보게 된다. 틀림없이 그는 그리스도께서 교회를 사랑하심같이 그의 아내를 사랑하지 않았다(엡 5:25). 틀림없이 그는 이스라엘을 사랑하시는 여호와의 이미지가 아니다. "그 사람이 자기 첩을 붙잡아 그들에게 밖으로 끌어내매"에서 우리는 그가 스스로 그녀를 밖으로 내쫓았거나, 아니면 적어도 그 주인이 그녀를 남색자들에게 넘겨주도록 방관하고 있었음을 볼 수 있다.

또한 우리는 그가 28절에서 "일어나라. 우리가 떠나가자."(קוּמִי וְנֵלֵכָה)라고 짧은 히브리어로 외쳐대는 잔인성을 볼 수 있다. 그러므로 해설자는 이 레위사람이 결코 그의 아내의 가출을 진정으로 용서하지 않았다는 것을 우리에게 알리고 있는 것이다. 그는 그녀를 데려가기를 원했다. 그러나 위급할 때, 그는 그녀를 사지로 몰아넣은 것이다. 결국 그는 그녀를 음녀로 취급했던 것이다. 그 무리들에게 그녀를 보내놓고는 아침에, 그녀를 향하여 "좋아, 가자. 너는 밤새 즐겼지 않았느냐"라고 말하는 투이다. 그에게 자비심이란 없었다. 그동안 숨겨온 분노를 터뜨린 것이다. 그녀는 그에게 속임을 당했고, 그는 자신의 비열함을 쉽게

합리화했다.

둘째, 우리는 죽음이 이 젊은 여자가 당할 종국임을 주목하게 된다. 이는 슬픈 최후이다. 우리는 호세아가 고멜을 구원하고 여호와께서 이스라엘을 구원하셨듯이, 그녀가 사랑하는 남편에 의해 구원받을 것을 기대했다. 그러나 여기서는 그렇지 않았다. 죄의 삯은 죽음이고, 그것은 그녀에게도 마찬가지였다. 사실, 호세아는 기브아 사건을 언급한 유일한 선지자였고, 그는 세 번이나 기브아 사건을 언급했다(호 5:8; 9:9; 10:9). 하나님께서 호세아가 보다 고결한 행동을 하도록 인도하셨다는 것 외에, 가출한 고멜을 호세아가 찾아간 것과 사사기의 본문은 상응하는 것이었다.

셋째, 우리가 이 책의 앞에서 살펴본 것처럼, '문' 이라 원래 출산의 장소이다. 그리고 '해가 떠오르는 것' 은 출산과 힘에 대한 상징이다. 그런데 여기에서는 모든 것이 바뀌어져 있다. 해가 뜨자, 그녀는 문지방에서 죽었다. 우리가 살펴본 것처럼, 이것은 그녀에게 출산을 줄 수도 있었던 아홉 기간 이후에 일어난 일이다. 해설자는 숙련된 기교로 이 장면을 그려내고 있는 것이다. 우리는 그녀를 보호했어야 할 그 남자에게 피를 흘리며 기어 돌아와서, 다시 그의 얼굴을 보지 못하고 그의 목소리를 듣지 못하고 죽어가는 한 여인을 보게 되는 것이다. 도움과 보호에 대한 그녀의 무언의 요청에 대한 그 레위인의 답은 "일어나라. 우리가 떠나가자" 라는 얼음장같이 차가운 말일 뿐이었다.

이스라엘에게 그 메시지는 분명하다. 그들은 하나님을 위한 수많은 종류의 선행을 낳으려 했으나, 대신에 그들은 음녀 짓을 하고 죽었다. 마찬가지로 그 레위 사람은 그들을 보호해야 했으나, 그렇게 하지 않았기 때문에, 결국 사회적인 재앙까지 불러오게 되었다.

우리는 이 레위사람에게 분노를 느낄 것이다. 그러나 사실 그 일어난 일에 대해 성경이 말하고 있는 바는 그것이 자신의 잘못이고 동시에 그의 동료 레위인들의 잘못이라는 것이다. 그들은 모든 장소에서 분명하게 하나님의 율법이 전해졌으면, 기브아도 신실한 도시가 되었을 것이다. 그러나 이 악몽은 이미 말씀을 선포하고 죄로부터 이스라엘을 보호해야 할 레위사람들의 실패로부터 온 결과이다. 이 끔찍한 사건이 하필 레위사람에게 일어난 것은 '눈에는 눈' 이란 하나님의 법에 따른 결과일 것이다.

끝으로, 그렇다고 기브아의 악한 무리들의 행동은 결코 정당화할 수 있는 것이 아니다. 특히 그것은 레위사람에 대한 것이었다. 처음에 그들은 이 남자에 대한 정욕 때문에, 두 여자를 거부했는데, 그 중 하나는 처녀였다(25절). 왜 그들이 결국 그 첩을 받아들였는지 우리는 알 수 없다. 그러나 그렇게 하는 것으로, 그들은 여호와의 기름부음 받은 자를 공격한 것이다. 에브라임이 입다에게 전쟁을 한 것처럼, 그들은 그들 가운데 있는 여호와를 대표하는 사람을 공격한 것이다. 이것은 단지 그들의 거대한 죄에 작은 하나를 더하는 것일 뿐이었다. 소돔사람들이 천사를 공격했을 때, 그들은 그 천사들이 단지 사람들이라고 생각했다. 그러나 기브아 사람들의 죄질은 더 나빴는데, 이는 이 사람이 그들 가운데 거하시는 여호와를 상징하는 레위사람인줄 알았기 때문이다.

여기에서 우리는 신약성경과 모형론적인 연관을 발견할 수 있다. 이는 복음서에서 예수 그리스도에 대한 공격은 영적인 의미에서 기본적으로 동성애적 혹은 소돔적인 공격이란 것이다. 그리스도는 자신의 신부를 고통 가운데 두는 대신에, 자기 스스로가 고통을 당했다. 그리스도께서 물리적으로 소돔사람들의 공격을 받았다고 생각할 이유는 없다. 그러나 그보다 그리스도는 참으로 바산의 황소들에 의해 둘러 싸였던 것이다. "많은 황소가 나를 에워싸며 바산의 힘센 소들이 나를 둘러쌌으며"(시편 22:12). 이 점에서 이 이야기는 우리에게 그리스도의 사역의 한 측면, 적어도 영적이고 심리적인 차원에서 그의 고난에 대한 다양한 측면을 보여주고 있는 셈이다.

> 29-30절. 그 집에 이르러서는 칼을 가지고 자기 첩의 시체를 거두어, 그 마디를 찍어 열두 덩이에 나누고, 그것을 이스라엘 사방에 두루 보내매, 그것을 보는 자가 다 이르되, 이스라엘 자손이 애굽 땅에서 올라온 날부터 오늘까지 이런 일은 일어나지도 아니하였고, 보지도 못하였도다. 이 일을 생각하고 상의한 후에 말하자 하니라.

여자의 몸을 12조각으로 찢는 것은 엽기적인 행동이지만, 동시에 상징적인 의미를 가진 행동이었다. 여기에서 사용된 "그 마디를 찍어"(וַיְנַתְּחֶהָ לַעֲצָמֶיהָ)

라는 히브리어 표현은 제물의 각을 뜨는 것과 동일한 용어이다. 이렇게 동물의 사지를 찢고 나누는 것, 혹은 껍질을 벗기는 것은 언약의 찢어짐에 대한 상징이었다. 이는 이 여자의 살인자들이 언약의 위반자들이었고, 그 땅이 찢어져 나가야함을 의미했다. 이러한 것을 상징화하기 위하여 그 레위사람은 그 여자의 몸의 조각들을 이스라엘의 12 지파에게 보냈다. 그 여자와 이스라엘의 보호자로서 행동하지 못한 그 레위사람은 적어도 복수자로 행동하고 있다.

레위인들은 이스라엘 전역에 흩어져 살면서 이스라엘을 가르치며 하나님의 신적인 대리인으로 역할을 감당해야 했다. 사실 레위사람들이 이스라엘 각처에 흩어져 살게 된 것은 '디나사건' 으로 인한 저주였다(창 34:25-30). 그러나 하나님은 그 저주를 은혜로 바꾸셨다. 그리고 그들에게 새로운 사명과 기회를 주셨다. 그러나 그들은 사명을 저버리고 자신들의 특권을 이용하여 재산을 모으고 축첩을 행했다. 늘 대접받는 자리에서 영향력을 행사했던 것이다. 레위인들이 흔들리자 그 사회 전체가 붕괴하게 된 것이다. 이 사회의 영적 지도자로서 우리들의 모습을 한 번 더 생각해 보아야겠다.

6. 판결과 실패한 응징(삿 20:1-25)

한 공무원이 아내를 죽이고 사체를 토막 내어 유기한 사건이 벌여졌다. 흉악한 범죄가 조직폭력배나 전과자가 아닌 평범한 사람, 특히 이런 공무원이나 교사 혹은 성직자 같은 소위 사회 지도층 인사들에 의해 일어나는 것은 그만큼 우리 사회가 총체적인 부패에 늪에 빠져있다는 증거일 것이다. 본문에서 한 레위인이 보낸 토막 시체를 받아든 온 이스라엘은 분노했다.

1-7절. 이에 모든 이스라엘 자손이 단에서부터 브엘세바까지와 길르앗 땅에서 나와서, 그 회중이 일제히 미스바에서 여호와 앞에 모였으니, 온 백성의 어른 곧 이스라엘 모든 지파의 어른들은 하나님 백성의 총회에 섰고 칼을 빼는 보병은 사십만 명이었으며, 이스라엘 자손이 미스바에 올라간 것을 베냐민 자손이 들었더라. 이스라엘

> 자손이 이르되, 이 악한 일이 어떻게 일어났는지 우리에게 말하라 하니, 레위사람 곧 죽임을 당한 여인의 남편이 대답하여 이르되, 내가 내 첩과 더불어 베냐민에 속한 기브아에 유숙하러 갔더니, 기브아 사람들이 나를 치러 일어나서, 밤에 내가 묵고 있던 집을 에워싸고, 나를 죽이려 하고, 내 첩을 욕보여 그를 죽게 한지라. 내가 내 첩의 시체를 거두어 쪼개서 이스라엘 기업의 온 땅에 보냈나니, 이는 그들이 이스라엘 중에서 음행과 망령된 일을 행하였기 때문이라. 이스라엘 자손들아 너희가 다 여기 있은즉 너희의 의견과 방책을 낼지니라 하니라.

1절의 "단에서부터 브엘세바까지" 라는 표현은 아마도 해설자의 손에서 반영된 것 같다. 왜냐하면 단 지파가 그 당시에는 라기스를 아직 정렴하지 못했기 때문이다. 한편, "단에서부터 브엘세바까지" 는 이스라엘의 북쪽 끝에서 남쪽 끝까지라는 관용적인 표현이다. 또한 요단 건너편 지파도 왔다. 모든 사람들이 거기 있었다.

"어른들은 하나님 백성의 총회에 섰고 칼을 빼는 보병은 사십만 명이었으며" 에서 우리는 그들이 군대의 진을 이루고 있는 것을 알 수 있다. 모세는 이드로의 충고에 따라서 "이스라엘 무리 중에서 능력 있는 사람들을 택하여 그들을 백성의 우두머리 곧 천부장과 백부장과 오십부장과 십부장을" 삼았다(출 18:25; 신 1:15; cf. 삼상 8:12). 그래서 이스라엘 군대는 10명 위의 십부장, 50명 위의 오십부장, 100명 위의 백부장, 1,000명 천부장, 10,000명 위의 지휘관들로 구성되어 있었다. 그 초석은 각기 지파의 군대 위에 지파의 어른이었고, 군대적인 진영에서 그들은 아마도 회중의 모퉁이에 위치해 있었을 것이다(cf. 삼상 14:38; 사 19:13).

숫자 '4' 는 땅의 네 귀퉁이를 나타내는 '땅' 의 숫자이다. 그러므로 하나님의 섭리 가운데, 4만 명은 땅의 순결함을 지키기 위하여 소집되었을 것이다. 베냐민은 그 소집에 대하여 들었으나, 오기를 거부했다.

소집된 사람들은 그 레위사람에게 이러한 악행을 저지른 이유를 물었다. 그러나 그는 모든 것을 사실대로 말하지 않았다. 자기에게 유리한 대로 증언하며 약간 틀린 정보를 주었다. 그는 자신이 자신의 아내를 기브아의 남색자들에게 내어주었다는 사실을 속였고, 그들이 자신을 죽이려 했었다고 거짓말을 했던 것이다. 이러한 거짓말을 확인도 하지 않은 채 그들은 위험한 판결을 내리고 있는 것이다.

> 8-13절. 모든 백성이 일제히 일어나 이르되, 우리가 한 사람도 자기 장막으로 돌아가지 말며, 한 사람도 자기 집으로 들어가지 말고, 우리가 이제 기브아 사람에게 이렇게 행하리니, 곧 제비를 뽑아서 그들을 치되, 우리가 이스라엘 모든 지파 중에서 백 명에 열 명, 천 명에 백 명, 만 명에 천 명을 뽑아 그 백성을 위하여 양식을 준비하고, 그들에게 베냐민의 기브아에 가서, 그 무리가 이스라엘 중에서 망령된 일을 행한 대로 징계하게 하리라 하니라. 이와 같이 이스라엘 모든 사람이 하나 같이 합심하여 그 성읍을 치려고 모였더라. 이스라엘 지파들이 베냐민 온 지파에 사람들을 보내어 두루 다니며 이르기를, 너희 중에서 생긴 이 악행이 어찌 됨이냐? 그런즉 이제 기브아 사람들 곧 그 불량배들을 우리에게 넘겨주어서 우리가 그들을 죽여 이스라엘 중에서 악을 제거하여 버리게 하라. 하나, 베냐민 자손이 그들의 형제 이스라엘 자손의 말을 듣지 아니하고,

그들은 "베냐민의 기브아"를 징계하기로 작정했다. 그 방식이 "제비를 뽑아서 그들을" 치는 것이었다. 이러한 사실을 통하여 우리는 사사기의 마지막 이야기와 첫 이야기 사이의 병행을 보게 된다. 사사기의 초두에 그들은 제비를 뽑아서 가나안 족속들을 치러 올라갔었다(삿 1:1-4). 그러나 이제 그들은 같은 방식으로 베냐민 지파를 치러가고 있다. 베냐민 지파는 도덕적으로나 영적으로 가나안 사람으로 취급되고 있는 셈이다.

전쟁을 앞두고 이스라엘은 베냐민에게 "기브아 사람들 곧 그 불량배들을 우리에게 넘겨주어서" 그들을 징계하게 해달라고 제안한다. 이러한 평화의 제안은 신명기 20:10-11에서 주어진 전쟁에 대한 율법에서 왔다. 베냐민 지파는 여호와를 향해 범죄한 자신들의 친척들을 대적해야 했다. 교회사를 통하여 많은 경우

에, 우리는 반역한 남편들을 아내들이 대적하고, 혹은 배교한 자식들을 부모가 대적했는지를 보게 된다. 하나님의 언약과 혈육의 피 가운데, 어느 것이 더 진한가? 그것이 사사기 시대의 문제였고, 또한 오늘날의 문제이기도 하다. 때로 인간적인 정이 앞서서 교회가 거룩함을 포기하는 경우들은 없지 않는가?

이스라엘은 악한 자들을 반드시 불태워 죽이라고 했다(13절). "악을 제거하여 버리게 하라"에서 사용된 히브리어 동사(נְבַעֲרָה)의 형태는 상대적으로 드문 것이고, 거룩한 희생제사의 불과 죽음의 형벌에 의해 죄인들에게 쏟아 붓는 불에 대해 사용되는 것이다.[10] 결국 베냐민이 기브아의 불량자들을 내놓기를 거부할 때, 그 결과로 그 도시는 희생제사적인 불태움을 당해야했다(40절).

> 14-16절. 도리어 성읍들로부터 기브아에 모이고 나가서, 이스라엘 자손과 싸우고자 하니라. 그 때에 그 성읍들로부터 나온 베냐민 자손의 수는 칼을 빼는 자가 모두 이만 육천 명이요, 그 외에 기브아 주민 중 택한 자가 칠백 명인데, 이 모든 백성 중에서 택한 칠백 명은 다 왼손잡이라. 물매로 돌을 던지면 조금도 틀림이 없는 자들이더라.

이스라엘이 가나안 땅에 들어왔을 때, 베냐민 지파의 인구는 45,600명이었다(민 26:41). 그런데 지금 그들의 숫자는 "이만 육천 명"이다. "칠백 명"의 기브아 사람들을 합쳐도 26,700명밖에 되지 않는다. 그러므로 우리는 그들이 숫자적으로 쇠퇴한 것을 알 수 있다. 만약 베냐민 지파 전부가 오지 않았을 것이라고 생각한다면, 사사기 21장에서 다룰 문제인 그들이 전멸한 것에 대한 대책을 세워야 했던 것이 문제가 된다. 즉 그들이 전투 끝에, 전멸해서 실제로 그 지파에서 살아남은 자가 아무도 없었던 것이다. 그러므로 분명하게 26,700명의 남자들은 모든 베냐민 남자들을 대표하고 있었다.

기브아는 700명의 남자들로 이루어져 있었고, 전체 베냐민 지파 군대 가운데

---

10) 이 동사의 원형은 בער(baâ'ar)인데, BDB 사전은 이것을 "1) to burn, consume, kindle, be kindled (verb) 2) to be stupid, brutish, barbarous (verbal denominative)"라고 정의한다.

왼손잡이 투석 전사들이 700명이었다. 왜 이 두 그룹에 대해 언급하고 있는지, 정확하게 그 이유를 알 수는 없다. 아마 여기에서 그들을 언급하는 이유는 완전함과 힘의 숫자인 '7'이란 숫자에 주목하게 하려는 것으로 보인다. 상징적으로 베냐민과 기브아는 강한 힘을 가지고 있었던 것이다.

> 17-21절. 베냐민 자손 외에 이스라엘 사람으로서 칼을 빼는 자의 수는 사십만 명이니 다 전사라. 이스라엘 자손이 일어나 벧엘에 올라가서 하나님께 여쭈어 이르되, 우리 중에 누가 먼저 올라가서 베냐민 자손과 싸우리이까? 하니, 여호와께서 말씀하시되, 유다가 먼저 갈지니라. 하시니라. 이스라엘 자손이 아침에 일어나 기브아를 대하여 진을 치니라. 이스라엘 사람이 나가 베냐민과 싸우려고 전열을 갖추고 기브아에서 그들과 싸우고자 하매, 베냐민 자손이 기브아에서 나와서 당일에 이스라엘 사람 이만 이천 명을 땅에 엎드러뜨렸으나,

"우리 중에 누가 먼저 올라가서 베냐민 자손과 싸우리이까?" 라는 구절은 우리에게 익숙한 구절이다(삿 1:1과 비교하라). 사사기 1장에서, 이스라엘은 누가 먼저 가나안 사람과 전쟁을 위해 올라갈지를 에봇이게 물었고, 그 대답은 거듭해서 유다가 먼저 가라는 것이었다. 마찬가지로 누가 먼저 베냐민을 치러 갈지를 물었고, 그 대답도 유다가 먼저 가라는 것이었다. 우리는 베냐민 지파를 대적하기 위한 군사작전이 가나안 족속들을 대적하기 위한 군사작전과 동일하다는 점을 놓쳐서는 안 된다.

이스라엘은 하나님께 묻고 그 응답으로 전투에 임했다. 그러나 그 결과는 놀랍게도 패배였다. 그들의 동기는 순수한 의로움이었으나, 베냐민은 그들을 쉽사리 패배시켰다. 왜 그랬을까? 이것은 다음과 같은 점을 명백하게 해준다. 즉 모든 이스라엘이 기브아와 베냐민처럼 동일한 죄에 대하여 유죄라는 것이다. 모든 그들의 레위인들은 타락했고, 그들 모두는 음녀같이 놀아났었다. 왜 그들이 그 전투에서 패배했는지에 대한 다른 이유는 없었다.

22-25절. 이스라엘 사람들이 스스로 용기를 내어 첫날 전열을 갖추었던 곳에서 다시 전열을 갖추니라. 이스라엘 자손이 올라가 여호와 앞에서 저물도록 울며 여호와께 여쭈어 이르되, 내가 다시 나아가서 내 형제 베냐민 자손과 싸우리이까? 하니, 여호와께서 말씀하시되, 올라가서 치라. 하시니라. 그 이튿날에 이스라엘 자손이 베냐민 자손을 치러 나아가매, 베냐민도 그 이튿날에 기브아에서 그들을 치러 나와서 다시 이스라엘 자손 만 팔천 명을 땅에 엎드러뜨렸으니, 다 칼을 빼는 자였더라.

이스라엘은 전투를 위하여 "스스로 용기를 내어 첫날 전열을 갖추었던 곳에서" 다시 정렬했다. 비록 그들이 여호와 앞에서 울었지만, 그들이 전투에 패하고도 아무런 회개나 자신들이 범죄했다는 고백도 없었음을 본다. 그들은 다시 전쟁에 나갔을 뿐이다. 그러므로 그들은 다시 패배한 것이다. 첫 번째 전투에서 22,000명이 죽었고, 두 번째 전투에서 18,000명이 죽었다. 그들의 전체 사상자는 전체 군대의 십분의 일인 40,000명이다. 중요한 것은 사망자의 수가 '십분의 일' 이란 사실이다. 그 십분의 일은 하나님께서 모든 것을 요구하심에 대한 하나의 상징이었다. 이러한 십일조를 받으심으로, 여호와께서 그들 모두를 심판하신 것이다.

겉으로 보기에 베냐민을 징계하기 위한 이스라엘의 전쟁은 실패한 전쟁 같아 보인다. 그러나 이스라엘은 실패했어도 하나님은 실패하지 않으신다. 하나님은 베냐민의 타락을 징계하시길 원하셨다. 동시에 이스라엘 전체의 총체적인 타락을 징계하시길 원하셨다. 그래서 이스라엘이 베냐민에게 패배하도록 하신 것이다.

신약교회는 범죄한 형제들에 대한 징계를 늦추지 않도록 하고 있다. 그러나 순서가 있다. "먼저 네 눈 속에서 들보를 빼어라. 그 후에야 밝히 보고 형제의 눈 속에서 티를 빼리라"(마 7:5; cf. 히 7:27). 누군가 티로 인하여 고통을 호소할 때, 들보를 가진 채 남의 눈을 티를 빼주려고 하다가는 티는 고사하고 눈을 찔러 더 큰 상처를 줄 수 있다. 우리는 잔혹한 범죄나 대형사고가 터질 때마다 분노하고 정죄하기 쉽다. 그러나 이러한 정죄는 '나는 적어도 그런 죄는 저지르지 않는다.' 라는 자신의 죄성에 대한 일종의 합리화일 수 있다. 예수님은 이런 일들을 타산지석의 경계로 삼을 것을 말하고 있다. "王 실로암에서 망대가 무너져 치어 죽은 열여덟 사람이 예루살렘에 거한 다른 도든 사람보다 죄가 더 있는 줄 아느냐? 너희에게 이르노니, 아니라. 너희도 만일 회개하지 아니하면, 다 이와 같이 망하리라"(눅 13:4-5). 바울도 이렇게 가르친다. "형제들아 사람이 만일 무슨 범죄한 일이 드러나거든, 신령한 너희는 온유한 심령으로 그러한 자를 바로 잡고 너 자신을 살펴보아 너도 시험을 받을까 두려워하라"(갈 6:1). 성경을 읽으며, 혹은 오늘날 일어나는 사건들을 접하며 먼저 하나님 앞에 우리의 모습을 살펴보아야 할 것이다.

7. 회개와 성공한 응징(삿 20:26-48)

한국교회가 한참 부흥의 전성기였던 1980년대 초의 이야기이다. 어느 교회 학생회에서 여름수련회를 김해의 무척산기도원으로 갔다. 통성기도를 하는 중에 10여명의 학생이 정신을 잃고 쓰러졌다. 모두 기드하며 쓰러진 학생들이 깨어나기를 기도하여 기다렸는데, 그 중 한 명은 끝까지 정신을 차리지 못했다. 다급해진 사람들은 그 기도원 원장님을 찾았지만, 출타 중이었다. 대신 집사님이 와서 "귀신을 쫓아내기 전에 먼저 회개기도를 해야 해요"라고 가르쳐주었다. 기도하던 사람들은 회개했고, 귀신들린 학생은 정신을 차리게 되었다. 먼저 회개하는 것이 능력의 비밀이다. 이스라엘은 두 번의 전투에 실패했다. 그러나 그들이 회개할 때 새로운 전기를 잡게 된다.

26-28절. 이에 온 이스라엘 자손 모든 백성이 올라가 벧엘에 이르러, 울며 거기서 여호와 앞에 앉아서, 그 날이 저물도록 금식하고, 번제와 화목제를 여호와 앞에 드리고, 이스라엘 자손이 여호와께 물으니라. 그 때에는 하나님의 언약궤가 거기 있고, 아론의 손자인 엘르아살의 아들 비느하스가 그 앞에 도시고 섰더라. 이스라엘 자손들이 여쭈기를, 우리가 다시 나아가 내 형제 베냐민 자손과 싸우리이까? 말리이까? 하니, 여호와께서 이르시되, 올라가라. 내일은

내가 그를 네 손에 넘겨주리라 하시는지라.

연이은 두 번의 패배 끝에 이제 이스라엘은 하나님의 뜻을 깨달았다. 그래서 첫째로 그들은 "그 날이 저물도록" 저녁까지 금식했다. 먼저 그들의 금식은 음식에 대한 하나님의 축복으로부터 자신들이 떨어져나간 죄에 대한 고백이었다. 다음으로 그들은 "번제와 화목제를"(עֹלוֹת וּשְׁלָמִים) 하나님께 드렸는데, 번제는 그들이 범죄한 것에 대한 고백으로 드린 것이고, 화목제는 교제의 회복을 상징하는 것으로 드린 것이다. 이것들은 하나님의 불로 받아들여졌다. 그들은 이것을 저녁에 드렸는데, 창세기 1장에서 "저녁이 되고 아침이 되니"라고 말하는 것처럼 유대인들에게 새로운 날은 저녁에 시작되기 때문에, 이것은 심판과 부활과 새로운 출발의 날인 셋째 날이 시작된 것이다.

우리는 아론의 손자인 "비느하스"가 당시에 사역을 했다는 것을 보게 된다. 그러므로 이것은 우리에게 이 사건이 연대기적으로 사사기의 매우 초기에 발생한 것임을 알려주는 것이다. 이러한 구체적인 사실들을 그 이야기에서 앞부분이 아닌 뒷부분에 기록한 것은 이스라엘이 이제야 비로소 겸손과 믿음 가운데 하나님에게 진실하게 나아가고 있다는 것을 보여주는 것이다.

29-30절. 이스라엘이 기브아 주위에 군사를 매복하니라. 이스라엘 자손이 셋째 날에 베냐민 자손을 치러 올라가서 전과 같이 기브아에 맞서 전열을 갖추매.

이제 의로움 가운데 새로운 출발을 하는 날인 셋째 날이 되었다. 게다가 이스라엘은 아이 성을 패배시킬 때 사용한 그 작전을 사용했다(수 8장). 진중의 죄로 인하여 먼저 아이에 의해서 이스라엘이 패배를 당한 것과 같이(수 7장), 이스라엘은 먼저 베냐민에게 패배를 당했다. 그러나 아이의 사람들이 그들의 성읍이 불타는 것을 보고 모든 것을 잃었음을 깨달은 것처럼, 그런 일이 베냐민에게도 일어났다. 모든 점에서, 가나안 족속처럼 행했던 베냐민 지파는 하나님께서 가나안 족속들을 대적하여 멸망시킨 방식대로 처분을 당하고 있었다.

31-35절. 베냐민 자손이 나와서 백성을 맞더니 꾀임에 빠져 성읍을 떠났더라. 그들이 큰 길 곧 한쪽은 벧엘로 올라가는 길이요, 한쪽은 기브아의 들로 가는 길에서 백성을 쳐서, 전과 같이 이스라엘 사람 삼십 명 가량을 죽이기 시작하며, 베냐민 자손이 스스로 이르기를, 이들이 처음과 같이 우리 앞에서 패한다 하나, 이스라엘 자손은 이르기를, 우리가 도망하여 그들을 성읍에서 큰 길로 꾀어내자 하고, 이스라엘 사람이 모두 그들의 처소에서 일어나서 바알다말에서 전열을 갖추었고, 이스라엘의 복병은 그 장소 곧 기브아 초장에서 쏟아져 나왔더라. 온 이스라엘 사람 중에서 택한 사람 만 명이 기브아에 이르러 치매, 싸움이 치열하나, 베냐민 사람은 화가 자기에게 미친 줄을 알지 못하였더라. 여호와께서 이스라엘 앞에서 베냐민을 치시매 당일에 이스라엘 자손이 베냐민 사람 이만 오천백 명을 죽였으니 다 칼을 빼는 자였더라.

세 번째 전투의 전황은 이러했다. 이스라엘은 자신들을 전면에 두지 않았다. 그러나 두 번의 싸움에 승리한 베냐민은 기고만장해 있었고, 다시 공격해 오는 이스라엘을 추격하기 시작했다. 교만은 멸망의 선봉이다(잠 18:12). 선줄로 아는 자는 넘어질까 조심해야 한다(고전 10:12). 전쟁을 하는 자는 항상 방심하면 안 되는 것이다. "이스라엘 왕이 대답하여 이르되, 갑옷 입는 자가 갑옷 벗는 자 같이 자랑하지 못할 것이라 하라 하니라"(왕상 20:11).

베냐민은 26,000명으로 시작했고, 기브아의 700명이 더해졌다. 셋째 날에 25,100명이 엎드려졌다. 전투가 끝나고, 그들은 600명이 남았다(47절). 이것은 1,000명이 계수되지 않은 것이다. 아마 우리는 처음 두 전투에서 그들이 죽었을 것이라고 추측할 수 있을 것이다.

이스라엘 사람들이 얼마나 이 세 번째 전투에서 죽었는지는 분명하지 않다. 베냐민은 30명 정도를 치기 시작했다. 한글 개역개정성경은 "이스라엘 사람 삼십 명 가량을 죽이기 시작하며"라고 번역하는데, "죽이기"(הַכּוֹת)라는 히브리어는 죽인다는 말보다는 '친다' 혹은 '파괴한다'는 의미가 강한 것이다. 게다가 본문은 베냐민이 '치고 상처를 입히기' 시작했는지 혹은 '상처 입은 자를 치기'

시작했는지가 분명하지 않다. 아마도 이스라엘은 그 전투에서 한 사람도 잃어버리지 않았을 것이다.[11] 그리고 '30' 이란 숫자는 아마도 상징적인 것으로 보이는데, 왜냐하면 이는 정확한 숫자라기보다는 "삼십 명 가량"이라고 하기 때문이다. 이들 30명은 그 나머지 군대가 매복할 수 있도록 자신들을 희생제물로 드렸다. 이는 이스라엘이 회복되고 전쟁에서 승리할 수 있도록 하는 셋째 날에 드려진 희생제물과 연관시키려는 저자에 의한 의도로 보인다.

이스라엘의 10,000명의 본진은 베냐민의 군대가 자신들의 전술에 말려드는 것을 보자 기브아의 소유지를 공격하였다. 이 점에서, 그 전투 이야기는 잠시 멈춰지고, 우리는 단순하게 그 전투의 신학적 요약을 듣게 된다. 즉 베냐민 지파를 패하게 하신 분은 바로 여호와시라는 것이다. 그 결과로 베냐민 지파는 25,100명이 그 날에 죽었다는 것이다.

이 구절은 우리에게 중요한 신학적 통찰력을 주고 있다. 희생제사적인 희생 후에, 여호와께서 베냐민을 패배시키신 날은 바로 셋째 날이었다. 이러한 희생제사는 승리를 위하여 필수적인 것이다. 그러나 이제, 해설자는 어떻게 이스라엘이 여호와의 일을 행하였는지를 보여주면서, 그 전투 이야기의 두 번째 부분, 즉 보다 자세한 부분에 대해 이야기하고 있다. 그 이야기의 둘째 부분은 어떻게 여호와께서 베냐민을 치셨는지에 대하여 정확하게 정리해 줄 것이다.

36-40절. 이에 베냐민 자손이 자기가 패한 것을 깨달았으니, 이는 이스라엘 사람이 기브아에 매복한 군사를 믿고 잠깐 베냐민 사람 앞을 피하매, 복병이 급히 나와 기브아로 돌격하고 나아가며 칼날로 온 성읍을 쳤음이더라. 처음에 이스라엘 사람과 복병 사이에 약속하기를 성읍에서 큰 연기가 치솟는 것으로 군호를 삼자하고, 이스라엘 사람은 싸우다가 물러가고, 베냐민 사람은 이스라엘 사람 삼

11) 히브리어 נכה (nâkâh)는 BDB 사전에 의하면, "to strike, smite, hit, beat, slay, kill" 등의 다양한 의미가 있다. 한글 개정개역성경은 31절에서 '죽였다' 고 번역하는데, 같은 단어를 34절에서는 '쳤다' 고 번역하고 있고, 영어성경(KJV)은 "began to smite"라고 번역한다. 그러므로 우리는 30명이 죽었다고 단언하기 어렵다.

> 십 명 가량을 쳐죽이기를 시작하며 이르기를, 이들이 틀림없이 처음 싸움 같이 우리에게 패한다 하다가, 연기구름이 기둥 같이 성읍 가운데에서 치솟을 때에 베냐민 사람이 뒤를 돌아보매, 온 성읍에 연기가 하늘에 닿았고,

여호와께서 베냐민을 치셨다. 자연스럽게 이는 하나님께서 그들의 마음 가운데 두려움을 주셨음을 의미하고, 이스라엘의 마음과 팔을 강하게 하셨음을 의미한다. 그러나 또한 그것은 어떤 특별한 것을 의미하고 있다. 단지 베냐민은 그들이 다른 전투에서 이긴 것처럼 다시 이길 것이라고 생각했으나, 그들은 기브아에 연기가 피어오르는 것을 뒤돌아서 보았다. 그것은 단지 일상적인 연기가 아니었다. 여기에 사용된 "연기가 치솟는"에서 히브리어(עֲלוֹת)는 26절에 사용된 전체로 드리는 '번제'(עלות)에 대한 용어와 동일한 것이다. 그 도시를 불태울 때 사용되었던 것은 벧엘에 있는 하나님의 제단으로부터 온 불이었다. 기브아는 여호와께 전체로 드리는 번제물이 된 것이다.

여기에서 더 나아가기 전에, 우리는 이것이 여호와께서 승인하신 행동이었는지를 생각해야 한다. 만약 그렇다면, 그것은 이스라엘이 기브아를 대적하여 성전을 수행했다는 것을 의미했고, 우리가 살펴볼 것처럼, 그 도시 안에 있는 모든 것들이 진멸되어야 했음을 의미했다.

본문은 이것이 여호와께서 승인하신 행동이라고 보여주고 있다. 첫째, 성막에서 그들이 물어왔을 때에 여호와께서 그들에게 승리를 보장해주셨다. 그들은 비느하스의 승인 없이는 그 제단에서 불을 가지고 올 수 없었을 것이다. 그러므로 여호와께서 승인하셨다. 둘째, 기브아의 불탐과 베냐민을 치신 분이 바로 여호와시라는 35절의 진술 사이의 병행은 기브아의 불탐이 하나님께서 그것을 파멸하시려는 수단으로 정하신 것이라는 것을 분명하게 해준다.

우리는 사사기 1:8과 17절의 주석에서 한 도시 전체를 희생제물로 드리는 소위 '호르마'에 대해 살펴보았다. 우리는 여기에서 호르마가 있었음을 더 살펴볼 필요가 있다. 기브아의 도성은 분명하게 둘째 소돔이고, 창세기 19:24와 28절에서 우리는 하나님께서 소돔에 불의 비를 내리신 것을 읽게 되고, 롯은 "연기가

옹기 가마의 연기같이 치솟음을" 보았다. 소돔은 하늘의 불로서 불태워진 첫 번째 도시, 즉 첫 번째 '호르마' 였다. 그러므로 남색자들로 들끓는 기브아가 소돔과 동일한 취급을 받은 것은 전적으로 타당한 것이다.

또한, 우리가 살펴본 것처럼, 기브아의 패배는 아이 성의 패배와 분명한 병행이 나타나고 있다. 여호수아 8장은 아이가 전체로 드려진 번제물로서 불태워졌다는 것을 보여주고 있다(수 8:28).

하나님의 제단에 전체로서 번제를 드리는 것으로, 이스라엘은 그들의 죄를 고백했고, 또한 어떤 대속물에 대한 그들의 믿음을 가졌다(삿 20:26). 그 결과, 그들은 태워버려지지 않았다. 그러나 베냐민은 그 대속물을 거부했고, 그래서 그들은 파멸되었던 것이다.

> 41-47절. 이스라엘 사람은 돌아서는지라. 베냐민 사람들이 화가 자기들에게 미친 것을 보고 심히 놀라, 이스라엘 사람 앞에서 몸을 돌려 광야 길로 향하였으나, 군사가 급히 추격하며 각 성읍에서 나온 자를 그 가운데에서 진멸하니라. 그들이 베냐민 사람을 에워싸고 기브아 앞 동쪽까지 추격하며 그 쉬는 곳에서 짓밟으매, 베냐민 중에서 엎드러진 자가 만 팔천 명이니 다 용사더라. 그들이 몸을 돌려 광야로 도망하였으나, 림몬 바위에 이르는 큰 길에서 이스라엘이 또 오천 명을 이삭 줍듯 하고, 또 급히 그 뒤를 따라 기돔에 이르러 또 이천 명을 죽였으니, 이 날에 베냐민 사람으로서 칼을 빼는 자가 엎드러진 것이 모두 이만 오천 명이니 다 용사였더라. 베냐민 사람 육백 명이 돌이켜 광야로 도망하여 림몬 바위에 이르러 거기에서 넉 달 동안을 지냈더라.

이스라엘의 10,000명의 사람들이 기브아를 정복한 후에, 그 군대의 남아있는 350,000명은 베냐민 군대를 공격했다. 베냐민의 군대는 광야로 도망쳤고, 쓰러졌다. 처음에, 전날 이스라엘이 잃은 것과 동일한 숫자인 18,000명이 죽임을 당했다. 그 전투의 끝에, 죽은 자의 숫자는 어림잡아 25,000명이었다(35절과 비교하라). 그런 후에, 5,000명은 "이삭 줍듯" 하였다.

여기에서 우리는 사람을 죽이는 것을 '이삭 줍듯 했다' 는 표현에 주목할 필요가 있다. 이것은 이 사람들의 죽음을 묘사하는 매우 분명한 방법이고, 예레미야 6:9에서도 '줍기' 라고 사용된다. 여기에서 그 용어를 사용한 데에는 두 가지 목적이 있다. 첫째, 바로 그 희귀한 히브리어 동사(עלל)는 '조롱' 혹은 '남용' 이란 의미를 가졌고,[12] 동일한 단어가 사사기 19:25에서 그 레위사람의 아내를 강간하고 '남용' 하는 것을 묘사하기 위하여 사용되었다. 여기에 '눈에는 눈, 이에는 이' 란 원리가 다시 나타난다. 베냐민이 그 불쌍한 여자를 죽음으로 '남용' (עלל)한 것처럼, 그렇게 그들은 죽음으로 줍듯(עלל)하였던 것이다. 둘째, 이것은 레위기 19:10과 신명기 24:21에서 '이삭줍기' 를 위해 사용된 동사이다. 베냐민은 여기에서 포도원으로 묘사되었고, 그것은 두려운 추수에 대한 주제이다. 주된 추수가 끝났을 뿐 아니라 이삭줍기까지 했으므로, 이제 실제로 남아 있는 것은 아무 것도 없었다. 그만큼 철저한 심판이 나타난 것이다.

한편, 여자의 몸과 포도원 혹은 밭 사이의 연관성은 성경에서 일반적인 것인데, 특히 솔로몬의 아가에서 자주 나타난다. 기브아의 사람들은 이 여자를 강간한 것 일뿐 아니라 그들은 그녀를 '이삭줍기' 를 한 것이다. 그래서 그녀는 상해를 당한 것뿐 아니라 죽임을 당한 것이다. 그러므로 베냐민은 단지 패배를 당한 것뿐 아니라 '이삭줍기' 를 당한 것이다. 우리는 만약 기브아 사람들이 그녀를 강간하기만 했다면, 베냐민 사람들이 단지 패배를 당했을 것이고 완전히 파멸되지는 않았을 것이라고 말할 수 있을 것이다.

우리가 살펴볼 것처럼, 그 전투 후에 일어난 일들을 이해하는 것에는 이 모든 것들이 중요하다. 묘사되고 있는 것처럼, 베냐민의 점진적인 감소는 우리에게 전체 지파가 없어질 것이라는 느낌을 주고 있다. 처음에 18,000명이 죽었고, 그 후에 5,000명이 '이삭줍기' 를 당했고, 그 후에 2,000명이 박살이 났다. 분명하게 성전이 수행되어졌고, 이 거룩한 전쟁은 베냐민의 남은 자들이 하나도 없을 때

---

12) 히브리어 עלל('âlal)의 BDB에서의 정의는 다음과 같다. 1) to act severely, deal with severely, make a fool of someone 2) (Poel) to glean 3) (Poel) to act or play the child 4) (Poel) to insert, thrust, thrust in, thrust upon ruthlessly, abuse (by thrusting through)이다. Cf. *TWOT* 1627, 1627b, 1628.

까지 멈춰지지 않을 것이다.

48절. 이스라엘 사람이 베냐민 자손에게로 돌아와서 온 성읍과 가축과 만나는 자를 다 칼날로 치고 닥치는 성읍은 모두 다 불살랐더라.

우리는 이제 이 행동이 잘했는지 잘못했는지에 대하여 보다 충분한 논의를 해야만 한다. 이스라엘은 12지파의 동맹을 깼는가? 우리가 사사기 21장에서 읽은 것은 그들이 하나님의 요구에서 더 나아간 것에 대한 이스라엘에 대한 징계인가? 혹은 우리는 여기에서 진행되어진 것을 이해하기 위하여 다른 지침을 찾아보아야 하는가?

문제는 이 본문에서 여호와로부터 명백한 평가에 관한 진술이 전혀 없다는 것이다. 일반적으로 주석가들은 이 전체 이야기가 사회적인 무정부 상태, 즉 왕으로서 여호와를 모시지 못한 결과를 보여주기 위하여 고안된 것이라고 말한다. 우리는 셋째 날의 전투 이전에 전체로서 회개하고(삿 20:26), 여호와의 인도 하에 행동한 것만으로는 이스라엘에 대한 이러한 큰 흐름에서의 일반적인 평가에 대해서 반대할 수는 없다.

분명하게 베냐민의 살인자들에 대한 도덕적 평가를 하기 위하여, 우리는 신명기에서 전쟁에 대한 율법들을 밀접하게 살펴볼 필요가 있다. 이것들은 여호와의 계명들이다. 그러므로 우리는 이스라엘이 그것들을 적절하게 순종했는지 아닌지를 물을 수 있다. 무엇보다도, 신명기 13장은 다음과 같이 기록하고 있다.

> "네 하나님 여호와께서 네게 주어 거주하게 하시는 한 성읍에 대하여 네게 소문이 들리기를, 너희 가운데서 어떤 불량배(בְּנֵי־בְלִיַּעַל, sons of Belial)가 일어나서, 그 성읍 주민을 유혹하여 이르기를, 너희가 알지 못하던 다른 신들을 우리가 가서 섬기자 한다 하거든, 너는 자세히 묻고 살펴보아서, 이런 가증한 일이 너희 가운데에 있다는 것이 확실한 사실로 드러나면, 너는 마땅히 그 성읍 주민을 칼날로 죽이고, 그 성읍과 그 가운데에 거주하는 모든 것과 그 가축을 칼날로 진멸하고, 또 그 속에서 빼앗

아 차지한 물건을 다 거리에 모아 놓고, 그 성읍과 그 탈취물 전부를 불살라 네 하나님 여호와께 드릴지니, 그 성읍은 영구히 폐허가 되어 다시는 건축되지 아니할 것이라"(신 13:12-16).

여기에는 주목해야 할 몇 가지가 있다. 첫째, 배고자들은 "불량배(בְּנֵי־בְלִיַּעַל, sons of Belial)"로 언급되고 있다. 정확하게 '벨리알'이 무엇을 의미하는지 알려지지 않았으나, 아마도 '가치 없는 것'을 의미하고 있는 듯하다. 신명기 13장이 이 표현을 시용한 첫 번째 경우이고, 사사기 19장과 20장에서 두 번째로 사용되었다. 이러한 문학적인 연결점은 우리에게 사사기의 저자가 그의 독자들에게 기브온 사람들의 죄가 민수기 13장에서 언급된 것과 같은 계통의 죄임을 볼 수 있도록 하는 것이다.

둘째, 그 죄는 참 하나님으로부터 배교한 것이다. 사사기 19장에 상술한 두 가지가 이것을 잘 지적하고 있다. 첫째로 그 도시는 레위사람을 무시했고, 그에게 친절을 베풀지 않았다. 둘째로 그 불량배들이 레위사람을 공격했을 때, 사실 그들은 하나님을 공격한 것이다. 그러므로 기브아의 범죄는 어쨌든 얼핏 보기에 우선적으로 사회적 특성이 있어 보이지만, 그것은 분명히 종교적인 뿌리를 가진 것이다. 기브아는 배교의 도시였고, 신명기 13장의 저주 하에 들어간 것이다.

우리는 그 율법이 가축들과 모든 전리품들을 포함하여 그 도시의 모든 사람들을 하나님께 전체로서 드려진 번제물, 즉 '호르마'로서 완전히 파괴되어야한다는 것을 주목해야 한다.

사사기 20장으로 돌아가기 전에, 또한 신명기 20:10-18을 볼 필요가 있다. 여기에서 우리는 일반적인 전쟁에 관한 율법들을 본다. 주변 나라들이 이스라엘에 대하여 전쟁을 선포했을 때, 이스라엘의 군대는 그 도시로 가서 그것을 무찔러야 한다. 그런 경우에 그 도시의 여자와 아이와 가축들과 물건들은 이스라엘을 위한 전리품이다. 그러나 가나안 족속의 도시들은 예외였다. 그들은 완전히 파괴되어야 했다. 그 이유는 "그들이 그 신들에게 행하는 모든 가증한 일을 너희에게 가르쳐 본받게 하여 너희가 너희의 하나님 여호와께 범죄하게 할까 함이니라"(신 20:18). 분명히 기브아의 남색자들의 행동은 이제 막 묘사되어진 범주, 즉 가나안 족속을 향한 전쟁 가운데 있는 것이다. 기브아는 자신들을 가나안 족속들의 문화와 동일시하였다. 그래서 그러한 문화에 대하여 명령된 심판을 받은 것이다.

이러한 것들의 조명 아래에서, 우리는 기브아의 죄가 종교적 배교임을 알 수 있다. 율법은 배교자들을 먼저 조사를 한 후에 심판을 시행하도록 명령했다. 그러나 베냐민 지파는 협력을 거부했고, 불량배들에게 공개적으로 동조했다. 그들은 가나안 문화에 동조하고 자신들의 여호와와 전쟁을 한 것이다. 그런즉 성전(聖戰)이 불가피했던 것이다. 그래서 베냐민의 남자들 뿐 아니라 여자들과 아이들과 가축들과 물건들까지도 전부 파괴해야 했던 것이다.

결론적으로 이 본문에서 분명한 한 가지 메시지는 우리만 스스로가 의로운 것으로 충분하지 않다는 것이다. 이스라엘은 의로웠고 베냐민은 악했다. 그러나 이스라엘은 처음 두 번의 전투에서 실패했다. 오늘날 보수적인 신자들은 종종 그들이 많은 경우에 자신들이 옳고, 오늘날의 벨리알의 아들들(낙태찬성론자들, 동성애자들, 공산주의자들 등)을 대적하기 때문에 충분하다고 생각한다. 그러나 이러한 자기만족은 일종의 정신적인 덫이다. 우리가 단순하게 악을 대적하는 것으로 충분하지 않다. 악으로부터의 구원은 오직 악한 사람들이 회개하고 교회로 돌아와서 그들이 하나님의 사랑 가운데 예배와 삶을 살아갈 때 이루어지는 것이다(삿 20:26). 그것이 세속적인 인본주의를 패배시키는 유일한 길인 것이다. 우리는 더욱 적극적으로 하나님의 싸움을 싸워야 하는 것이다.

8. 길르앗-야베스의 죽음(삿 21:1-12)

요즘은 보기 드문 모습이지만, 가을걷이가 끝나고 겨울을 지나 봄이 오는 길목에서 농부들은 논두렁에 불을 놓는다. 이는 농작물에 피해를 주는 쥐를 잡고 들판의 마른 풀에 붙어 있는 해충의 알을 비롯한 모든 잡충을 태워 없앨 뿐만 아니라 타고 남은 재가 다음 농사에 거름이 되어 곡식의 새싹이 잘 자라게 하기 위한 조상들의 지혜이다. 신학적으로 말하면 심판과 구원이 나타나는 셈이다. 이스라엘은 길르앗-야베스를 진멸(호르마)한다. 여기에는 길르앗-야베스의 심판과 베냐민을 위한 구원이 동시에 나타나는 것이다.

1-5절. 이스라엘 사람들이 미스바에서 맹세하여 이르기를, 우리 중에 누구든지 딸을 베냐민 사람에게 아내로 주지 아니하리라 하였더라. 백성이 벧엘에 이르러 거기서 저녁까지 하나님 앞에 앉아서 큰 소리로 울며, 이르되, 이스라엘의 하나님 여호와여 어찌하여 이스라엘에 이런 일이 생겨서 오늘 이스라엘 중에 한 지파가 없어지게 하시나이까? 하더니, 이튿날에 백성이 일찍이 일어나 거기에 한 제단을 쌓고 번제와 화목제를 드렸더라. 이스라엘 자손이 이르되, 이스라엘 온 지파 중에 총회와 함께 하여 여호와 앞에 올라오지 아니한 자가 누구냐? 하니, 이는 그들이 크게 맹세하기를 미스바에 와서 여호와 앞에 이르지 아니하는 자는 반드시 죽일 것이라 하였음이라.

본문에서 왜 이스라엘 사람들이 자신들의 딸들을 베냐민과 결혼시키지 않겠다고 맹세했는가? 이는 하나님은 이스라엘이 가나안 족속과 통혼하지 못하도록 명령하셨기 때문이다(출 34:15-16; 신 7:3-4). 베냐민이 스스로 자신들을 가나안 족속들과 전적으로 완전하게 동일시하였기 때문에, 이제 이스라엘은 영적으로 가나안 족속이 되어버린 그들과 통혼할 수 없었던 것이다.

동시에, 이스라엘 교회 공동체의 분열은 그 남은 지파들에게 또 다른 고통이었다. 그들은 베냐민의 출교를 더 이상 기뻐할 때가 아님을 깨달았다. 그들은 참된 영적 상실감과 슬픔에 빠졌다. 이제 그들이 직면한 문제는 베냐민의 남은 군대를 위해 아내들을 찾아 주지 않으면, 베냐민 지파가 한 세대 안에 사라질 것이라는 위기감이었다. 만약 베냐민 지파가 보존되려면, 새로운 출생이 필요했다. 이러한 베냐민의 새로운 출생의 문제가 사사기 21장에서 신학적인 중심 주제이다.

그래서 그들이 벧엘에서 기념적인 제단을 세웠던 그 다음 날에, 아마도 많은 사람들은 벌써 거기에 있었을 것이고, 그들은 "번제와 화목제", 즉 희생제사를 드렸다. 왜 그랬는가? 문맥에서, 그들이 자신들을 위하여 희생제사를 드릴 하등의 이유가 없어 보인다. 아마 그것은 베냐민의 남은 자들의 죄를 속죄하기 위한 것으로 보인다. 이러한 기본적인 속죄에 근거하여, 다시 한 번 베냐민에게 구원이 주어졌을 것이다. 물론, 베냐민 지파는 희생제물에 그들의 손을 얹지 않았을 것이나, 13절에서 그들에게 평화가 선포되었을 때, 그들은 희생제물을 받아들이거나 거부할 기회를 가지게 되었다. 그들은 분명하게 희생제물을 받아들였는데, 이는 그것에 관한 열매가 그들에게 주어졌기 때문이다.

그런즉 베냐민의 "화목제"가 제물로 받쳐졌다. 이스라엘은 이미 하나님과의 교제 가운데 들어갔고(삿 20:26), 그래서 이 제사는 베냐민을 위하여 드려진 것으로 보인다. 우리는 이것을 13절에서 베냐민 지파에 대한 희생제사와 연결을 지을 수 있을 것이다. 또한 이 모든 것이 평화의 왕자인 비느하스의 인도 하에 일어났다는 생각을 할 수 있을 것이다(민 25:10-13).

한편, 이스라엘 사람들은 만약 이스라엘의 누구라도 그 거룩한 전쟁을 지지하지 않는다면, 그들 또한 진멸될 것이라고 맹세했었다. 이는 지나친 것으로 보인다. 물론, 드보라는 자신을 지지하지 않는 지파들을 대항하여 전쟁을 선포했으나, 단지 그들을 비웃었을 뿐이었다. 우리는 이스라엘의 이러한 지나친 맹세를 의롭다고 할 수 있는가?

그들이 처한 상황에 대해서 세 가지 측면을 생각할 수 있을 것이다. 첫째, 그들은 전체적으로 비느하스의 인도 하에 있었기 때문에 우리는 그들의 결심이 합법적이었을 것이라고 생각할 수 있는데, 이는 비느하스가 하나님의 율법을 탁월하게 지키는 사람이었기 때문이다.

둘째, 우리가 이미 언급한 대로, 우리는 여기에서 교회의 내적인 법에 관심을 가질 수 있다. 사회적 문제들에서는 일시적으로 중립적일 수 있지만, 교회의 규칙에서는 결코 그럴 수 없다. 이스라엘에서 법을 어긴 자가 누구인지 밝혀졌을 때, 모든 사람들이 돌로 치도록 율법은 분명하게 명시하고 있다.

우리는 특히 신명기 17:7을 주목해야 할 것이다. 여기에서의 경우는 여호와를 배교하고 다른 신을 섬긴 사람에 대한 것이다. 7절에 따르면, 그 도시의 모든 사람은 돌을 던져야 했고, 그들 가운데 악을 없애고 불태워야 했다. 우리는 사사기 20:13에서 베냐민은 기브아에서 벨리알의 아들들을 불태우도록 요구했으나, 그들이 거절했었다. 그 결과, 기브아와 베냐민의 모든 도시들은 문자적으로 불탔던 것이다. 그리고 율법이 모든 사람들이 돌을 던지는 것을 요구한 것처럼, 이스라엘의 모든 지파들은 '돌 던지기/불태우기' 심판에 참여해야 했던 것이다(신 13:9와 레 24:14를 비교하라.). 그러므로 이스라엘이 어떤 참여하지 않는 자들을 대한 이런 맹세를 하는 것은 전적으로 옳은 일이었다.

셋째, 우리는 "반드시 죽일 것이라"(מוֹת יוּמָת)라는 말에 주목해야만 한다. 문자적으로 그것은 창세기 2:17과 3:4에서처럼, "죽는 것, 그가 죽을 것이다."라는 것이다. 아담은 하나님께서 주신 율법을 어길 시에 죽음에 처해질 운명을 지닌 동산의 수호자였다. 그는 마귀와의 교제의 식믈을 '먹음' 혹은 '먹지 않음'을 통하여 참된 제사장적 수호자인지 아닌지가 가려졌었다. 이것은 사사기 21장에서 일어나는 일과도 정확하게 동일한 것이다. 그것은 동산, 즉 젖과 꿀이 흐르는 하나님의 새로운 땅을 수호하는 모든 그리고 각각의 '아담' 들의 임무였다. 동산을 수호하는 일을 거부하는 자들은 그들이 마귀와 교제하고 있었음을 그들의 행위로 보여줄 것이고, 그래서 그들은 원래의 저주 아래로 들어갈 것이다.

이러한 것을 염두에 두고, 우리는 이스라엘의 야베스-길르앗의 파괴 문제를 생각할 필요가 있다. 이러한 상황 가운데, 이스라엘이 서원한 댕세는 정당하고 적절한 것이고, 야베스-길르앗의 파괴는 전적으로 필요한 것이다.

6-12절. 이스라엘 자손이 그들의 형제 베냐민을 위하여 뉘우쳐 이르되, 오늘 이스라엘 중에 한 지파가 끊어졌도다. 그 남은 자들에게 우리가 어떻게 하면 아내를 얻게 하리요. 우리가 전에 여호와로 맹세하여 우리의 딸을 그들의 아내로 주지 아니하리라 하였도다. 또 이르되, 이스라엘 지파 중 미스바에 올라와서 여호와께 이르지 아니한 자가 누구냐 하고, 본즉 야베스 길르앗에서는 한 사람도 진영에 이르러 총회에 참여하지 아니하였으니, 백성을 계수할 때에 야베스 길르앗 주민이 하나도 거기 없음을 보았음이라. 회중이 큰 용사 만 이천 명을 그리로 보내며 그들에게 명령하여 이르되, 가서 야베스 길르앗 주민과 부녀와 어린 아이를 칼날로 치라. 너희가 행할 일은 모든 남자 및 남자와 잔 여자를 진멸(호르마)하여 바칠 것이니라 하였더라. 그들이 야베스 길르앗 주민 중에서 젊은 처녀 사백 명을 얻었으니, 이는

아직 남자와 동침한 일이 없어 남자를 알지 못하는 자라. 그들을 실로 진영으로 데려오니 이곳은 가나안 땅이더라.

이스라엘 지파들이 야베스-길르앗을 진멸한 것은 민수기 31장에서 비느하스의 인도 하에 모압과 미디안을 대적한 전쟁의 모방이었다. 모세는 이스라엘의 매 지파에 일천 명씩 12,000명을 보내어 모압을 포함한 미디안의 군대를 진멸했다(민 31:1-8). 그 때 모세는 "남자와 동침하지 아니하여 사내를 알지 못하는 여자들은 다 너희를 위하여 살려둘 것이니라"고 명령했다(민 31:18). 마찬가지로, 야베스-길르앗을 치기 위하여 12,000명이 보냄을 받았고, 오직 순결한 처녀들만 살려두었던 것이다.

우리는 이것을 어떻게 이해할 수 있을까? 먼저 모압과 가나안 사이의 관계를 생각해보자. 모압 족속들은 순수한 가나안 족속이 아니었으나, 그들과 유사한 자들이었다. 모압 족속은 이스라엘을 방해했으나, 실제로 하나님께서 쓸어버리라고 명령한 사람들은 모압이 아니었다. 그러므로 모압 사람들은 비슷하게 처분을 받았지만, 극단적인 처벌을 받은 것은 아니다. 야베스-길르앗은 베냐민의 도시가 아니지만, 그러나 베냐민에 대한 전쟁을 거부함으로 그들과 같이 되었다. 야베스-길르앗이 여호와를 대적하여 전쟁하지는 않았으나, 하나님의 일을 방해했던 것이다. 그러므로 야베스-길르앗은 베냐민과 비슷하게 처분을 받았지만, 극단적인 처벌을 받지는 않았던 것이다.

본문의 11절에서 야베스-길르앗의 도시는 '호르마'를 당하였다. 우리는 이 호르마라는 것이 희생제사의 또 다른 모습인 것을 이미 알고 있다. 제사를 드리는 모든 사람들은 하나님의 제단에 서 있었는데, 그 제단이란 것은 땅 그 자체이다. 이는 제단이 흙으로 만들어졌기 때문이다. 하나님의 진노의 불이 제단/땅에 내려오고 있다. 어떻게 인간이 구원을 받을 수 있는가? 제단에서 대속물이 그를 대신하여 그 불을 받을 때에만 가능한 것이다. 그러므로 불의 심판 앞에 있는 인간들의 선택은 이것이다. 즉 하나님의 제단에서 태워지는 대속물을 믿거나, 혹은 자기 자신이 태워지는 것이다. 이것은 대속물을 태워버리는 하나님의 불이거나, 하나님의 원수들을 태워버리는 하나님의 불로 나타나는 것이다.

신학적으로 심판과 구원은 동전의 양면과 같은 동일한 사건이다. 방주를 뜨게 하고 노아를 구원한 그 동일한 물이 하나님의 원수들을 익사시켰다. 동일한 유월절 사건이 애굽의 장자를 죽임과 동시에, 어린양의 대속을 통하여 이스라엘을 구원함을 본다. 동일한 홍해가 이스라엘에게는 갈라졌고, 애굽의 군대들은 수장시켰다. 하나님은 항상 구원과 심판을 동시에 행하신다. 성도들의 구원은 하나님과 그들의 원수들의 파멸과 상관이 있다. 본문에서도 그렇다. 베냐민의 구원은 그 희생제사로 가능하게 되었고, 동시에 그들의 구원은 야베스-길르앗의 파멸과 400 처녀들의 사로잡힘으로부터 왔다.

하나님의 놀라운 섭리 가운데 이제 우리는 여기에서 나타나는 수신학을 살필 필요가 있다. 베냐민의 생존자는 600명이었다. 이는 부족함 가운데 있는 인간의 숫자인 '6' 이다. 여섯째 날에 창조된 그러나 일곱째 날의 휴식을 얻지 못한 아담처럼, 그렇게 베냐민은 '6' 이란 숫자에 의하여 재창조되었던 것이다.

그리고 이스라엘은 베냐민을 위하여 "사백 명"의 처녀들을 준비했다. 이 '4' 는 네 귀퉁이를 가진 '땅의 숫자' 이다. 베냐민이 이제 땅에 대한 통치를 다시 한 번 할 수 있게 되었다는 상징으로 야베스-길르앗의 400명의 처녀들이 주어진 것이다. 게다가 '땅/동산' 과 '여자' 사이의 병행과 '아담' 이 동산의 수호자였다는 것은, 우리가 여기에서 400명의 새로운 하와들이 회복된 베냐민의 아담들을 위한 것임을 보게 한다. 이러한 상징들에 대한 근본적 이미지는 '새로운 창조' 에 대한 것이고, 베냐민의 회복된 통치 가운데 비냐민의 새로운 아담들을 위한 새로운 돕는 자가 주어졌다는 것이다.

길르앗-야베스는 "진멸(호르마)하여 바칠 것이니라" 고 한다. 이 '진멸하여' 라는 히브리어(תַּחֲרִימוּ)가 바로 '호르마' 이다. 하나님의 심판의 불은 하나님의 일에 동참하지 않은 야베스-길르앗의 거민들에게 주어졌다. 동시에 그들의 심판은 베냐민의 부활의 밑거름이 되고 있다. 구속사에서 하나님은 심판과 구원을 동시에 이루어 가고 계시는 것이다.

9. 베냐민의 새로운 출생(삿 21:13-25)

전체 성경의 기록 목적이 무엇일까? 성경은 내용상 인간의 욕심과 음모와 잔인함이 두루 나타나고 있다. 성경에 기록된 아담 이후 타락한 인간의 모습은 한 번도 변함없이 온갖 추악함으로 가득 차 있었다. 성경은 세상의 그 어떤 책보다도 이러한 인간의 본질을 적나라하게 보여준다. 때로 이스라엘의 역사책으로 성경을 보기에는 민망할 만큼 이스라엘 조상들의 부끄러운 이야기도 기록되어 있다. 이런 내용을 기록한 목적은 무엇일까? 성경은 외설적인 이야기가 있지만 외설서가 아니고, 영웅들이 등장하지만 영웅담이 아니고, 역사가 있지만 역사서가 아니다. 성경은 인간의 구원을 위한 복음을 담은 하나님의 말씀이다. 그래서 어떤 성경도 타락한 인간에 대한 고발로 끝나지 않고 구원으로 끝이 난다. 예루살렘의 멸망 이후에 지은 예레미야의 애가도 한낱 슬픈 노래로 끝나지 않고 구원을 위한 기도로 끝을 맺는 것이다. 사사기도 마찬가지일 것이다. 17장에서 21장은 사사시대 이스라엘의 타락을 몇몇 에피소드로 보여주는 것이다. 그러나 사사기도 성경이기에 흔히 주장하는 대로 사사시대가 '그만큼 타락했었다'가 결론이 아니라 '그래도 구원했었다'가 결론이어야 하는 것이다.

> 13-15절. 온 회중이 림몬 바위에 있는 베냐민 자손에게 사람을 보내어 평화를 공포하게 하였더니, 그 때에 베냐민이 돌아온지라. 이에 이스라엘 사람이 야베스 길르앗 여자들 중에서 살려 둔 여자들을 그들에게 주었으나 아직도 부족하므로 백성들이 베냐민을 위하여 뉘우쳤으니, 이는 여호와께서 이스라엘 지파들 중에 한 지파가 빠지게 하셨음이었더라.

"베냐민 자손에게 사람을 보내어 평화를 공포하게 하였더니"라고 한다. 이러한 베냐민에 대한 평화의 공포는 오직 이스라엘이 대신하여 드린 화목제에 근거하여 가능하게 되었다. 동시에 이스라엘은 베냐민에게 회복의 실제적 방법들을 제시할 수 있게 되었다. 그래서 그들은 야베스-길르앗의 400명의 처녀들을 준비한 것이다. 그러나 400명의 여인들은 600명의 남자들을 위하여 충분하지 않았다. 이스라엘은 베냐민을 위해 또 다른 대안을 제시해야 했었다. 그리고 그러한 제안에 대한 수용은 베냐민이 회개하고 이스라엘로 다시 받아들여질 수 있는 것을 의미하는 것이었다.

> 16-24절. 회중의 장로들이 이르되 베냐민의 여인이 다 멸절되었으니, 이제 그 남은 자들에게 어떻게 하여야 아내를 얻게 할까 하고, 또 이르되 베냐민 중 도망하여 살아남은 자에게 마땅히 기업이 있어야 하리니, 그리하면 이스라엘 중에 한 지파가 사라짐이 없으리라. 그러나 우리가 우리의 딸을 그들의 아내로 주지 못하리니, 이는 이스라엘 자손이 맹세하여 이르기를 딸을 베냐민에게 아내로 주는 자는 저주를 받으리라 하였음이로다 하니라. 또 이르되, 보라 벧엘 북쪽 르보나 남쪽 벧엘에서 세겜으로 올라가는 큰 길 동쪽 실로에 매년 여호와의 명절이 있도다 하고, 베냐민 자손에게 명령하여 이르되, 가서 포도원에 숨어, 보다가 실로의 여자들이 춤을 추러 나오거든 너희는 포도원에서 나와서 실로의 딸 중에서 각각 하나를 붙들어 가지고 자기의 아내로 삼아 베냐민 땅으로 돌아가라. 만일 그의 아버지나 형제가 와서 우리에게 시비하면, 우리가 그에게 말하기를, 청하건대 너희는 우리에게 은혜를 베풀어 그들을 우리에게 줄지니라. 이는 우리가 전쟁할 때에 각 사람을 위하여 그의 아내를 얻어 주지 못하였고, 너희가 자의로 그들에게 준 것이 아니니, 너희에게 죄가 없을 것임이니라 하겠노라 하매, 베냐민 자손이 그같이 행하여 춤추는 여자들 중에서 자기들의 숫자대로 붙들어 아내로 삼아 자기 기업에 돌아가서 성읍들을 건축하고 거기에 거주하였더라. 그 때에 이스라엘 자손이 그 곳에서 각기 자기의 지파, 자기의 가족에게로 돌아갔으니, 곧 각기 그 곳에서 나와서 자기의 기업으로 돌아갔더라.

본문은 내용상 실로의 처녀들을 납치하는 것이다. 그러나 이러한 납치는 대속적인 희생제사와 야베스-길르앗의 파멸로 인한 비냐민의 구원과 상응하고 있다.

그러므로 우리가 여기에서 읽고 있는 납치 사건에 분노하기 전에, 왜 이러한 일이 일어났는지를 묻고, 그것에 대한 구성을 새롭게 시도할 필요가 있을 것이다.

여기에서 이스라엘은 실로의 여자들을 납치하고 강탈했는가? 그렇지 않은 것으로 보인다. 그 이유는 다음과 같다. 첫째, '실로'는 평화를 의미하고 있다. 우리는 이미 화목제를 드렸고, 베냐민에게 평화가 선포되었음을 알고 있다. 이제 우리는 평화의 장소에서 일어난 사건을 보고 있는 것이다. 이 전체 장은 역설로 고안된 것이 아니라면, 우리는 평화의 장소에서 평화의 모티프가 빛나는 것을 기대해야 할 것이다.

둘째, 우리는 여기에서 세 번이나 사용된 '춤'(חול)이라는 단어(21, 23절)에 주목할 필요가 있다. 이 단어는 춤에 대한 일반적인 단어가 아니다.[13] 게다가 그것은 이사야 13:8; 23:4; 26:17; 45:10; 54:1; 66:8에서처럼 노동의 고통 가운데 여자들의 몸부림이나 비틂에 대해 일반적으로 사용되어진 단어이다. 또한 그것은 몇몇의 다른 경우에 고통스런 사투를 위해 비유적으로 사용되었으나, 그것은 이 소녀들에 의해 수행된 춤들을 이해하기 위하여 적절한 것들은 아니다. 사사기 21장은 성경에서 이 단어가 '춤'으로 번역된 유일한 곳이다. 그러므로 우리는 이 춤이 단순한 춤이 아님을 알 수 있다.

아마 이것이 지시하는 바는 이 소녀들이 추는 춤의 종류에 대한 것일 것이고, 또한 춤을 추는 목적을 암시하는 것일 것이다. 그들은 결혼하지 않은 소녀들이다. 그들은 남편의 손을 잡으려고 했다. 그들이 이스라엘의 소녀들에게 배웠던 그 춤은 의심할 바 없이 예술적이고 우아한 형태 가운데 다소 확대하면 해산의 수고를 모방하는 일종의 회전무(回轉舞)나 몸동작을 포함했을 것이다. 이 춤을 추는 것으로, 그 소녀들은 자신들이 좋은 어머니가 되고 싶어 한다는 것과 생산력 있는 태를 가졌다는 것을 입증하는 것이다. 그러므로 이 춤에 대한 전체적인 관

13) 히브리어로 춤을 나타내는 단어에는 דוץ(dûts), חגג(châgag), כרר(kârar), מחול(mâchôl), מחלה(mechôlâh), רקד(râqad) 등이 있는데, 이들에 비해서 חול/חיל(chuûl/chîyl)이란 단어는 춤이라는 의미도 있지만, "(Hophal) to be born, (Hithpolel) whirling, (Hithpalpel) to be distressed" 등의 의미가 있는 것으로 상대적으로 춤이라는 의미가 적은 것이다.

점은 남편을 구하는 것이다. 우리가 이것을 이해하면, 우리는 베냐민 남자들이 한 행동을 혐오하지 않을 수 있게 된다. 오히려 그 상황은 즐거운 것이 될 것이다.

우리는 이것을 하나의 납치와 강간으로 읽지 말아야 할 것이다. 아마도 매년 20절이 가리키는 포도추수 때인 장막절에 소녀들은 춤추러 오고, 소년들은 그들을 붙잡으러 왔을 것이다. 만약 그 소녀들이 자신을 잡은 소년들과 결혼하기를 원한다면, 그 소년들은 그녀의 아버지나 오빠들과 결혼에 대하여 구체적인 협상을 했을 것이고, 곧 결혼은 주선되었을 것이다. 사사기 21장 본문에서 가리키는 것은 이 결혼 풍습 그 이상의 무엇이 아니다

왜 그 아버지들이 막지 않았을까? 평소에는 이것이 장성한 딸들을 출가시키는 풍습이었기 때문에 허용했을 것이다. 아마 그녀들은 아버지보다 자신들의 어머니들에 의해 곱게 단장해서 춤추는 곳으로 갔을 것이다. 그러나 본문에서는 아버지들 몰래 이 일들이 진행된다. 왜냐하면 '실로'는 에브라임에 속한 땅이었고, 그 아버지들도 베냐민 사람들과 결혼하는 것을 금지하는 맹세에 동참했을 것이기 때문이다. 그래서 그 계획은 은밀하게 진행되었다. 그것은 이스라엘의 장로들에 의해 꾸며진 것이고, 그들과 200명의 남아 있는 베냐민의 사람들만 그것을 알았다. 그러므로 잡혀간 소녀들의 아버지들은 여호와 앞에서 그들이 베냐민의 남자들에게 그들의 딸들을 주지 않았다고 정직하게 말할 수 있었을 것이다.

이것은 단지 하나의 속임수가 아닌가? 그럴 수도 있다. 그러나 그것은 심오한 속임수이다. 어떤 면에서 복음은 하나의 속임수이다. 하나님은 참으로 모든 사람들을 그들의 죄로 말미암아 죽도록 하셨으나, 일브 사람들은 구원하기로 선택하시고, 어떤 대속물 안에서 그들의 죄를 징계하셨다. 하나님은 아담에게 "정녕히 죽으리라"고 맹세하셨으나, 아담을 죽일 때가 되자, 그를 동산 밖으로 쫓아내시고, 그 대속물에 참여할 수 있도록 하셨다. 사실 이 "정녕히 죽으리라"는 선언은 히브리서 6:13-18에서, 동사를 반복하고 두 증인의 증거 형식을 취하므로, 맹세의 선언으로 불리고 있다. 그러므로 하나님 자신은 당신의 맹세의 표면적 의미 너머의 하나의 '속임수'를 사용하고 있는 셈이다.

여기에서도 바로 그렇다. 당시 이스라엘의 국가와 교회의 공직자들(장로들과 비느하스)은 하나님께서 세우셨다. 그들이 결정한 이 속임수는 궁극적으로 하나

님이 정하신 것이다. 사실 우리가 이것이 여호와의 절기에 일어난 일인 것을 깨달을 때, 우리는 어떤 의미에서, 하나님께서 아담에게 하와를 주심같이, 베냐민에게 새로운 신부를 주신 분은 바로 여호와시라는 것을 볼 수 있게 되는 것이다.

이제 우리는 구원에 대한 하나의 포괄적인 그림을 가지게 된다. 사사기 21장의 세 가지 문학적 부분들은 각기 전체적인 그림의 일부를 제공하고 있다. 구원의 기초에는 대속적인 불태워짐, 즉 예수 그리스도의 십자가가 놓여있다. 이 때문에 전멸 당해야할 영적인 베냐민 지파인 우리를 위해서 하나님의 비느하스, 즉 평화의 왕자이신 예수 그리스도에 의해 화목제사가 드려질 수 있었고, 하나님의 평화의 장소인 실로에서 평화를 누리게 된 것이다. 구원은 원수들의 전적인 파멸을 수반하고 있는 동시에 처녀들로 상징되는 온갖 좋은 것들이 회복된 자들에게 주어지는 것을 의미하고 있다. 구원은 하나님의 잔치, 즉 그의 거룩한 성만찬에서 우리의 새로운 출생을 가능하게하고 있다. 그러므로 구원은 베냐민 같은 우리가 우리의 기업으로 다시 돌아가서 성을 세우고 그 안에서 살 수 있게 되는 것을 의미하고 있는 것이다(23절).

25절. 그 때에 이스라엘에 왕이 없으므로 사람이 각기 자기의 소견에 옳은 대로 행하였더라.

이 구절이 사사기 전체, 혹은 사사기 19-21장에 대한 설명이라는 것이 일반적인 해석이다. 그 점에서는 동의한다. 혹자는 여기에서 사용되고 있는 '사람'(אִישׁ)이라는 히브리어가 일반적인 의미의 사람을 뜻하지 않고 '여자'의 상대적 의미로 '남자'인 것에 착안해서 이 모든 일들이 남자들에 의해 자행된 일로 해석하기도 한다. 즉 '남자들이 자기들 멋대로 자기들 마음대로 행했다'로 읽을 수 있다는 것이다. 이 일련의 사건들을 남자들이 행한 여자들의 문제로 보는 것이다.[14] 그러나 언약의 주체로서 남자들은 여자들의 대리인이었다. 고대 이스라엘 언약 공동체에서 일어난 일들을 남성 중심으로 엮어간 것은 자연스러운 일로

---

14) 박경철, "삿 19-21장: 이스라엘에 왕이 없을 때 무슨 일이 있었나" in 목회와 신학 편집부, 『사사기 룻기 어떻게 설교할 것인가』(서울: 두란노아카데미, 2009), pp. 378-379.

보인다. 특히 베냐민의 회복을 위한 남자들의 계획은 신랑과 신부의 아버지 혹은 오빠들이 결혼을 주선하는 전통 가운데 일어난 일로 봐야 할 것이다.[15)]

사사기는 하나님의 선하심에 대한 가장 긍정적 묘사로 끝을 맺고 있다. 하나님께서 가장 신랄하게 응징하신 베냐민을 중심으로, 하나님의 백성들의 죄에도 불구하고, 하나님은 여전히 그들을 사랑하셨다. 하나님은 죽음의 심판 하에 있는 자들에게 구원과 새로운 생명의 길을 여셨다. 인간의 죄에도 불구하고, 회개하기만한다면, 심판 중에도 언제나 은혜가 있었다. 이것은 사사기의 첫 부분의 메시지였고(삿 1:1-2:5), 또한 여기에서의 메시지이다. 그 백성들이 죄로 말미암아 울부짖고(삿 2:4; 20:26; 21:2) 번제를 드릴 때(삿 2:5; 20:26; 21:4), 평화가 회복되었고, 하나님께서 그들을 새롭게 축복하신다.

그 구절에 대한 마지막 설명이 "그 때에 이스라엘에 왕이 없었다."이다. 이것은 어느 정도 다윗 왕조를 염두에 둔 언급으로 보인다. 이스라엘은 무정부상태이고, 단지 어떤 강한 존재가 세워져야 나라를 도울 수 있는 상태였다. 이것은 사사기의 메시지와 정확하게 반대되는 것이다. 게다가 그 메시지는 여호와께서 왕이시라는 사무엘상 8장의 사무엘의 메시지와 정확하게 동일한 것이다. 사사기는 인간 정부가 중심이 되는 것에 대항한 지속적인 투쟁을 그려내고 있다. 왜냐하면 그것은 하나님과 같이 되려고 하는 인간의 의지의 표현이고, 바알주의적 인본주의의 본질적인 부분이기 때문이다. 최소한 하나님께서 유다 지파에서 한 사람을 일으키실 준비를 하기 전까지, 사사기의 저자인 사무엘은 이스라엘에서 다른 인간 왕조가 세워지는 것을 어떤 방식으로도 원하지 않았다.

이스라엘에서 무정부 상태는 언제나 왕으로서 여호와를 인정하는 것에 실패해서 나타났다. 그 백성들이 자신들의 왕으로 다른 신들을 택했을 때, 그들은 속

---

15) 페미니즘 해석은 지나친 남성중심의 해석의 단점을 보완하기는 하나, 언약의 대리인으로 남성의 위치를 약화시킬 수 있다. 한편 페미니즘 해석의 영향으로 최근 TNIV 성경은 성(gender)을 원문과 다르게 번역하는데, '아들' (son)을 'children' (자녀들)로 '형제' (brother)를 '형제자매' (brother and sister)로 번역하고, '단수' (man)를 '복수대명사' (they)로 받기도 한다. 이러한 TNIV 논쟁은 http://www.tniv.com 과 http://www.no-tniv.com 을 보라.

박에 떨어졌으며, 그들이 여호와께 돌아왔을 때, 그들은 다시 구원을 받았다. 사람들이 왕으로서 여호와를 잊음으로, 그들은 단지 그들을 통치하는 인간 왕들을 원했으나, 하나님은 은혜롭게 사울시대까지 인간이 이스라엘의 왕이 됨을 막으셨다. 그러나 이스라엘은 계속해서 인간 왕을 요구했던 것이다. 이러한 이스라엘의 실패는 레위사람들이 이스라엘의 참된 왕과 남편으로서 여호와를 나타내는데 실패했기 때문이었다.

올리버 크롬웰의 무덤은 "그리스도는 인간이 아니라 왕이시다" 라고 기록되어 있다. 성공회로 나눠졌던지 아니든지, 우리들의 청교도 신앙의 선조들은 여호와께서 왕이 되셔야하고, 영국의 왕은 그분의 제후여야 한다고 지속적으로 주장한 것은 놀라운 일이다. 오늘날 미국도 초기의 청교도적 비전으로부터 너무 멀어진 것 같다. 미국은 미국의 수호자로서 그리스도보다 군대의 힘을 추구하고 있다. 오늘날 미국은 인본주의적 정부로 모든 권력을 중앙에 집중하고 있다. 이는 한 가지 문제에서 기인한 것이다. 바로 그 한 가지 문제는 교회(레위지파)가 왕으로서 그리스도의 임재를 분명하게 제시하는데 실패했다는 것이다. 이는 한국이나 다른 나라들도 마찬가지가 아닌가?

보수적 신학자들은 우리가 구원자로서 그리스도를 가지고 있으나, 왕으로 그리스도를 모시는 것은 선택적인 것이라고 말하고 있는 것 같다. 혹자는 그리스도는 오늘날 왕은 아니고, 죽어서 가는 천국의 왕일뿐이라고 말한다. 심지어 그리스도를 왕이라고 말하는 자들조차도 실제적으로는 그리스도의 통치 밖에서 사는, 소위 '실천적 무신론자' 로 살고 있는 듯하다. 신학자들은 역사적 기독교 신앙과 심각하게 멀어진 주장을 일삼는다. 역사적 전천년적인 사상은 천년왕국이 되기 전에는 그리스도께서 왕이 되지 않을 것이라고 말하는 것이다. 그들은 매주일 그분의 보이는 성례를 하는데 실패했고, 그러므로 하나님의 백성들을 온각 종류의 환상적인 큰 길로 내몰고 있다. 교회가 매 주일 올바른 말씀의 선포와 성례의 집행과 권징의 실행을 통하여 그리스도가 왕이심을 나타내는데 실패한다면, 우리는 여전히 사사기와 같은 시대를 살게 될 것이다. 우리는 그리스도께서 지금 여기에서도 왕이심을 고백한다. (*)

참고문헌

Archer, Jr. Gleason, *A Survey of Old Testament Introduction*, Chicago: Moody Press, 1994.

Baikie, James, "Sphinx", in James Hastings, ed., *Encyclopedia of Religion and Ethics*, Edinburgh: T. & T. Clark, 1920.

Beavis, Mary Ann, "The Resurrection of Jephthah's Daughter: Judges 11:34-40 and Mark 5:21-24, 35-43", *CBQ* Vol. 72(2010).

Block, Daniel I., *The New American Commentary Vol. 6, Judges, Ruth,* Nashville: Broadman & Holman Publishers, 1999.

Borland, James A., *Christ in the Old Testament Scriptures: Old Testament Appearances of Christ in Human Form*, Scotland, UK: Christian Focus Publications, 1999.

Brown, F., Driver, S., Briggs, C. *The Brown-Driver-Briggs Hebrew and English Lexicon of the Old Testament*, Massachusetts: Hendrickson Publishers, 1979.

______, *Enhanced Brown-Driver-Briggs Hebrew and English Lexicon*, electronic ed., Oak Harbor, WA: Logos Research Systems, 2000.

Exum, J. Cheryl, "Aspects of Symmetry and Balance in the Samson Saga"; *Journal for the Study of the Old Testament 19* (1981).

Gillmayr-Bucher, Susanne, "Framework and Discourse in the Book of Judges", *JBL* 128, no. 4 (2009).

Jordan James B., *JUDGES: God's War Against Humanism*, Tyler, Texas: Geneva Ministries, 1985.

______, *The Law of the Covenant: A Commentary on Exodus 21-23*, Tyler, TX: Institute for Christian Economics, 1984.

______, "Rebellion, Tyranny, and Dominion in the Book of Genesis," in Gary North, ed., *Tactics of Christian Resistance*, Tyler, TX: Geneva Ministries, 1983.

______, 『새로운 시각으로 본 성경적 세계관』, 이동수 · 정연해 역, 서울: 로고스,

2002.
Kirk, Thomas, *Samson: His Life and Work*, Edinburgh: Andrew Elliot, 1891(reprint, Minneapolis: Klock & Klock, 1983).
Kline, Meredith G., *Images of the Spirit*, Eugene: Wipf and Stock, 1999.
LaSor, William Sanford, David Allan Hubbard, Federic Wm. Bush, *Old Testament Survey: The Message, Form, and Background of the Old Testament*, Grand Rapids: Eerdmans, 1996.
Linebarger, Paul M. A., *Psychological Warfare*, New York: Duell, Sloan and Pearce, 1954.
McCann, J. Clinton, *Judges: Interpretation*, Louisville: John Knox Press, 2002.
Myers, Allen C., *The Eerdmans Bible Dictionary*, Grand Rapids, MI: Eerdmans, 1987.
Nelson, Richard D., "Judges: A Public Canon for Public Theology", Word & World Volume 29 (Number 4, Fall 2009).
Payne, D. F., "Baal", in *New Bible Dictionary*, ed. D. R. W. Wood, I. H. Marshall, A. R. Millard et al., 3rd ed., Leicester, England; Downers Grove, IL: InterVarsity Press, 1996.
Sternum, Judy Taubes, "Themes in the Deborah narrative(Judges 4-5)", *Jewish Bible Quarterly* vol. 39 (No. 1, 2011).
게할더스 보스, 『구속사와 성경해석』, 이길호, 원광연 역, 서울: 크리스챤다이제 스트, 1998.
______, 『성경신학』, 이승구 역, 서울: 기독교문서선교회, 1985.
레이몬드 딜러드, 트렘퍼 롱맨, 『최신구약개론』, 박철현 역, 서울: 크리스챤다이 제스트, 1997.
마크 하트필드, "그리스도인이 정치에 개입해야만 하는가?", in J. I. Packer 등 75인, 『신앙생활백과』, 양낙흥, 안교성 공역, 서울: 크리스챤다이제스트, 1992.
박경철, "삿 19-21장: 이스라엘에 왕이 없을 때 무슨 일이 있었나" in 목회와 신학 편집부 엮음, 『사사기 룻기 어떻게 설교할 것인가』, 서울: 두란노아카데미, 2009.

송병현, 『엑스포지멘터리 사사기』, 서울: 국제제자훈련원, 2010.

아처, 글리슨, 『성경난제 백과사전』, 황영철 역, 서울: 생명의 말씀사, 1982.

에드워드 영, 『구약총론』, 오병세, 홍반식 역, 서울: 개혁주의신행협회, 1998.

이동수, 『계시록의 구속사적 읽기』, 서울: 그리심출판사 2011.

_______, 『구약의 구속사적 연구』, 서울: 로고스, 2003.

_______, 『신약의 구속사적 읽기』, 서울: 그리심출판사, 2009.

이원우, 『성서: 거룩한 글들의 도서관』, 서울: 살림출판사, 2005.

장미자, "사사기의 구조분석", in 목회와 신학 편집부 엮음, 『사사기, 룻기: 어떻게 설교할 것인가』, 서울: 두란노아카데미, 2009.

촘스키, 노암, 『세상의 물음에 답하다』, 이종인 역, 서울: 시대의 창, 2005.

최종태, "사사기 이해를 위한 신학적 접근", in 목회와 신학 편집부 엮음, 『사사기 룻기 어떻게 설교할 것인가』, 서울: 두란노아카데미, 2009.